Philosophie und Autobiografie
Untersuchung in fachdidaktischer Perspektive

Dresdner Hefte für Philosophie

Herausgegeben von Thomas Rentsch und Johannes Rohbeck

Heft 16

Volker Haase

Philosophie und Autobiografie

Untersuchung in fachdidaktischer Perspektive

THELEM
2018

Bibliografische Information der Deutschen Bibliothek

Die Deutsche Bibliothek verzeichnet diese Publikation in der Deutschen Nationalbibliografie; detaillierte bibliografische Daten sind im Internet unter <http://dnb.ddb.de> abrufbar.

Bibliographic information published by Die Deutsche Bibliothek

Die Deutsche Bibliothek lists this publication in the Deutsche Nationalbibliografie; detailed bibliographic data is available in the Internet at <http://dnb.ddb.de>

ISBN 978-3-945363-95-9

Umschlagbild: Ausschnitt aus »Echo und Narziss« (John William Waterhouse, 1903, Walker Art Gallery, Liverpool)

Bergstr. 70 | D-01069 Dresden
http://www.thelem.de

Inhalt

1. Thematische Annäherungen

1.1. Lebensweltliche Anstöße und erkenntnisleitende Ziele

Die vorliegende Arbeit beschäftigt sich mit dem Zusammenhang von Philosophie und Autobiografie in fachdidaktischer Perspektive. Sie formuliert Ergebnisse einer Auseinandersetzung mit diesem thematischen Komplex, die vor ca. sieben Jahren mit der Wahrnehmung einer doppelten Auffälligkeit im deutschen Medienalltag begann.

Zu konstatieren war damals einerseits eine – auch gegenwärtig weiter anhaltende – Konjunktur der Thematisierung von Lebenskrisen und psychischen Erkrankungsrisiken. So waren seinerzeit beispielsweise die Schlagwörter des Burnouts und der Depression aus der wissenschaftlichen Publizistik über populärpsychologische Zeitschriften gerade bis auf die Titelseiten der Wochenmagazine gelangt.[1] Es schien daher keine Übertreibung zu sein, von einem möglichen »Schlüsseldiskurs unserer Dekade« zu sprechen,[2] dessen Sitz im Leben sich u. a. in einer steigenden Nachfrage nach sog. *Life-Coachings* und in der zunehmenden Verbreitung *Philosophischer Beratungspraxen* dokumentierte.[3] Nicht zwangsläufig ist diese Entwicklung als Reaktion auf einen erhöhten Anforderungsdruck unter den äußeren Vorgaben und Unwägbarkeiten einer Leistungs- und Risikogesellschaft zu verstehen, wie oft behauptet. Der französische Soziologe Alain Ehrenberg erkennt die Hauptursache zunehmender Erschöpfungszustände vielmehr in einer ungenügend ausgeprägten Fähigkeit, mit gewachsenen Freiräumen der eigenen Lebensgestaltung fehlertolerant umzuge-

1 Vgl. Psychologie Heute compact. H. 23 (2009): Depression. Die Krankheit unserer Zeit verstehen. Die richtige Behandlung finden. Neue Hoffnung schöpfen. Ebenda. H. 27 (2011): Erschöpft und ausgebrannt? Wie Sie dem Stress des Alltags entkommen. GEO Wissen. H. 48 (2011): Was die Seele stark macht. Hilfe bei Burnout, Ängsten, Depression. DIE ZEIT. H. 48/2009: Die versteckte Krankheit. DER SPIEGEL. H. 4/2011: Ausgebrannt. Das überforderte Ich. Ebenda. H. 30/2011: Neustart. Wege aus der Burnout-Falle.

2 Vgl. Volker Haase: Autobiografische Narrationskompetenz. In: Johannes Rohbeck (Hrsg.): Didaktische Konzeptionen. Dresden: Thelem 2013, S. 85–104.

3 Zum Konzept der *Philosophischen Praxis* vgl. Odo Marquardt: Praxis, Philosophische. In: Historisches Wörterbuch der Philosophie. Bd. 7. Hrsg. von Karlfried Gründer. Basel: Schwabe 1989, Sp. 1307 f. Zur Erfolgsgeschichte, aber auch zur Problematik einer Reduktion auf Therapie-Ersatz bei einer oft mangelhaftenden Qualifikation der Anbieter solcher Dienstleistungen vgl. Gerd B. Achenbach: Zwar – aber. Obschon – doch. Wohl – allerdings. Über drei Jahrzehnte Philosophische Praxis. In: Information Philosophie. H. 3–4/2012, S. 108–110.

hen.[4] Zugleich können die genannten Trends als Anzeichen für den Rückgang einer gesellschaftlichen Tabuisierung persönlicher Überforderungsgefühle und seelischer Disbalancen interpretiert werden.

Die zweite Beobachtung betraf am Anfang der Beschäftigung mit dem Thema die Omnipräsenz autobiografischer Selbstdarstellungen in den Auslagen der Buchhandlungen. Angesichts des auffälligen Wachstums dieses Marktsegmentes ist bereits seit längerer Zeit von einem regelrechten »Autobiographie-Boom« die Rede.[5] Auch hinter diesem Phänomen sind spezifische psychosoziale und soziokulturelle Faktoren zu vermuten. Zu den beliebtesten Erklärungsansätzen zählt in dieser Hinsicht die Theorie des zu Teilidentitäten fragmentierten, nach Orientierung suchenden Ichs in den fortgeschrittenen Industriegesellschaften,[6] das sich von der reflexiven Durchsicht persönlicher Erlebnisse das Auffinden eines übergreifenden Sinnzusammenhanges und von der Lektüre der Erinnerungen anderer Menschen eine Übermittlung authentischer Lebenserfahrungen und Identifikationsangebote erhofft. Im Ergebnis tragen beide Verhaltensweisen nach dem Willen spät- oder postmoderner Theoriebildungen zur Herstellung einer »Bastelbiographie« bei, wenn ein klares Telos für den Einzelnen nicht mehr aus den gesellschaftlichen Rahmenbedingungen seiner Persönlichkeitsentfaltung ableitbar ist.[7] Dass der Bedarf an Autobiografie tatsächlich mit historischen Schüben der individuellen Selbstgestaltungsidee korrespondiert, zeigt sich, wenn man sich den engen Zusammenhang früherer Blüten autobiografischen Schreibens mit der Entstehung des Städtebürgertums in der frühen Neuzeit und mit dessen späterer Opposition gegen die Schranken der Ständegesellschaft vergegenwärtigt.[8]

Demgegenüber schreitet der momentane Individualisierungsprozess nicht nur rasanter voran, sondern gewinnt durch die Virtualisierung der Erfahrungswelten und Selbstpräsentationen in den elektronischen Kommunikationsnetzen auch eine neue Qualität, die sich unter Androhung des sozialen Ausschlusses in einer »unerbittlichen Transparenz« aller Lebensäußerungen zeigt.[9] Dazu passen die Überlegungen Paul de

4 Vgl. Alain Ehrenberg: Das erschöpfte Selbst. Depression und Gesellschaft in der Gegenwart. Frankfurt a. M.: Campus 2004.

5 Vgl. Martina Wagner-Egelhaaf: Autobiographie. Stuttgart; Weimar: Metzler ^{2}2005, S. 1.

6 Vgl. Fredric Jameson: Postmoderne – zur Logik der Kultur im Spätkapitalismus. In: Andreas Huyssen; Klaus R. Scherpe (Hrsg.): Postmoderne. Zeichen eines kulturellen Wandels, Hamburg: Rowohlt 1986, S. 45–102; hier: S. 59.

7 Vgl. Heiner Keupp: Auf der Suche nach der verlorenen Identität. In: Derselbe; Helga Bilden: Verunsicherungen. Göttingen: Hogrefe 1989, S. 47–69. Derselbe; Höfer, Renate (Hrsg.): Das Patchwork der Identität in der Spätmoderne. Reinbek: Rowohlt 1999.

8 Vgl. Werner Mahrholz: Deutsche Selbstbekenntnisse. Ein Beitrag zur Geschichte der Selbstbiographie von der Mystik bis zum Pietismus. Berlin: Furche 1919, S. 9. Klaus-Detlev Müller: Die Autobiographie der Goethezeit. Historischer Sinn und gattungsgeschichtliche Perspektiven [1976]. Wiederabdruck in: Günther Niggl (Hrsg.): Die Autobiographie. Zu Form und Geschichte einer literarischen Gattung. Darmstadt: Wissenschaftliche Buchgesellschaft ^{2}1998, S. 458–481; hier: S. 461–463.

9 Vgl. Jean Baudrillard: Die fatalen Strategien. München: Matthes und Seitz 1991, S. 80.

Mans, der die Autobiografie nicht mehr als Folge des Lebens, sondern vielmehr das Leben selbst als eine Inszenierung verstehen will, die sich in ihrem praktischen Vollzug von vornherein an den Anforderungen der autobiografischen Zurschaustellung ausrichtet.[10] Für den Wert dieser These spricht derzeit die starke Zunahme öffentlicher Selbstdokumentationen im Internet. Die Inszenierung des eigenen Lebensverlaufes erzwingt hier, über die Freigabe unzusammenhängender Momentaufnahmen hinaus, z. B. seit Januar 2012 das soziale Netzwerk »Facebook«,[11] indem es die bisherigen Nutzer-Profile automatisch auf den – zunächst als freiwillige Option eingeführten – Modus »Chronik« umstellte:

> »Das gesamte Online-Leben wird auf einem Zeitstrahl dargestellt, d. h. alle bisherigen Einträge, Fotos und Meldungen von Anwendungen werden jetzt chronologisch geordnet und sind auf einen Blick sichtbar.«[12]

Nun hat Manfred Schneider schon vor über dreißig Jahren darauf hingewiesen, dass die modernen Speichertechnologien Leitmedien begünstigen, die – über eine bloße Veräußerlichung hinaus – auch eine Entsprachlichung bewirken und in der Massenhaftigkeit ihrer Anwendung zugleich das Konstrukt der individuellen Identität ad absurdum führen können. Er schlussfolgerte daraus, dass die Autobiografie, gemessen an ihrem bisherigen Anspruch, einem ernsthaften Erkenntnisinteresse der sozialen Interaktionspartner zu genügen, als Text letztlich funktionslos geworden sei.[13] Baudrillard führte diese Feststellung eines Substanzverlustes der Selbstdarstellung durch die Revolutionierung ihrer technischen Mittel sogar zu der provokanten Diagnose einer massenhaften Schizophrenie, die unweigerlich daraus resultieren müsse, dass der Mensch unter solchen Bedingungen »die Grenzen seines eigenen Daseins nicht mehr festlegen und sich nicht mehr reflektieren« könne.[14]

Wenn das gesteigerte Interesse am Autobiografischen tatsächlich dem Drang folgt, Orientierungs- und Identitätsnöte zu kompensieren, so ist an dieser Stelle also zu konstatieren, dass zumindest ein Teil dieses Projektes die Krise des Subjektes in der Gegenwartsgesellschaft nur noch zusätzlich vertieft. Zugleich ist aber die Vermutung zu äußern, dass reflexiv auf den eigenen Lebensverlauf gewendete Selbstvergewis-

10 Vgl. Paul de Man: Autobiographie als Maskenspiel. In: Derselbe: Die Ideologie des Ästhetischen. Frankfurt a. M.: Suhrkamp 1993, S. 131–146.

11 Vgl. Felix Knoke: Wie funktioniert das neue Facebook? Auf: www.spiegel.de/netzwelt/web/chronik-so-funktioniert-das-neue-facebook-a-811390.html. Online seit: 26.01.2012. Zugriff: 15.12.2016.

12 Landeszentrale für Kommunikation und Medien Rheinland-Pfalz (Hrsg.): www.klicksafe.de/themen/kommunizieren/facebook/informationen-zur-facebook-chronik-timeline. Zugriff: 21.11.2016.

13 Vgl. Manfred Schneider: Die erkaltete Herzensschrift. Der autobiographische Text im 20. Jahrhundert. München: Hanser 1986, S. 44.

14 Vgl. Jean Baudrillard: A. a. O. (wie Anm. 9), S. 84.

serungen unter funktionalem Aspekt nach wie vor aussichtsreich sein können, wenn sie sich an bestimmten Mustern aus dem Traditionsbestand des autobiografischen Erzählens orientieren.[15] Wenn diese im Zeitalter der Digitalfotografie und Internetkommunikation abhanden zu kommen drohen, dann besteht insbesondere für die öffentlichen Bildungseinrichtungen ein kaum zu bestreitender Kompensationsauftrag.

Dieser Anspruch ist durch die Aktualisierung einer weiteren, bereits klassischen Forderung gegenüber der Schule als Erziehungsinstanz zu ergänzen, die sich der kantischen Tradition wie der Kritischen Theorie verdankt und in der Befähigung, Autoritäten zu hinterfragen, einen wesentlichen Beitrag zur Emanzipation der heranwachsenden Bürger erkennt.[16] Denn nach einer weit verbreiteten Meinung handelt es sich bei Autobiografien um Selbstauskünfte für ein größeres Publikum, die mit ganz bestimmten und mitunter auch manipulativen Absichten in die Diskurse der Gesellschaft eingespeist werden. Wie sehr aber autobiografisches Denken schon an sich, ohne solche Intentionen, eine normierende Kraft auf das Bewusstsein ausüben kann, ist daran ersichtlich, dass es Menschen in verschiedenen Zeiten aufgrund zugeschriebener sozialer, ethnischer oder geschlechterbezogener Identitäten in ganz spezifische Erzählformulare und Deutungsmuster hineinzudrängen vermag.[17]

Umso mehr können dann aber bewusst beeinflusste Diskursformationen als Machtkonstellationen verstanden werden. So erheben insbesondere Politiker mit ihren Selbstdarstellungen nicht nur deutungshoheitliche Ansprüche gegenüber ihrem eigenen Leben, sondern zugleich auch gegenüber den öffentlichen Verhältnissen. Eine mögliche Erklärung für die ungebrochene Beliebtheit der Politiker-Autobiografie kann in diesem Zusammenhang rezeptionsseitig zugleich aus dem spezifischen Zustand der repräsentativen Demokratie unter den Bedingungen einer zunehmenden Expertokratisierung von Entscheidungsprozessen und einer gewachsenen Pluralisierung ihrer medialen Aufbereitung zu gewinnen sein. Die Bürger wünschen sich demnach eine möglichst qualifizierte Erklärung der sie angehenden Verhältnisse aus authentischer erster Hand. Die Beliebtheit der Interview-Serie »Auf eine Zigarette mit Helmut Schmidt« im ZEIT-Magazin war hierfür noch vor wenigen Jahren ein treffliches Beispiel: Hier meldete sich unter Einbringung persönlichen Erfahrungswissens offenbar ein Eingeweihter zu Wort, der als *Elder Statesman* eine besondere Integrität beanspruchen konnte.[18] Demgegenüber bedienen sich die meisten autobiografischen

15 Zur pointierten Kritik maschinell aufzeichnender Erinnerungssysteme vgl. demgegenüber John Kotre: Weiße Handschuhe. Wie das Gedächtnis Lebensgeschichten schreibt. München: Hanser 1996, S. 25 f.

16 Vgl. z. B. Klaus Mollenhauer: Erziehung und Emanzipation. Polemische Skizzen. München: Juventa 1968. Markus Tiedemann: Ethische Orientierung in der Moderne – Was kann philosophische Bildung leisten? In: Julian Nida-Rümelin; Irina Spiegel; Markus Tiedemann: Handbuch Philosophie und Ethik. Bd. 1: Didaktik und Methodik. Paderborn: Schöningh 2015, S. 23–29; hier: S. 25.

17 Vgl. Martina Wagner-Egelhaaf: A. a. O. (wie Anm. 5), S. 91–103.

18 Vgl. Helmut Schmidt; Giovanni di Lorenzo: Auf eine Zigarette mit Helmut Schmidt. Kiepenheuer & Witsch 2009.

Reflexionen der Form einer monologischen Ich-Erzählung, von der ganz üblicherweise keine unparteiischen Betrachtungen zu erwarten sind. Dass diese Texte oft in großen Teilen von *Ghostwritern* verfasst werden, macht dann die besondere Tragik eines naiven Rezeptionsverhaltens aus, vor dem zukünftige Wähler möglichst bewahrt werden sollten.

Dass Politiker ihre Erinnerungen nicht mehr erst in der großen Retrospektive – nach dem definitiven Ausscheiden aus der Politik – verfassen,[19] kann auch als Indikator für ihre zunehmend umstrittenere gesellschaftliche Stellung und für dementsprechend härter zu führende Selbstbehauptungskämpfe verstanden werden. So zeigten etwa die – am Ende gerichtlich widerlegten – öffentlichen Bezichtigungen Christian Wulffs, sich als Privatmann auf Kosten seiner Ämter Vorteile verschafft zu haben, dass staatliche Würden nicht länger als Schranken für massenmedial angeregte Desavouierungen taugen.[20] Wenn Führungseliten in diesem Zusammenhang versuchen, sich mittels autobiografischen Schreibens als authentische Menschen mit einer u. U. auch fehlbaren Privatseite auszuweisen, so artikulieren sie damit letztlich das Bedürfnis nach einer Bewertung ihrer Person nach den Maßstäben für die übrige Gesellschaft, aus der sie sich in moralischer Hinsicht zu Unrecht herausgehoben fühlen.

Im Vergleich zu Politikern haben es andere Prominente deutlich leichter, den Menschen im Land Identifikationsangebote zu machen. Als Personen mit besonderen Fähigkeiten und Ressourcen haben sie eine Orientierungsfunktion für die Wohlstandsbestrebungen und Verhaltenskulturen in der Mittelschicht, ohne dass diese Vorbildrolle in derselben Weise von sittlichen Maßstäben bestimmt ist, wie dies bei den Inhabern öffentlicher Ämter der Fall ist. In der Regenbogenpresse berichtete Verfehlungen führen vielmehr oft sogar zu Prestige-Gewinnen, sofern diese am Grad der medialen Aufmerksamkeitszuwendung abzulesen sind. Die Publikation autobiografischer Erinnerungen weckt in solchen Kontexten dann erst recht Erwartungen an eine finale Skandalisierung. Während die Rezeption hier vordergründig vom Bedürfnis nach Unterhaltung bestimmt wird, gewinnt in den letzten Jahren eine andere Art der Prominenten-Wahrnehmung jedoch zunehmend an Gewicht. In den Fokus geraten nun verstärkt auch seriöse Leistungsträger, wenn deren Lebensentwürfe brüchig geworden sind. Ein großes Interesse gilt dabei Berufssportlern, die etwa von depressiven oder schwerwiegenden organischen Erkrankungen wie Alzheimer betroffen sind.[21] Der Grad der Identifikation ist hier deshalb so hoch, weil es sich um konkrete

19 Vgl. z. B. Peer Steinbrück: Unterm Strich. Hamburg: Hoffmann und Campe 2010. Karl-Theodor zu Guttenberg; Giovanni di Lorenzo: Vorerst gescheitert. Freiburg: Herder 2011.

20 Vgl. Paul Nolte: Im Land der Ego-Demokraten. Die Kluft zwischen dem Volk und seinen Regenten ist so groß wie in vordemokratischen Zeiten. In: Cicero. H. 2/2012, S. 22–25.

21 Vgl. verschiedene Beispiele bei Jörg Blech: Die gestresste Seele. Was ist noch Erschöpfung? Was ist schon Krankheit? In: DER SPIEGEL. H. 6/2012, S. 122–131. Vgl. Rudi Assauer; Patrick Strasser: Wie ausgewechselt. Verblassende Erinnerungen an mein Leben. München: Riva ²2012.

Schicksale von Menschen handelt, denen gemeinhin eine besondere Willensstärke und Selbstdisziplin zugeschrieben wird. In paradigmatischer Weise spiegeln sich darin allgemeine Ängste vor Unabwendbarem, die nicht gern thematisiert werden. Die Schilderung solcher Lebenswege folgt häufig dem eingängigen Handlungsschema der Tragödie (vgl. Kapitel 3.1.2), aber auch bei Versuchen einer Wiederaufrichtung des Helden fiebert das Publikum mit, weil es seine eigenen Hoffnungen im Fall einer persönlichen Konfrontation mit ähnlichen Katastrophen antizipiert.

Ohne Frage ist Skepsis gegenüber allzu trivialen Angeboten der praktischen Lebenshilfe in Form autobiografischer Betroffenenberichte ebenso angebracht wie gegenüber populärpsychologischer Ratgeberliteratur, zumal diese oft nur Ideen aus dem Fundus der philosophischen Tradition ohne hinreichende Zusammenhänge und Quellenangaben kolportiert. Bei dieser Erkenntnis setzen auch die Forderungen nach präventiven Angeboten durch Schulbildung an,[22] und die Didaktik des Philosophie- und Ethikunterrichtes hat darauf reagiert, indem sie das Thema der *Lebenskunst*, das in Deutschland seit den 1990er Jahren in der akademischen Philosophie eine Renaissance erlebt,[23] aufgriff.[24] Wenn die Zielsetzung dieses Impulses darin besteht, den Heranwachsenden Gelegenheiten dazu zu geben, potentiell geeignete Strategien für eine sinnhafte Lebensorientierung und Kontingenzbewältigung kennenzulernen und auszuprobieren, dann stellt sich allerdings die Frage, mit welchen geeigneten Inhalten und Methoden dieser Aufgabe im Unterricht der philosophischen Fächergruppe entsprochen werden kann.

In Bezug auf diese Frage ist es eine wichtige Zielsetzung der vorliegenden Arbeit, zu zeigen, inwiefern bestimmte Techniken und Formen des autobiografischen Erzählens entsprechende Bildungsprozesse adäquat stimulieren können,[25] wobei der Philosophie- und Ethikunterricht für ihre Rezeption und Einübung v. a. dann einen vielversprechenden Ort darstellt, wenn diese innerhalb der Geistesgeschichte zugleich als bewährte philosophische Reflexions- und Selbstreflexionsinstrumente erkennbar sind. Ein besonderer fachdidaktischer Gewinn besteht hier darin, bereits beschriebene und unterrichtspraktisch etablierte Textsorten wie Philosophische Tagebücher, Essays und Briefe gattungstheoretisch und philosophiegeschichtlich noch einmal gründlicher zu fundieren und gerade über ihre jeweilige autobiografische Konstituente auch zusätzliche Schreibanreize und schreibpraktische Realisierungshilfen sowie Selbstreflexions- und darüber hinausgehende Erkenntnispotenziale zu aktivieren.

22 Vgl. z. B. Wilhelm Schmid: Philosophie der Lebenskunst. Eine Grundlegung. Frankfurt a. M.: Suhrkamp 1998, S. 317–324.

23 Zur Bilanzierung und Diskussion dieser Entwicklung vgl. Wolfgang Kersting; Claus Langbehn (Hrsg.): Kritik der Lebenskunst. Frankfurt a. M.: Suhrkamp 2007.

24 Vgl. Lothar Samson: Ethik als Lebenskunst. In: ZDPE. H. 1/2001. Ebenda. H. 1/2004. Ethik & Unterricht. H. 4/2008.

25 Vgl. Volker Haase: Selbstkompetenz und autobiografische Narration. Theoretische Fundierung eines Zusammenhangs und zehn praktische Übungen für den Unterricht. In: ZDPE. H. 2/2010, S. 88–100.

In der Universitätsphilosophie ist es nicht unbedingt weit verbreitet, philosophische Ideen und Argumentationen im Rekurs auf persönlich Erlebtes zu entwickeln oder sich überhaupt in der Perspektive der Ersten Person zu äußern. Dennoch zeigt sich am Beispiel zahlreicher prominenter Außenseiter im oder neben dem Hochschulbetrieb der letzten Jahrhunderte, dass eine Praxis des Philosophierens, die die eigene Lebenserfahrung konsequent mit einbezieht, zu relevanten, innovativen und durchaus plausiblen Ergebnissen führen kann.[26] Zugleich bedeutet sie in didaktischer Hinsicht aufgrund ihrer besonderen lebensweltlichen Konkretheit mitunter auch ein erleichtertes Verstehen. Ebenso entspricht sie in der Bewusstmachung der individualgeschichtlichen Voraussetzungen des je eigenen Denkens einem weiteren Qualitätsmerkmal philosophischen Denkens und Lernens, das darin besteht, von persönlichen Vorurteilsstrukturen auszugehen, ohne in diesen zwingend verhaftet zu bleiben.[27] Mit der Forderung einer Integration entsprechender Texte in den Unterricht eröffnet sich insgesamt eine ergänzende Perspektive für bisherige Überlegungen zu dem, was unter einem Kanon für die philosophische Fächergruppe verstanden werden kann.[28] Daher gilt eine weitere, *en passant* verfolgte Zielsetzung der vorliegenden Arbeit einer Sondierung geeigneter Quellen eines *Autobiografischen Philosophierens* und der Integration dort vorgefundener Techniken in das methodische Repertoire der philosophischen Fächergruppe.

Vor dem Hintergrund der oben angesprochenen manipulatorischen Verwendbarkeit autobiografischer Texte sind die bisher genannten Aufgaben durch eine dritte Zielsetzung zu ergänzen, die darin besteht, typische autobiografische Erzähl- und Deutungsmuster hinsichtlich ihrer imagebildenden und indoktrinierenden Tendenzen kritisch zu hinterfragen.[29] Wie sich zeigen wird, kann sich hier bereits eine Klärung und Bewusstmachung der verschiedenen Implikationen, die im Begriff des Autobiografischen enthalten sind, für Schülerinnen und Schüler als hilfreich erweisen. Am Ende der vorliegenden Arbeit richtet sich darüber hinaus der Fokus auf eine reflexive Auseinandersetzung mit autobiografischen Erzählungen, die in Form von Interviews von eingeladenen Gästen im Ethikunterricht produziert werden.

Neben ihrer strategischen Indienstnahme werden autobiografische Texte von Indi-

26 Vgl. Dieter Thomä; Vincent Kaufmann; Ulrich Schmid: Der Einfall des Lebens. Theorie als geheime Autobiographie. München: Hanser 2015.

27 Vgl. u. a. Volker Pfeifer: Didaktik des Ethikunterrichts. Bausteine einer integrativen Wertevermittlung. Stuttgart: Kohlhammer [2]2009, S. 141–146.

28 Vgl. Vanessa Albus: Kanonbildung im Philosophieunterricht. Lösungsmöglichkeiten und Aporien. Dresden: Thelem 2012.

29 Zur Forderung einer stärkeren Betonung dieser Perspektive in der Fachdidaktik der Philosophie und Ethik vgl. Bettina Bussmann; Volker Haase: Was heißt es, Indoktrination zu vermeiden? In: ZDPE. H. 3/2016, S. 87–99. Vgl. zudem den »Dresdner Konsens« für den Philosophie- und Ethikunterricht des Fachverbandes Philosophie, des Fachverbandes Ethik und des Forums für Didaktik der Philosophie und Ethik: ebenda, S. 106.

viduen immerhin auch mit der Intention produziert, den eigenen Lebensverlauf zu verstehen und zu gestalten. In solchen Bestrebungen werden ureigene Fragen der Philosophie – wie die nach der Wahrheit und der menschlichen Freiheit – berührt.[30] Indem die Theorie der Autobiografie in der Diskussion der genannten Probleme auf Paradigmen wie die Hermeneutik oder den Konstruktivismus zurückgreift, erweist sie sich nicht zuletzt als kompatibel gegenüber verschiedenen philosophischen Denkmethoden, die auch in der Fachdidaktik der Philosophie- und Ethik für den Unterrichtsgebrauch transformiert worden sind.[31] Eine vierte Zielsetzung dieser Arbeit besteht entsprechend darin, zu zeigen, dass über die Rezeption und Produktion autobiografischer Texte eine besonders anschauliche, subjektbezogene Annäherung an philosophische Perspektiven der Welt- und Menschendeutung ermöglicht werden kann.

Wie bei allen Lernprozessen ist freilich auch im Fall der Arbeit an und mit autobiografischen Phänomenen davon auszugehen, dass für ein Gelingen bestimmte Fähigkeiten vorhanden sein und weiterentwickelt werden müssen. Daher kommt die vorliegende Arbeit, i. S. einer fünften Zielsetzung, nicht ohne ein Modell aus, das verschiedene Teilbereiche von Anforderungen, die im Rahmen einer *Autobiografischen Narrationskompetenz* und des – darauf aufbauenden – Autobiografischen Philosophierens eine Rolle spielen können, beschreibt und zugleich entwicklungspsychologisch plausible Hinweise für eine altersgerechte Gestaltung entsprechender Unterrichtsvorhaben ermöglicht.

1.2. Fachdidaktische Entwicklungslinien

Die Fachdidaktik der Philosophie und Ethik hat sich dem Thema der Autobiografie in den letzten zehn bis fünfzehn Jahren von verschiedenen Seiten her angenähert. So mündete z. B. die *Didaktische Transformation* der phänomenologischen Philosophie in den Vorschlag, die Brüchigkeit der Alltagserfahrung anhand authentischer Erlebnisse der Lernenden erkennbar zu machen und darüber hinaus insgesamt deutlich mehr »Selbst- und Welterforschung« in der »1.-Person-Perspektive« zu ermöglichen.[32] Ebenso zeigen sich Übergänge bei bestimmten Verfahren des *Anschaulichen Philosophierens*, wobei insbesondere Bilder und Collagen dazu geeignet sind, nicht nur das Problem der Identität im Allgemeinen zu eröffnen, sondern auch persönlichere

30 Vgl. Annekatrin Fey; Volker Haase: Archäologe oder Bildhauer? Zum Verhältnis von Autobiografie und Wahrheit. In: Ethik & Unterricht. H. 1/2013, S. 33–39.

31 Vgl. Volker Haase: Autobiographien im Philosophie- und Ethikunterricht. In: ZDPE. H. 2/2012, S. 86–94; hier: S. 92 f.

32 Vgl. Philipp Thomas: Phänomenologie als negative Hermeneutik. In: Didaktische Transformationen. Dresden: Thelem 2003, S. 13–49; hier: S. 26, 41 f.

Reflexionen über die Verfasstheit und das historische Gewordensein des eigenen Ichs anzuregen.[33] Ferner lassen sich Schnittmengen mit der sog. *Narrativen Ethik* erkennen, weil diese neben anderen Formen des Erzählens auch autobiografische Texte als Medien der Illustration moralischer Phänomene sowie der Kritik ethischer Modelle heranzieht.[34] Hier geht die autobiografische Perspektive zugleich in die oben schon angesprochene *Lebenskunstphilosophie* mit ihrem betonten Interesse an individueller Selbstbildung und Sinngebung über.

Die Idee, der Autobiografie in der »Zeitschrift für Didaktik der Philosophie und Ethik« eine eigene fachdidaktische Aufsatzsammlung zu widmen, verstand sich daher schon im Jahr 2012 weniger als Reaktion auf vergleichbare Entwicklungen in der Deutschdidaktik und Religionspädagogik,[35] »sondern vielmehr als ein Versuch, unterschiedliche innovative Impulse aus der eigenen Disziplin auf einen gemeinsamen curricularen Fluchtpunkt hin auszurichten.«[36] Ergänzt wurde diese Initiative bereits wenig später durch ein Themenheft der Zeitschrift »Ethik & Unterricht«, das sich nicht speziell mit der Verwendung von Autobiografien, sondern mit biografischen Texten in einem weiteren Sinn befasste.[37]

Im Aufbau folgt das zuerst genannte Heft einer Unterscheidung von vier verschiedenen Situationstypen, in denen autobiografische Äußerungen in der Unterrichtspraxis relevant werden können:

> »1. Zunächst handelt es sich um selbstbezügliche Aussagen einer Philosophin oder eines Philosophen [...]. 2. Autobiographische Narrationen können zudem bei einer Analyse fiktionaler oder realer Fallbeispiele, die einen moralischen Problemgehalt

33 Vgl. Brigitte Wiesen: Bilder zeigen den ganzen Menschen. In: Barbara Brüning; Ekkehard Martens (Hrsg.): Anschaulich philosophieren. Mit Märchen, Fabeln, Bildern und Filmen. Weinheim; Basel: Beltz 2007, S. 90–108. Christine Grünberg: Arbeiten mit Collagen – Tipps für den Unterricht. Ebenda, S. 109–115. Den Übergang zur Verwendung dieser Medien für autobiografische Reflexionen vollzieht Volker Pfeifer: Didaktik des Ethikunterrichts. A. a. O. (wie Anm. 27), S. 336.

34 Vgl. Hille Haker: Narrative Ethik. In: ZDPE 2/2010, S. 74–82. Joisten, Karen: Möglichkeiten und Grenzen einer narrativen Ethik. Grundlagen, Grundpositionen, Anwendungen. In: Dieselbe (Hrsg.): Narrative Ethik. Das Gute und das Böse erzählen. Berlin: Akademie 2007, S. 10–21; hier: S. 10 f.

35 Vgl. Helmuth Feilke; Otto Ludwig: Autobiografisches Erzählen. In: Praxis Deutsch. Zeitschrift für den Deutschunterricht. H. 152 (1998), S. 15–25. Konstantin Lindner; Eva Stögbauer: Was hat das mit mir zu tun? – Biographisches Lernen. In: Matthias Bahr; Ulrich Kropač; Mirjam Schambeck (Hrsg.): Subjektwerdung und religiöses Lernen. Für eine Religionspädagogik, die den Menschen ernst nimmt. München: Kösel 2005, S. 135–145. Peter Biehl; Petra Schulz: Autobiographische Miniaturen. Ein Beitrag zur kommunikativen Religionspädagogik. Lebenswege – Denkwege – Leidenswege. Jena: Garamond 2006. Carsten Gennerich: Narrative Religionsdidaktik. Ansätze, empirische Grundlagen und Entwicklungsperspektiven. In: Theo-Web. Zeitschrift für Religionspädagogik 1/2012, S. 226–247; hier: S. 232–235.

36 Volker Haase: Autobiographien im Philosophie- und Ethikunterricht. A. a. O. (wie Anm. 31), S. 86. [Hervorhebung im Original.]

37 Vgl. Ethik & Unterricht. H. 1/2013.

aufweisen, eine tragende Rolle spielen. [...] 3. Die Schülerinnen und Schüler können darüber hinaus die Handlungen und dazugehörigen Motive und Gefühle von Menschen in bestimmten Situationen als *Modelle* rezipieren, und deren Relevanz für den eigenen Daseinsvollzug kritisch reflektieren. [...] 4. Neben diesen drei Kommunikationssituationen, in denen Autobiographien anderer Menschen verwendet werden, ist es schließlich aber auch denkbar, dass sich die Lernenden dezidiert mit der eigenen Lebensgeschichte befassen.«[38]

Für den zuerst genannten Fall wird autobiografischen Verlautbarungen – trotz mancher Tendenz zur Literarisierung und Selbststilisierung – der Status historischer Dokumente zugeschrieben, deren Einsatz im Unterricht unmittelbare didaktische Funktionen aufweisen kann:

»Sie können den Lernenden dabei helfen, die entscheidenden Prämissen des Welt- und Menschenbildes des jeweiligen Autors oder auch seinen spezifischen Denkstil vor dem Horizont seiner Persönlichkeitsentwicklung und seiner Zeit besser zu verstehen und zu kritisieren. Zuweilen eröffnen sie darüber hinaus auch intime Perspektiven auf andere unterrichtsrelevante Fragestellungen.«[39]

Die Praktikabilität der zuletzt genannten Option zeigt Matthias Tichy, indem er in Vorschlägen für eine Unterrichtseinheit zum Thema Selbsterkenntnis und Selbstbewusstsein u. a. auf autobiografische Aussagen Montaignes und Sartres zurückgreift.[40] Ähnliches unternimmt auch Vanessa Albus in Bezug auf Themen wie die Natur von Erinnerungen und das Problem der personalen Identität.[41] Naheliegend wäre für die genannte Autorin in diesem Zusammenhang eigentlich auch ein Verweis auf ihre – an anderer Stelle veröffentlichten – Überlegungen zur Problematik von Kanon-Bildungen für den Philosophie- und Ethikunterricht. Immerhin können autobiografische Erzählungen, mit denen sich Philosophen auf ihr eigenes Denken beziehen, ähnliche Stärken aufweisen, die Albus in Texten eines sog. *Deutungskanons* erkennt, ohne zugleich dieselben Schwierigkeiten mit sich zu bringen:

»Ein Deutungskanon ist ein Kanon von Interpretationen kanonischer Texte, aufgrund derer ein maßgebliches Textverständnis der Klassiker entsteht. [...] Ein Vorteil dieser Reduktion besteht darin, dass Aufbau, Struktur und Kernanliegen

38 Volker Haase: Autobiographien im Philosophie- und Ethikunterricht. A. a. O. (wie Anm. 31), S. 93 f.

39 Ebenda, S. S. 93.

40 Vgl. Matthias Tichy: Autobiographie und Selbstporträt. Die Metapher des Spiegels als Leitfaden für eine Unterrichtsreihe. In: ZDPE. H. 2/2012, S. 104–114.

41 Vgl. Vanessa Albus: Methoden und Medien des autobiographischen Philosophierens. In: ZDPE. H. 2/2012, S. 95–103.

einer philosophischen Position verdeutlicht werden kann [sic!]. [...] Ein Nachteil der Deutungskanones besteht darin, dass die eigentümliche Diktion der Klassiker und ihre Methode des Philosophierens der didaktischen Transformation zum Opfer fallen.«[42]

Albus verweist in diesem Zusammenhang auch auf philosophiegeschichtlich einschlägige Beispiele für inhaltliche »Simplifizierungen, Verzerrungen oder gar sachliche Fehler« und auf das Phänomen, dass durch die Eingängigkeit der didaktischen Aufbereitungsleistung Darstellungen zur Deutungshoheit gelangen können, die der behandelte Philosoph selbst wahrscheinlich niemals autorisiert hätte.[43] Das Gegenteil ist nun aber bei Dokumenten der Fall, in denen der Autor selbst die Person ist, die entsprechende Zugänge, auf autobiografische Weise, herstellt.

Die zweite der oben genannten Spielarten des Einsatzes autobiografischer Narrationen im Unterricht, die in einer Indienstnahme als Fallbeispiele mit moralischem Problemgehalt besteht, erläutert Volker Haase im Kontrast zu fiktiven Dilemma-Geschichten unter Berufung auf eine entsprechende Feststellung durch Johannes Rohbeck:[44]

»Im Unterricht besteht darin [d. h. in autobiografischen Fallschilderungen] eine wertvolle Alternative zu minimalistisch konstruierten Konfliktsituationen, auf die viele Schülerinnen und Schüler mit Unwillen, zumindest aber mit dem Bestreben reagieren, durch zusätzliche Annahmen pragmatisch angemessene Lösungen herbeizuführen. Die persönlichen Hintergründe der betroffenen Personen können die Lernenden mit Hilfe von Berichten und Interviews aus Zeitungen und Zeitschriften oder anhand geeigneter Auszüge aus Autobiographien, aber auch aus autobiographischen Erzählungen und Romanen erschließen. Inhaltlich handelt es sich primär um Beiträge aus Problemfeldern der Angewandten Ethiken. Auch in authentischen Entscheidungssituationen, wie z. B. in Ethikkommissionen in Krankenhäusern, kommen z. T. narrativ strukturierte Begründungsdiskurse zum Einsatz.«[45]

In der zuletzt zitierten Hinsicht sieht Haase insbesondere im Rollenspiel eine Möglichkeit des unterrichtsmethodischen Aufgreifens, Aneignens und Weiterführens der bereitgestellten autobiografischen Perspektive. Einen ähnlichen Weg beschreitet Marie-Luise Raters im selben Heft. Sie schlägt Übungen vor, in denen die Lernenden die

42 Vanessa Albus: Kanon und Klassiker. In: Handbuch Philosophie und Ethik. Bd. 1. A. a. O. (wie Anm. 16), S. 252–260; hier: S. 253 f.

43 Vgl. ebenda, S. 254.

44 Vgl. Johannes Rohbeck: Literarische Formen des Philosophierens im Unterricht. In: Derselbe: Didaktik der Philosophie und Ethik. Dresden: Thelem 2009, S. 189–211; hier: S. 210 f.

45 Volker Haase: Autobiographien im Philosophie- und Ethikunterricht. A. a. O. (wie Anm. 31), S. 94.

Einschätzung von Handlungen der eigenen Person oder anderer moralischer Akteure zu objektivieren lernen, indem sie den fiktiven Standpunkt eines Autobiografen in der Zukunft einnehmen.[46]

Für den dritten Situationstyp des Einbezuges autobiografischer Narrationen in die Unterrichtspraxis unterscheidet Haase noch einmal zwei verschiedene Fälle. Demnach erfolgt die autobiografische Erzählung als Medium der Präsentation eines ethischen Modells zum einen *face to face* im Rahmen von Exkursionen oder durch eigens eingeladene Gäste in der Schule.[47] Verdeutlicht wird diese Option am Beispiel von sog. *Betroffeneninterviews*, die die Schülerinnen und Schüler i. S. einer anleitbaren Methode selbst durchführen können, die ihrerseits an Untersuchungspraktiken der Empirischen Sozialforschung orientiert ist.[48] Im anderen Fall liegen die entsprechenden Äußerungen »in medial vermittelter Form, etwa als gedruckter Text oder als Mitschnitt eines Interviews[,] vor«. Haase verweist als Beispiel in dieser Hinsicht auf einen von Urs Thurnherr kommentierten Auszug aus der Autobiografie John Stuart Mills, der als Befund für das Erleben und Bewältigen einer Lebenskrise rezipiert werden kann.[49]

Als besonders voraussetzungsreich zeigt sich gegenüber den bislang genannten Varianten der unterrichtlichen Integration von Lebensgeschichten das Produzieren eigener, autobiografisch grundierter Texte durch Schülerinnen und Schüler. Als praktische Hilfestellungen für entsprechende Schreibaufgaben wurden in diesem Bereich bislang Erinnerungstechniken zusammengetragen, die sich in Form elementarer Schreibimpulse operationalisieren lassen.[50] Ebenso existieren Überlegungen in der Richtung, den Lernenden für ein methodisch fundiertes Nachdenken über den eigenen Lebensweg ein begriffliches Repertoire zur Verfügung zu stellen, das sich u. a. aus den zeittheoretischen Überlegungen des Historikers Reinhardt Koselleck ergeben könnte.[51] Nun sind allerdings die Fähigkeiten, sich zu erinnern und Erinnerungen in sinnhafter Weise zu organisieren, nicht nur an erlernbare Methoden, sondern v. a. auch an entwicklungspsychologische Bedingungen geknüpft (vgl. Kapitel 4.1), was in gleicher Weise für verschiedene Vorstellungen von Zeit und Zeitverhältnissen gilt.[52] Insofern

46 Vgl. Marie-Luise Raters: Will ich diese Person sein, die Ich ist? Die autobiographische Narration als Mittel zur Objektivierung des eigenen moralischen Standpunktes nach Thomas Nagel. In: ZDPE. H. 2/2012, S. 146–152.

47 Volker Haase: Autobiographien im Philosophie- und Ethikunterricht. A. a. O. (wie Anm. 31), S. 94. [Hervorhebung im Original.]

48 Vgl. derselbe: Betroffenen-Interviews im Ethikunterricht. In: ZDPE. H. 2/2012, S. 115–126.

49 Vgl. derselbe: Autobiographien im Philosophie- und Ethikunterricht. A. a. O. (wie Anm. 31), S. 94. Urs Thurnherr: John Stuart Mill. Eine seelische Krise in meiner Lebensgeschichte. Eine Stufe vorwärts. In: ZDPE. H. 2/2012, S. 140–145.

50 Vgl. Margarete Knoedler-Pasch: Den Stoff des Lebens sichten – Zur Vielfalt autobiographischen Schreibens. In: ZDPE. H. 2/2012, S. 127–132; hier: S. 130 ff.

51 Vgl. Götz Distelrath: Theorie der Geschichte und autobiographische Reflexion. Versuch einer wechselseitigen Annäherung. In: ZDPE. H. 2/2012, S. 133–139.

52 Vgl. Jean Piaget: Die Bildung des Zeitbegriffs beim Kinde [1955]. Frankfurt a. M.: Suhrkamp 1993.

ist ein Rückgriff auf Ergebnisse aus empirischen Studien notwendig, die sich mit den Phänomenen des sog. *Autobiografischen Gedächtnisses* und des *Historischen Bewusstseins* sowie mit der kindlichen Genese der *Erzählkompetenz* beschäftigen. Die bislang konsequenteste Forderung in dieser Richtung findet sich abermals bei Haase, wenn er, auch mit Verweis auf die entsprechende Leerstelle in der bisher umfangreichsten Darstellung von Kompetenzen im Philosophie- und Ethikunterricht,[53] konstatiert:

> »[...] hier greift die Unterrichtspraxis, sofern sie sich an den aktuellen Lehrwerken orientiert, geeigneten fachdidaktischen Beschreibungen zuweilen voraus; es fehlt bislang jedenfalls ein kohärentes Modell, das Teilfähigkeiten des autobiografischen Erzählens und Reflektierens auf verschiedenen Kompetenzstufen offenlegt und entfaltet.«[54]

Ein erster Schritt zur Bearbeitung des markierten Desiderates ist in einem Aufsatz aus dem Jahr 2013 erkennbar, in dem das Modell einer Autobiografischen Narrationskompetenz skizziert wird. Dieser Vorschlag revidiert zugleich die von Haase in einem früheren Text vorgenommene, einfachere Konzeptualisierung der Autobiografischen Narrationskompetenz als Facette innerhalb der sog. Selbstkompetenz.[55] In der Folge erscheint erstere nun als komplexes Zusammenspiel elementarerer Fähigkeiten, die zu wesentlichen Teilen auch aus den Dimensionen der Methoden- und Sozialkompetenz gespeist werden. Ebenso wird auch erzähltheoretisches und lebenskunstphilosophisches Sachwissen als erforderlich ausgewiesen. Insgesamt eröffnet sich auf diese Weise eine doppelte Perspektive auf den Einsatz autobiografischer Erzählungen im Philosophie- und Ethikunterricht: Zum einen kommen sie als Quellen in Betracht, über die Schulklassen ins Philosophieren geraten können; zum anderen wird ein produktiver Modus eröffnet, der darin besteht, dass die Schülerinnen und Schüler selbst im Medium des autobiografischen Textes denken.

Auffällig ist bei dem zitierten Vorschlag im Ganzen, dass er mehr oder weniger konsequent auf den lebenskunstphilosophischen Fokus ausgerichtet bleibt und auf diese Weise ein beträchtlich größeres fachdidaktisches Entwicklungspotenzial beiseitelässt, das sich aus Bezügen zwischen Philosophie und Autobiografie ergeben kann. Zugleich kommen aber auch notwendige Grenzziehungen zu wenig zur Sprache, die der Einsatz autobiografischer Selbstoffenbarungen von Schülerinnen und Schülern im Ethikunterricht erforderlich macht. Die Gewährleistung einer Unterrichtsatmosphäre

53 Vgl. Anita Rösch: Kompetenzorientierung im Philosophie- und Ethikunterricht. Entwicklung eines Kompetenzmodells für die Fächergruppe Philosophie, Praktische Philosophie, Ethik, Werte und Normen, LER. Münster: LIT 2009.

54 Vgl. Volker Haase: Autobiografische Narrationskompetenz. A. a. O. (wie Anm. 2), S. 93.

55 Vgl. derselbe: Selbstkompetenz und autobiografische Narration. A. a. O. (wie Anm. 25).

des geschützten Raumes, in der die Lernenden selbst entscheiden dürfen, was sie von sich preisgeben wollen, reicht dabei allein offenbar nicht aus:

> »Eine Vielzahl [...] der Verfahren ist der Psychologie entlehnt und steht an der nicht unproblematischen Stelle zur Therapie, die im Philosophie- und Ethikunterricht sicherlich nicht gewährleistet werden kann und soll.«[56]

Die vorliegende Arbeit nimmt diese kritischen Überlegungen auf und ist entsprechend bestrebt, bevorzugt Verfahren zu entwickeln, in denen v. a. die weniger problematischen Funktionen des autobiografischen Erzählens im Zusammenhang mit dem jeweils sich eröffnenden philosophischen Erkenntnispotenzial sowie spezielle Denkoperationen des Autobiografischen Philosophierens fokussiert werden.

1.3. Definition des Arbeitsbereiches

In der vorliegenden Arbeit werden autobiografische Texte als Erzählungen verstanden, die sich auf den Lebensverlauf des jeweiligen Verfassers beziehen.[57] Sie folgt damit dem allgemeinen Trend in den Kultur- und Sozialwissenschaften nach dem sog. *Narrative Turn*, dessen Perspektive sich in »einer verstärkt ›interdisziplinär‹, ›transgenerisch‹ und ›intermedial‹ operierenden Forschung« zu einem stabilen Paradigma entwickelt hat, das gemeinhin bereits an »Selbstverständlichkeit« grenzt.[58] In fachdidaktischer und unterrichtspraktischer Hinsicht erscheint eine Betrachtung autobiografischer Phänomene mit erzähltheoretischen Kategorien auch deshalb als besonders gut realisierbar, weil hier an analytische Vorkenntnisse, die die Schülerinnen und Schüler vergleichsweise zuverlässig im Literaturunterricht erwerben, angeknüpft werden kann.

Als *Erzählen* lässt sich zunächst »eine Art mündlicher oder schriftlicher Rede, in der jemand jemandem etwas Besonderes mitteilt«, verstehen, wobei »diese Rede einen ihr zeitlich vorausliegenden Vorgang vergegenwärtigt«.[59] Dieser Vorgang kann sich entweder real ereignet haben oder frei erfunden sein. Dabei ordnen Martínez und Scheffel, anders als etwa noch Genette,[60] auch bestimmte Lügen und Täuschungen,

56 Vanessa Albus: Methoden und Medien des autobiographischen Philosophierens. A. a. O. (wie Anm. 41), S. 99.

57 Vgl. Matthias Aumüller: Narrativität. In: Christian Klein (Hrsg.): Handbuch Biographie. Methoden, Traditionen, Theorien. Stuttgart; Weimar: Metzler 2009, S. 17–20; hier: S. 17.

58 Vgl. Michael Scheffel: Nach dem ›narrative turn‹. Handbücher und Lexika des 21. Jahrhunderts. In: DIEGESIS. Interdisziplinäres E-Journal für Erzählforschung. H. 1/2012. Auf: www.diegesis.uni-wuppertal.de/index.php/diegesis/article/view/84/105. Zugriff: 15.09.2016.

59 Matías Martínez; Michael Scheffel: Einführung in die Erzähltheorie. München: Beck [9]2012, S. 11.

60 Vgl. Gérard Genette: Fiktion und Diktion. München: Fink 1992, S. 66.

sofern diese in Texten des Alltagsgebrauches produziert werden, dem Bereich des *faktualen Erzählens* zu.[61] Tatsächlich ist der Unterschied zum *fiktionalen Erzählen* nach derzeit gängiger Auffassung weniger inhaltlich und vielmehr kommunikationstheoretisch zu erfassen. So besteht auch für die beiden zuerst genannten Autoren ein wesentliches Fiktionalitätsmerkmal darin, dass zuvorderst nicht der Autor selbst, sondern ein fiktiver Erzähler spricht, so dass im Ergebnis zwei verschiedene Kommunikationen stattfinden:

> »Faktuale Texte sind Teil einer realen Kommunikation, in der das reale Schreiben eines realen Autors einen Text produziert, der aus Sätzen besteht, die von einem realen Leser gelesen und als tatsächliche Behauptungen des Autors verstanden werden. Fiktionale Texte sind ebenfalls Teil einer realen Kommunikationssituation, in der ein realer Autor Sätze produziert, die von einem realen Leser gelesen werden. Fiktionale Texte sind jedoch komplexer als faktuale, weil sie außer der realen auch noch einer zweiten, imaginären Kommunikationssituation angehören.«[62]

Auf das Verständnis autobiografischer Erzählungen lässt sich das Bisherige leicht übertragen: Im Normalfall handelt es sich um eine faktuale mündliche oder schriftliche Rede, in der jemand mindestens einer anderen Person etwas über Vorgänge im eigenen Lebensverlauf mitteilt, die er aus bestimmten Gründen für relevant hält, wobei die Darstellung nicht unbedingt der Realität entsprechen muss, so dass ggf. auch Lebenslügen kleinerer oder größerer Art – ganz gleich, ob dem Urheber der Rede als solche bewusst oder nicht – als autobiografische Erzählungen gelten können.

Damit ist v. a. eine Unterscheidung vom weiter gefassten Terminus der *Ego-Dokumente* erreicht. Auch bei diesen handelt es sich um *Selbstzeugnisse* einer Person. Gemeint sind in ihrem Fall aber letztlich alle speicherbaren Materialien, deren Hervorbringung mit dem Leben ihres Urhebers in Verbindung stehen.[63] Zum überwiegenden Teil weisen Gegenstände dieser Art nicht die spezielle Formung von Erzählungen oder eine vergleichbar weitreichende Reflexivität gegenüber dem Leben ihres Besitzers auf. Sie stellen vielmehr, neben seinen momentanen Erinnerungen und Wünschen, den Stoff bereit, aus dem im Vorgang des Erzählens autobiografische Bezeugungen entstehen können.

Abgesehen von dieser Einschränkung folgt die vorliegende Arbeit einem vergleichsweise weiten Konzept der autobiografischen Erzählung. Ihre Hervorbringung ist demnach weder auf ein bestimmtes Medium noch auf einen gewissen Umfang oder gar auf

61 Vgl. Matías Martínez; Michael Scheffel: A. a. O. (wie Anm. 59), S. 12.

62 Ebenda, S. 19.

63 Vgl. Winfried Schulze: Vorüberlegungen für die Tagung »Ego-Dokumente«. In: Derselbe (Hrsg.): Ego-Dokumente. Annäherung an den Menschen in der Geschichte. Berlin: Akademie 1996, S. 11–30.

eine konkrete Textsorte festgelegt. Entsprechend können z. B. auch Tagebucheinträge, Reisejournale, Zeitungskommentare oder einzelne Gedichtstrophen autobiografisch verfasst sein, sofern sie Ereignisse aus dem Leben ihres Urhebers mit erzählerischen Mitteln aufarbeiten.[64] Ebenso scheint ein autobiografisches Erzählen in digitalen Kommunikationsmedien möglich zu sein.[65] Dasselbe gilt etwa für dramatische, audiovisuelle und intermediale Ausdrucksformen,[66] für die aufgrund des oft nur komplementären Charakters sprachlicher Vermittlungsprozesse allerdings mit einiger Plausibilität der noch offenere Terminus des *Automedialen Erzählens* vorgeschlagen wird.[67]

Die vorliegende Arbeit beschäftigt sich selbst aber ausschließlich mit dem Bereich autobiografischer Erzählungen in reiner Textform. Sie sieht diese jedoch nicht an die Bedingung der Schriftlichkeit gebunden und berücksichtigt insofern im Anschluss an ein entsprechendes Verständnis in den Empirischen Sozialwissenschaften auch mündliche Erzählungen in Stegreifsituationen, was insbesondere eine didaktische Transformation der Methodik des sog. *Narrativen Interviews* ermöglicht (vgl. Kapitel 4.3.5). Der Schwerpunkt der nachfolgenden Überlegungen liegt insgesamt auf dem Bereich faktualer autobiografischer Erzählungen und beleuchtet nur am Rand auch didaktische Potenziale fiktionaler autobiografischer Texte.

64 Vgl. z. B. Elizabeth W. Bruss: L'autobiographie considérée comme acte littéraire [1974]. Übersetzter Wiederabdruck in: Günther Niggl (Hrsg.): A. a. O. (wie Anm. 8), S. 258–279. Jacques Voisine: De la confession religieuse à l'autobiographie et au journal intime: entre 1760 et 1820 [1974]. Übersetzter Wiederabdruck ebenda, S. 392–414; hier: v. a. S. 395–397.

65 Vgl. Britt-Marie Schuster: Biographisches Erzählen und digitale Medien. In: Christian Klein (Hrsg.): A. a. O. (wie Anm. 57), S. 182–189.

66 Vgl. Franziska Schößler; Melanie Unseld: Biographisches Erzählen auf der Bühne. Ebenda, S. 143–153. Christian Klein; Lukas Werner; Diana Weilepp; Knut Hickethier: Biographische Erzählungen in audiovisuellen Medien. Ebenda, S. 154–181. Caitríona Ní Dhúill: Intermediale Biographik. Ebenda, S. 190–193.

67 Vgl. Jörg Dünne; Christian Moser: Allgemeine Einleitung. In: Dieselben (Hrsg.): Automedialität. Subjektkonstitution in Schrift, Bild und neuen Medien. München: Fink 2008, S. 7–16.

2. Begriffsverständnisse

Bei theoretischen Annäherungen an die Biografie wird einleitend oft darauf hingewiesen, dass es sich um einen »doppeldeutig[en]« Begriff handelt, »kann er doch neben der medialen Repräsentation eines Lebens auch das *Leben selbst* meinen – Biografien kann man eben lesen und leben«.[68] Für das Phänomen der Autobiografie gilt, wie sich nachfolgend zeigen wird, dasselbe. Hilfreich ist aber eine noch weitergehende Differenzierung. Repräsentiert werden kann das Leben versuchsweise immerhin als abbildgetreue *Beschreibung*, als *Interpretation* oder als *strategische Inszenierung* einer Person hinsichtlich der Vollzüge ihrer Existenz.[69] Zu diesen möglichen Verständnissen autobiografischer Texte kommt noch eine fünfte, historisch tiefsitzende Bedeutungsebene hinzu. In ihren Ursprüngen waren sowohl Biografie als auch Autobiografie in erster Linie »als didaktische Zweckformen gedacht, als ›Gebrauchsliteratur‹, die dem Leser am Beispiel des Lebens anderer Handreichungen für die Gestaltung des eigenen bieten sollten.«[70] Auch auf dem gegenwärtigen Buchmarkt wird ein entsprechendes Rezeptionsinteresse rege bedient. Jenseits der allzu trivialen »Identifikationsangebote, welche ungebrochen erfolgreiche Selbstkonstrukte und Krisenrezepte suggerieren«,[71] stellt sich dann aber die Frage, welche seriösen Erkenntnisgewinne Biografien und Autobiografien bereithalten können. Während erstere als methodisch abgesicherte Darstellungsform in der Geschichts- und Literaturwissenschaft rehabilitierbar zu sein scheinen,[72] wäre für das autobiografische Schreiben v. a. eine Tauglichkeit als *Medium und Präsentationsform des Philosophierens* zu prüfen.[73]

Die aufgezeigten begrifflichen Implikationen sollen nachfolgend jeweils genauer erläutert werden. Neben einigen alltags- und wissenschaftssprachlichen Befunden werden dafür, wie für eine philosophiedidaktische Arbeit zu erwarten, v. a. solche Quellen herangezogen, in denen sich gerade Philosophinnen und Philosophen in theoretischer Weise auf autobiografische Phänomene oder in praktischer autobiografischer

68 Christian Klein: Handbuch Biographie – einleitende Überlegungen. In: Derselbe (Hrsg.): A. a. O. (wie Anm. 57), S. XII–XV; hier: S. XIII. [Hervorhebung: V. H.]

69 Vgl. Christian Berung: Leben. In: Ralf Konersmann (Hrsg.): Wörterbuch der philosophischen Metaphern. Darmstadt: Wissenschaftliche Buchgesellschaft 2014, S. 191–197.

70 Michaela Holdenried: Biographie vs. Autobiographie. In: Christan Klein (Hrsg.): A. a. O. (wie Anm. 57), S. 37–43; hier: S. 37.

71 Ebenda, S. 38.

72 Vgl. Anita Runge: Wissenschaftliche Biographik. In: Christian Klein (Hrsg.): A. a. O. (wie Anm. 57), S. 113–121.

73 Vgl. Vanessa Albus: Methoden und Medien des autobiografischen Philosophierens. A. a. O. (wie Anm. 41).

Weise auf ihr eigenes Leben beziehen. Dabei orientiert sich die konkrete Auswahl an der Frage, welche Autoren, die sich innerhalb der philosophischen Tradition aufgrund eines erkennbaren Innovationsgeistes hervorgetan haben, zugleich auch innerhalb der Geschichte der Autobiografie als Meilensteine gelten können. Vorbereitet wird damit in unterrichtspraktischer Hinsicht eine doppelte Zielsetzung. Zum einen kann ein entsprechender Fundus an Texten dabei helfen, grundlegende Phänomene, Verständnisse und Problematiken autobiografischen Denkens und Sprechens als Gegenstand philosophischen Unterrichtes leichter zu erschließen. Zum anderen können autobiografische Texte von Philosophinnen und Philosophen aber auch motivierende und inhaltlich naheliegende Zugänge zu komplizierteren philosophischen Ideen schaffen. Sie können so, neben den schon klassisch gewordenen biografischen Miniaturen aus der Feder Wilhelm Weischedels,[74] eine weitere »Philosophische Hintertreppe« darstellen.[75] Dabei gilt es allerdings, nicht den Selbstinszenierungen des jeweiligen Autors aufzulaufen. Im Sinne dieses kritischen Anspruches wird dem Kapitel 2.4, das den Einsatz von Autobiografien als strategische Instrumente der öffentlichen Selbstpräsentation untersucht, ein besonderer Raum gegeben. Ein zweiter Schwerpunkt liegt daraufhin auf den Überlegungen zum autobiografischen Text als Medium des Philosophierens (vgl. Kapitel 2.5), weil von hier aus nicht nur die Chance besteht, einen Impuls zur Erweiterung des Lektürekanons im philosophischen Schulunterricht zu geben, sondern sich auch die Möglichkeit eröffnet, das methodische Repertoire des philosophierenden Tätigseins von Schülerinnen und Schülern zu erweitern.

2.1. Praxis des gelebten Lebens

Im Alltag und auch in bestimmten wissenschaftlichen Kontexten wird häufig von der *eigenen Biografie* oder der *Autobiografie* gesprochen, wenn die Vollzüge des Lebens selbst gemeint sind, die im Zusammenhang mit bestimmten Ereignissen und Zustandswechseln stehen. In dieser Bedeutung wird beispielsweise im Personalmanagement mitunter auf die *Berufsbiografie* von Arbeitnehmern rekurriert, womit die Karriere als Reihe aufeinanderfolgender Statuspassagen während »der Berufsfindung und der

74 Vgl. Wilhelm Weischedel: Die philosophische Hintertreppe. Die großen Philosophen in Alltag und Denken. München: dtv [36]2009.

75 Vgl. Volker Haase: Autobiographien im Philosophie- und Ethikunterricht. A. a. O. (wie Anm. 31), S. 93.

beruflichen Entwicklung« gemeint ist.[76] Ebenso wird in schulischen Ausbildungssituationen häufig von einer *Lernbiografie* gesprochen, worunter sowohl eine Reihenfolge von formal aufeinander aufbauenden Abschlüssen als auch der individuelle Fortschritt beim Erreichen bestimmter, und zwar v. a. selbst gesetzter, Lernziele verstanden wird.[77] Ein ähnlicher Wortgebrauch findet sich auch in der Soziologie, in der seit den 1970er Jahren von *Biografie-Forschung* die Rede ist. Untersucht wird hier beispielsweise die Lebensführung in verschiedenen Sozialmilieus sowie in ihrer Abhängigkeit von historischen Großereignissen oder von bestimmten persönlichen Krisensituationen.[78] Mit dem gleichen Verständnis spricht man in der Kriminalistik von *Täterbiografien*, und auch die persönliche *Krankengeschichte* eines Patienten meint, in der medizinischen und psychologischen Praxis, landläufig keine sprachliche Darstellung, sondern nennenswerte gesundheitliche Beeinträchtigungen, in ihrer Entwicklung und im zeitübergreifenden Zusammenhang, selbst.[79]

Nicht weniger oft ist von *biografischen* bzw. *autobiografischen Hintergründen* i. S. persönlicher Erlebnisse die Rede, die das Denken einer Philosophin oder eines Philosophen beeinflusst haben oder auf die diese gelegentlich selbst zurückgreifen, wenn sie ihre Ansichten zu einem komplexeren Thema veranschaulichen wollen. So werden z. B. in einem Band zur Frage nach dem Zusammenhang von Leben und philosophischer Autorschaft der Selbstmord einer Geliebten und der nahezu zeitgleiche Tod eines Jugendfreundes als »einschneidendes biografisches Erlebnis« im Denken des marxistischen Denkers Georg Lukács interpretiert, das zumindest das gesamte Frühwerk wie kaum etwas Anderes geprägt habe.[80] Ebenso unterscheidet er im selben Buch in der Auseinandersetzung mit einer Passage aus »Roland Barthes par Roland Barthes« einen »biographistischen [sic!] Rückschluss vom Werk auf das Leben«, den der Autor Barthes verweigere, von der »Biographie« als solcher, die für diesen v. a. im Tagebuch fassbar gewesen sei.[81] Und wenn derselbe Beitrag dann auf die von Barthes unternommene

76 Vgl. Friedemann W. Nerdinger; Gerhard Blickle; Niclas Schaper: Arbeits- und Organisationspsychologie. Heidelberg: Springer ²2011, S. 174. Für ein differenzierteres Verständnis vgl. z. B. Andreas Walther; Barbara Stauber: Übergänge in Lebenslauf und Biographie. Vergesellschaftlichung und Modernisierung aus subjektorientierter Perspektive. In: Barbara Stauber; Axel Pohl; Andreas Walther (Hrsg.): Subjektorientierte Übergangsforschung. Rekonstruktion und Unterstützung biographischer Übergänge junger Erwachsener. Weinheim: Beltz 2007, S. 19–40; hier: S. 28.

77 Vgl. demgegenüber Jochen Kade; Dieter Nittel; Wolfgang Seitter: Einführung in die Erwachsenenbildung/Weiterbildung. Stuttgart: Kohlhammer ²2007, S. 24: Bei Bildungsbiografien handelt es sich – entgegen dem alltäglichen Sprachgebrauch – um »subjektive Interpretationsleistungen«, die mit »kulturell präformierten Mustern der autobiografischen Selbstthematisierung« korrespondieren und den »Lebenslauf« durch eine kulturelle Überformung »transzendieren«.

78 Vgl. Martin Schmeiser: Soziologie. In: Christian Klein (Hrsg.): A. a. O. (wie Anm. 57), S. 373–381; hier: S. 373.

79 Für ein demgegenüber differenzierteres, theoretisches Verständnis vgl. Brigitte Boothe: Medizin und Psychologie. In: Christian Klein (Hrsg.): A. a. O. (wie Anm. 57), S. 394–401.

80 Vgl. Dieter Thomä; Vincent Kaufmann; Ulrich Schmid: A. a. O. (wie Anm. 26), S. 35.

81 Vgl. ebenda, S. 226.

»Semanalyse« zu Balzacs Erzählung »Sarrasine« zu sprechen kommt, konstatiert er im Anschluss an eine Untersuchung Éric Martys, dass Barthes hier »seine Autobiographie sehr sorgfältig« eingeschleust habe, indem er in den vorgefundenen Beziehungskonstellationen auch »sein eigenes Familiendrama« anklingen lasse.[82] Dieselbe begriffliche Gleichsetzung von »Leben« und »Autobiografie« begegnet dem Leser im gleichen Band wenig später auch in Äußerungen über Foucault.[83] Während es hier aber darum geht, die theoretischen Potenziale im Denken und Schreiben von Philosophinnen und Philosophen zu würdigen, finden insbesondere Rezensionen zu philosophischen Neuerscheinungen andere, kritischere Worte. So wurde z. B. in einer Besprechung des von Thomas Metzinger verfassten Buches »Der Ego-Tunnel. Eine neue Philosophie des Selbst« vor einiger Zeit angemerkt, dass der Verfasser darin ungehemmt seine eigenen »autobiografischen Erfahrungen« mit außerkörperlichen Zuständen und »Klarträumen nebst Anleitungen zum Nacherleben« ausbreite und sich gerade durch diese populärwissenschaftliche Darstellungs- und Argumentationsweise »als eine schillernde Figur der Bewusstseinsphilosophie« zeige.[84] Ebenso wird in einer Kritik der Studie »Anti-Freud« aus der Feder des französischen Philosophen Michel Onfray konstatiert, dass der darin maßgebliche Versuch, Sigmund Freud zu dekuvrieren, in dem Nachweis bestünde, dass die gesamte psychoanalytische Theorie »autobiografisch« sei.[85] Auch hier läuft die Rede vom Autobiografischen, i. S. des gelebten Lebens an sich, auf die Feststellung eines beschränkten Anspruchs einer solcherart geprägten Theorie auf den Status seriöser Wissenschaftlichkeit hinaus.

Der bislang skizzierte Wortgebrauch suggeriert im Alltag, in verschiedenen Wissenschaften und eben auch in philosophiegeschichtlichen Darstellungen die Möglichkeit einer direkten Präsenz und Verfügbarkeit der eigenen Vergangenheit. Diese scheinbare Distanzlosigkeit geht mit einem besonderen Wahrheitsanspruch einher, weil Probleme der situativen Wahrnehmung und der Erinnerung, aber auch einer sozial angepassten oder psychodynamisch beeinflussten Darstellung nicht reflexiv in den Blick genommen werden. V. a. wird jedoch die Unhintergehbarkeit sprachlicher Vermittlungsprozesse vernachlässigt. Für die oben genannten Beispiele können diese ohne weiteres verdeutlicht werden. So kommen *Berufsbiografien*, kursorisch oder episodisch, z. B. in Bewerbungsgesprächen zum Ausdruck, die ihrerseits ihren Ausgangspunkt von zuvor eingereichten *Lebensläufen* nehmen. *Lernbiografien* wer-

82 Vgl. ebenda, S. 232.

83 Vgl. ebenda, S. 251.

84 Vgl. Hanna Leitgeb: Wenn Nervenzellen tanzen. Der Philosoph Thomas Metzinger erklärt uns aus neurowissenschaftlicher Perspektive das Bewusstsein. In: DIE ZEIT. H. 2/2010. Auf: http://www.zeit.de/2010/02/L-S-Metzinger. Zugriff: 04.10.2016.

85 Vgl. Gudrun Mangold: Die Entzauberung der Psychoanalyse. In: Stuttgarter Zeitung. 17.05.2011. Auf: www.stuttgarter-zeitung.de/inhalt.sigmund-freud-die-entzauberung-der-psychoanalyse.74f35222-981c-4b30-8807-8346e8fe-1f5e.html. Zugriff: 04.10.2016.

den, wenn sie durch ein planvolles pädagogisches Tun unterstützt werden, seit den Neunzigerjahren zunehmend in *Portfolios* verschiedenen Zuschnittes dokumentiert und vergegenwärtigt.[86] Lebenserfahrungen bestimmter Personengruppen werden in der soziologischen Forschung unter Anwendung der Technik des *Narrativen Interviews* verbalisiert, um später nach statistisch aussagekräftigen Informationen untersucht zu werden.[87] *Täterbiografien* und *Krankengeschichten* finden sich in Akteneinträgen, die ihrerseits, wie alle zuvor genannten Dokumentationen, formal mehr oder weniger streng geregelte Textsorten darstellen. Und schließlich müssen auch *autobiografische Bezüge* im Denken einer Philosophin oder eines Philosophen von diesen selbst, von Zeitgenossen oder von späteren Autoren in geeigneter Form überliefert werden, um verfügbar zu sein.

Die hier greifbare Erkenntnis, dass die gelebte Vergangenheit den Subjekten eigentlich niemals selbst, sondern nur in sprachlich vermittelten – und von der sprachlichen Form auch inhaltlich determinierten – Konstrukten zur Verfügung steht, geht wesentlich auf den *Linguistic Turn* in den Geistes- und Sozialwissenschaften zurück.[88] Sie lässt seit den 1970er Jahren die Rede von der Autobiografie, verstanden als Tatsache bzw. Leben an sich, als weitgehend inadäquat erscheinen. Für letzteres wird im weiteren Verlauf der vorliegenden Arbeit stattdessen der soziologische Alternativbegriff des *Lebensverlaufes* gebraucht. Autobiografische Texte wären demgegenüber zunächst als Versuche von Personen zu verstehen, den jeweils eigenen Lebensverlauf zu beschreiben.[89] Diese Auffassung wird im nachfolgenden Abschnitt diskutiert.

2.2. Beschreibungen des Lebensverlaufes

Folgt man der griechischen Wurzel, so versammelt sich unter der Bezeichnung der *Autobiografie* eine recht heterogene Menge von Zeugnissen, deren Gemeinsamkeit darin besteht, dass sie als »Beschreibung (*graphia*) des Lebens (*bios*) eines Einzelnen durch diesen selbst (*auto*)« fungieren.[90] Nun suggeriert der Begriff einer *Beschreibung* allerdings, dass es sich bei autobiografischen Texten um tatsachengetreue und dabei auch in der Form um adäquate Abbildungen von Lebensverläufen handelt. Im Anschluss an Dieter Thomä kann man dieses Unterfangen weiter charakterisieren, indem man

86 Vgl. Ilse Brunner; Thomas Häcker; Felix Winter (Hrsg.): Das Handbuch Portfolioarbeit. Konzepte, Anregungen, Erfahrungen aus Schule und Lehrerbildung. Seelze: Kallmeyer 2006.

87 Vgl. Fritz Schütze: Biographieforschung und narratives Interview. In: Neue Praxis. H. 3/1983, 283–293.

88 Vgl. Richard Rorty: The Linguistic Turn. Essays in Philosophical Method. Chicago: University Press 1967.

89 Vgl. u. a. Ulrich Beck; Wilhelm Vossenkuhl; Ulf Erdmann Ziegler (Hrsg.): Eigenes Leben. Ausflüge in die unbekannte Gesellschaft. München: Beck 1995, S. 12.

90 Vgl. Georg Misch: Begriff und Ursprung der Autobiographie. In: Derselbe: Geschichte der Autobiographie. Bd. 1,1. Frankfurt a. M.: Schulte-Bulmke [3]1949, S. 3–21; hier: S. 7. [Hervorhebungen im Original.]

nach den Vorteilen fragt, die das Subjekt aus ihm ziehen könnte. Für Thomä, der sich in diesem Zusammenhang in erster Linie mit Überlegungen Kierkegaards, Habermas' und Rawls' auseinandergesetzt hat, sind hier die Ideen der *Selbstbestimmung* und *Selbstverantwortung* entscheidend. Zu beiden trägt eine Person offensichtlich bei, indem sie sich bei der Lebensbeschreibung an der Frage orientiert, »welche Geschehnisse sie sich als diejenigen zuschreibt, die sie herbeigeführt oder aber erfahren hat.«[91] Sie lernt sich dabei in ihrer individuellen »Eigenart, sich verhalten zu können und damit eine handelnde Instanz zu sein«,[92] besser kennen. Einhergehen kann dies mit der ethischen Aufgabe, für dasjenige einzustehen, das sich als Folge eigenen Tuns und So-Seins erwiesen hat, woraus sich auch Pflichten für das Handeln in der Zukunft ableiten lassen, so dass »einer Person letztlich die Verantwortung für ihr Leben schlechthin zugeschrieben wird.«[93] Historisch gesehen geht dieses Verständnis des Autobiografischen v. a. auf eine spätantike und mittelalterliche Wurzel zurück, die in der christlichen Beichtpraxis zu erkennen ist.[94] Ab der italienischen Renaissance beginnt es sich zu verweltlichen, was von Petrarcas »Secretum« bis zu Rousseaus »Confessions« systematisch nachgezeichnet werden kann. Eine vorübergehende Umkehrung dieser Säkularisierungstendenz ist in der pietistischen Autobiografie des 18. Jahrhunderts zu erkennen, die ihrerseits jedoch aus der zeitgenössischen Tagebuch-Praxis Elemente der neu aufkommenden *Erfahrungsseelenkunde* übernimmt und damit die Geburt des autobiografisch motivierten und kausalpsychologisch strukturierten Romans anregt.[95] Nachfolgend sollen die Konzepte der Selbstverantwortung und Selbstbestimmung jeweils noch differenzierter betrachtet werden.

2.2.1. Selbstverantwortung

Einen expliziten Ausdruck findet der Anspruch der wahrhaftigen, systematischen Beschreibung des eigenen Lebensverlaufes am Ende des vierten Jahrhunderts in den »Confessiones« des Augustinus. Der Bezug zur Beichte geht hier bereits aus der Wahl des Titels hervor. Der Verfasser *bekennt* sich dabei nicht nur zu seinen zahlreichen

91 Dieter Thomä: Erzähle dich selbst. Lebensgeschichte als philosophisches Problem. Frankfurt a. M.: Suhrkamp 1998, S. 40.

92 Ebenda, S. 47.

93 Ebenda, S. 41

94 Vgl. T. C. Price Zimmermann: Confession and Autobiography in die Early Renaissance [1971]. Übersetzter Wiederabdruck in: Günther Niggl (Hrsg.): Die Autobiographie. A. a. O. (wie Anm. 8), S. 343–366.

95 Vgl. Günther Niggl: Zur Säkularisierung der pietistischen Autobiografie im 18. Jahrhundert. [1974]. In: Derselbe (Hrsg.): Die Autobiographie. A. a. O. (wie Anm. 8), S. 367–391; hier: S. 384. Jürgen Jakobs: Prosa der Aufklärung. Kommentar zu einer Epoche. München: Winkler 1976, S. 55: »Durchbrochen ist die religiöse Lebensdeutung bei K. Ph. Moritz in seinem autobiographischen Roman Anton Reiser (1785–1790). Die pietistisch introvertierte und weltfeindliche Erziehung wird hier wegen ihrer zerstörerischen Folgen scharf angeklagt.«

Verfehlungen in seinem früheren Leben, das er in den ersten neun Büchern ausführlich schildert, sondern, in einem zweiten Wortsinn, auch öffentlich zu Gott.[96] Sein Text ist also zugleich als Versuch der Selbstverantwortung mit autobiografischen Mitteln zu verstehen und als Werbeschrift für die christliche Religion. Wie untrennbar beide Intentionen miteinander verflochten sind, zeigt sich u. a. in den Ausführungen zum Problem der *Memoria.* Diese beinhaltet für Augustinus nicht nur Erinnerungen i. e. S., sondern auch spontane Operationen des Denkens. Im Zusammenwirken beider Faktoren ist es den Menschen sowohl möglich, Vergangenes zu vergegenwärtigen, als auch sich in die Zukunft hineinzuversetzen.[97] Diesen Verstandesleistungen scheinen aber offensichtlich natürliche Grenzen gesetzt zu sein, was Augustinus insbesondere mit Bezügen auf das Phänomen des Vergessens verdeutlicht.[98] Solche blinden Flecken beeinträchtigen die wahrheitsgetreue Beschreibung des eigenen Lebens ebenso wie die Eitelkeit, die den menschlichen Selbstdeutungen in aller Regel eigen ist. Augustinus begreift sie als eine sündhafte Begierde, die noch tiefer sitzt als jede fleischliche Versuchung und die Neugier.[99] Zu einer wahrheitsgetreuen Beschreibung des eigenen Lebensverlaufes gelangt der Mensch demgegenüber zum einen, indem er sich im erinnernden Durchgang durch sein Leben v. a. Leidenserfahrungen nochmals vor Augen führt, in diesen eine Verkettung göttlicher Fügungen erkennt und angesichts ihrer Unabänderlichkeit eine Haltung der Demut kultiviert, die dem Einblick in die Gnade Gottes, als wesentlicher Voraussetzung für die eigene Glückseligkeit, vorangeht.[100] Sie kann zum anderen aber auch nur gelingen, wenn alle relevanten Erinnerungen überhaupt verfügbar sind. Weil diese für Augustinus in einer Art verbal vermittelter Kettenreaktion abgerufen werden, die darin besteht, dass im Verlauf des Sprechens über die eigene Lebensgeschichte immer neue Bilder aus dem Gedächtnis aufsteigen,[101] liegt es für ihn offensichtlich nahe, i. S. einer möglichst systematischen und lückenlosen Selbstauskunft so weit wie nur irgend realisierbar an den Lebensanfang zurückzugehen und von dort aus chronologisch voranzuschreiten.

96 Vgl. Erich Feldmann: Das literarische Genus und das Gesamtkonzept der ›Confessiones‹. In: Norbert Fischer; Cornelius Mayer (Hrsg.): Die ›Confessiones‹ des Augustinus von Hippo. Einführung und Interpretationen zu den dreizehn Büchern. Freiburg: Herder 2004, S. 11–59; hier: S. 28.

97 Vgl. Aurelius Augustinus: Bekenntnisse. Aus dem Lateinischen übersetzt und herausgegeben von Kurt Flasch und Burkhard Mojsisch. Stuttgart: Reclam 2008, S. 257 f. Gerhard O'Daly: Remembering and Forgetting in Augustine, Confessiones X. In: Anselm Haverkamp; Renate Lachmann (Hrsg.): Memoria. Vergessen und Erinnern. München: Fink 1993, S. 39.

98 Vgl. Aurelius Augustinus: A. a. O. (wie Anm. 97), S. 257 und 268 f.

99 Vgl. ebenda, S. 277–290.

100 Vgl. C. Augustín Corti: Zeitproblematik bei Martin Heidegger und Augustinus. Würzburg: Königshausen & Neumann 2006, S. 179–203.

101 Vgl. Aurelius Augustinus: A. a. O. (wie Anm. 97), S. 258.

2.2.2. *Selbstbestimmung*

Dieses Schema bricht Girolamo Cardano, der humanistische Philosoph, Arzt und Mathematiker, in einer für die Autobiografie-Forschung prominenten Weise auf, indem er seine Lebensbeschreibung nicht nach dem zeitlichen Verlauf, sondern nach Sachbereichen ordnet. Obwohl er als Vorbild für »De propria Vita« aus den Jahren 1575/76 Marc Aurels »Selbstbetrachtungen« angibt, kann er sich dabei, bei genauerem Hinsehen, v. a. auf die biografische Methode Suetons stützen.[102] Insbesondere wendet sich sein Misstrauen bei dieser auf Detailgenauigkeit abzielenden Bestandsaufnahme gegen Moralisierungen sowie gegen Tendenzen zur Kontextualisierung mit größeren gesellschaftlichen Zusammenhängen. Entsprechend notiert er in der Vorrede:

> »Dies Buch hier ist geschrieben ohne jede Schminke und will niemanden belehren; es begnügt sich mit der Erzählung bloßer Tatsachen und schildert ein Menschenleben, keine großen Staatsaktionen.«[103]

Darüber hinaus stellt er an seinen autobiografischen Bericht den Anspruch, »dass wir [...] nichts hinzudichten, etwa um zu prahlen oder die Sache auszuschmücken.«[104] Zur Beglaubigung beruft er sich aber nicht mehr, wie dies Augustinus immer wieder tut, auf die Hoffnung göttlichen Beistandes, sondern auf eine bestimmte Technik der Überlieferungskritik. So will er seine Selbstauskünfte vorzugsweise auf Aufzeichnungen gestützt wissen, die er nach eigenem Bekunden bereits zu früherer Zeit selbst angefertigt hat, sowie auf solche von der Hand verschiedener Schüler, die die entsprechenden Begebenheiten persönlich »miterlebten«.[105] Eine vertrauenswürdige autobiografische Darstellung bedeutet für Cardano also auch eine Belegbarkeit mit Dokumenten, die einen wahrheitsgetreuen Bericht einerseits dadurch garantieren sollen, dass sie in zeitlicher Nähe zum Gewesenen angefertigt wurden und insofern erinnerungsbedingte Fehler vermeiden. Ebenso erweisen diese Zeugnisse ihre Eignung dadurch, dass sie im Vergleich mit anderen Quellen auch widerspruchsfrei zusammenpassen. Ob Cardano diesen Anforderungen in seiner Selbstdarstellung tatsächlich gerecht geworden ist, muss hier nicht weiter diskutiert werden. Man erkennt bei der Lektüre nur allzu schnell, dass sein Text nicht mehr – wie in der Analogie zur Beichte – mögliche Verfehlungen in den Mittelpunkt rückt, sondern auf eine Feststellung von Eigenschaften und eine Bilanzierung von Taten hinausläuft, die ihn in das Licht eines Universalgenies

102 Vgl. Martina Wagner-Egelhaaf: A. a. O. (wie Anm. 5), S. 141.

103 Girolamo Cardano: Des Girolamo Cardano von Mailand eigene Lebensbeschreibung. Aus dem Lateinischen übersetzt von Hermann Hefele [1913]. München: Kösel 1969, S. 9 f.

104 Ebenda.

105 Vgl. ebenda.

rücken. Ungeachtet dieser Tendenz zur Selbstinszenierung markiert er in seiner Vorrede methodische Standards, die für eine Biografik mit wissenschaftlichem Selbstverständnis, ebenso wie für die quellenkritische Arbeit von Historikern im Allgemeinen, auch heute noch gültig sind.[106] Den hierfür zentralen Gedanken der Objektivierung und Selbstdistanzierung formuliert nach ihm innerhalb der philosophischen Theorie der Autobiografie mit einem ähnlich prägnanten methodischen Bewusstsein erst wieder Kierkegaard, indem er das anzustrebende Verhältnis des Autobiografen zum eigenen Leben auf die Metapher eines genau prüfenden »Redakteurs« bringt.[107]

Am Ende dieses Abschnittes ist festzustellen, dass das Verständnis autobiografischer Texte i. S. von Beschreibungen, die auf das eigene Leben in einer wie auch immer zu verstehenden authentischen Weise Bezug nehmen, bereits in der Spätantike nachweisbar ist. Gegenüber solchen Auffassungen, die auch die Erwartungshaltung von Rezipienten aktueller autobiografischer Selbstdarstellungen noch prägen, ist allerdings kritisch anzumerken, dass sie dazu neigen, bewussten Inszenierungsstrategien und ideologischen Appellen der Verfasser jederzeit aufzulaufen. Dabei vernachlässigen sie zugleich, dass es sich bei autobiografischen Texten in aller Regel nicht nur um sprachliche Vermittlungen, sondern speziell auch um *Erzählungen* handelt, die von einer bloßen Aneinanderreihung von Tatsachen zwangsläufig in zahlreichen Punkten abweichen (vgl. Kapitel 3). So betont auch eine bestimmte Richtung der *Narrativen Ethik*, dass die autobiografische Evaluation von Widerfahrnissen und eigenen Handlungen im Lebensverlauf nur erfolgen könne, indem dem Leben und Erleben nachträglich erzählerische Strukturen zugrunde gelegt werden.[108] Autobiografien sind dann aber nicht als Abbildungen, sondern als Interpretationen des Lebensverlaufes zu verstehen, die sich aus der spezifischen Perspektive der Gegenwart ergeben, in der eine Person einen Text über das eigene Leben verfasst.

106 Vgl. Eckart Henning: Selbstzeugnisse. Quellenwert und Quellenkritik. Berlin: BibSpider 2012, S. 34 f., 37. Klaus Arnold: Der wissenschaftliche Umgang mit Quellen. In: Hans-Jürgen Goertz (Hrsg.): Geschichte. Ein Grundkurs. Reinbek bei Hamburg: [2]2001, S. 42–58.

107 Vgl. Sören Kierkegaard: Entweder – Oder. München: dtv [10]2009, S. 277.

108 Vgl. Karen Joisten: Möglichkeiten und Grenzen einer narrativen Ethik. Grundlegungen, Grundpositionen, Anwendungen. A. a. O. (wie Anm. 34), S. 12.

2.3. Interpretationen des Lebensverlaufes

2.3.1. *Selbsterkenntnis*

Der Terminus der Interpretation ist stark von Ideen der *Hermeneutik* geprägt, die im Bereich autobiografischer Phänomene v. a. von Wilhelm Dilthey entfaltet worden ist. Demnach verstehen sich Menschen im Bemühen um ein in sich geschlossenes Selbstbild immer wieder neu, indem sie nach potentiell bedeutsamen Beziehungen zwischen den einzelnen Episoden ihrer Geschichte, aber auch zwischen dieser im Ganzen und der umgebenden Welt suchen:

> »Der Lebensverlauf besteht aus Teilen, besteht aus Erlebnissen, die in einem inneren Zusammenhang miteinander stehen. Jedes einzelne Erlebnis ist auf ein Selbst bezogen, dessen Teil es ist; es ist durch die Struktur mit anderen Teilen zu einem Zusammenhang verbunden. In allem Geistigen finden wir Zusammenhänge; so ist Zusammenhang eine Kategorie, die aus dem Leben entspringt.«[109]

Entsprechend erhebt Dilthey die autobiografische Selbstbetrachtung letztlich sogar zum Muster jedes historischen Verstehens und zum Proprium geisteswissenschaftlichen Arbeitens überhaupt. Nur aus der Deutung der Vergangenheit heraus generiert sich für ihn in befriedigender Weise »Sinn«, während ihm die Bewertung der Gegenwart in ihrer Erlebnisfülle dafür allein als zu chaotisch und die bloße Planung des zukünftigen Lebens durch antizipierende Zwecksetzungen als zu spekulativ erscheint.[110] Dabei folgt das Verstehen der Vergangenheit bei ihm allerdings einem vergleichsweise starken Wahrheitsbegriff, die Perspektive der Zukunft einer recht emphatischen Idee menschlicher Autonomie,[111] wenn er schreibt:

> »Wenn wir in die Vergangenheit zurückblicken, verhalten wir uns passiv; sie ist das Unabänderliche; vergebens rüttelt der durch sie bestimmte Mensch an ihr in Träumen, wie es anders könnte geworden sein. Verhalten wir uns zur Zukunft, dann finden wir uns aktiv, frei. Hier entspringt neben der Kategorie der Wirklichkeit, die uns an der Gegenwart aufgeht, die der Möglichkeit.«[112]

109 Wilhelm Dilthey: Das Erleben und die Selbstbiographie. In: Derselbe: Der Aufbau der geschichtlichen Welt in den Geisteswissenschaften [1910]. Frankfurt a. M.: Suhrkamp 1981, S. 235–251; hier: S. 240.

110 Vgl. ebenda, S. 249.

111 Vgl. Martina Wagner-Egelhaaf: A. a. O. (wie Anm. 5), S. 22.

112 Wilhelm Dilthey: Das Erleben und die Selbstbiographie. A. a. O. (wie Anm. 109), S. 238.

Deutlicher stellt sich der Wahrheitsproblematik der Dilthey-Schüler Georg Misch, dessen vierbändige »Geschichte der Autobiographie« ab 1907 eine sechzigjährige Arbeitszeit in Anspruch nahm. Im Vorwort zu diesem Lebenswerk sieht Misch durchaus die Tendenz zur Abweichung jedes autobiografischen Textes von der realen Lebensgeschichte i. S. einer mehr oder weniger bewussten Selbstinszenierung.[113] Der naheliegenden Gefahr, solchen Strategien aufzulaufen, versucht er auf zweierlei Weise zu begegnen. Zum einen betont er, dass die erkenntnisleitende Frage bei der Erforschung autobiografischer Quellen gar nicht auf der Rekonstruktion der tatsächlichen Vergangenheit des Subjektes liegen sollte, sondern sinnvollerweise auf dessen Selbstcharakterisierung in der Gegenwart des autobiografischen Artikulationsaktes:

> »Was die einzelnen Teile betrifft, so wird auch der aufrichtigste Autobiograph [...] manche charakteristischen Einzelheiten vergessen oder verschweigen [...]. Andererseits wird auch der geschickteste Lügner uns durch die erfundenen oder aufgeputzten Geschichten, die er von sich erzählt, nicht über seinen wahren Charakter täuschen können. [...] So ist, allgemein angesehen, der Geist, der über den Erinnerungen schwebt, das Wahrste und Wirklichste in einer Autobiographie.«[114]

Zum anderen sieht er im einzelnen Befund dieser »Fokussierung des hinter dem Text stehenden Individuums«[115] jeweils nur einen Teil im größeren Zusammenhang einer ihn eigentlich interessierenden »Entwicklung des Persönlichkeitsbewußtseins der abendländischen Menschheit«[116] im Ganzen. Nicht zuletzt bedeutet dies bzgl. der Wahrheitsproblematik, dass sich Unschärfen, Fehler und Täuschungsversuche, die sich in die Darstellung des jeweiligen Autobiografen oder in die wissenschaftliche Interpretation seines Textes eingeschlichen haben, relativieren, wenn man die Quelle in den Kontext einer größeren Stichprobe weiterer autobiografischer Texte stellt. Würdigend kann hier angemerkt werden, dass Misch mit dieser Ausrichtung seiner Untersuchung methodische Prämissen aufstellt, die insbesondere für die gegenwärtige Forschungspraxis in den Empirischen Sozialwissenschaften nichts an Verbindlichkeit eingebüßt haben.

Ihm gegenüber gehen neuere Auseinandersetzungen mit der Vertrauenswürdigkeit autobiografischer Vergangenheitsdarstellungen aber noch deutlicher ins Detail. Sie verweisen auf unser prinzipiell defizitäres Erinnerungsvermögen und auf die überhaupt fehlenden sprachlichen Darstellungsmittel für eine authentische Reproduktion von Geschehnissen. Zugleich stellen sie die Glaubhaftigkeit der Wahrnehmung

113 Vgl. Georg Misch: A. a. O. (wie Anm. 90), Bd. 1,1, S. 3–21; hier: S. 13.

114 Ebenda, S. 9.

115 Martina Wagner-Egelhaaf: A. a. O. (wie Anm. 5), S. 26.

116 Georg Misch: A. a. O. (wie Anm. 90), Bd. 1,1, S. 5.

gegenwärtiger Erlebnisse und der Art ihrer Einspeicherung ins Gedächtnis in Frage.[117] Von diesem Standpunkt aus, der von jüngeren Überlegungen in den Neurowissenschaften gedeckt wird,[118] kann die autobiografische Wirklichkeit daher immer nur eine *Konstruktion* sein, an der persönliche, in Kommunikationsprozessen erworbene Vorstellungen als Rahmungen und Filter ebenso mitwirken wie momentane persönliche Zustände. Wenn es also zutrifft, dass die Reflexionsleistungen der Autobiografie von kontingenten, zumindest teilweise fremdbestimmten Maßstäben abhängen, so handelt es sich bei der intuitiv richtigen Überzeugung, in diesem Interpretationsmedium zur *Selbsterkenntnis* zu gelangen, letztlich um das Produkt kulturell erzeugter »Illusionsmuster«.[119] Zugleich muss von hier aus auch Diltheys Bejahung der menschlichen Freiheit in den Zwecksetzungen der Zukunft bestritten werden, weil auch die Vorwegnahme des Kommenden nur in den Schranken der gegenwärtigen Modifikationen der subjektiven Wahrnehmung erfolgt.

Verdeutlichen lässt sich diese Problematik gut an der Idee eines »obersten Zweckes, dem sich alle Einzelzwecke unterordnen«.[120] In dieser Art der »Selbstbesinnung des Menschen über seinen Lebensverlauf« sieht Dilthey sogar die zentrale Aufgabe der »Selbstbiographie«.[121] Aus einer vorläufigen retrospektiven Überschau über die Vergangenheit ergeben sich seiner Meinung nach Anhaltspunkte für ein Telos, und gerade ihm sollen in anschließenden Erzählvorgängen einzelne Lebensepisoden dann möglichst widerspruchsfrei zuzuordnen sein. Dieser Idee folgen auch jüngere literaturwissenschaftliche Überlegungen zur Autobiografie. So formuliert z. B. noch Ingrid Aichinger ganz im Sinne Diltheys:

> »Jenes Ziel, auf das hin alles gerichtet ist, bildet der Autor selbst, besser: die Vorstellung, die er von seinem Werden und seinem Ich hat. Sie ist Bezugspunkt und Organisationspunkt zugleich. Denn das Gesamtbild der eigenen Persönlichkeit wirkt wieder auf die Darstellung. Der Verfasser sucht die innere Kontinuität zu finden und aufzuzeigen. Die Einzelheiten erhalten ihren Sinn vom Ganzen des Lebens, jene Bedeutung, die ihnen, als repräsentativ für die Entwicklung, zukommt. Sie sind aber auch untereinander wieder auf vielfache Weise verknüpft und verbunden, stehen

117 Vgl. Ingrid Aichinger: Probleme der Autobiographie als Sprachkunstwerk [1970]. Wiederabdruck in: Günther Niggl (Hrsg.): Die Autobiographie. A. a. O. (wie Anm. 8), S. 170–199.

118 Vgl. Johannes Fried: Geschichte und Gehirn. In: Christian Geyer (Hrsg.): Hirnforschung und Willensfreiheit. Frankfurt a. M.: Suhrkamp [2]2009, S. 111–133.

119 Vgl. Peter Sloterdijk: Literatur und Organisation von Lebenserfahrung. Autobiographien der Zwanziger Jahre. München: Hanser 1978, S. 319.

120 Wilhelm Dilthey: Der Aufbau der geschichtlichen Welt in den Geisteswissenschaften [1906–1911]. In Auszügen wiederabgedruckt in Günther Niggl (Hrsg.): Die Autobiographie. A. a. O. (wie Anm. 8), S. 21–32; hier: S. 30.

121 Ebenda, S. 29.

nicht für sich allein. So findet neben der Analyse auch eine Synthese statt, und der Vorgang kann als ständige Wechselwirkung gesehen werden.«[122]

Kritiker dieses aristotelisch beeinflussten Verständnisses eines Selbstentwurfs im hermeneutischen Zirkel geben demgegenüber nicht nur zu bedenken, dass das hier erkennbare Streben nach einstimmigen Beschreibungen des Lebens in Form möglichst kohärenter Erzählungen, die sich »einer bedeutungsvollen und zielgerichteten Abfolge« aller einzelnen Ereignisse verdanken, eine philosophisch unterkomplexe, »triviale Vorstellung von Existenz« widerspiegeln würde. Vielmehr könne sich dieses Streben in ganz lebenspraktischer Hinsicht auch als kontraproduktiv für den Erhalt der psychischen Gesundheit erweisen, sofern das Individuum das »Postulat der Sinnhaftigkeit der berichteten Existenz« als gesellschaftlichen Zwang erlebt, dem es nicht gerecht werden kann oder nicht gerecht werden will. Das teleologische Deutungsmuster erweise sich in solchen Fällen als Merkmal einer Textsorte, die den »Institutionen der Totalisierung und Vereinheitlichung des Ich« zugerechnet werden müsse.[123]

Entsprechend betont auch der Psychoanalytiker Christopher Bollas, dass ein auf Dauer gestelltes, gesundes Verhältnis einer Person zu sich selbst eine Haltung der Toleranz gegenüber einer Pluralität innerer Zustände und Erfahrungen erfordere, während die Idee, dass das gesamte Leben adäquat in einer einzigen großen Erzählung wiedergegeben werden könne, mitunter ein drastisches Gegenteil bewirke.[124] Neben der politischen Implikation, dass es sich bei einem solchen Denken (»*eine* Stimme, *eine* These«) um eine Geisteshaltung handele, die nicht zuletzt auch für faschistische Ideologien anfällig mache,[125] ist im Anschluss an den genannten Autor v. a. von einschränkenden Auswirkungen auf die individuelle Gestaltung des weiteren Lebens auszugehen. Eine Ausrichtung auf einen singulären Erzählfaden führe immerhin schnell dazu, dass sich Personen ganz in den Dienst eines Hobbys, einer Arbeit, eines einzelnen Menschen oder einer sozialen Gruppe stellen. Sprichwörtlich setzen sie damit aber alles auf eine Karte, so dass ein Scheitern einen umso radikaleren Verlust von Orientierungen und Gewissheiten bedeuten könne. Als Beispiel führt Donald P. Spence aus psychiatrischer Sicht u. a. das weit verbreitete Phänomen der depressiven Lebenskrise infolge einer Frühverrentung an, von dem zuvorderst Menschen betrof-

122 Ingrid Aichinger: A. a. O. (wie Anm. 117), S. 170–199; hier: S. 184.

123 Vgl. Pierre Bourdieu: Die biographische Illusion. In: BIOS. Zeitschrift für Biographieforschung und Oral History. H. 1/1990, S. 75–81; hier: S. 77.

124 Vgl. Christopher Bollas: Being a Character. Psychoanalysis and Self Experience. New York: Routledge 1992.

125 Vgl. Donald P. Spence: Das Leben rekonstruieren. Geschichten eines unzuverlässigen Erzählers. In: Jürgen Straub (Hrsg.): Erzählung, Identität und historisches Bewusstsein. Die psychologische Konstruktion von Zeit und Geschichte. Bd. 1. Frankfurt a. M.: Suhrkamp 1998, S. 203–225; hier: S. 203. [Hervorhebung im Original.]

fen seien, die sich für eine lange Zeit nahezu ausschließlich über ihre Berufsrollen definiert haben.[126]

Es lässt sich, zur weiteren Erläuterung, gut zeigen, wie etwa Sigmund Freuds Überlegungen zur Technik der Psychoanalyse zwischen dem hermeneutischen Denken Diltheys und einem konstruktivistischen Verständnis der Interpretation von Lebensgeschichten schwanken. So findet sich bei ihm zum einen die Überzeugung, dass problematische, ins Unbewusste abgesunkene Begebenheiten im Lebensverlauf freizulegen seien und ihre kausalen Zusammenhänge mit dem Befinden des Patienten mit möglichst großer Genauigkeit so rekonstruiert werden müssten, wie sie durch die Vergangenheit real vorgegeben sind. Für diese Tätigkeit, und vielleicht auch für die dabei gebotene Behutsamkeit, schien ihm das Bild des Archäologen besonders geeignet.[127] In einem zweiten Vergleich mit der Arbeitsweise eines Bildhauers ist hingegen ein anderer Zugriff auf die Erinnerung zu erkennen:[128]

> »Dem Künstler steht es frei, ob er das Material seiner Vita mit gröberen oder feineren Werkzeugen bearbeitet, welche Details er dabei akzentuiert und welche er weglässt. Er modelliert nach einer eigenen Idee, die er dem Stoff aufzwingt, während umgekehrt aber auch die vorgefundenen Begebenheiten in diesem selbst zu Modifikationen des ursprünglichen Plans führen können. Entscheidend für die gelingende Integration des Gewesenen in das zu lebende Leben ist nicht mehr die strenge Authentizität des Hervorgeholten. Der Mensch gewinnt vielmehr in einer deutlicheren Weise die Macht über seine Vergangenheit zurück, weil er sie nicht als abgeschlossene Totalität hinnehmen muss, sondern nachträglich noch umzugestalten vermag.«[129]

2.3.2. Selbstfindung

Freuds Werk steht damit, in den Worten Dieter Thomäs, zugleich zwischen den Logiken der *Selbstfindung* und *Selbsterfindung*.[130] Dabei beschreibt Thomä erstere, die er an der Position MacIntyres festmacht,[131] als Prozess einer Suche nach möglichen Konstituenten der eigenen Identität. Im Unterschied zum schon angesprochenen

126 Vgl. ebenda, S. 203–206.

127 Vgl. Sigmund Freud: Das Unbehagen in der Kultur [1930]. In: Derselbe: Studienausgabe. Frankfurt a. M.: Fischer 2000, Bd. IX, S. 197–270; hier: S. 201–203.

128 Vgl. derselbe: Über Psychotherapie [1904]. Ebenda. Ergänzungsband, S. 109–119; hier: S. 112.

129 Annekatrin Fey; Volker Haase: A. a. O. (wie Anm. 30), S. 33.

130 Vgl. Dieter Thomä: Erzähle dich selbst. A. a. O. (wie Anm. 91), S. 56–58.

131 Vgl. ebenda, S. 83–121. Alasdair MacIntyre: Der Verlust der Tugend. Zur moralischen Krise der Gegenwart. Frankfurt a. M.: Suhrkamp 1995.

Paradigma der *Selbstbestimmung* (vgl. Kapitel 2.2.2) ist jemandem, der seine autobiografische Reflexionstätigkeit auf diese Weise ausrichtet, zwingend bewusst, dass er sie in der Art einer Erzählung organisiert. Dies bedeutet zunächst, dass er aus seinen Erinnerungen und aus sonstigem Material, das mit seinem Lebensverlauf im Zusammenhang steht, gezielt auswählt, was sich paradigmatisch als erster Hinweis oder weiterer Beleg für evtl. charakteristische Persönlichkeitsmerkmale eignen könnte.[132] Desweiteren ist zumindest auch davon auszugehen, dass die Person die solcherart selektierten Elemente so anordnet und verknüpft, dass plausible Ursprünge, weitere Genesen und vor allem auch Auswirkungen der aufgefundenen Charakteristika auf das Verhalten nachvollziehbar gemacht werden:

> »Ich stelle heraus, was mir an mir wichtig ist, charakterisiere mich als eine Figur, die mit den Haltungen, die ich ihr zuschreibe, auch leitend ist für mein gegenwärtiges und zukünftiges Handeln.«[133]

In der Forschung wird zurecht immer wieder auf Goethes »Dichtung und Wahrheit« als Text hingewiesen, der vorbildgebend für die entsprechende autobiografische Praxis gewirkt hat, die dieser zusätzlich in den »Gesprächen mit Eckermann« auch theoretisch reflektierte:

> »Es geht Goethe nicht um mitteilenswerte Fakten, sondern um den übergeordneten Sinnzusammenhang seines Lebens, die Bedeutung, deren Interpretation dem Leser nahegelegt wird.«[134]

Auf eine solche Selbsterkenntnis zielt z. B. auch Karl Jaspers ab, wenn er am Ende eines chronologischen Durchganges durch sein Leben Tendenzen in seinen »Schriften im Ganzen« ausmachen will, die zugleich seine gesamte »geistige Entwicklung […] von Kindheit an« kennzeichnen.[135] An der hier behaupteten Kontinuität des Denkens kann allerdings bei näherem Hinsehen durchaus gezweifelt werden. Zumindest dokumentiert sich in der Editionsgeschichte des zitierten Buches auch eine tiefgreifende Verstörung der eigenen Orientierungen, die mit dem persönlichen Bruch mit Heidegger zusammenhängen, auf welchen Jaspers in der ersten Auflage noch gar nicht eingegangen war.[136]

132 Vgl. Dieter Thomä: Erzähle dich selbst. A. a. O. (wie Anm. 91), S. 11.

133 Ebenda, S. 15.

134 Klaus G. Imgenberg; Heribert Seifert: Autobiographische Texte. Stuttgart: Reclam 1985, S. 95. Vgl. ganz ähnlich auch Martina Wagner-Egelhaaf: A. a. O. (wie Anm. 5), S. 169.

135 Vgl. Karl Jaspers: Philosophische Autobiographie. Erweiterte Neuausgabe. München: Piper 1977, S. 122–136; hier zitiert: S. 122.

136 Vgl. ebenda, S. 2; 92–111.

2.3.3. *Selbsterfindung*

Vom Anspruch der *Selbsterkenntnis* unterscheidet sich die Idee der *Selbsterfindung* nach Thomä dadurch, dass es ihr nicht so sehr um die »Hoffnung [geht], sich an etwas Verläßliches halten zu können«, sondern vielmehr um »die Sehnsucht, die Last der Faktizität abzuschütteln«.[137] Thomä analysiert dieses konstruktivistische Verständnis der Autobiografie v. a. anhand von Überlegungen Nietzsches und Rortys.[138] Es ist in einer besonderen Weise instrumentell, indem es sich von der Frage leiten lässt, wie alltagstauglich, glücklich oder moralisch gerechtfertigt einer Person ihr Leben im Ergebnis ihrer autobiografischen Schilderung erscheint. Die Maßstäbe für deren Gelingen können also technischer, teleologischer oder ethischer Natur sein,[139] wobei es letztlich immer darum geht, mit Hilfe der Erzählung eine innere Zufriedenheit mit sich selbst herzustellen.[140] Die eigene Person zu diesem Zweck hin und wieder neu zu erfinden, bedeutet entsprechend, die bisher erzählte Lebensgeschichte zu revidieren, wobei jeweils andere persönliche Eigenschaften und Erinnerungen in den Mittelpunkt gerückt und bestimmte, immer schon zentrale Episoden in diesem neuen Kontext auch uminterpretiert werden. Dieser Logik sieht sich seit den 1980er Jahren auch die sog. *Narrative Psychologie* verpflichtet. In der entsprechenden therapeutischen Praxis werden autobiografische Schilderungen von belastenden Erlebnissen gezielt angeregt, um sie in weiteren Schritten mit literarischen Mitteln des Erzählens zu bearbeiten. Dabei können nicht nur Selbstbilder durch die Wahl eines alternativen Verlaufes der Lebensgeschichte i. S. einer Umwertung einzelner Episoden stabilisiert werden. Es können sich darüber hinaus auch bewusste Verfremdungen i. S. einer *Linguistischen Trennung* des Subjektes von seinem Leiden als sinnvoll erweisen, wobei u. a. mit Metaphern, aber auch mit spezifischen Erzählstrategien fiktionaler Textsorten – wie z. B. denen des Märchens – gearbeitet wird.[141] In präventiver Hinsicht erhebt Peter Sloterdijk die hier maßgebliche Idee einer erfolgsorientierten Revision lebensverlaufsbezogener Daten zur »Anthropotechnik«, in deren Einübung er nichts Geringeres als ein Überlebensgebot in der modernen Massenkultur sehen will.[142]

137 Dieter Thomä: Erzähle dich selbst. A. a. O. (wie Anm. 91), S. 15.

138 Vgl. ebenda, S. 122–165.

139 Vgl. Volker Haase: Selbstkompetenz und autobiografische Narration. A. a. O. (wie Anm. 21), S. 92.

140 Vgl. Dieter Thomä: Erzähle dich selbst. A. a. O. (wie Anm. 91), S. 163.

141 Vgl. zusammenfassend Volker Haase: Selbstkompetenz und autobiografische Narration. A. a. O. (wie Anm. 25), S. 96 f.

142 Vgl. Peter Sloterdijk: Du musst dein Leben ändern. Über Anthropotechnik. Frankfurt a. M.: Suhrkamp 2009.

2.3.4. *Selbstliebe*

Thomä zeigt sich allerdings weder mit der Logik der Selbstfindung noch mit der der Selbsterfindung einverstanden. Erstere ist für ihn zum Scheitern verurteilt, weil das im Ergebnis entstehende Selbstbild entweder jederzeit durch eine spürbare Differenz im weiteren Erleben gefährdet werden kann oder die persönlichen Entwicklungsmöglichkeiten in der Gegenwart und Zukunft durch Fixierungen und Verlustängste bis zur Alltagsuntauglichkeit limitiert. In eine ähnliche Sackgasse gerät seiner Meinung nach aber auch schnell der Modus der Selbsterfindung, wobei »dem erfundenen Konstrukt das Leben, dem es gewidmet ist«, womöglich noch schneller entschlüpft.[143] Er regt daher an, bei der autobiografischen Interpretationsarbeit von der Idee einer das gesamte Leben umgreifenden, in sich geschlossenen und ein kohärentes Subjekt abbildenden Erzählung abzusehen, und formuliert als alternativen Vorschlag das Modell einer *Selbstliebe*.[144] Ohne dies explizit zu machen, schließt er sich damit nicht zuletzt der psychologischen Idee der selbstbezogenen *Achtsamkeit* an: »Die Fragen ›Wer bin ich‹ oder ›Wer will ich sein‹, die in Erzählungen eine immer zu billige Antwort bekommen, sind der Frage ›Wie geht es mir‹ nachzuordnen.«[145] Konkret ist er der Auffassung, dass autobiografische Interpretationen – und zwar in der Gestalt kleinerer, episodischer Erzählungen – immer dann nützlich sind, wenn es darum geht, eine positive Erfahrung für den Zugewinn an Zufriedenheit und psychischer Gesundheit noch weiter auszukosten, oder wenn das eigene Erleben in bestimmten, gegenwärtigen Situationen seine gefühlte »Stimmigkeit« verloren hat.[146] Zur Verdeutlichung führt er die Konstellation einer »Entscheidungskrise« vor Augen, in der eine Person ratlos darüber ist, welchen unter verschiedenen möglichen Wegen sie in der konkreten Lebenssituation einschlagen soll:

> »In diesen Fällen tritt neben die prospektive eine retrospektive Bemühung, die sich der Form der Erzählung bedient. Mit ihrer Hilfe kann man die Vorgeschichte von Hemmungen und Neigungen auskundschaften, die man irritierend findet, man stößt auf verschwiegene Beziehungen zwischen Geschehnissen und Erfahrungen, die scheinbar nichts miteinander zu tun haben [...].«[147]

Vergleichbares gilt offenbar für den Umgang mit einem Gesinnungswandel, dem eine Person mitunter auch in scheinbarer Plötzlichkeit ausgesetzt sein kann, ohne dafür

143 Vgl. Dieter Thomä: Erzähle dich selbst. A. a. O. (wie Anm. 91), S. 163 f.

144 Vgl. ebenda, S. 166–273.

145 Ebenda, S. 270, 273.

146 Vgl. ebenda, S. 254, 266.

147 Ebenda, S. 263.

selbst sogleich eine passende Erklärung zu haben, was Tim Henning am Beispiel eines Menschen aufzeigt, der eine Unlust verspürt, weiterhin dem von ihm ergriffenen Beruf nachzugehen.[148]

Einen besonderen Gewinn aus narrativ angelegten, auf den eigenen Lebensverlauf bezogenen Interpretationen sehen die genannten Autoren also in der punktuellen Identifizierung und kausalen Erklärung veränderter persönlicher Einstellungen, um sie in einem zweiten Schritt an bislang für selbstverständlich gehaltenen, zukunftsweisenden Plänen produktiv zu spiegeln. Im Weggang von der Idee einer totalen Lebenserzählung beruft sich Thomä u. a. auf Walter Benjamin, den die Feststellung, dass die »Ganzheit« des gelebten Lebens in seinem realen Facettenreichtum und seiner Widersprüchlichkeit nur in einer Vielzahl von »Bildern« bzw. »Ansichten der eigenen Person« seriös repräsentiert werden könne, zum essayistischen Schreibstil führte.[149] Innerhalb der europäischen Geistesgeschichte war es vor diesem allerdings bereits Montaigne, der den momentanen und taktischen Charakter aller autobiografischen Äußerungen in markanter Form behauptete, um eine der beiden Traditionslinien des Essays zu begründen. Entsprechend heißt es bei diesem:

> »Die Welt ist ein Ding, welches niemals feste stehet. Alles wanket in derselben beständig, die Erde, des Caucasus Felsen, die egyptischen Pyramiden; alles fühlet so wohl die allgemeine, als seine besondere Veränderung. Nichts, was mir vorkömmt, kann ich feste halten: es gehet vor mir verwirrt und wankend, und mit einem natürlichen Taumeln vorüber. Ich betrachte also alles so, wie es den Augenblick beschaffen ist, in welchem ich es betrachte. Ich entwerfe nicht der Dinge Wesen, sondern ihr Vorübergehen, und zwar nicht im Vorübergehen[,] das nur alle Menschenalter, oder wie der gemeine Mann spricht, alle sieben Jahre zu sehen ist, sondern ein solches, das von Stunden zu Stunden, und von Minuten zu Minuten vorgehet. Ich richte meine Geschichte nach der Stunde ein, in welcher ich sie schreibe. Ich kann bald in andere Umstände gerathen, oder mich zu etwas anderem entschliessen.«[150]

Im Ergebnis handelt es sich um ein »Verfahren der autobiografischen Selbstvergegenständlichung« bzw. »Selbstzergliederung, die [...] das sezierte autobiographische Ich nicht als eine in *einem* Referenzpunkt fundierte Einheit, vielmehr als ein multifokales,

148 Vgl. Tim Henning: Person sein und Geschichten erzählen. Eine Studie über personale Autonomie und narrative Gründe. Berlin; New York: Walter de Gruyter 2009, S. 90.

149 Vgl. Dieter Thomä: Erzähle dich selbst. A. a. O. (wie Anm. 91), S. 222–245. Walter Benjamin: Der Erzähler. Betrachtungen zum Werk Nikolai Lesskows. In: Derselbe: Erzählen. Schriften zur Theorie der Narration und zur literarischen Prosa. Ausgewählt und mit einem Nachwort von Alexander Honold. Frankfurt a. M.: Suhrkamp 2007, S. 103–128

150 Michel de Montaigne: Essais. Nach der deutschen Gesamtausgabe von Johann Daniel Tietz [1753 f.]. Durchgesehene Neuausgabe. Frankfurt a. M.: Zweitausendeins 2010. III.2, S. 892.

gleichsam komposites und zum Zwecke der Beschauung wieder in seine Bestandteile zerlegbares Wesen erscheinen lässt«.[151]

Festgehalten werden soll am Ende dieses Abschnittes zum einen, dass die im Philosophie- und Ethikunterricht bereits praktizierte Textsorte des Essays fachdidaktisch noch stärker hinsichtlich ihrer autobiografischen Wurzel und ihres weiteren Zusammenhanges mit Fragen der Identitätsbildung in den Blick genommen werden sollte, was sich auch i. S. einer systematischen schreibcurricularen Kompetenzentwicklung positiv auf die Qualität der Schreibleistungen auswirken könnte. Zum anderen soll hier schon angemerkt sein, dass die von Thomä unterschiedenen Konzepte der Selbstfindung, Selbsterfindung und der Selbstliebe in wesentlichen Zügen mit den drei avancierteren *Typen der historischen Sinnbildung* übereinstimmen, die der Geschichtsdidaktiker Jörn Rüsen herausgearbeitet hat und die in der vorliegenden Arbeit im 4. Kapitel hinsichtlich ihres möglichen Beitrages zur Ausdifferenzierung einer Autobiografischen Narrationskompetenz für den Philosophie- und Ethikunterricht untersucht werden sollen.

151 Martina Wagner-Egelhaaf: A. a. O. (wie Anm. 5), S. 143 f. [Hervorhebung im Original.]

2.4. Strategische Selbstpräsentationen

Adäquat kann eine Darstellung des eigenen Lebens nicht nur hinsichtlich einer möglichst tatsachengetreuen Abbildung der gelebten Vergangenheit oder bzgl. ihres konstruktiven Sinnstiftungspotenzials für denjenigen sein, der über sich selbst berichtet. Vielmehr folgen autobiografische Schilderungen in bestimmten Kontexten auch strategischen Zielsetzungen gegenüber anderen Personen. V. a. geht es dabei um ein Aushandeln des Verhältnisses von Selbst- und Fremdbildern. Die spürbare Differenz zwischen beiden Bereichen ist auch bei Philosophinnen und Philosophen eine der wichtigsten Quellen strategischer autobiografischer Selbstpräsentationen. Sie geht aber nicht erst, wie sich in diesem Teilkapitel zeigen wird, auf den Druck der modernen Medien und die durch sie veränderten Bedingungen der Aufmerksamkeitserzeugung zurück, wie von Gernot Böhme behauptet:

> »Ein Grund dafür, dass Autoren, hier speziell Philosophen, nicht einfach wie Mauerblümchen darauf warten, dass man sie entdeckt, sondern sich selbst in Szene setzen, könnte die Tatsache sein, dass wir im Medienzeitalter leben. [...] Wir sprechen vom Medienzeitalter von dem Zeitpunkt an, wo das Spektrum der Medien, das es natürlich schon vorher gab, durch Rundfunk, Film und Fernsehen und schließlich das Internet erheblich erweitert wurde.«[152]

Vielmehr konstatiert z. B. Jean Starobinski schon für Rousseau:

> »Was die autobiographischen Schriften in Frage stellen, ist nicht die Möglichkeit eigentlicher Selbsterkenntnis, sondern Jean-Jacques' Anerkennung durch die anderen. Was in seinen Augen in der Tat problematisch erscheint, ist nicht die Klarheit des Selbstbewußtseins, die Übereinstimmung von ›an sich‹ und ›für sich‹, sondern die Umsetzung des Selbstbewußtseins in Anerkennung von außen.«[153]

Der Beweggrund für autobiografische Äußerungen ist hier also eine Auffassung, die ein Mensch von sich selbst hat, die aber von seinem Umfeld nach eigener Einschätzung nicht hinreichend geteilt wird. Es ist allerdings auch denkbar, dass jemand von sich ein Bild vermitteln will, an das er zum Zeitpunkt der autobiografischen Äußerung selbst gar nicht unverbrüchlich glaubt. In den Blick kommen hier zunächst strategische Ausreden hinsichtlich sozial unerwünschter Verhaltensweisen und Eigenschaften, wobei Fritz Breithaupt so weit geht, darin den evolutionstheoretisch nachvollziehbaren

152 Gernot Böhme: Selbstinszenierung. Über Ruhm in der Philosophie. Vortrag vom 13.09.2014, gehalten auf dem Philosophiefestival in Modena. Auf: www.information-philosophie.de. Online seit: 29.01.2015. Zugriff: 08.09.2016.

153 Jean Starobinski: Rousseau. Eine Welt von Widerständen [1971]. Frankfurt a. M.: Fischer 2012, S. 271.

Ursprung der autobiografischen Narration, und sogar jeglichen Erzählens, zu sehen. Für ihn ist dieses typischerweise in einen speziellen sozialen Interaktionsrahmen eingebettet:

> »Die dialogische Form der Anklage und Verteidigung, so die Vermutung in diesem Buch, ist nicht nur das Wesen der Ausrede, sondern jeder Form von Narration und der von ihr abgeleiteten Institutionen. Dies zeigt sich etwa an der Entwicklung der Verantwortung. [...] Verantwortung leitet sich von der Möglichkeit und Pflicht zur Antwort auf eine Anklage ab. Ausreden sind entsprechend kein Unfall, sondern struktureller Teil der Verantwortung. Wer eine Ausrede hat, verantwortet sich damit. Ob die Ausrede akzeptiert wird, ist damit natürlich nicht gesagt.«[154]

2.4.1. Selbstverteidigung

Eine Ausrede muss, nach diesem Verständnis, allerdings nicht zwingend auf eine Täuschungsabsicht hinauslaufen, indem etwa bestimmte Motive, Umstände und Folgen einer Tat in ein günstigeres, aber bewusst falsches Licht gerückt werden. Vielmehr können sich Personen auch aus einem Vorwurf herausreden, dem sie sich selbst zu Unrecht ausgesetzt fühlen. Einen regelrechten Zwang zu einer so gearteten Selbstverteidigung findet man, gepaart mit Verfolgungsangst, nun eben im autobiografischen Schreiben Rousseaus.[155] Wie nahe dieser dabei Breithaupts Idee der Gerichtsrede als Ur-Institution des Narrativen kommt, erweist sich ebenso in der Titelwahl wie in der dialogischen Komposition seines Textes »Rousseau juge de Jean-Jacques«. Hier ist freilich auch eine gewisse Hybris im Spiel. Rousseau will ja nicht nur, wie Augustinus, keinen anderen Menschen über sich richten lassen. Er besetzt vielmehr die eigentlich beurteilende Position, die Gott bei diesem innehatte, konsequent mit sich selbst.[156]

Mit einiger Plausibilität kann Breithaupts These auf die Tatsache gestützt werden, dass strategische autobiografische Äußerungen im abendländischen Kulturkreis bereits als fester Bestandteil der antiken Gerichtsrede nachweisbar sind.[157] Im Hellenismus und im antiken Rom kam dann der politische Tatenbericht hinzu.[158] Auch bei letzterem handelt es sich um eine öffentliche Selbstrechtfertigung, denn es geht

154 Vgl. Fritz Breithaupt: Kultur der Ausrede. Frankfurt a. M.: Suhrkamp 2012, v. a. S. 22–59.

155 Vgl. Jean Starobinski: A. a. O. (wie Anm. 153), S. 76, 356. Betont wird hier zugleich die identitätssichernde Funktion dieser Fixierung im Denkens Rousseaus.

156 Vgl. Heinrich Meyer: Über das Glück des philosophischen Lebens. Reflexionen zu Rousseaus Rêveries. München: Beck 2011, S. 45.

157 Vgl. Detlev Dornmeyer: Griechische Biographien. In: Christian Klein (Hrsg.): A. a. O. (wie Anm. 57), S. 221–266; hier: S. 226.

158 Vgl. Martina Wagner-Egelhaaf: A. a. O. (wie Anm. 5), S. 108–111.

in solchen *Res Gestae* darum, politische Entscheidungen nachträglich zu legitimieren und auf diese Weise die Anerkennung der eigenen Lebensleistung als feste Größe in der Historie zu bewerben. Beeinflusst ist diese machtpolitische Form der kollektiven Gedächtnisarbeit nicht zuletzt vom Genre der Philosophenbiografie, die auch ihrerseits einen festen Bezugspunkt in der antiken Gerichtsverhandlung hat.[159] Deutlich wird der bezeichnete Konnex zwischen philosophischem Werk, gerichtlicher Selbstverteidigung und autobiografischem Sprechen zuerst in der »Apologie« des Sokrates, wie sie von Platon überliefert wird, auch wenn es sich hierbei um stark fiktionalisierte Äußerungen handeln dürfte. Entsprechend schreibt etwa Gadamer, entgegen einer Behauptung bei Vlastos, der im Platonischen Frühwerk einen weitgehend authentischen Sokrates erkennen will:[160]

> »Es gibt nur den idealisierenden Blick, durch den das Vorüberziehende, Ephemere eines in Bildung begriffenen oder eines verfallenen Gesichtes oder gar die Erscheinung einer ganzen Figur sich zur bleibenden Gestalt erhebt. [...] Alles ist mit da, was davor und was danach kam, und die ganze Lebensgeschichte wird ›erzählt‹, wie sie das Auge des Künstlers herausliest.«[161]

Wie ausschlaggebend die sokratisch-platonische Strategie der autobiografischen Rechtfertigung und geistigen Nachlassverwaltung war, zeigt sich schon an ihrer Nachahmung durch den politischen Schriftsteller und Rhetoriker Isokrates. Dieser benutzt in der Schrift »Antidosis« »das Schema der Verteidigungsrede nur als Rahmen und fiktive Legitimation, [um] über die eigene Person sprechen zu können«,[162] und legt dieses Kalkül als solches auch offen. Obwohl der Titel der Rede eine Stellungnahme im Rahmen einer Anhörung in der Sache eines Vermögenstausches suggeriert, schreibt Isokrates schon am Anfang entsprechend:

> »Weil ich also bemerkt hatte [...], daß mehr Leute als von mir angenommen in bezug auf mich eine falsche Ansicht vertraten, überlegte ich, wie ich ihnen und der Nachwelt zeigen könnte, welchen Charakter ich habe, welches Leben ich führe, mit welcher Erziehung ich mich beschäftige, und wie ich es nicht hinnehmen müßte, ohne ein gerechtes Urteil in diesen Fragen zu bleiben oder ein Opfer der Leute zu werden, die es gewohnt sind, Verleumdungen zu verbreiten, wie es jetzt geschehen

159 Vgl. Detlev Dornmeyer: A. a. O. (wie Anm. 157), S. 222.

160 Vgl. Gregory Vlastos: Sokrates: Ironist and Moral Philosopher. Cambridge: University Press 1991, S. 47–49. Kritisch hierzu: Günter Figal: Sokrates. München: Beck ²1998, S. 16–22.

161 Hans-Georg Gadamer: Plato als Porträtist. In: Derselbe: Gesammelte Werke. Bd. 7: Griechische Philosophie III: Plato im Dialog. Tübingen: Mohr 1991, S. 228–257; hier: S. 233.

162 Vgl. Martina Wagner-Egelhaaf: A. a. O. (wie Anm. 5), S. 107.

ist. Bei meinen Überlegungen fand ich also heraus, daß ich mein Ziel wahrscheinlich nur erreichen würde, wenn ich eine Rede schriebe, gleichsam als ein Bild meiner Gesinnung und meiner Lebensführung insgesamt. Ich hoffte nämlich, daß dadurch alles, was meine Person angeht, am besten geklärt werden könnte und daß mit dieser Rede ein weit schöneres Denkmal von mir zurückbliebe als dies etwa mit Bronzestatuen der Fall wäre. Ich mußte aber erkennen, daß ich, wenn ich zu meinem eigenen Lob spräche, nicht in der Lage wäre, alles zu behandeln, was ich gerne erwähnt hätte, noch darüber reden könnte, ohne Mißgunst und Neid zu erregen. Ich erkannte aber auch, daß ich über alles, was ich mir vorgenommen hatte, am besten sprechen könnte, wenn ich meiner Rede die folgende Situation zugrunde legte: Wenn ich eine Auseinandersetzung vor Gericht und einen gegen mich geführten Prozeß fingieren und einen Sykophanten einführen würde, der mich anklagt und mir Schwierigkeiten macht [...], wenn ich selbst aber meine Rede in Form einer Verteidigungsrede schriebe.«[163]

Dass es sich hierbei um eine kulturgeschichtliche Innovation handelt, scheint dem Verfasser nicht nur klar gewesen zu sein. Er lässt vielmehr sein Publikum auch an dieser Erkenntnis selbstbewusst teilhaben. Der Beginn des unverhohlenen autobiografischen Schreibens fällt damit mit der ersten gattungstheoretischen Metareflexion über solche Äußerungen in eins – und mehr noch: bei Isokrates geht die Theorie der Praxis sogar um einen Absatz voraus. Tatsächlich gibt er noch etwas früher im Text zu bedenken, warum eine solche Einleitung überhaupt nottut:

»Wäre die Rede, die hier vorgetragen werden soll, den Reden ähnlich, die für Gerichtsverhandlungen oder als Musterreden geschrieben werden, hätte ich, wie ich glaube, auf Vorbemerkungen verzichtet. Da diese Rede jedoch etwas Neuartiges und Ungewöhnliches ist, muß ich zunächst die Gründe anführen, die mich dazu bewogen haben, eine Rede zu verfassen, die sich so sehr von den anderen unterscheidet. Kann ich die Gründe hierfür nicht plausibel machen, so wird diese Rede vermutlich vielen merkwürdig vorkommen.«[164]

Isokrates versucht sich daraufhin »gegen die Behauptung der Sophisten zu verwahren, er sei lediglich ein Prozessschreiber«.[165] Er stellt sich außerdem, indem er sich gegen eine vermeintliche Bezichtigung als Verderber der Jugend wehrt,[166] demonstrativ in

163 Isokrates: Antidosis oder über den Vermögenstausch. In: Sämtliche Werke. Bd. II. Übersetzt von Christine Ley-Hutton. Eingeleitet und erläutert von Kai Brodersen. Stuttgart: Hiersemann 1997, S. 117–178; hier: S. 118.

164 Ebenda, S. 117.

165 Martina Wagner-Egelhaaf: A. a. O. (wie Anm. 5), S. 107.

166 Vgl. Isokrates: A. a. O. (wie Anm. 163), S. 134–136.

eine Reihe mit Sokrates. Auf diese Weise fordert der bereits betagte Verfasser von der Nachwelt eine Anerkennung als ernstzunehmender Philosoph ein. Wie notwendig dieses Bestreben tatsächlich war, zeigt die Abwertung, die ihm noch bis weit in das 20. Jahrhundert hinein widerfuhr,[167] wobei nicht nur die quasi reformpädagogische Originalität seines Bildungskonzeptes unterbewertet geblieben zu sein scheint, sondern v. a. auch die Relevanz seiner staatsphilosophischen Äußerungen hinsichtlich der Wichtigkeit von politischer Transparenz für die Meinungsbildung in Demokratien.[168] Generell kann bei ihm ein erstaunlich modern anmutender Pragmatismus festgestellt werden, der »allen Illusionen eine Absage erteilt, es könne in der Politik eine auf Expertenwissen oder besondere Einsicht gegründete letzte Wahrheit erreichbar sein.«[169]

Es ist freilich kein Geringerer als Platon, auf den die Kritik hier am deutlichsten zielt. Interessant ist, dass dieser solchen Einsprüchen gegenüber nicht nur in seiner politischen Philosophie i. e. S., sondern gerade auch in einer autobiografischen Schilderung weitgehend verschlossen bleibt, indem er für die Aufrechterhaltung seiner Idee des Philosophenstaates im »Siebten Brief« ebenfalls in den Modus einer Selbstrechtfertigung verfällt. Um eine Image-Kampagne handelt es sich bei diesem Text, seine Echtheit vorausgesetzt,[170] deshalb, weil offensichtlich als Adressatenkreis ein viel größeres Publikum intendiert war als die tatsächlich angegebenen Vertrauten seines Freundes Dion.[171] Platon bemüht sich in dieser Schrift hauptsächlich um eine Erklärung dafür, dass er während mehrerer Reisen nach Sizilien in dem Bestreben gescheitert war, am Hof des Tyrannen Dionysios II. »seine idealstaatlichen Vorstellungen in die Realität umzusetzen«. Dabei geht er detailliert »auf seinen persönlichen, seinen politischen und seinen philosophischen Werdegang ein«,[172] um zu zeigen, in welcher Weise und aus welchen Gründen er sich zu einem entsprechenden Engagement bewogen gefühlt hatte. Zunächst gibt er seine persönlichen Eindrücke von »der allgemeinen Verwirrung der Dinge« wieder, die nach dem Sturz der Oligarchie in Athen zur Hinrichtung des Sokrates führte.[173] Aus dieser und ähnlich gelagerten

167 Vgl. beispielhaft u. a. Albin Lesky: Geschichte der griechischen Literatur. Bern; München: Saur ^{3}1971, S. 663. Jochen Bleicken: Die athenische Demokratie. Paderborn [u. a.]: Schöningh ^{2}1994, S. 389.

168 Vgl. Wolfgang Orth: Perspektiven der gegenwärtigen Isokrates-Rezeption. In: Derselbe (Hrsg.): Isokrates. Neue Ansätze zur Bewertung eines politischen Schriftstellers. Trier: Wissenschaftlicher Verlag 2003, S. 1–6.

169 Ebenda, S. 5.

170 Vgl. Kurt von Fritz: Platon in Sizilien und das Problem der Philosophenherrschaft. Berlin: Walter de Gruyter 1968, S. 5–62.

171 Vgl. die Einleitungen in Ernst Howald (Hrsg.): Die echten Briefe Platons, Zürich: Artemis 1951, S. 17; Heinrich Weinstock (Hrsg.): Platon. Die Briefe. Stuttgart: Kröner 1954, S. 33.

172 Vgl. Holger Sonnabend: Geschichte der antiken Biographie. Von Isokrates bis zur Historia Augusta. Stuttgart: Metzler 2002, S. 61.

173 Vgl. Platon: Briefe. In: Derselbe: Sämtliche Dialoge. Übersetzt und erläutert von Otto Apelt. Bd. VI. Hamburg: Meiner 1988, S. 45–88; hier: S. 45–47. [323 St.]

Desillusionierungen heraus möchte er sich von Anfang an in einer grundlegenden Überzeugung gerechtfertigt sehen:

> »[Ich meine,] daß alle jetzigen Staaten samt und sonders politisch verwahrlost sind, denn das ganze Gebiet der Gesetzgebung liegt in einem Zustand darnieder, der ohne eine ans Wunderbare grenzende Veranstaltung im Bunde mit einem glücklichen Zufall geradezu heillos ist. Und so sah ich mich denn zurückgedrängt auf die Pflege der echten Philosophie, der ich nachrühmen konnte, daß sie die Quelle der Erkenntnis ist für alles, was im öffentlichen Leben sowie für den Einzelnen als wahrhaft gerecht zu gelten hat. Es wird also die Menschheit, so erklärte ich, nicht eher von ihren Leiden erlöst werden, bis entweder die berufsmäßigen Vertreter der echten und wahren Philosophie zur Herrschaft im Staate gelangen oder bis die Inhaber der Regierungsgewalt in den Staaten infolge einer göttlichen Fügung sich zur ernstlichen Beschäftigung mit der echten Philosophie entschließen.«[174]

Ganz offensichtlich markiert Platon hier den Ursprung eines zentralen Gedankens seiner »Politeia« in der persönlichen politischen Vorerfahrung. Die Idee der Philosophenherrschaft, die sich immer wieder den Vorwurf des Abgehobenseins von der Realität einhandelt hat,[175] erscheint dadurch als Konsequenz eines praktisch geerdeten politischen Instinktes. Tatsächlich möchte Platon an der Klarheit seines Urteilsbewusstseins auch im weiteren Verlauf des Textes keinen Zweifel aufkommen lassen. So begründet er schon die Entscheidung, seine sizilianische Reise überhaupt anzutreten, ausführlich mit dem persönlichen Pflichtgefühl gegenüber Dion, der sich mit einem Eifer, der nur der Jugend nachgesehen werden könne, in die Verhältnisse in Syrakus verbissen habe.[176] Zudem ist es ihm wichtig, zu betonen, dass er die Lage vor Ort dann sofort richtig eingeschätzt habe:

> »Doch fand ich mich nach meiner Ankunft aufs höchste angewidert durch das dortige Leben, dieses ›holdselige‹ Leben, wie man es nennt, mit der ganzen Fülle italischer und syrakusischer Schlemmerei: zweimal des Tages füllt man sich den Bauch mit reichlicher Mahlzeit, schläft niemals allein in seinem Bett, und dementsprechend ist der ganze Lebenszuschnitt. Bei solcher Lebensweise kann doch niemand unter der Sonne, wenn er es von Jugend auf so treibt, jemals ein anständiger Mensch werden […]. Auch kann kein Staat, und möchte er auch noch so gute Gesetze haben, wirklich zur Ruhe kommen, wenn seine Bürger glauben, übermäßigen Aufwand betreiben zu müssen, andererseits sich für zu gut halten für jede

174 Ebenda, S. 48. [326 St.]

175 Vgl. u. a. Ernst Bloch: Das Prinzip Hoffnung. Bd. 2. Frankfurt a. M.: Suhrkamp 1985, S. 562 f.

176 Vgl. Platon: Briefe. A. a. O. (wie Anm. 173), S. 49–51. [327 St. f.]

andere Tätigkeit als Schmausereien, Trinkgelage und die mit wahrem Feuereifer betriebenen Liebesgenüsse. Es ist meiner Ansicht nach ganz unausbleiblich, daß solche Staaten unaufhörlich zwischen Tyrannenherrschaft, Oligarchie und Demokratie hin und her schwanken, und was eine gerechte und auf Gleichheit vor dem Gesetz beruhende Verfassung anlangt, so sträuben sich die Machthaber in ihnen, auch nur den bloßen Namen einer solchen sich zu Ohren kommen zu lassen.«[177]

Nachfolgend sind es wiederholte Aufzählungen von hinterlistigen Täuschungen, Erpressungen und gewaltsamen Festsetzungen seiner Person durch Dionysios II. einerseits und von Pflichtgefühlen Platons gegenüber weiteren Personen andererseits, die ihn trotz besseren Wissens zum Bleiben am Hof und zu weiterem Engagement bewegt haben sollen. Wie bestimmend im gesamten Text das Bestreben ist, die Richtigkeit der eigenen politischen Theorie angesichts des unrühmlichen Ausganges seines sizilianischen Abenteuers zu erweisen, zeigt sich über das schon Festgestellte hinaus auch an der Gründlichkeit, mit der Platon immer wieder Dokumente zitiert, die belegen sollen, wie hinterlistig er hinsichtlich bestimmter Umstände getäuscht worden sei.[178]

Offensichtlich ist gerade das bei Platon angelegte Problem der Vermittlung zwischen politischer Theorie und Praxis ein Muster, das sich in autobiografischen Selbstrechtfertigungen innerhalb der europäischen Geistesgeschichte bis in die Gegenwart hinein tradiert hat. So greift etwa auch Günther Anders diesen Topos noch auf, wenn er (in einer kritischen Wendung gegen Martin Heidegger)[179] begründet, warum gerade er, der im ersten Band der »Antiquiertheit des Menschen« so weitblickend auf die Katastrophe von Hiroshima reagiert hatte, zum atomaren Wettrüsten der folgenden Jahrzehnte bislang nichts Nennenswertes publiziert habe:

»Man wird mich fragen, warum ich diesen zweiten Band dem ersten erst heute, nach beinahe einem Vierteljahrhundert, folgen lasse. […] Was hatte mich dazu veranlaßt, mein Hauptthema: die Zerstörung der Humanität und die mögliche physische Selbstauslöschung der Menschheit, im Stich zu lassen, meine umfangreichen Konvolute fortzuschieben, nein: deren Existenz geradezu zu vergessen? Welche anderen Themen hatten mich zur Desertion verführt? Die Antwort darauf lautet: […] ich war nicht desertiert. Wenn mich etwas zum philosophischen Ver-

177 Ebenda, S. 48 f. [326 St.]

178 Vgl. z. B. ebenda, S. 88. [352 St.]

179 Vgl. Lukas Marcel Vosicky: Anders' Heidegger – Heidegger anders. In: Hans Rainer Sepp; Ion Copoeru (Hrsg.): Phenomenology. Bd. 4 (2005). Selected Essays from Northern Europe. Part 2. Bukarest: Zeta 2007, S. 921 f. Vgl. Georg Bollenbeck: Eine Geschichte der Kulturkritik. Von Rousseau bis Günther Anders. München: Beck 2007, S. 249.

stummen gebracht hat, so die Einsicht und das Gefühl, daß vis-à-vis der Gefahr des wirklichen Unterganges der Menschheit nicht allein die Beschäftigung mit deren ›bloßer Dehumanisierung‹ ein Luxus war, sondern daß selbst die ausschließliche Beschäftigung mit der Gefahr eines effektiven Unterganges, sofern sie sich auf eine nur philosophisch-theoretische beschränkte, wertlos blieb. Vielmehr empfand ich es als unabweisbar, soweit das in meiner Macht stand, wirklich teilzunehmen an dem von Tausenden geführten Kampf gegen die Bedrohung. Wenn ich meinen ersten Band im Stich gelassen habe, so also deshalb, weil ich nicht gewillt war, die in diesem vertretene *Sache* im Stich zu lassen. Ein moralisch ebenso dürftiger wie spekulativ großartiger, unterdessen weltberühmt gewordener Philosoph hat mich vor mehr als fünfzig Jahren mit dem ihm eigenen Genuß am Verachten davor gewarnt, *›je in die Praxis zu desertieren‹*. Das Wort habe ich nicht vergessen können, schon damals empfand ich diese moralisierende Warnung vor der Moral als tief unredlich. Gleichviel: Genau das habe ich getan.«[180]

2.4.2. Selbstbehauptung

Bei Anders unterbleibt auf den ersten Blick die bei Isokrates so klar erkennbare Tendenz, die Selbstverteidigung in einer größer angelegten Strategie der Nachruhmbildung i. S. einer möglichst auf Dauer gestellten Selbstbehauptung im philosophischen Diskurs aufgehen zu lassen. Auffällig ist aber doch, dass er die auf Rechtfertigung zielende Frage im oben zitierten Vorwort selbst überhaupt aufwirft. Am Ende hat sich Anders dort in einem unaufdringlichen Tonfall dann gleich doppelt ausgewiesen – in seiner praktischen Rolle für die Anti-Atom-Bewegung ebenso wie als Experte im technikphilosophischen Diskurs. Das ihm eigene Understatement hat allerdings unter publizistisch wirksamen Intellektuellen keine besondere Tradition. Stattdessen ist insbesondere im 19. Jahrhundert eine dominante Neigung dazu zu erkennen, die Bedeutung der eigenen Person und Theorie für das Wohl und Wehe der weiteren gesellschaftlichen Entwicklung zu exponieren. Wer dies tut, inszeniert sich besonders gern in der Figuration des ungehörten Mahners oder visionären Wegweisers. Befeuert werden beide Modelle nicht zuletzt durch das Vorbild Rousseaus. Dass dieser mit seiner vermeintlichen Bedeutungslosigkeit nur schlecht umgehen konnte, hat sich weiter oben bereits gezeigt. Der besonderen, entgegengesetzten Rolle, die ihm die nachfolgende Generation dann tatsächlich zuschrieb, ist allerdings durchaus skeptisch zu begegnen, worauf u. a. Iring Fetscher hinweist:

180 Günther Anders: Die Antiquiertheit des Menschen. Bd. 2: Über die Zerstörung des Lebens im Zeitalter der dritten industriellen Revolution. München: Beck [4]1988, S. 11 f. [Hervorhebung im Original.]

»Die nüchterne und detaillierte Analyse der Äußerungen wie der [...] politischen Handlungen der Revolutionäre der Jahre 1789 bis 1791 (und darüber hinaus) macht deutlich, daß die verbreitete klischeehafte Zurechnung der Französischen Revolution als ›Folge‹ der Rousseauschen Theorie nicht gehalten werden kann. Einmal spricht schon die allgemeine Erkenntnis dagegen, daß Theorien, statt realer Interessen und praktischer Bedürfnisse, das Handeln politischer Führer bestimmen, zum andren hat sich nach gründlicher Untersuchung die politische Theorie Rousseaus als tendenziell konservativ erwiesen und diese Erkenntnis war offenbar den konservativen Zeitgenossen der Französischen Revolution keineswegs entgangen.«[181]

Fetscher zufolge handelt es sich bei der entsprechenden Überbewertung Rousseaus um das Resultat eines politischen Mythos, der an dessen Selbstinszenierung zwar ansetzt, diese aber gleichwohl in einer von ihm gar nicht intendierten Richtung instrumentalisiert. Als probates Verbindungsglied habe dabei Rousseaus Idee einer moralischen Erneuerung der Menschheit gedient, die mit der autobiografischen Stilisierung seiner Lebensform im Abseits der für dekadent gehaltenen Zivilisation seiner Zeit korrespondierte. Entsprechend schreibt Fetscher:

»Rousseaus Person, sein ›unglückliches Leben‹, kombiniert mit der Faszination, die von seinen Romanfiguren ausging, war schon lange vor der Revolution zum Anlaß leidenschaftlicher Verehrung eines wahren ›Kults‹ geworden. Im Laufe der Revolution wurde der Kult des ›einsamen Denkers‹, des ›unschuldig Leidenden‹ mit dem Kult der revolutionären Erneuerung verbunden. Parallelen zwischen dem unschuldigen Volk und dem unschuldigen Denker wurden gezogen, der vorrevolutionäre Umbruch erschien als eine Art ›Auferstehung‹ des verstorbenen Dichters und Denkers.«[182]

Es ist allerdings eine für seine Zeit radikale Variante der Unschuldsbeteuerung, mit der Rousseau in seinen »Bekenntnissen« diese Parallelisierung initiiert. Für den Autor der »Confessions« sind es die Determinanten einer problematischen Sozialisation, die ihn zuweilen wider den eigenen Willen als Scheusal erscheinen lassen, ohne dass er dem Mechanismus der von ihm ergründeten und auf Freud vorausweisenden Triebpsychologie etwas Wirksames entgegensetzen könnte:

181 Iring Fetscher: Rousseaus politische Philosophie. Zur Geschichte des demokratischen Freiheitsbegriffs. Frankfurt a. M.: Suhrkamp 1975, S. 273.

182 Ebenda, S. 274.

»Bei der ersten Lektüre [...] werden zunächst die schrillen Töne ins Auge fallen, die im gleichen zeitlichen Rahmen allenfalls durch die orgiastischen Phantasien des Marquis de Sade überboten werden. So schildert sich der Autor im ersten Teil des Buches ausführlich als Freier bei Prostituierten [...] und als Teilhaber an Experimenten einer polygamen Lebensweise. Schockierend ist aber auch heute noch v. a. seine Bereitschaft, Befriedigung vor Recht ergehen zu lassen, wenn er in seiner Zeit als Gesandtschaftssekretär in Venedig auf den Gedanken verfällt, einer Frau aus der Unterschicht die minderjährige Tochter abzukaufen und diese zur Sexsklavin zu erziehen. An solchen Stellen wendet er sich gegen den Idealismus der Aufklärung und führt den Anspruch des bürgerlichen Mannes auf ein Monopol der rationalen Kontrolle über die Sexualität deutlich ad absurdum. Zugleich macht er den radikalen Triebverzicht zum klinischen Problem. Den Nachweis dafür kann man mit den Passagen der *Bekenntnisse* führen, in denen sich Rousseau als Opfer von eruptiven homoerotischen Übergriffen im Milieu der katholischen Kirche beschreibt. Ähnliches ergibt sich ferner aus dem Geständnis einer exhibitionistischen Neigung, deren Ursache er im Versäumnis einer offensiveren Sexualerziehung erkennt. [...] Die resultierende Störung lässt den Bürgersohn Rousseau freilich zuweilen in der Rolle jenes Wüstlings erscheinen, der im ›bürgerlichen Trauerspiel‹ seiner Zeit zuverlässig mit blaublütigen Charakteren besetzt wird.«[183]

Im Ergebnis sieht er sich aber nicht nur als typischer, sittlich deformierter Mensch seiner Zeit. Er versteht sich darüber hinaus als in dieser Hinsicht herausragender Fall, der zugleich auf sich selbst einen bis dahin nie dagewesenen diagnostischen Blick werfen kann, und das Medium, in dem sich diese psychopathologische Selbstreflexion vollzieht, ist kein anderes als der autobiografische Text. Zumindest eröffnet ein entsprechendes Credo die »Confessions«:

»Dies ist das einzige Bild eines Menschen, genau nach der Natur und in seiner ganzen Wahrheit gemalt, das es gibt und wahrscheinlich je geben wird. [...] ein einzigartiges und nützliches Werk, das als erstes Vergleichsstück beim Studium der Menschen dienen kann, einem Studium, welches erst beginnen muss [...]. Ich beginne ein Unternehmen, das ohne Beispiel ist und das niemand nachahmen wird. Ich will meinesgleichen einen Menschen in der ganzen Naturwahrheit zeigen, und dieser Mensch werde ich sein. [...] Ich bin nicht wie einer von denen geschaffen, die ich gesehen habe; ich wage sogar zu glauben, daß ich nicht wie einer der Lebenden gebildet bin.«[184]

183 Volker Haase: Rousseaus Partner- und Erziehungsideal in den *Bekenntnissen* als Anregung von Selbstreflexionen im Ethikunterricht. In: ZDPE. H. 2/2013, S. 60–73; hier: S. 61 f. [Hervorhebung im Original.]

184 Jean-Jacques Rousseau: Die Bekenntnisse. Übersetzt von Alfred Semerau, durchgesehen von Dietrich Leube. Mit einem Nachwort und Anmerkungen von Christoph Kunze. München: dtv 2001, S. 7, 9.

Bei allem Hang zur eitlen Hyperbolik ist Rousseau in dieser Passage auch als Autor erkennbar, der sich in der Rolle als kompromissloser Aufklärer an den Anfang einer konsequent betriebenen philosophischen Anthropologie stellt, die die moralisierende, didaktische Funktion der antiken Biografie-Tradition durch der Gestus einer scheinbar wertneutralen, wissenschaftlichen Beschreibung ersetzen will. Auch das hat zugleich einen strategischen Sinn, denn die Säkularisierung des autobiografischen Schreibens, an der Rousseau in seiner programmatischen Abgrenzung von Augustinus so deutlich mitgewirkt hat, bedarf einer Neudefinition dessen, was unter *Biografiewürdigkeit* verstanden werden kann.[185] Das fällt – bei der Durchsicht der Entwürfe und des Vorwortes der ersten Fassung der »Confessions« – auch Starobinski auf:

> »[Hier] beschäftigt Rousseau ein weiteres Problem, das er in Angriff nehmen mußte, und sei es auch nur, um in der endgültigen Ausgabe alle Spuren davon zu tilgen. Er entwirft den Plan, sein Leben zu erzählen, obwohl er weder Bischof ist (wie der hl. Augustinus) noch adlig (wie Montaigne) und weder mit dem Hof noch mit der Armee zu tun hatte: er kann mithin kein Anrecht vorweisen, sich öffentlich darzustellen; zumindest verfügt er über keinen der Titel, die bislang erforderlich waren, um eine Autobiographie zu rechtfertigen. Zudem ist er ein armer Tropf und gezwungen, sich selbst sein Brot zu verdienen. Mit welchem Recht könnte er da die öffentliche Aufmerksamkeit auf sich lenken?«[186]

Allerdings ist Starobinskis Einschätzung, dass es sich hier um ein Novum in der Geschichte der Autobiografie handeln würde, nicht ganz richtig. Denn es ist nicht Rousseau, der die isokratische Frage nach der Legitimierbarkeit des autobiografischen Schreibens ganz neu stellt, auch wenn er sie mit dem Nutzen für ein anthropologisches Erkenntnisinteresse auf eine innovative Weise beantwortet, sondern schon die italienische Renaissance. Als exemplarischer Fall kann hier die bereits zitierte Selbstdarstellung Cardanos angeführt werden. Diese ist zugleich als Ausdruck eines erstarkenden – und für die Entwicklung der modernen Autobiografie essenziellen – Selbstbewusstseins des städtebürgerlichen Standes erkennbar. Entsprechend liest man bei ihm, in einer Selbstverständlichkeit, die über Rousseau schon hinausgeht:

> »Was ich hier unternehme, das ist jedem Privatmann, einem Juden selbst, zu tun erlaubt, ohne dass er irgend welchen Tadel fände. Und wenn mir auch keine gar so großen Dinge zugestoßen sind, so doch gewiss manche, die Bewunderung verdienen.«[187]

185 Vgl. Hannes Schweiger: ›Biographiewürdigkeit‹. In: Christian Klein (Hrsg.): A. a. O. (wie Anm. 57), S. 32–36.
186 Jean Starobinski: A. a. O. (wie Anm. 153), S. 274.
187 Girolamo Cardano: A. a. O. (wie Anm. 103), S. 9.

In einer bestimmten Hinsicht verwendet der »Privatmann« Cardano das autobiografische Schreiben also ganz ähnlich wie nach ihm der kleinbürgerlich geborene Rousseau. Beide erkennen darin offensichtlich ein Instrument der *Identity Politics*, d. h. eine Emanzipationsstrategie, die darauf abzielt, abwertende Fremdzuschreibungen durch eine privilegiertere soziale Schicht zurückzuweisen und etablierte Grenzziehungen zwischen den verschiedenen kulturellen Zonen in der Bevölkerung aufzubrechen.[188] In Deutschland wird dieses Bestreben im Verlauf des 18. Jahrhunderts in Gestalt der Autobiografie dann gleich doppelt virulent: in der pietistischen Lebensbeschreibung, die der adligen Geburt einen standesunabhängigen Adel der Seele gegenüberstellt, und in den Selbstdarstellungen bürgerlicher Intellektueller, die ihren persönlichen Wert am eigenen Schaffen gemessen wissen wollen,[189] und damit, wie der Fall Goethe zeigt, zu nichts Geringerem als zu ›Dichterfürsten‹ avancieren können. Hinter solchen Ansprüchen steht im zuletzt genannten Fall das Kulturprogramm der *Weimarer Klassik* mit seinem – maßgeblich von Shakespeare und Rousseau bezogenen und in der Phase des *Sturm und Drang* weiterentwickelten – Geniekult.[190]

Es ist in diesem Zusammenhang insbesondere Johann Gottfried Herder, der geistige Mentor Goethes, der unter dem Mantel eines größeren anthropologischen Erkenntnisinteresses politische Ambitionen mit theoretischen Überlegungen zur Autobiografie verbindet. Es geht ihm dabei zunächst um die Ausbildung eines gesamtdeutschen Selbstbewusstseins angesichts der Problematik einer Vielstaaterei, die nach dem Zusammenbruch von 1806 dann noch eine deutliche Zuspitzung erfahren sollte. In sein Blickfeld gelangen damit identifikationsförderliche »Ausnahmemenschen«, verstanden als charakterlich »herausragende Individuen, die in den Prozess der Geschichte eingreifen, ihn mitgestalten und prägen«.[191] Das Projekt des Nationalstaates ist nach Herders Vorstellungen also nicht so sehr durch aktive politische Maßnahmen, sondern vielmehr durch einen Bildungsprozess zu erreichen, für den sich gerade die Autobiografie als geeignetes Medium erweisen soll. In dieser Idee zeigt sich eine postrevolutionäre Ernüchterung ebenso wie ein in der Konsequenz restaurativer Geist.[192] Nicht weniger handelt es sich aber um Lobby-Arbeit für die bürgerliche Kultur-Elite, weil nur sie dafür in Frage zu kommen scheint, den intendierten gesellschaftlichen

188 Vgl. Birgit Rommelspacher: Identität und Macht. Zur Internalisierung von Diskriminierung und Dominanz. In: Heiner Keupp; Renate Höfer (Hrsg.): A. a. O. (wie Anm. 7), S. 257–261.

189 Vgl. Klaus-Detlef Müller: Autobiographie und Roman. Studien zur literarischen Autobiographie der Goethezeit. Tübingen: Walter de Gruyter 1976, S. 200–220. Bernd Neumann: Identität und Rollenzwang. Zur Theorie der Autobiographie. Frankfurt a. M.: Athenäum 1970, S. 115 f. Günter Niggl: Geschichte der deutschen Autobiographie im 18. Jahrhundert. Theoretische Grundlegung und literarische Entfaltung. Stuttgart: Metzler 1977, S. 14–26.

190 Vgl. Ulrich Karthaus: Sturm und Drang. Epoche – Werke – Wirkung. München: Beck 2000, S. 25 f., 60–66.

191 Hannes Schweiger: A. a. O. (wie Anm. 185), S. 32–36; hier S. 33.

192 Vgl. Kay Goodman: Autobiographie und deutsche Nation. Goethe und Herder. In: Goethe im Kontext. Kunst und Humanität, Naturwissenschaft und Politik von der Aufklärung bis zur Restauration. Tübingen: Niemeyer 1984, S. 260–279; hier: S. 261, 263.

Bewusstseinswandel einzuleiten. Deutlich wird dies in Herders Briefen, die dem ersten Band der Sammlung historischer »Bekenntnisse merkwürdiger Männer von sich selbst« vorangestellt sind, welche seit 1791 erschienen. Darin äußert er, dass eigens »eine Bibliothek der Schriftsteller über sich selbst einen vortrefflichen Beitrag zur Geschichte der Menschheit« darstellen würde.[193] Unübersehbar wird hier Klientel-Politik für einen ganz bestimmten Berufsstand betrieben, d. h., zugespitzt formuliert:

> »Die Rede von einem neuartigen anthropologischen Interesse, das sich um 1800 als Bemühen um den ganzen Menschen […] artikulierte, verschleierte die radikalere Wende, die Foucault formuliert hat. Das Interesse am ›ganzen Menschen‹, das die Flut der Selbstdarstellungen in der Nachfolge Rousseaus motiviert haben soll, ist in erster Linie ein neuartiges Interesse am Autor als dem Eigentümer und Urheber literarischer Rede.«[194]

Goethe, der es mit seiner autobiografischen Selbstinszenierung wie kein Zweiter verstanden hat, sich als Geniekult-Figur der Deutschen zu etablieren, übernimmt freilich nicht einfach nur Herders Überlegungen zur Rolle von Autobiografien im Prozess der gesellschaftlichen Entwicklung. Denn während es diesem ja darum gegangen war, aus einer Vielzahl von Selbstdarstellungen diejenigen Denk- und Lebensweisen herauszulesen, aus deren Anschauung allmählich ein spezifisch deutsches Kulturgefühl entwickelt werden könnte, hatte Goethe die Idee, sich v. a. selbst als Leitbild zu statuieren, an der sich das nationale Selbstbewusstsein aufrichten soll.[195] Eine solche Überzeugung bedarf selbstredend noch einmal einer spezielleren autobiografischen Legitimation. Entsprechend nimmt Goethe am Anfang von »Dichtung und Wahrheit« eine schicksalhafte Vorsehung für sich in Anspruch:

> »Am 28. August 1749, mittags mit dem Glockenschlage zwölf, kam ich in Frankfurt am Main auf die Welt. Die Konstellation war glücklich; die Sonne stand im Zeichen der Jungfrau, und kulminierte für den Tag; Jupiter und Venus blickten sie freundlich an, Merkur nicht widerwärtig; Saturn und Mars verhielten sich gleichgültig: nur der Mond, der soeben voll ward, übte die Kraft seines Gegenscheins um so mehr, als zugleich seine Planetenstunde eingetreten war. Er widersetzte sich daher meiner Geburt, die nicht eher erfolgen konnte, als bis diese Stunde vorübergegangen. Diese guten Aspekten [sic!], welche mir die Astrologen in der Folgezeit sehr hoch

193 Vgl. Johann Gottfried Herder: Einleitende Briefe zu: Bekenntnisse merkwürdiger Männer von sich selbst. In: Derselbe: Sämtliche Werke. Hrsg. von Bernhard Suphan. Hildesheim: Olms 1967. Bd. 18, S. 359–376.

194 Susanne Craemer-Schroeder: Deklination des Autobiographischen. Goethe, Stendhal, Kierkegaard. Berlin: Schmidt 1993, S. 8.

195 Vgl. Kay Goodman: A. a. O. (wie Anm. 192), S. 271 ff.

anzurechnen wußten, mögen wohl Ursache an meiner Erhaltung gewesen sein: denn durch Ungeschicklichkeit der Hebamme kam ich für tot auf die Welt, und nur durch vielfache Bemühungen brachte man es dahin, daß ich das Licht erblickte. Dieser Umstand, welcher die Meinigen in große Not versetzt hatte, gereichte jedoch meinen Mitbürgern zum Vorteil, indem mein Großvater, der Schultheiß Johann Wolfgang Textor, daher Anlaß nahm, daß ein Geburtshelfer angestellt, und der Hebammenunterricht eingeführt oder erneuert wurde; welches denn manchem der Nachgebornen mag zugute gekommen sein.«[196]

Wahre Bestimmung will sich hier demonstrativ gegen widrige Kontingenz durchgesetzt wissen, und schon an der Geburt des Genies scheint die Menschheit, symbolisch aufgezeigt an einem gynäkologischen Bildungsprojekt, zivilisatorisch ein Stück weiterzukommen. Die planetare Anaphorik knüpft dabei nicht nur an apotheotische Inszenierungen in der römischen Kaiserbiografie an,[197] sondern auch an das Neue Testament, das den Stern von Bethlehem benötigt, um die Geburt eines Erlösers zu beglaubigen.[198] Vor einer pathologischen Eskalation und fortwährenden Überbietungspraxis der autobiografischen Inszenierungen, die sich aus dem von Rousseau und Goethe beförderten Genie-Kult als diskursiver Selbstbehauptungsstrategie ergeben kann, haben dann bereits die Romantiker vergeblich gewarnt. Entsprechend heißt es bei Friedrich Schlegel im Fragment 196 der Zeitschrift »Athenaeum«:

»Reine Autobiographien werden geschrieben: entweder von Nervenkranken, die immer an ihr Ich gebannt sind, wohin Rousseau mit gehört; oder von einer derben künstlerischen oder abenteuerlichen Eigenliebe [...]; oder von geborenen Geschichtsschreibern, die sich selbst nur ein Stoff historischer Kunst sind; oder von Frauen, die auch mit der Nachwelt kokettieren; oder von sorglichen Gemütern, die vor ihrem Tode noch das kleinste Stäubchen in Ordnung bringen möchten, und sich selbst nicht ohne Erläuterungen aus der Nachwelt gehen lassen können; oder sie sind ohne weiteres bloß als plaidoyers [sic!] vor dem Publikum zu betrachten. Eine große Klasse unter den Autobiographen machen die Autopseusten aus.«[199]

Dabei ist Schlegels eigene Wahl des Fragmentes als bevorzugter Textsorte, die sich gegen den Anspruch einer ganzheitlichen, in sich abgeschlossenen und wohlorganisierten Darstellung sperrt, auch formal eine ideologiekritische Kampfansage an

196 Johann Wolfgang Goethe: Dichtung und Wahrheit. Hrsg. von Walter Hettche. Stuttgart: Reclam 1998, S. 10.

197 Vgl. Alfred Schmid: Augustus und die Macht der Sterne. Köln; Weimar: Böhlau 2005, v. a. S. 203–243.

198 Vgl. Hans-Josef Klauck: Religion und Gesellschaft im frühen Christentum. Tübingen: Mohr 2003, S. 307 f.

199 Friedrich Schlegel: Lyceums- und Athenäumsfragmente [1797]. In: Ernst Behler (Hrsg.): Kritische Friedrich-Schlegel-Ausgabe. Bd. 2. München; Paderborn; Wien: Schöningh und Thomas 1967, S. 196.

ein autobiografisches Schreiben nach dem Vorbild der Selbstinszenierung Goethes. Fragmentarität und Ironie wirken seiner Meinung nach als Mittel gegen egomanische Selbsttäuschungen. Demgegenüber konstatiert Roland Barthes in seinem eigenen Versuch einer Autobiografie in Fragmenten eine unverminderte »Gefahr der Transzendenz«, vor der er sich selbst zu warnen versucht, zumal er sie bis in jeden Tagebucheintrag hinein verfolgen zu können meint:

> »Im Fragment schreiben: die Fragmente sind dann wie Steine auf dem Rand des Kreises: ich breite mich rundherum aus, meine ganze kleine Welt in Bruchstücken; und was ist in der Mitte? [...] Es ist meine Illusion zu glauben, dass, wenn ich meinen Diskurs breche, ich aufhöre, imaginär über mich selbst zu reden [...].[200]

In einem ironischen Spiel mit der Etymologie heißt es bei ihm darüber hinaus:

> »Das (autobiographische) ›Tagebuch‹ ist heute [...] diskreditiert. Überkreuzspiel: im 16. Jahrhundert, als man ohne Abneigung zu schreiben begann, nannte man das ein *diaire*: *Diarrhöe* und *glaire* (Schleim). Produktion meiner Fragmente. Betrachtung meiner Fragmente (Korrekturen, Polieren usw.). Betrachtung meines Abfalls (Narzissmus).«[201]

Innerhalb der deutschen Philosophie hat die narzisstische Gefahr in Nietzsches autobiografischen Selbsteinschätzungen ihren prototypischen Fall gefunden:

> »Vieles in *Ecce homo* changiert bedenklich zwischen Selbstironie und Größenwahn. Am Ende verliert er endgültig die mit anderen geteilte Welt; welcher physiologisch bestimmbare Vorgang dazu geführt hat – ob etwa eine syphilitische Infektion aus der Bonner Studentenzeit –, ist nicht geklärt worden und gewiß auch nicht mehr klärbar. Die Überzeichnungen und Prahlereien, das auftrumpfende Selbstlob in *Ecce homo* sind allerdings nur möglich gewesen, weil Nietzsche sich immer schon mit sich selber beschäftigt hatte. Die Selbstdarstellung ist [...] ein wichtiger Aspekt des Werkes – in den letzten bewußten Jahren gewiß auch als Folge der immer schwerer lastenden Einsamkeit.«[202]

Tatsächlich führt bereits die Kapitelfolge in »Ecce homo« den Prozess einer selbstbezogenen Hyperbolik ganz programmatisch vor. Nach Überschriften wie ›Warum ich so weise bin‹, ›Warum ich so klug bin‹ und ›Warum ich so gute Bücher schreibe‹ gelangt

200 Roland Barthes: Über mich selbst. Berlin: Matthes & Seitz 1978, S. 108.
201 Ebenda, S. 108–111. [Hervorhebungen und Klammern im Original.]
202 Günter Figal: Nietzsche. Eine philosophische Einführung. Stuttgart: Reclam 1999, S. 27. [Hervorhebung im Original.]

Nietzsche entsprechend zu der Frage ›Warum ich ein Schicksal bin‹. Von hier an inszeniert er sich nicht mehr als ein Genie unter vielen. Stattdessen nimmt er für sich die Bedeutung einer beispiellosen historischen Wendung in Anspruch, denn er möchte als ideologiekritischer Letztbezwinger des gesamten Christentums gesehen werden:

> »Die E n t d e c k u n g der christlichen Moral ist ein Ereigniss, das nicht seines Gleichen hat, eine wirkliche Katastrophe. Wer über sie aufklärt, ist eine force majeure, ein Schicksal, – er bricht die Geschichte der Menschheit in zwei Stücke. Man lebt v o r ihm, man lebt n a c h ihm ... Der Blitz der Wahrheit traf gerade das, was bisher am Höchsten stand: wer begreift, w a s da vernichtet wurde, mag zusehn, ob er überhaupt noch Etwas in den Händen hat. Alles, was bisher ›Wahrheit‹ hiess, ist als die schädlichste, tückischste, unterirdischste Form der Lüge erkannt; der heilige Vorwand, die Menschheit zu ›verbessern‹ als die List, das Leben selbst a u s z u s a u g e n, blutarm zu machen.«[203]

Die strategisch bewusste Art, mit der sich Nietzsche durch selbstbezogene Aussagen in die geistesgeschichtliche Tradition einreiht, ist allerdings ebenfalls unübersehbar. Auch er kommt dabei an Rousseau nicht vorbei. Über diesen heißt es z. B. im Aphorismus 163 der »Morgenröte«:

> »Wenn es wahr ist, dass unsere Zivilisation etwas Erbärmliches an sich hat: so habt ihr die Wahl, mit Rousseau weiterzuschließen ›diese erbärmliche Zivilisation ist Schuld an unserer schlechten Moralität‹ oder gegen Rousseau zurückzuschließen ›unsere gute Moralität ist Schuld an dieser Erbärmlichkeit der Zivilisation. Unsere schwachen, unmännlichen gesellschaftlichen Begriffe von gut und böse [sic!] und die ungeheuere Überherrschaft derselben über Leib und Seele haben alle Leiber und alle Seelen endlich schwach gemacht und die selbständigen, unabhängigen, unbefangenen Menschen, die Pfeiler einer starken Zivilisation, zerbrochen: wo man der schlechten Moralität jetzt noch begegnet, da sieht man die letzten Trümmer dieser Pfeiler‹. So stehe denn Paradoxon gegen Paradoxon! Unmöglich kann hier die Wahrheit auf beiden Seiten sein: und ist sie überhaupt auf einer von beiden? Man prüfe.«[204]

Nietzsche zeigt sich hier gewissermaßen als deutscher Gegen-Rousseau, dessen Leistung darin gesehen werden soll, den kausalen Zusammenhang zwischen dem Zustand der Gesellschaft und ihrer Moral vom Kopf auf die Füße und von dort aus noch viel

203 Friedrich Nietzsche: Ecce Homo. In: Derselbe: Kritische Studienausgabe. Herausgegeben von Giorgio Colli und Mazzino Montinari. München: dtv ²1988. Bd. 6, S. 255–308; hier: S. 373. [Hervorhebungen im Original.]

204 Friedrich Nietzsche: Morgenröte. Gedanken über die moralischen Vorurteile. Ebenda. Bd. 3, S. 146.

grundsätzlicher in Frage gestellt zu haben. Von Rousseau übernimmt er in »Ecce homo« zugleich die Idee einer weitergehenden autobiografischen Selbstinszenierung in der Gestalt eines pathologischen Falls. So schildert er am Anfang des Textes seine Leiden entsprechend in der Gewissheit, dass gerade sie es sind, die ihn zur Leitfigur seiner Zeit machen können. Über sein Leben in der Phase nach 1879 schreibt er:

> »Eine lange, allzu lange Reihe von Jahren bedeutet bei mir Genesung, – sie bedeutet leider auch zugleich Rückfall, Verfall, Periodik einer Art décadence. Brauche ich, nach alledem, zu sagen, dass ich in Fragen der décadence e r f a h r e n bin? Ich habe sie vorwärts und rückwärts buchstabirt. Selbst jene Filigran-Kunst des Greifens und Begreifens überhaupt, jene Finger für nuances, jene Psychologie des ›Um-die-Ecke-sehns‹ und was sonst mir eignet, ward damals erst erlernt, ist das eigentliche Geschenk jener Zeit, in der Alles sich bei mir verfeinerte, die Beobachtung selbst wie alle Organe der Beobachtung. Von der Kranken-Optik aus nach g e s ü n d e r e n Begriffen und Werthen, und wiederum umgekehrt aus der Fülle und Selbstgewissheit des r e i c h e n Lebens hinuntersehn in die heimliche Arbeit des Décadence-Instinkts – das war meine längste Übung, meine eigentliche Erfahrung, wenn irgend worin wurde ich darin Meister. Ich habe es jetzt in der Hand, ich habe die Hand dafür, P e r s p e k t i v e n u m z u s t e l l e n : erster Grund, weshalb für mich allein vielleicht eine ›Umwerthung der Werthe‹ überhaupt möglich ist. –«[205]

Auch für Nietzsche ist das eigene Genie also Ausdruck und Ergebnis eines Krankheitsprozesses, dessen Symptome charakteristisch für die gesamte, im Verfall befindliche Zivilisation sein sollen, aber bei ihm auf eine besondere Art ausgeprägt sind. Das deckt sich allerdings nicht nur mit der Selbstdiagnose Rousseaus in den »Confessions«, sondern bedeutet auch eine Stellungnahme zu jener Sichtweise auf das Genie, die seit Mitte des 19. Jahrhunderts im psychiatrischen Diskurs etabliert worden war:

> »Diese baute auf dem Antagonismus zwischen der Schöpfungskraft des Künstlers und der Durchschnittlichkeit der Masse auf. Die psychologische Pathologisierung des Genies übernimmt diese Unterscheidung, vertauscht jedoch die Wertigkeiten: Die Mehrheit zeichnet sich nun durch psychische Berechenbarkeit aus, während das Genie eine problematische Instabilität an den Tag lege. In der Psychiatrie und einem psychologisierenden kulturkritischen Diskurs – von Louis Lélut und Jacques-Joseph Moreau bis Cesare Lombroso und Noble Royse – erscheint die außergewöhnliche Wahrnehmungsfähigkeit des Genies dann nicht mehr als Leistung, sondern als Mangel an Rationalität. Charakteristisch für die Psychiatrisierung des

205 Friedrich Nietzsche: Ecce Homo. A. a. O. (wie Anm. 203), S. 265 f. [Hervorhebungen im Original.]

> Genies ist, dass die schöpferischen Leistungen der fraglichen Ausnahmeindividuen zwar als Kriterium dafür verwendet werden, jemanden in die Gruppe der Genies einzuordnen, dass diese Leistung in der psychologischen Analyse jedoch in die zweite Reihe treten.«[206]

Nietzsche bezieht nun die entsprechende Diagnose, die Lélut und Moreau u. a. auch für Rousseau bestätigt hatten, ein Stück weit ganz bereitwillig auf sich, um sich als echtes Genie zu beglaubigen, wobei er allerdings die Existenz einer ›gesunden‹ Rationalität der Masse zugunsten eines allgemeinen Krankenstandes der Zivilisation negiert. Eine Pointe am Rande ist es dann aber immerhin, dass seine solcherart inszenierten Selbstbezeugungen ihrerseits wiederum von Paul Julius Möbius als echte Befunde undifferenziert in genau jene pathografische Forschung eingebracht worden sind, von deren Anfängen sich Nietzsche womöglich inspiriert sah. Zugleich rehabilitiert letzterer mit der Behauptung, dass mit seiner Krankheit ein besonderes Erkenntnisvermögen verbunden sei, jedoch das, was der zeitgenössische psychiatrische Diskurs mit seinem spezifischen Interesse an der Berechenbarkeit von Individuen ausblendet, nämlich die besonderen, gesellschaftlich gewinnbringenden »Kompetenzen [...], die Kreationsakte ermöglichen«.[207] Es ist nach Nietzsche dann erst Freud, der an verschiedenen Stellen explizit auf diese problematische Reduktion wieder hinweist.[208]

Bei Nietzsche zeigt sich, gesehen in diesem Diskurs über Genie und Wahnsinn, also nicht nur ein erkrankter Geist, sondern auch ein völlig intakter Sinn für schleichende kulturelle Transformationsprozesse. In besonderer Weise ist eine solche Sensorik auch für einen Spezialfall der diskursiven Selbstbehauptung notwendig, der darin besteht, Vorkehrungen für den Umgang mit autobiografischen Texten nach dem eigenen Tod zu treffen, um die gesellschaftliche Wahrnehmung der eigenen Person auch dann noch positiv zu beeinflussen oder überhaupt für ein Präsentbleiben in der öffentlichen Aufmerksamkeit zu sorgen. Entsprechend kommentiert u. a. Gernot Böhme die posthume Veröffentlichung der sog. »Schwarzen Hefte« Heideggers, denen als Denktagebüchern (vgl. Kapitel 3.3.3) zweifelsohne eine autobiografische Signatur eingeschrieben ist:

> »Offenbar hatte Heidegger auch hier an eine Veröffentlichung gedacht. Jedenfalls [...] hat er testamentarisch festgelegt, dass diese Hefte erst nach Fertigstellung seiner Werkausgabe publiziert werden dürfen. Ihre Publikation war effektvoll

206 Andreas Reckwitz: Die Erfindung der Kreativität. Zum Prozess gesellschaftlicher Ästhetisierung. Frankfurt a. M.: Suhrkamp ^{4}2014, S. 204.

207 Ebenda, S. 205.

208 Vgl. Jens Malte Fischer: Zur Frühgeschichte psychoanalytischer Literaturinterpretation. In: Derselbe (Hrsg.): Psychoanalytische Literaturinterpretation. Aufsätze aus »Imago, Zeitschrift für Anwendung der Psychoanalyse auf die Geisteswissenschaft« (1912–1937). Tübingen: Niemeyer 1980, S. 1–33; hier: S. 11 f.

> und hat eine neue Diskussion über Heidegger, den Mann und sein Werk erregt. Dabei ging es erneut um seinen Antisemitismus, aber auch um seine menschenverachtende Zivilisationskritik. Nicht die Inhalte interessieren uns hier, sondern die Publikationsstrategie. Heideggers Werk ist inzwischen weltweit zum Klassiker aufgestiegen – man könnte auch sagen herabgesunken –, denn an Aktualität mangelt es ihm und was man in Deutschland in der dort üblichen Orientierung an der Geschichte der Philosophie noch klassisch werden nennen kann, heißt unter globalen Gesichtspunkten, dass Heidegger nur noch zur History of Ideas gehört. Wie kaum ein anderer Philosoph hat er mithilfe von Rundfunk und Schallplatte die breitere Öffentlichkeit erreicht. Doch durch Verfügung in seinem Testament hat er dafür gesorgt, dass er nicht zum akademisch beredeten oder beschwiegenen Klassiker herabsank, sondern durch Nachtod-Publikationen immer wieder Aufmerksamkeit erregte.«[209]

Der zitierte Text verweist bzgl. dieser diskursiven Selbstbehauptungsstrategie auch auf jenes Interview, das Heidegger im Jahr 1966 dem »Spiegel« nur unter der Auflage eines Abdruckes erst nach Lebzeiten gegeben hatte. Auch wenn man Böhmes Einschätzung zur aktuellen Bedeutung Heideggers nicht teilt, zeigt sich an diesen Beispielen, dass dieser in der posthumen Veröffentlichung autobiografischer Äußerungen tatsächlich ein erfolgversprechendes Instrument des Selbstmarketings gesehen hat. Es wirkt allerdings nicht ganz glaubhaft, dass es Heidegger nur um ein bloßes Präsentbleiben im Diskurs mit Mitteln der Skandalisierung gegangen sein soll. Nachvollziehbarer ist stattdessen die Annahme, dass er nach einer weitgehend abgeschlossenen historischen Aufarbeitung der nationalsozialistischen Epoche auf eine umso deutlichere Rehabilitierung seines Rufes als Philosoph gehofft hatte. Das Gegenteil scheint, wie die zahlreichen Reaktionen nach der Veröffentlichung der »Schwarzen Hefte« zeigen, nun aber tatsächlich eingetroffen zu sein. Die Empfehlung einer wissenschaftlichen Kommission, eine nach Heidegger benannte Straße umzubenennen,[210] ist hier ebenso beispielhaft wie die Frage, ob die in seiner Nachfolge stehende Professur an der Freiburger Universität aufgelöst werden müsse,[211] und der Rücktritt Günter Figals als führender Kopf der Heidegger-Gesellschaft:

209 Gernot Böhme: Selbstinszenierung. A. a. O. (wie Anm. 152).

210 Vgl. Patrick Bahners: Stadtplanreformer auf dem Holzweg. In: Frankfurter Allgemeine Zeitung. 08.10.2016, S. 11. Als kritische Hintergrundanalyse vgl. Herbert Ammon: Deutsch-demokratische Schilderrevision. Auf: https://herbert-ammon.blogspot.de. Online seit: 10.10.2016. Zugriff: 16.10.2016.

211 Zu möglichen hochschulpolitischen Kalkülen dieser Überlegung vgl. u. a. Uwe Justus Wenzel: Die Austreibung des Geistes. Schluss mit dem ›Heidegger-Lehrstuhl‹ in Freiburg i. Br.? In: Neue Züricher Zeitung. Auf: www.nzz.ch/feuilleton/die-austreibung-des-geistes-1.18496785. Online seit: 07.03.2015. Zugriff: 16.10.2016.

»Als Vorsitzender einer Gesellschaft, die einen Namenspatron hat, ist man ja in gewisser Weise auch Repräsentant dieser Person, und das möchte ich nach der Lektüre der Schwarzen Hefte, und zwar speziell der antisemitischen Passagen in den Schwarzen Heften[,] nicht mehr sein. Mich haben diese Äußerungen nicht nur schockiert, sondern derart umgewendet, dass es mir doch sehr schwierig zu sein scheint, das mit zu repräsentieren.«[212]

2.4.3. Selbstdistanzierung

Im vorangegangenen Abschnitt war u. a. zu erkennen, dass die erfolgreiche Publikation von Autobiografien von bestimmten Legitimierungsstrategien abhängt, die z. T. historischen Wandlungen unterworfen sind.[213] Von diesen ist insbesondere die Frage betroffen, welchen Personengruppen gesellschaftlich überhaupt der Rang einer *Biografiewürdigkeit* zugesprochen wird. Adlige Geburt und hohe Ämter im Klerus, am Hof oder im Heer, die hier traditionelle Antworten darstellen, wurden in der Biografik des 19. Jahrhunderts auch in Deutschland abgelöst von der Idee des sog. »Ausnahmemenschen«, hinter der sich nicht zuletzt politische Zielsetzungen verbargen. Indoktrinierende Momente wurden von der Geschichtsschreibung und Gender-Theorie der 1970er-Jahre aber auch in einer pädagogischen Wunschvorstellung aufgespürt, die in nahezu allen Zeiten zur Rechtfertigung autobiografischen Schreibens herangezogen worden ist:

»Die dargestellte Lebensgeschichte sollte exemplarisch sein, als Vorbild dienen und die LeserInnen zur Nachahmung eines als modellhaft betrachteten Lebens auffordern. Umgekehrt können Biografien allerdings auch als Abschreckung dienen und gerade nicht nachahmenswertes Denken und Verhalten schildern. Die Exemplarizität von Lebensläufen und die damit in Verbindung stehende erzieherische Funktion hat eine lange Tradition: Vor Sigmund Freud, Lytton Strachey und den historischen Ereignissen des 20. Jahrhunderts, die zur Desillusionierung hinsichtlich ›großer‹ historischer Figuren führten, war seit der Antike davon ausgegangen worden, dass die Lebensgeschichten ›großer‹ Persönlichkeiten – in der Regel ›großer‹ Männer – als vorbildhaft gelten und gerade für junge Menschen Modelle gelungenen Lebens bieten können.«[214]

212 Vgl. die Presse-Erklärung vom 15.01.2015 gegenüber SWR2. Zitiert auf: www.presseportal.de/pm/7169/2927823. Online seit: 16.01.2015. Zugriff: 19.10.2016.

213 Vgl. auch Cornelia Rauh-Kühne: Das Individuum und seine Geschichte. Konjunkturen der Biographik. In: Andreas Wirsching (Hrsg.): Neueste Zeit. Oldenbourg Geschichte Lehrbuch. München: Oldenbourg 2006, S. 215–232.

214 Hannes Schweiger: A. a. O. (wie Anm. 185), S. 33.

Eine ideologiekritische Dekonstruktion dieses Begriffes der *Größe* ergibt sich aus der Feststellung, dass »kulturelle und historische Sichtbarkeit« immer auch durch gesellschaftliche Machtstrukturen »geschaffen und aufrechterhalten wird«,[215] was sich im Mangel an Autobiografien weiblicher Autoren im historischen Längsschnitt ebenso zeigt wie an der Marginalisierung des Lebens der »infamen Menschen«, die in der Analyse Foucaults nur dann Spuren hinterlassen haben, wenn sie mit einer herrschenden Instanz in Konflikt geraten sind: »ohne diesen Zusammenstoß wäre gewiß kein Wort mehr da, um an ihren flüchtigen Durchgang zu erinnern«.[216]

Desweiteren hatte sich im vorangegangenen Unterkapitel mit dem Zitat Friedrich Schlegels aber angedeutet, dass bereits die romantische Generation das Konzept der *Größe* kritisch auf den besonderen Wahrheitsanspruch zurückbezieht, von dem das autobiografische Schreiben traditionell abhängt. Die Romantiker begegnen der Vermutung, dass dieser Anspruch selbst bei bester Absicht des Verfassers uneinlösbar sei, mit einer spezifischen Form der Ironie. Diese besteht für sie darin, einen autobiografischen Text allenfalls noch unter Offenlegung der Überzeugung zu verfassen, dass es sich bei ihm letztlich immer um ein strategisches Maskenspiel des Autors handelt. Indem dem Leser damit »das Produzierende mit dem Produkt« zusammen in distanzierender wie ideologiekritischer Absicht zugemutet wird,[217] wird das autobiografische Schreiben im ironischen Modus auch zum Bestandteil jener *Progressiven Universalpoesie*, die Schlegel – und zwar nicht zuletzt im Zusammenhang mit philosophischen Erkenntnisinteressen – fordert:

> »Ihre Bestimmung ist nicht bloß, alle getrennten Gattungen der Poesie wieder zu vereinigen und die Poesie mit der Philosophie und Rhetorik in Berührung zu setzen. Sie will und soll auch Poesie und Prosa, Genialität und Kritik [...] bald mischen, bald verschmelzen, die Poesie lebendig und die Gesellschaft poetisch machen, den Witz poetisieren und die Formen der Kunst mit gediegenem Bildungsstoff jeder Art anfüllen und sättigen und durch die Schwingungen des Humors beseelen.«[218]

Programmatisch findet sich eine auf diese Weise zum Schwanken gebrachte autobiografische Selbstgewissheit u. a. in Heines »Memoiren«, aber auch in seinen »Geständnissen«, die im Übrigen nicht nur im Titel auf Augustinus und Rousseau anspielen, sondern v. a. letzteren auch als jemanden entlarven möchten, dessen Genialität sich in den »Confessions« auf die Fähigkeit beschränkt habe, sein Publikum mit vermeintlich

215 Vgl. ebenda, S. 36.

216 Michel Foucault: Das Leben der infamen Menschen. Herausgegeben und übersetzt von Walter Seitter. Berlin: Merve 2001, S. 16.

217 Friedrich Schlegel: Lyceums- und Athenäumsfragmente. A. a. O. (wie Anm. 199), Bd. 2, S. 204.

218 Ebenda, S. 182 f.

despektierlichen Enthüllungen über die eigene Person exzessiv zu belügen.[219] Festmachen konnten die Romantiker ihre Kritik an der Egomanie ihrer Vorgänger auch an dem für Goethe bereits aufgezeigten Selbstinszenierungstopos der schicksalhaften »Nativitätskonstellation«,[220] der in der Geschichte der bürgerlichen Autobiografie bei genauerem Hinsehen bis auf Cardano zurückgeht.[221] Nicht weniger dürfte Goethe in der zitierten Passage abermals von Rousseau beeinflusst worden sein, wenngleich in den »Confessions« auf die Symbolik der Gestirne verzichtet und ein weitaus pessimistischerer Blick von der Geburtssituation aus auf das weitere Leben geworfen wird:

> »Ich kostete meiner Mutter das Leben, und meine Geburt war mein erstes Unglück. Ich habe nie erfahren, wie mein Vater diesen Verlust ertrug; aber ich weiß, daß er sich nie darüber tröstete. Er glaubte sie in mir wiederzusehen, ohne vergessen zu können, daß ich sie ihm genommen hatte. […] So waren die Urheber meines Lebens. Von allen Gaben, mit denen sie der Himmel bedacht hatte, ließen sie mir allein ein gefühlvolles Herz. Während es aber ihr Glück gemacht hatte, wurde es für mich die Quelle allen Unglücks meines Lebens. Ich kam fast sterbend zur Welt, und man hatte wenig Hoffnung, mich am Leben zu erhalten. Ich hatte den Keim eines Leidens in mir, das die Jahre entwickelt haben und das mir jetzt nur manchmal Ruhe gönnt, um mich auf andre Weise umso grausamer leiden zu lassen.«[222]

Die romantische Generation überzeichnet, und zwar namentlich in der »Selbstbeschreibung« Jean Pauls und in einem Fragment, das Joseph von Eichendorff als »Kapitel von der Geburt« hinterlassen hat, dieses Muster gezielt, um es als »wichtigtuerisch, hohl und absurd« zu entlarven.[223] Im größeren Kontext der Autobiografie als Medium der diskursiven Selbstbehauptung und Identitätspolitik handelt es sich hierbei um nichts Geringeres als um einen Angriff auf das intellektuelle Machtzentrum des Weimarer Establishments.

Zugleich ist bei den Romantikern ein ernsthaftes Bemühen um einen möglichen Ausstieg aus der Spirale der autobiografischen Überbietungspraktiken, die mit dem Originalitätsanspruch des Geniekultes initiiert worden waren, zu erkennen. Ironisches Schreiben bedeutet in diesem Sinn – noch einmal in den Worten Schlegels – dem autobiografischen Akt der »Selbstschöpfung« zugleich ein kritisch-reflexives Moment der »Selbstvernichtung« mit einzuschreiben.[224] Vor diesem Hintergrund ist festzustellen,

219 Vgl. Heinrich Heine: Geständnisse. In: Derselbe: Historisch-kritische Gesamtausgabe der Werke. Hrsg. von Manfred Windfuhr. Bd. 15. Hamburg: Hoffmann und Campe 1982, S. 9–1016; hier: S. 13 f.

220 Vgl. Martina Wagner-Egelhaaf: A. a. O. (wie Anm. 5), S. 172.

221 Vgl. Georg Misch: Geschichte der Autobiographie. A. a. O. (wie Anm. 90), Vierter Band, zweite Hälfte, S. 700–709.

222 Jean-Jacques Rousseau: Die Bekenntnisse. A. a. O. (wie Anm. 184), S. 11.

223 Vgl. Martina Wagner-Egelhaaf: A. a. O., S. 175.

224 Vgl. Friedrich Schlegel: Lyceumsfragment 37. A. a. O. (wie Anm. 199). Bd. 2, S. 151.

dass jene Selbstironie, die Figal für Nietzsche als Alternative zum Größenwahn formuliert hat, ohne selbst genauere Belege heranzuziehen, in der romantischen Traditionslinie der autobiografischen Selbstdistanzierung und Geniekult-Destruktion steht. Sie tritt u. a. in Erscheinung, wenn man auch hier nach Bezügen zu Rousseau und zugleich nach einer Ironisierung der dort vorfindlichen biografischen Selbstdarstellungsweise sucht. Nietzsche greift den Topos von der Geburt des Genies in eigener, übertragener Weise auf, wobei bei ihm die bei Rousseau vorgefundene Konstellation zugleich vertauscht ist. Denn während bei diesem die Mutter das Kindbett nicht überlebt, steht in Nietzsches Variante der Tod des Vaters in einem merkwürdigen Zusammenhang mit einer geistigen Wiedergeburt des Sohnes als genialster aller Philosophen. Dafür ist aber zunächst ein Ende der bisherigen, bürgerlich-akademischen Existenz vonnöten:

> »Ich habe für die Zeichen von Anfang und Niedergang eine feinere Witterung als je ein Mensch gehabt hat, ich bin der Lehrer par excellence hierfür, – ich kenne Beides, ich bin Beides. – Mein Vater starb mit sechsunddreissig Jahren: er war zart, liebenswürdig und morbid, wie ein zum Vorübergehen bestimmtes Wesen, – eher eine gütige Erinnerung an das Leben, als das Leben selbst. Im gleichen Jahre, wo sein Leben abwärts gieng, gieng auch das meine abwärts: im sechsunddreißigsten Lebensjahre kam ich auf den niedrigsten Punkt meiner Vitalität, – ich lebte noch, doch ohne drei Schritt vor mir zu sehn. Damals – es war 1879 – legte ich meine Basler Professur nieder, lebte den Sommer über wie ein Schatten in St. Moritz […]. Dies war mein Minimum […].«[225]

Final kenntlich macht er sein bisheriges Spiel mit der Überlieferung daraufhin in der ironischen Überlegung, dass die eigenen Eltern für ein Genie, das den Kult verdient, eigentlich niemals hinreichend würdig sein könnten:

> »[…] es wäre das äusserste Zeichen von Gemeinheit, seinen Eltern verwandt zu sein. Die höheren Naturen haben ihren Ursprung unendlich weiter zurück, auf sie hin hat am längsten gesammelt, gespart werden müssen. Die g r o s s e n Individuen sind die ältesten: ich verstehe es nicht, aber Julius Cäsar könnte mein Vater sein – o d e r Alexander, dieser leibhafte Dionysos …«[226]

Nietzsche nimmt hier zudem eine psychologische Einsicht vorweg, die dann Freud an mehreren Stellen seines Werkes formuliert hat, der sich dabei sowohl auf den tagträumenden Narzissmus des vorpubertären Individuums bezieht, das sich emotional vom Elternhaus abzulösen beginnt, als auch auf die Tendenz nahezu aller Kulturvölker,

225 Friedrich Nietzsche: Ecce Homo. A. a. O. (wie Anm. 203), S. 264.
226 Ebenda, S. 268 f. [Hervorhebungen im Original.]

einen eigenen Führungsanspruch aus der verklärten Herkunft ihrer Nationalhelden abzuleiten.[227] Entlarven lässt sich in dieser Perspektive auch genau jenes ideologische, nationalstaatliche Denken, das in Deutschland von Herder mitinitiiert und im 19. Jahrhundert in einer auf historische Größe und Heldentum fixierten Historiografie weiter befördert worden war. Noch Peter Sloterdijk stellt sich, im 21. Jahrhundert, in die bezeichnete, romantisch-nietzscheanische Tradition, um in einer autobiografischen Auskunft zugleich für die notwendige Selbstdistanzierung zu sorgen:

> »Ich habe sozusagen als Toter angefangen. Eine komplizierte Geburt, eine Rhesus-Unverträglichkeit bei den Eltern, das reicht für einen Start als Beinahe-Toter. Unmittelbar nach der Geburt trat eine schwere Gelbsucht bei mir auf, was Beobachter zu der Aussage veranlasste, dass blaue Augen bei gelber Haut besonders vorteilhaft zur Wirkung kommen. Ich empfand das freilich nicht als ästhetisches Privileg.«[228]

Unverkennbar ist auch in dieser Anekdote der ironische Grundton, denn wie könnte es sonst zu verstehen sein, dass ein Säugling bereits über ein ausgeprägtes Werturteil in Schönheitsfragen verfügt? Es handelt sich hierbei um einen Witz, der sich das Problem der menschlichen Erfahrungsgrenzen gerade so aneignet, wie dies auch in den scheinbar autobiografischen Auslassungen des Komikers Karl Valentin nachzulesen ist.[229] Darüber hinaus geht Sloterdijks Selbstinszenierung einen dritten Weg genau zwischen Rousseau und Goethe: Sie beginnt wie bei ersterem mit den ausschließlich negativen Vorzeichen der Geburt, gewinnt diesen aber eine positive Interpretation ab, indem das deutliche Empfinden des besagten optischen Makels bereits die spätere philosophische Erfolgskarriere antizipiert, die wesentlich von verschiedenen Engagements auf dem Gebiet der Ästhetik getragen sein wird.

Zumindest auf theoretischer Ebene hält Sloterdijk die autobiografische Ironie aber nicht nur für ein Instrument zur Immunisierung gegen Narzissmus, sondern auch für eine Kompensationsstrategie in identitätsverunsichernden Zeiten. Entsprechend betont er an anderer Stelle die Bedeutung der »chronische[n] Ironie der Modernen« als »Simulation von Souveränität«, mit der die Subjekte auf eine Traditionsentleerung ihrer sozialen Umgebungen reagieren, die seiner Meinung nach durch die Humani-

227 Vgl. Sigmund Freud: Der Familienroman der Neurotiker [1909]. In: Derselbe, Studienausgabe. A. a. O. (wie Anm. 127). Bd. IV, S. 220–226. Derselbe: Der Mann Moses und die monotheistische Religion [1939]. Ebenda. Bd. IX, S. 455–581; hier: v. a. S. 461 f.

228 Peter Sloterdijk; René Scheu: Der Mensch und die Grenzen seiner Natur. Die Athletik des Sterbens. In: Schweizer Monatshefte. Die Autorenzeitschrift für Politik, Wirtschaft und Kultur. H. 6/2007, S. 34–39; hier: S. 34 f.

229 Vgl. Thomas Rentsch: »Am Ufer der Vernunft«. Die analytische Komik Karl Valentins als Paradigma literarischen Philosophierens. In: Johannes Rohbeck (Hrsg.): Anschauliches Denken. Dresden: Thelem 2005, S. 122–152; hier: S. 148 f.

tätskatastrophe des Ersten Weltkrieges einen irreversiblen Schub erfahren hatte.[230] Am vorläufigen Ende dieser Entwicklung stehen für Sloterdijk Personen, die sich in ihrem Selbstverständnis an der Logik des Unternehmertums orientieren, was für ihn in doppelter Weise zur Figur des Hochstaplers führt. Zum einen seien sie so nämlich gezwungen, die eigene »Durchschnittlichkeit« zwecks Erhöhung des eigenen Marktwertes hinter einem beständigen Originalitätsgebaren zu verstecken, und zum anderen laufe der de facto uneinlösbare Imperativ, »alles selbst tun« zu wollen, nur allzu schnell auf die »Verantwortungslosigkeit« hinaus, »es im Ernstfall nie gewesen« zu sein.[231] Mit Richard Rorty, den die Prämisse eines zunehmenden Kontingenzbewusstseins ebenfalls zur Idee einer Haltung des »Ironismus« führt, teilt Sloterdijk nicht dasselbe Maß an Optimismus, der beschriebenen gesellschaftlichen Entwicklung eine liberalistische Solidaritätsvision abgewinnen zu können.[232]

2.5. Präsentations- und Denkmedien des Philosophierens

Wenn man autobiografische Narrationen als Beiträge zur Deutung des eigenen Lebensverlaufes und »Philosophieren als Kulturtechnik des iterativen Deutens von Deutungen« versteht,[233] so ergibt sich als naheliegender Zusammenhang, dass auch autobiografische Narrationen ein gewinnbringender Gegenstand philosophischer Auseinandersetzungen sein können. Differenzierter fallen die Bewertungen aus, wenn es um die Rezeption philosophischer Texte im Zusammenhang mit lebensverlaufsbezogenen Daten und autobiografischen Bezeugungen ihrer Verfasser geht. Hier vertritt auf der einen Seite Heidegger den Standpunkt einer konsequenten Ablehnung, die er in lakonischer Weise im Sommersemester 1924 in einer Vorlesung u. d. T. »Grundbegriffe der aristotelischen Philosophie« ausdrückte: »Bei der Persönlichkeit eines Philosophen hat nur das Interesse: Er war dann und dann geboren, er arbeitete und starb.«[234] Den entgegengesetzten Pol markiert Nietzsche in der Annahme, dass philosophische Systeme letztlich immer auf »eine undeutliche und stammelnde Form von

230 Peter Sloterdijk: Der Heilige und der Hochstapler. Von der Krise der Wiederholung in der Moderne. Sendung in der Reihe »SWR2 Essay« am 25.06.2012. Auf: www.swr.de/swr2/programm/sendungen/essay. Zugriff: 01.12.2014. Hier: S. 4–11.

231 Vgl. ebenda, S. 12 f.

232 Vgl. Richard Rorty: Kontingenz, Ironie und Solidarität. Frankfurt a. M.: Suhrkamp 1992.

233 Vgl. Christian Gefert: Didaktik theatralen Philosophierens. Untersuchungen zum Zusammenspiel argumentativ-diskursiver und theatral-repräsentativer Verfahren bei der Texteröffnung in philosophischen Bildungsprozessen. Dresden: Thelem 2002, S. 40–45.

234 Martin Heidegger: Grundbegriffe der Aristotelischen Philosophie. In: Derselbe: Gesamtausgabe. Bd. 18. Frankfurt a. M.: Klostermann 2002, S. 333.

Memoiren« hinauslaufen würden.[235] Einen mittleren Weg schlägt Sloterdijk ein, wenn er die Bedeutsamkeit der Kenntnis biografischer und autobiografischer Darstellungen für das Verständnis philosophischer Werke auf den Begriff der »Denker-Vignetten« bringt,[236] ihnen also nicht den zentralen Rang, aber doch die Funktion einer deutungsrelevanten Peripherie zubilligt, wobei das verwendete Bild des Randes nicht zuletzt als Aufforderung verstanden werden kann, unter den verschiedenen »Arten, einen Text zu lesen«, hin und wieder auch eine dekonstruktivistische Perspektive ins Spiel zu bringen.[237]

Noch mehr Potenzial zur Kontroverse müsste eigentlich in der Frage liegen, inwiefern ein seriöses Philosophieren Rekurse auf persönlich Erlebtes konsequent zu vermeiden habe. Aus einem bestimmten Grund wurde diese Debatte jedoch für lange Zeit kaum ausgetragen:

> »[Es gab] eine mehr oder weniger friedliche Arbeitsteilung zwischen der akademischen Orthodoxie, die diesem Gesetz folgte, und einigen Einzelgängern und Außenseitern, die es sich doch nicht nehmen ließen, über das eigene Leben zu sprechen. [...] Der akademische Denker thronte auf seinem Hochsitz und genoss die Aussicht auf die Welt. Er war reines Auge, reiner Geist. Der Außenseiter fühlte sich unwohl auf diesem Hochsitz, stieg herab vom Gerüst und fand es vielleicht morsch. Er wehrte sich gegen die Lebenslüge der Theoretiker, dagegen, dass das schreibende Individuum spurlos in der Schrift verschwand.«[238]

Verwiesen werden kann hier auf Montaigne, Rousseau und Kierkegaard sowie auf Nietzsche und Freud als prominente Fälle des behaupteten Außenseitertums. Für das 20. Jahrhundert ist daraufhin zwar eine gewisse »autobiographische Wende der Theorie« zu konstatieren, die als Reflex auf eine in die Krise geratene Philosophie gedeutet werden kann.[239] Zugleich ist aber festzustellen, dass es auch dann noch bevorzugt Philosophinnen und Philosophen in schwierigen sozialen Rollen gewesen sind, bei denen eine philosophische Thematisierung des Autobiografischen einen wichtigen Platz einnimmt und in deren eigenem Schreiben die Grenzen zwischen autobiografischem Erzählen und Philosophieren z. T. aufgelöst werden:

235 Vgl. Friedrich Nietzsche: Nachgelassene Fragmente. Juli 1882 bis Herbst 1885. Teil 1: Juli 1882 bis Winter 1883/84 (1–24). In: Derselbe: Kritische Studienausgabe. A. a. O. (wie Anm. 203). Bd. 10, S. 9–664; hier: S. 62. Vgl. derselbe: Nachgelassene Schriften 1870–1873. Ebenda. Bd. 1, S. 511–898; hier: S. 801. Für entsprechende Hinweise bedanke ich mich bei Dieter Thomä.

236 Peter Sloterdijk: Philosophische Temperamente. Von Platon bis Foucault. München: Pantheon [2]2011, S. 9.

237 Vgl. Johannes Rohbeck: Zehn Arten, einen Text zu lesen. In: Derselbe: Didaktik der Philosophie und Ethik. A. a. O., S. 163–174; hier: S. 168 f.

238 Dieter Thomä; Vincent Kaufmann; Ulrich Schmid: A. a. O. (wie Anm. 26), S. 9, 11.

239 Vgl. ebenda, S. 13.

»Sie waren Außenseiter nicht nur im akademischen Milieu, sondern Fremde in den verschiedensten Hinsichten. Sie gehörten zu einer religiösen Minderheit (Lukács, Wittgenstein, Krakauer, Benjamin, Adorno, Arendt, Lévi-Strauss, Lotman, Cavell, Derrida und Sontag entstammen dem Judentum) oder zur Minderheit der Homosexuellen (Wittgenstein, Barthes, Foucault, Sontag), kamen aus der geographischen Peripherie (Kristeva als Bulgarin, Petöfskyi als Ungarin), waren Kinder sogenannter ›kleiner Leute‹ (Bourdieu und Barthes) oder aus fragmentierten Familien (Bataille, Barthes, Sartre, Sontag und Debord verloren früh ihre Väter). Die Fremdheit, von der all diese Theoretiker heimgesucht wurden, entsprach – radikal verstanden – dem Gefühl, nicht in diese Welt zu passen.«[240]

In der Auseinandersetzung mit Autoren wie den Genannten gerät die Frage in den Fokus, ob autobiografische Texte selbst als Denk- und Präsentationsmedien des Philosophierens dienen können. Wenn man autobiografische Narrationen denjenigen Textsorten zuordnet, die über ein gewisses Maß an *Literarizität* verfügen,[241] so lassen sich mit Johannes Rohbeck auf diese Frage im philosophischen Diskurs zunächst drei verschiedene Antworten finden.[242] Im Folgenden sollen diese nicht gegeneinander ausgespielt, sondern nebeneinandergestellt werden, um zu einem Klassifikationssystem grundlegender Denkbewegungen eines *Autobiografischen Philosophierens* zu gelangen.

2.5.1. Didaktischer Selbstbezug

Die erste der von Rohbeck referierten Positionen hält die textuelle Darstellungsform für »äußerlich«:

»In diesem Sinn gehört die Präsentationsform zur ›Didaktik‹ des Autors – freilich mit der erheblichen Einschränkung, dass die ›didaktische Form‹ angeblich gerade *nicht* die ›philosophische Substanz‹ berührt und daher austauschbar ist.«[243]

Kompatibel ist diese Auffassung mit dem ersten jener drei von Karen Joisten systematisierten Verständnisse der *Narrativen Ethik*, nach welchem diese vornehmlich erzählende Texte produziert, um moralische Phänomene oder ethische Positionen

240 Ebenda, S. 16.

241 Vgl. Matthias Aumüller: Poetizität/Literarizität. In: Christian Klein (Hrsg.): A. a. O. (wie Anm. 57), S. 28–31.

242 Vgl. Johannes Rohbeck: Literarische Formen des Philosophierens im Unterricht. In: ZDPE. H. 2/2004, S. 90–101; hier: S. 98–100.

243 Ebenda, S. 92. [Hervorhebung im Original.]

»ausschmückend, illustrierend oder auch veranschaulichend [...] in den Blick zu nehmen«.[244] In Bezug auf das Thema der vorliegenden Arbeit bedeutet dies, dass autobiografische Narrationen entweder gezielt hervorgebracht werden können, um (1) etablierte philosophische Lehrmeinungen einem breiteren Publikum in einer für Laien angemessenen, ansprechenden Form zugänglich zu machen, oder um (2) zentrale Prämissen, Schlussfolgerungen oder Herangehensweisen des eigenen Philosophierens zu verdeutlichen, oder um (3) in der Retrospektive die persönliche Entwicklung des philosophischen Denkens in ihren einzelnen Schritten zu plausibilisieren.

Ersteres kann mit einigem Recht bereits auch für Boethius' Trostschrift »Consolatio philosophiae« behauptet werden, mit der – zumal eingesetzt auch als Schullektüre – »eines der meistgelesenen Bücher im Mittelalter« vorliegt.[245] In der Inszenierung der Ausgangssituation handelt es sich bei diesem Text insofern um eine autobiografische Schrift, als der Verfasser unter dem Gotenkönig Theoderich nach verleumderischer Anzeige wegen vermeintlicher Konspiration mit dem oströmischen Reich tatsächlich inhaftiert, zum Tode verurteilt und daher sehr nachvollziehbar in eine des Trostes bedürftige Situation gebracht worden war.[246] Der Dialog des Ich-Erzählers mit der allegorischen Gestalt der Philosophie weist, neben anderen Besonderheiten wie der formalen Gestaltung als Prosimetrum, aber auch deutliche Fiktionalitätsmerkmale auf.[247] Zudem wird von Teilen der Forschung ein eigenständiger Beitrag des Verfassers als Philosoph eher verneint.[248] Umso mehr tritt dadurch allerdings der protreptische Charakter des genannten Werkes zutage. Konkret zeigt er sich darin, dass anhand einer Reihe zentraler philosophischer Fragen – etwa nach dem Wesen des Glücks, nach der Theodizee und nach der menschlichen Willensfreiheit – v. a. neoplatonische Positionen repetiert werden, um ihr Potenzial zur Bewältigung existenzieller Lebenskrisen unter Beweis zu stellen. Dabei bestand eine besondere, schon von Zeitgenossen wie Cassiodor gewürdigte Leistung Boethius' offenbar zugleich darin, den Adressatenkreis

244 Karen Joisten: Möglichkeiten und Grenzen einer narrativen Ethik. Grundlagen, Grundpositionen, Anwendungen. A. a. O. (wie Anm. 108), S. 10–21; hier: S. 10.

245 Maria Lieber: Anicius Manlius Torquatus Severinus Boethius. In: Franco Volpi (Hrsg.): Großes Werklexikon der Philosophie. Stuttgart: Kröner 2014. Bd. 1, S. 197.

246 Vgl. ebenda, S. 196.

247 Vgl. Bernhard Pabst: Prosimetrum. Tradition und Wandel einer Literaturform zwischen Spätantike und Spätmittelalter. Bd. 1. Köln; Weimar; Wien: Böhlau 1994, S. 194 f. Reinhold F. Glei: In carcere et vinculis? Fiktion und Realität in der Consolatio Philosophiae des Boethius. In: Würzburger Jahrbücher für die Altertumswissenschaft. Bd. 22 (1998), S. 225–238.

248 John Marenbon: Boethius. Oxford: University Press: 2003, S. 4–6, 25–32. Gerald Bechtle: Der Trost der Freiheit. Das fünfte Buch der Consolatio Philosophiae des Boethius zwischen Vorlagen und Originalität. In: Philologus. Zeitschrift für antike Literatur und ihre Rezeption. Bd. 150 (2006), S. 265–289; hier: 269 f., 283–287.

für dieses Wissen um ein Publikum zu erweitern, dass die griechischen Originaltexte nicht verstand.[249]

Die zweite der genannten didaktischen Verwendungsweisen des autobiografischen Moments findet sich u. a. in Robert Spaemanns »Autobiographie in Gesprächen«,[250] die nach dem Erscheinen nicht zuletzt deshalb auch positiv besprochen worden ist:

> »Ausführlich stellt Spaemann [...] noch einmal seine philosophischen Grundpositionen vor, insofern lässt sich der Band auch als bequeme Einführung in sein Werk lesen. Jenem von Martin Heidegger überlieferten antibiografischen Diktum ›Aristoteles wurde geboren, arbeitete und starb. Wenden wir uns also seinem Denken zu‹ allerdings folgt der Band mitnichten – zum Glück für den Leser.«[251]

Ein in dieselbe Rubrik zählendes Moment zeigt sich auch in den Kindheitserinnerungen Adornos.[252] Zur Kennzeichnung eines kompromisslosen Zuges im eigenen Denken verweist dieser hier auf ein Ferienerlebnis im Odenwald. Zugleich lässt sich dieser Bericht über den unerwarteten Überfall eines zur Touristen-Attraktion gemachten Tieres auf eine Frau aus dem regionalen Establishment aber als Illustration eines zentralen Gedankens in der »Dialektik der Aufklärung« verstehen; das Ereignis drängt sich geradezu als Urszene für die Figur eines Zurückschlagens der verdrängten Natur in die Kultur auf: »Die gezähmte Wildsau von Ernsttal vergaß ihre Zahmheit, nahm die laut schreiende Dame auf den Rücken und raste davon. Hätte ich ein Leitbild, so wäre es dieses Tier.«[253] Die Übergänge zur Selbststilisierung sind hier freilich fließend, zumal der geschilderte Vorfall ein Motiv aufgreift, das sich bis auf die »Rêveries« zurückverfolgen lässt, in denen Rousseau von einem ganz ähnlichen Zusammenstoß, wenn auch mit einer Dänischen Dogge, berichtet.[254]

Die Idee, wesentliche Beeinflussungen und Veränderungen im eigenen philosophischen Denken anhand von Episoden im Lebensverlauf nachzuzeichnen, hat es, drittens, mit der sog. *Philosophischen Autobiografie* sogar zu einer eigenen Textsorte gebracht. In größtmöglicher Bescheidenheit hat diesen Anspruch Karl Jaspers formuliert:

249 Matthias Baltes: Gott, Welt, Mensch in der Consolatio Philosophiae des Boethius. In: Derselbe: Dianoemata. Kleine Schriften zu Platon und zum Platonismus. Stuttgart: Walter de Gruyter 1999, S. 51–80.

250 Vgl. Robert Spaemann: Über Gott und die Welt. Eine Autobiographie in Gesprächen. Stuttgart: Klett-Cotta 2012.

251 Alexander Cammann: »Ich war ein Chaot«. Konservativ und glaubensstark: Der Philosoph Robert Spaemann hat seine Autobiografie in Gesprächen vorgelegt. Auf: http://www.zeit.de/2012/19/Philosoph-Spaemann. Online seit: 03.05.2012. Zugriff: 20.06.2017.

252 Vgl. Dieter Thomä; Vincent Kaufmann; Ulrich Schmid: A. a. O. (wie Anm. 26), S. 153–155.

253 Vgl. Theodor W. Adorno: Kindheit in Amorbach. Bilder und Erinnerungen. Frankfurt a. M.: Suhrkamp 2003, S. 308.

254 Vgl. Jean-Jacques Rousseau: Träumereien eines einsamen Spaziergängers. Stuttgart: Reclam 2003, S. 23–28.

»Professor Schilpp wünschte einen Bericht, der zeigt, wie ich durch mein Leben auf den Weg des Philosophierens gekommen bin. Die Aufgabe erschien mir gehörig, wenigstens im Alter. Denn die Philosophie ist als geistiges Werk doch in Motiven und Veranlassungen gebunden an den Lauf eines Lebens. Diese Bindung gilt auch dann, wenn das Leben, wie das meine, einfach und verborgen war, durch keine Ereignisse von allgemeinem Interesse oder doch nur von dem Interesse, das ein jedes Menschenleben für Menschen haben kann. Obgleich es in der Wirklichkeit nichts gibt, was nicht auf die Philosophie Bezug hätte, beschränke ich meinen Bericht auf das, was für meine Schriften selbst von Bedeutung wurde [...]. Ich erzähle nicht von den Menschen, denen ich viel verdanke, weil ihr Wesen mir sichtbar wurde in unserer Freundschaft, sondern ich spreche nur von denen, die durch ihr Denken als solches unmittelbar auf meine Arbeit einwirkten.«[255]

In nuce ist ein vergleichbares Ansinnen nach dem Willen manches Interpretatoren zuerst im autobiografischen Dokument des bereits zitierten »Siebten Briefes« zu erkennen. Immerhin nähert sich Platon darin in der Frage nach der Legitimität des Eingriffes in ein bestehendes Staatswesen seiner Position in den »Nomoi« an, die in gewisser Weise einen Abgang von seinen politischen Idealvorstellungen in der »Politeia« darstellt.[256] Ähnlich kann auch Descartes' »Discours de la méthode« verstanden werden:

»D. gibt in [...] seiner ersten veröffentlichten Schrift [...] einen Überblick über seine philosophische Entwicklung, die ihn zur Entdeckung einer universalen wissenschaftlichen Methode und von allein auf die autonome Vernunft gegründeten metaphysischen Prinzipien aller Wissenschaft geführt hat.«[257]

In der Deutung Jonathan Rées erfüllt der autobiografische Sprecher hier die didaktische Funktion gleich auf zweierlei Weise: als »Ich« in der gegenwärtigen Situation des Erzählens, das gegenüber dem Leser sinniert, wie es seine Erkenntnisse am besten darstellen könne, und als erkennendes »Ich« in der Vergangenheit, über dessen Ausgangssituation und Denkweg berichtet wird.[258] Dabei geht es Descartes aber nicht allein um größtmögliche Verständlichkeit seiner philosophischen Auffassungen, son-

255 Karl Jaspers: A. a. O. (wie Anm. 135), S. 7.

256 Eine Erörterung dieser These findet sich u. a. bei Christoph Horn: Politische Philosophie in Platons *Nomoi*. Das Problem von Kontinuität und Diskontinuität. In: Derselbe (Hrsg.): Platon. Gesetze – Nomoi. Berlin: Akademie 2013, S. 1–21.

257 Petra Braitling; Ulrich Nolte: René Descartes. In: Franco Volpi (Hrsg.): A. a. O (wie Anm. 247). Bd. 1, S. 368–373; hier: S. 369.

258 Vgl. Jonathan Rée: Philosophical Tales. London; New York: Methuen 1987, S. 12 f.

dern auch um die völlige Transparenz ihrer Entwicklung, um seinen Lesern die volle Möglichkeit einer kritischen Überprüfung zu geben.[259]

Als eigentlicher Begründer der Textsorte der Philosophischen Autobiografie i. S. eines im persönlichen Leben und Erleben verorteten, in einem vorläufigen Ganzen geschilderten Denk-Weges ist – eben auch mit didaktischer Intention – in die Philosophiegeschichte aber mit gutem Recht der neapolitanische Geschichtsphilosoph Giambattista Vico eingegangen. In seiner »Vita« weist er zugleich Descartes' autobiografische Bezüge im »Discours« als erlogen zurück und denunziert diesen damit in derselben Weise, mit der später Heine gegenüber Rousseau verfährt (vgl. Kapitel 2.4.3). Zudem stellt er Descartes und dem »verstreuten Charakter« der bei diesem aufzufindenden »Lebensskizzen [...] seine eigene Methode für historische Quellenstudien gegenüber, die alle Etappen der Entwicklung mitberücksichtigt«.[260] Dabei werden die Ansätze Augustinus' und Cardanos gewissermaßen kombiniert, und in die Geschichte der Philosophischen Autobiografie wird ein genetisches Denkmuster einführt.[261] (Vgl. Kapitel 4.1.3 f.) Zugleich geht er von einem besonderen, sich als lehrreich erweisenden Strukturierungsprinzip aus:

> »Die Phasen seines Lebensverlaufs spiegeln den zyklischen Ablauf der in seiner Geschichtsphilosophie dargestellten Weltgeschichte. Vicos autobiographisches Projekt, das letztlich durch einen Briefwechsel zwischen Leibniz und Bourget initiiert wurde, verfolgt zwei didaktische Anliegen, nämlich ein vertieftes Verständnis der Philosophie des Autobiographen und die Motivation zum Studium philosophischer Texte. Die intellektuelle Genese der Philosophen soll den Lernenden als Vorbild zur Gestaltung des eigenen Bildungsweges dienen.«[262]

Im Übrigen kann in der hier unternommenen Parallelisierung onto- und phylogenetischer Entwicklungen auch das Exempel für eine topische Argumentation gesehen werden, deren Wiederbelebung Vico in seiner frühen Schrift »Von der Methode der Erforschung unserer Zeit« selbst – und zwar ebenfalls in kritischer Auseinandersetzung mit Descartes – eingefordert hatte. Begründet hatte er dies dort damit, dass die für naturwissenschaftliche Fragestellungen geeignete Methodik rein analytischen Urteilens für Erklärungen in der praktischen Welt des Handelns inadäquat sei, zumal den hier angesiedelten einzelnen Geschehnissen und Begebenheiten, die v. a. auch in

259 Vgl. ebenda, S. 15.

260 Massimiliano Guareschi: Giambattista Vico. In: Franco Volpi (Hrsg.): A. a. O. (wie Anm. 247), Bd. 2, S. 1528–1532; hier: S. 1532.

261 Vgl. u. a. Donald Philip Verene: The New Art of Autobiography. An Essay on the Life of Giambattista Vico. Oxford: Clarendon 1991, S. 60.

262 Vanessa Albus: Methoden und Medien des autobiographischen Philosophierens. In: ZDPE. H. 2/2012, S. 95–103; hier: S. 97.

Verbindung mit der menschlichen Kreativität und Einbildungskraft zu sehen seien, nicht mit mathematischen Abstraktionen beizukommen wäre. Die philosophiegeschichtliche Bedeutung dieser Wendung ist nicht zu unterschätzen: »Mit dieser Schrift leitete V. eine weit über Bacon und Descartes hinausgehende Neubestimmung des Philosophiebegriffs im heutigen Sinne ein.«[263] Verwiesen ist damit v. a. auf ein spekulatives Philosophieren, das Ekkehard Martens im Anschluss an Günther Patzig als »intuitiv-kreatives, phantasiereiches Denken« würdigt.[264]

2.5.2. *Modellstiftender Selbstbezug*

Indem Vico in seiner »Vita« den Modus einer streng rationalen Argumentation autobiografisch überschreitet, verweist er zugleich auf die zweite von Rohbeck identifizierte Position, die die literarische Form philosophischer Texte für »wesentlich« hält:

> »[Dies gilt,] weil sie kein hinreichendes Kriterium für die Unterscheidung zwischen philosophischer und literarischer Sprache erkennen kann oder will. Indem sich die Grenzen von Philosophie und Literatur verwischen, wird die Rationalität philosophischer Argumentation in Frage gestellt. [...] Die literarische Form steht hier für die Grenzen der Vernunft: Wo die rationale Philosophie am Ende ist, vermag sie in literarischer Form noch das Unsagbare auszusprechen.«[265]

Wiederum kann hier auch Descartes als Beispiel herangezogen werden, nun aber in einer u. a. an Pierre Hadot orientierten Auslegung der »Meditationen«, nach der diese »einen irreduziblen praktischen, genauer: selbst-praktischen Aspekt« aufweisen. »Als Alternative zu der spezifischen Überzeugungskraft von Argumentation« geht es Descartes demnach um das Gewinnen des Publikums für eine Lebenskunst, deren Techniken der praktischen Unterweisung und Demonstration mit Hilfe eines Vorbildes bedürften. Zu diesem macht sich Descartes in Bezug auf den von ihm geforderten »hyperbolische[n] Zweifel« im Medium der autobiografischen Darstellung nun aber gerade selbst, und zwar mit dem besonderen Anspruch, der erste zu sein, der auf diese Weise überhaupt an eine Trennung von Seele und Körper gedacht habe.[266] Als Vorbild

263 Massimiliano Guareschi: A. a. O. (wie Anm. 260), S. 1530.

264 Vgl. Ekkehard Martens: Methodik des Ethik- und Philosophieunterrichts. Philosophieren als elementare Kulturtechnik. Hannover: Siebert ^{4}2009, S. 89–91.

265 Johannes Rohbeck: Literarische Formen des Philosophierens im Unterricht. A. a. O. (wie Anm. 242), S. 92.

266 Vgl. Jörg Ossenkopp: Was ist ein Philosoph? Philosophie und Autobiographie bei René Descartes. Berlin: epubli 2011, S. 15.

in der Anwendung einer bestimmten, selbst entwickelten Methode des Ich- und Weltbezuges sieht sich, ähnlich wie Descartes, z. B. auch Montaigne (vgl. auch Kapitel 3.3.5):

> »Die ›Essais‹ kreisen um den Menschen Montaigne in unterschiedlichen Abschnitten seines Lebens, den diversen Handlungszusammenhängen, den vielfältigsten Beziehungen zu anderen Menschen und zur Welt. Lieblingsgerichte und körperliche Gebrechen gehören dazu wie die ›großen Themen‹ der Freundschaft, des Glücks und des Sterbens. Die Fragen, die er sich dabei stellt, sind exemplarisch; in der Auseinandersetzung mit sich selbst wendet sich Montaigne doch ganz gezielt an diejenigen, die seine ›Essais‹ lesen, und regt sie an, es ihm gleichzutun.«[267]

Einen vergleichbaren Anspruch findet man nach einer Interpretation Rohbecks auch bei Hume, wenn dieser zur Anempfehlung seiner eigenen, aus der persönlichen Krise heraus entwickelten essayistischen Schreibweise auf die Metapher des Botschafters zurückgreift, dem es darum gehen müsse, zwischen der »gelehrten Welt« und der »Welt der Konversation« zu vermitteln:[268]

> »Kaum ein Philosoph hat es so verstanden wie David Hume, seine Gedanken leicht und elegant zu formulieren. Doch die Leser sollten sich nicht dazu verleiten lassen, den theoretischen Gehalt solcher Texte zu unterschätzen. Das gilt auch für den vorliegenden Fall, in dem der Zusammenhang von Denkstil und Schreibform sogar thematisiert wird. Indem Hume über das Schreiben schreibt, reflektiert er seine schriftstellerische und philosophische Praxis.«[269]

Über den autobiografischen Vorbild-Charakter ist auch diese zweite von Rohbeck benannte Position von einer Spielart der Narrativen Ethik tangiert, die Joisten dahingehend beschreibt, dass Lebensgeschichten als »ethische Modelle« betrachtet werden, wobei diese dann insbesondere der »Realität sittlichen Bewusstseins und Verhaltens« zuträglich sein sollen.[270] Dieser Gedanke findet sich u. a. auch bei Rousseau, der im »Émile« dem Modus des narrativ vorgebrachten Exempels jederzeit den Vorzug gegenüber theoretisierenden Sittlichkeitsbelehrungen geben will: »Dieses Moralisieren ist für beide Geschlechter der Tod jeder guten Erziehung. Trübselige Lektionen bewirken

267 Ingrid Weber: Montaignes Essai »Über die Freundschaft«. Ein innovativer Zugangsweg zur Philosophie. In: ZDPE. H. 2/1999, S. 133–137; hier: S. 133.

268 Vgl. David Hume: Vom schwachen Trost der Philosophie. Essays. Übersetzung und Nachwort von Jens Kulenkampff. Göttingen: Steidl 1990, S. 7–12.

269 Johannes Rohbeck: David Hume: Über das Essayschreiben. In: ZDPE. H. 3/2000, S. 230–234; hier: S. 232.

270 Vgl. Karen Joisten: Möglichkeiten und Grenzen einer narrativen Ethik. Grundlegungen, Grundpositionen, Anwendungen. A. a. O. (wie Anm. 34), S. 11.

nur den Hass auf die, die sie geben, und auf das, was sie sagen.«[271] Die emotionale Aufladung, die mit der persönlichen Schilderung eines Menschen einhergehen kann, der sich aufgrund seiner womöglich außergewöhnlichen Erfahrungen gegenüber Heranwachsenden zugleich als Autorität exponiert, grenzt in der Unterrichtspraxis des Philosophie- und Ethikunterrichtes allerdings mitunter an Überwältigung. Tatsächlich übernimmt die Autobiografie hier dann keine didaktische, sondern eine – zuweilen im Bereich einer Schwarzen Pädagogik angesiedelte – erzieherische Aufgabe, oder, wie es in einem Brief Adornos aus dem Jahr 1942 nachzulesen ist, eine »ideologische Funktion«.[272]

2.5.3. *Theoriekritischer Selbstbezug*

Als dritte Position, die er im Anschluss an den Sprachphilosophen Gottfried Gabriel auch selbst vertritt, markiert Rohbeck schließlich die Option einer »Vermittlung zwischen Philosophie und Literatur«. Demnach wird das Denken »von der Darstellungsweise mitgeprägt und verändert sich mit ihr«, wobei »die literarische Form« in einer ihr spezifischen Weise durchaus auch »eine argumentative Funktion« ausüben kann.[273] An anderer Stelle verweist Rohbeck in diesem Zusammenhang auf das besondere Potenzial auserzählter Beispiele, »die Wahrheit allgemeiner Aussagen zu überprüfen und zu korrigieren«, so dass sich z. B. »die Unzulänglichkeit einer Definition oder einer Regel herausstellen« kann. Er verdeutlicht diese Einschätzung mit der Idee, den kategorischen Imperativ Kants anhand kleiner Alltagsnarrationen zu überprüfen und dabei »unvorhergesehene Interessenkonflikte und Wertekollisionen zum Vorschein [zu bringen], zu deren Auflösung die abstrakte Regel nicht mehr ausreicht.«[274] Selbstredend können sich solche erzählerischen Miniaturen auch aus der Erinnerung persönlicher Erlebnisse ergeben. Die Besonderheit dieser Art der Verifikation bzw. Falsifikation philosophischer Ansichten besteht darin, dass narrativ verfasste Argumentationen über eine rein kausale Logik v. a. im Rückgriff auf bestimmte, topische Handlungsmuster hinausgehen können, ohne dass dies ihrer intuitiven Geltungskraft unbedingt abträglich wäre (vgl. Kapitel 3.1.2).

Man könnte das von Rohbeck vorgeschlagene Verfahren daher auch auf den Begriff der *lebensweltlichen Validierung* oder Plausibilitätskontrolle bringen. In autobiografi-

271 Jean-Jacques Rousseau: Emil oder Über die Erziehung. Schöningh: Paderborn [12]1995, S. 424 f.

272 Theodor W. Adorno; Leo Löwenthal: Briefwechsel. In: Leo Löwenthal: Schriften. Hrsg. von Helmut Dubiel. Bd. 4: Judaica. Vorträge. Briefe. Frankfurt a. M.: Suhrkamp 1984, 153–181; hier: S. 158 f. Adorno selbst wendet sich konkret gegen eine vermeintlich nur noch ideologische Aufrechterhaltung der Vorstellung individueller Lebensgestaltung in der »Massenkultur« mit Hilfe von »irgendwelchen Modellen«.

273 Johannes Rohbeck: Literarische Formen des Philosophierens im Unterricht. A. a. O. (wie Anm. 242), S. 92 f.

274 Vgl. Johannes Rohbeck: Rhetorik und Philosophiedidaktik. In: ZDPE. H. 2/2005, S. 98–106; hier: S. 105.

schen Beweisgängen dieser Art erfolgt ein Rekurs auf einzelne, ausgewählte Momente des eigenen Lebensverlaufes. Diese dienen hier als bloße Beispielgeber in einer rein an der philosophischen Sache orientierten Argumentation. Es sind aber durchaus auch engere Verschränkungen zwischen autobiografischer Erzählung und philosophischer Gedankenentwicklung möglich. Bei Thomä, Kaufmann und Schmid geraten solche Perspektiven als problematische, vereinseitigende Formen der *Rezeption* philosophischer Werke ins Visier. Namentlich unterscheiden die genannten Autoren zunächst zwei Varianten: Entweder wird »die Autobiographie« zur bloßen Bestätigung bzw. »Projektion der Theorie« oder die »Theorie wird auf die Autobiografie reduziert«, so dass sie weitgehend als bloßes Ergebnis »privater Lebensnot, -lust oder -kunst« verstanden wird.[275] Aus dieser Typologie der biografisierenden Fehlschlüsse kann sich allerdings auch eine Idee dafür ergeben, auf welche Weisen philosophische Texte auf der Seite der *Produktion* autobiografisch durchsetzt sein können. Man könnte hier einerseits von einer *Selbstreduktion* sprechen, wenn die praktische Lebensführung und ihre Interpretation weitgehend auf das von der philosophischen Theorie Erklärbare oder Geforderte beschränkt wird, und andererseits von *Selbstprojektion*, sofern eine gedankliche Verengung der jeweiligen Theorie auf den subjektiven Erlebnisbereich vorliegt.

2.5.4. Selbstreduktion

Selbstreduktionen stehen oft im engen Zusammenhang mit der Selbstinszenierung der Person, ohne sich aber in der rein strategischen Präsentation vor den Mitmenschen und der Nachwelt zu erschöpfen: »Der Autor konstruiert sich selbst, er legt sich sein Leben zurecht, wie es seiner Theorie gefällt«. In der Konsequenz ist sein »Ich ein Effekt« der vorangehenden philosophischen Idee, die als Impuls für die Beschreibung bzw. Interpretation oder auch für die weitere praktische Gestaltung des eigenen Lebensverlaufes wirkt.[276] Als Vorbild für ein autobiografisches Schreiben dieser Art fungiert hier die Platonische Sokrates-Figur. Im »Kriton« wird dieser bekanntlich als jemand inszeniert, der im Kreis seiner Freunde jeden Vorschlag zurückweist, sich seinem Todesurteil zu entziehen. Neben anderen Gründen stützt sich Sokrates dabei auf den Rechtsgrundsatz, ein erlittenes Unrecht nicht mit dem Begehen eines weiteren zu vergelten. Zugleich weist er auf die konkrete Konsequenz einer Flucht hin, die darin bestünde, dass die Gültigkeit der Gesetze und damit auch eine Voraussetzung

275 Vgl. Dieter Thomä; Vincent Kaufmann; Ulrich Schmid: A. a. O. (wie Anm. 26), S. 8.
276 Vgl. ebenda.

jedes geordneten Zusammenlebens im Staat verneint werden würde.[277] Mit dieser mäeutisch entwickelten Entscheidung für den Schierlingsbecher begründet Sokrates den ethischen Imperativ einer Einheit von Leben und Werk.[278] Populär aufgegriffen hat diesen u. a. Wilhelm Weischedel. Unter dem Eindruck des noch nicht lange zurückliegenden Nationalsozialismus ging es diesem offenbar nicht zuletzt darum, ein Modell für das aufzurichten, was in Demokratien heutigen Tags als Zivilcourage bezeichnet wird.[279]

Dieser sokratische Anspruch der Identität von Denken und Sein führt z. B. bei Kierkegaard zu einer Praxis des autobiografischen Schreibens, sofern man darunter auch Tagebücher versteht, die einer größeren Leserschaft zugänglich gemacht werden (vgl. Kapitel 3.3.3):

> »[Diese] Aufzeichnungen [bieten] Einblicke und Erläuterungen zur Entstehungsgeschichte und Interpretation seiner veröffentlichten Werke. In Form der indirekten Mitteilung zielen seine philosophischen Werke darauf, den Einzelnen auf die Möglichkeiten seiner konkreten Existenz zu verweisen. Die Existenzanalyse verlangt darüber hinaus auch die Anwendung auf den Autor selbst und die Tagebücher stellen die demgemäße Mitteilungsform dar.«[280]

Noch existenzieller und zugleich äußerst tragisch wirkte sich die Konsequenz der Theorie im eigenen Leben dann im Fall Philipp Mainländers aus, der mit seiner »Philosophie der Erlösung« nach einer Einschätzung Theodor Lessings »vielleicht das bis dahin radikalste System des Pessimismus, das die philosophische Literatur kennt«,[281] aufgestellt hatte. Da in Mainländers Analyse selbst eine idealstaatliche Abschaffung jeglicher materiellen Not nur zu neuem Leiden, und zwar letztlich dem der Langeweile, führen kann, lag der Schlüssel zur Erlösung der Menschheit für ihn in einer konsequent lebensverneinenden, den Freitod bejahenden Haltung, die er in der Nacht zum 1. April 1876 – nach getaner Arbeit am ersten, für entscheidend gehaltenen Teil seines Hauptwerkes – persönlich und mit deutlicher Aussageabsicht unter Beweis stellte:

> »Als er [...] den letzten Korrekturbogen in Händen hielt, zieht er aus dem Resultat seiner Philosophie den logisch notwendigen Schluß und zeigt der Nachwelt, daß

277 Vgl. Platon: Kriton. In: Derselbe: Werke in acht Bänden. Griechisch und deutsch. Hrsg. von Gunther Eigler. Darmstadt: Wissenschaftliche Buchgesellschaft 1973. Bd. 2, S. 71–107; hier: S. 89–99 [48b-52a].

278 Vgl. ebenda, S. 101–107 [52e-54d].

279 Vgl. Wilhelm Weischedel: Die philosophische Hintertreppe. A. a. O. (wie Anm. 74), S. 43 f.

280 Franz-Peter Burkard: Søren Kierkegaard. In: Franco Volpi (Hrsg.): A. a. O. (wie Anm. 247). Bd. 1, S. 825–834; hier: S. 831 f.

281 Theodor Lessing: Schopenhauer, Wagner, Nietzsche. Eine Einführung in die moderne Philosophie. München: Beck 1906, S. 192.

dies Werk (trotz vieler falscher Sentimentalität) mit seinem Leben geschrieben ist. Er wählte das Ende durch den Strick, um den Tod zu sterben, welchen sich auch der Ärmste freiwillig schaffen kann.«[282]

Auch jüngere Untersuchungen kommen zu diesem Schluss:

»Er wollte mit dem Opfer seines Lebens zeigen, daß man von den höchsten Dingen – solche waren für ihn die Lehre vom Weltschmerz – nicht nur eine Beweisführung, sondern darüber hinaus auch ein faktisches Zeugnis ablegen muss.«[283]

Das hinterlassene Tagebuch, dessen Publikation als Autobiografie Mainländer vorhatte, zeigt aber nicht nur einen theoretischen Übereinklang mit seinem letzten praktischen Entschluss, sondern auch eine depressiv bedingte perspektivische Verengung. Lessing macht hierfür biologische Faktoren mitverantwortlich: »Er wurde 33 Jahre alt und mag [...] erblich belastet gewesen sein. Außer ihm starben auch zwei Geschwister durch Selbstmord.«[284] Mainländer selbst sieht zugleich einen gefährlichen Zusammenhang zwischen dieser Disposition und der Beschäftigung mit der Philosophie, wenn er sich an den Rat eines seiner Lehrer erinnert:

»Besonders warne ich Sie vor der Philosophie [...]. Lassen Sie sich von der poetischen Literatur [...] das Leben verschönern und die Sorgen nehmen. Das ist Ihr Feld, dazu haben Sie Trieb und Anlagen. Meiden Sie dagegen die Philosophie wie die Pest.«[285]

2.5.5. *Selbstprojektion*

Damit sind wir bei der zweiten der oben genannten Strategien einer Verzahnung von autobiografischem Schreiben und philosophischem Denken angelangt. Ein entsprechend massiver Wahrnehmungsfilter, der das philosophisch Glaubwürdige weitgehend auf das durch eigene Erfahrungen Gedeckte beschränkt, ist z. B. im Menschenbild Thomas Hobbes' festzustellen, das seinerseits eine grundlegende Bedeutung für sein

282 Ebenda, S. 193.

283 Franco Volpi: Vorwort. In: Guido Rademacher: Der Zerfall der Welt. Kurz gelebt und lange vergessen – Vita und Werk eines Optimisten. London: Dunshare 2008, S. VII–XII; hier: S. VII.

284 Theodor Lessing: A. a. O. (wie Anm. 281), S. 193.

285 Zitiert in: Fritz Sommerlad: Aus dem Leben Philipp Mainländers. Mitteilungen aus der handschriftlichen Selbstbiographie des Philosophen [1898]. Wiederabdruck in: Winfried H. Müller-Seyfarth (Hrsg.): ›Die modernen Pessimisten als décadents‹. Texte zur Rezeptionsgeschichte von Philipp Mainländers ›Philosophie der Erlösung‹. Würzburg: Königshausen & Neumann 1993, S. 93–113; hier: S. 97.

gesamtes ethisches und staatsphilosophisches System hat. In der autobiografischen Dichtung seines Alterswerkes bringt er die politischen Erfahrungen seiner Zeit dann in der bekannten Wendung ins Spiel, dass ihn seine Mutter gewissermaßen als Zwillingskind geboren habe, da er gemeinsam mit der Furcht zur Welt gekommen sei.[286] Das hier vorliegende Problem der Projektion verdeutlicht u. a. Ottfried Höffe:

> »Sobald Hobbes die Furcht am eigenen Leib spürt, also noch nicht in der ersten, vor der Flucht ins Exil verfaßten politischen Schrift, den *Elements of Law, Natural and Politic* (1640), wohl aber seitdem, ist der Philosoph derart tief von der Furcht beeindruckt, daß er sie zu einem wesentlichen Merkmal des Menschen erklärt. Nach *De cive* (I, § 2) gehen stabile Verbindungen nicht von gegenseitigem Wohlwollen, sondern von gegenseitiger Furcht aus. Und der *Leviathan* (13:98) erklärt die Furcht vor einem gewaltsamen Tod zur ersten der drei friedensförderlichen Leidenschaften.«[287]

In einer ungeschickten Wendung, die aber den Wert der vorgeschlagenen Unterscheidung zwischen Reduktion und Projektion anzeigt, rechnet der Politikwissenschaftler Herifried Münkler das Zusammenspiel von Philosophie und Autobiografie bei Hobbes dagegen eher dem Muster der praktischen Reduktion der Lebensführung auf das philosophisch Vorgedachte zu:

> »Der Philosoph, der die Furcht vor dem Tode zum Grundmotiv seiner Philosophie gemacht hat, hat sein eigenes Leben weitgehend in Übereinstimmung mit diesem von ihm herausgestellten Grundantrieb geführt.«[288]

Zwei weitere Möglichkeiten der produktiven autobiografisch-philosophischen Verschränkung finden sich in den Tagebuchaufzeichnungen Susan Sontags. Zum einen diskutiert diese hier die Möglichkeit einer *Selbsttransformation*, zum anderen die Option einer *Selbsttranszendierung*.[289]

286 Vgl. Thomas Hobbes: Vita carmine expressa [1679]. In: Derselbe: Opera Latina. Hrsg. von William Molesworth. London: John Bohn 1839. Bd. 1, S. LXXXVI. Zitiert in: Thomas Hobbes: Leviathan oder Stoff, Form und Gewalt eines bürgerlichen und kirchlichen Staates. Hrsg. und eingeleitet von Iring Fetscher. Berlin: Luchterhand 1966, Einleitung, S. XI.

287 Ottfried Höffe: Thomas Hobbes. München: Beck 2010, S. 27 f. [Hervorhebungen im Original.]

288 Vgl. Herfried Münkler: Thomas Hobbes. Frankfurt a. M.: Campus 1993, S. 34 f.

289 Vgl. Dieter Thomä; Vincent Kaufmann; Ulrich Schmid: A. a. O. (wie Anm. 26), S. 327.

2.5.6. Selbsttransformation

Ein besonderer Fall der *Selbsterfindung* auf der Basis autobiografischer Reflexion (vgl. Kapitel 2.3.3) liegt in der zuerst genannten Denkbewegung deshalb vor, weil sie sich gezielt auf die Entwicklung des intellektuellen Teils der Persönlichkeit bezieht. Eine ethische Relevanz kommt Metakognitionen dieser Art zu, wenn sie als »Kampf« mit eigenen, festgefahrenen »Vorbildern, Vorgaben, Vorurteilen, Vorsätzen« durchgeführt werden.[290] Bei Sontag versteht sich diese autobiografische Auseinandersetzung mit sich selbst als Zulassen einer inneren Vielfalt von Stimmen.[291] Impulse für den persönlichen philosophischen Erkenntnisfortschritt ergeben sich aus dieser Prozedur schon deshalb, weil man in ihr leicht das Gegenstück und Korrektiv zu jener nicht unbedingt zuverlässigen Verallgemeinerung von persönlich erlebten Episoden erkennen kann, die oben als Selbstprojektion bezeichnet worden ist. In ebenso radikaler wie theoretisch reflektierter Weise nutzt denselben Effekt auch Stanley Cavell. In seinem Buch, das in der deutschen Übersetzung den programmatischen Titel »Die andere Stimme« trägt, weist er den in der Philosophie nach wie vor vertretenen Anspruch, ohne subjektive Perspektiven auszukommen oder diese innerhalb des Denkprozesses jedenfalls erfolgreich zu eliminieren, als uneinlösbar zurück und bewertet ihn zugleich als getarntes Streben nach geistiger Hegemonie:

> »Wenn ich [...] die Philosophie als den Anspruch charakterisiere, für das Menschliche schlechthin zu sprechen – und von daher als einen gewissen verallgemeinernden Gebrauch der Stimme – bezeichne ich diesen Anspruch als [...] arrogante Aneignung des Rechts, für andere zu sprechen.«[292]

In der deutschsprachigen Philosophie ist eine vergleichbare Skepsis gegenüber allem vermeintlich Prinzipiellen auf dem Weg einer autobiografischen Selbstreflexion ähnlich prägnant von Odo Marquardt betont worden (vgl. Kapitel 3.3.5). Bei Cavell führt dieser Entschluss zu einem philosophischen Schreiben, das die Perspektive der Ersten Person mit größter grammatischer Konsequenz betont und jeden universellen Anspruch aufgibt, indem es – »in noch unbestimmtem Ausmaß anekdotisch verfasst« – beständig auf seine Bedingtheit in der eigenen Lebensgeschichte hinweist. Wie bei Sontag tritt auch hier zugleich ein Verständnis der Philosophie als Praxis der Selbst-

290 Vgl. ebenda, S. 333–335.

291 Vgl. Susan Sonntag: The Rolling Stones Interview. Geführt mit Jonathan Cott. Veröffentlicht am 04.10.1979. Auf: http://www.rollingstone.com/culture/features/susan-sontag-19791004. Zugriff: 09.09.2016.

292 Stanley Cavell: Die andere Stimme. Philosophie und Autobiographie. Übersetzt von Antje Korsmeier. Berlin: Diapahnes 2002, S. 11.

sorge, und zwar in Konkurrenz zur Psychoanalyse, zutage.[293] Bei Sontag knüpft die Bereitschaft zur Revision des eigenen philosophischen Denkens im Medium autobiografischen Nachspürens nicht zuletzt an Barthes an. Kritisch auseinandergesetzt hat sich dieser auch gerade mit jenem anderen philosophisch-autobiografischen Zusammenhang, den Sontag auf den Begriff der Selbsttranszendierung bringt.

2.5.7. *Selbsttranszendierung*

Sontag kommt in ihren autobiografischen Analysen zu dem Ergebnis, dass sie das »Selbst, das sich selbst zu transzendieren sucht« als ihr »[g]rößtes Thema« überhaupt anerkennen muss, und dass in ihrem Fall jeglicher »Drang zu schreiben [...] nicht der Drang, mich selbst auszudrücken, sondern der Drang nach Selbsttranszendenz« sei.[294] Sie urteilt über dieses Phänomen allerdings positiver als Barthes, der darin nur eine philosophisch unlautere Verklärung des eigenen Seins sieht (vgl. Kapitel 2.4.2). Sontag bejaht es als positives Erlebnis in einem von ihr auch theoretisch reflektierten Sinn,[295] indem sie Schreiben als Kunst versteht und diese mit dem befreienden Potenzial der Erotik in Verbindung bringt.[296] Selbsttranszendierung bedeutet für sie in diesem Sinn v. a. eine Ablösung von den Zumutungen der Alltagserfahrung. Entsprechend kann auch das Verfassen ihres Essays »Illness as Metaphor« als Aufhebung der Geschichte des eigenen Krebsleidens in der Theorie verstanden werden.[297] Eine Reflexion über die Erfolgsgrenzen eines solchen Schreibens unternimmt Foucault:

> »Man schreibt auch, um kein Gesicht mehr zu haben, um sich selbst unter seinem eigenen Schreiben zu vergraben. Man schreibt, damit das Leben, das man um das Blatt herum hat, neben, außerhalb, fern von ihm, dieses Leben, das überhaupt nicht lustig ist, sondern eher langweilig und voller Sorgen, das den anderen ausgesetzt ist, von diesem kleinen papiernen Rechteck aufgesogen wird, das man vor Augen hat und dessen Herr man ist. [...] Aber dazu, dass das wimmelnde Leben in dem unbeweglichen Gewimmel der Buchstaben aufgesaugt wird, gelangt man niemals. Immer wieder beginnt das Leben außerhalb des Papiers.«[298]

293 Vgl. ebenda, S. 26.

294 Zitiert in: Dieter Thomä; Vincent Kaufmann; Ulrich Schmid: A. a. O. (wie Anm. 26), S. 336.

295 Vgl. Susan Sonntag: Kunst und Antikunst. 24 literarische Analysen. Aus dem Amerikanischen von Mark E. Wien; München: Hanser 1980, S. 22.

296 Vgl. Dieter Thomä; Vincent Kaufmann; Ulrich Schmid: A. a. O. (wie Anm. 26), S. 339.

297 Vgl. Susan Sonntag: Krankheit als Metapher. Übersetzt von Karin Kersten und Caroline Neubaur. Frankfurt a. M.: Fischer 1981.

298 Zitiert in: Dieter Thomä; Vincent Kaufmann; Ulrich Schmid: A. a. O. (wie Anm. 26), S. 265.

Für Foucault kann das Projekt, eigene negative Erfahrungen oder Gefühle des Überdrusses so im philosophischen Denken aufgehen zu lassen, dass sie zugleich innerpsychisch neutralisiert bzw. kompensiert werden, also immer nur in engen zeitlichen Grenzen erfolgreich sein. Dennoch kann Theorie auch bei ihm, wenn sie von einer entsprechenden Motivation mitgetragen ist, gelesen werden als geheime Autobiografie. In diesem Sinne werden z. B. auch hinter dem *Differenz*-Begriff der Dekonstruktion jene Diskriminierungserlebnisse vermutet, denen Derrida als jüdisches Schulkind im Vichy-Regime ausgesetzt gewesen war.[299] Mit weniger Aufwand an Spekulation findet man diese Art des selbsttranszendierenden Philosophierens z. B. in Karl Jaspers' Autobiografie. Dessen Enttäuschung von Heidegger (vgl. Kapitel 2.3.2), die ihren Ausgang von einem hinterrücks formulierten Verriss der »Idee der Universität« nahm, bearbeitet Jaspers hier in einem vergleichsweise raumgreifenden Abschnitt, der einer Untersuchung »über die Möglichkeiten philosophischer Kritik überhaupt« gewidmet ist und in dem er insgesamt fünf Thesen entwickelt.[300] Der emotionalen Begründung dieses Ansinnens merkt man die Intensität der persönlichen Verärgerung noch an:

> »Dieses ist ein außerordentliches, eines der erregendsten Probleme der die Kommunikation suchenden Philosophie. Es ist die Frage nach der sinnvollen Auseinandersetzung im Philosophieren, die, wie mir scheint, bis heute nicht zureichend klar gestellt, geschweige beantwortet ist.«[301]

Ohne dieselbe produktive Kraft, die aus dem Schmerz der persönlichen Lebenserfahrung bezogen werden kann, sind womöglich auch Montaignes »Essais« gar nicht denkbar:

> »Die ›Essais‹ [...] schildern die Schaukelbewegung zwischen konkreter redlicher Wahrnehmung und dem Versuch, sich selbst zu verstehen. Sie sind ein Ersatz für die Gespräche mit dem verlorenen Freund Etienne de la Boëtie. Er hätte vielleicht niemals schreiben müssen, wären ihm die Gespräche mit dem kongenialen Freund weiterhin möglich gewesen. [...] Vielleicht hätte Montaigne seinen Weg zur Selbsterkenntnis gar nicht eingeschlagen, wäre der Freund am Leben geblieben.«[302]

In argumentationstheoretischer Hinsicht ist ein Philosophieren im Modus der Selbsttranszendierung zugleich als Gegenstück zu der oben beschriebenen Methode der

299 Vgl. ebenda, S. 294–308.
300 Vgl. Karl Jaspers: A. a. O. (wie Anm. 135), S. 106–110.
301 Ebenda, S. 106.
302 Martina Dege: Montaignes »Essais« – der Versuch, schreibend die Balance zu halten. In: ZDPE. H. 2/1999, S. 116–138; hier: S. 119.

narrativen Plausibilitätsprüfung zu verstehen. Denn während dort der Test einer allgemeinen Regel am persönlichen Einzelfall vorgenommen wird, handelt es sich hier um einen induktiven, hypothesenbildenden Schluss vom individuellen Erlebnis auf etwas möglicherweise Universelles – und damit zugleich um eine Suchbewegung, die zumindest in der Aristotelischen Tradition als wesentliches Charakteristikum des philosophischen Denkens überhaupt gilt.[303] Verpflichtet sieht sich dieser Tradition auch Rousseau in seiner Absicht einer Entwicklung der Anthropologie aus der Autobiografie, indem er den Leser dazu auffordert, ihn als »Vergleichsstück« für eine entsprechende Selbstbefragung heranzuziehen.[304] (Vgl. Kapitel 2.4.2.)

2.5.8. Selbstversuch

Gerade mit Foucault und Rousseau lässt sich nun, am Ende des 2. Kapitels, noch eine weitere mögliche Verbindung zwischen autobiografischem Schreiben und Philosophieren erschließen, die auf den Begriff des *autobiografischen Selbstversuchs* gebracht werden kann. Reserviert werden soll dieser Begriff für Fälle, in denen Philosophinnen und Philosophen ihr Leben, von autobiografischen Dokumentationen und Reflexionen begleitet, ganz bewusst in bestimmte Erfahrungsbereiche hineinlaufen lassen, die für ihr jeweiliges Erkenntnisinteresse relevant sein könnten oder aus denen sich ein solches zu ergeben verspricht. Beide Optionen erkennt auch Wilhelm Schmid, wobei sie bei diesem allerdings auf den lebenskunstphilosophischen Kontext beschränkt bleiben:

> »Im Zweifelsfall kommt es für das Selbst darauf an, Versuche zu machen mit sich und seinen Möglichkeiten zu experimentieren und verschlossene Möglichkeitshorizonte zu öffnen, um nicht im Bestehenden sich einzuschließen. [...] Grundsätzlich gibt es zwei verschiedene Methoden, auf den Versuch hin zu leben: Die erste besteht darin, *vorsätzliche Versuche* zu unternehmen, deren Initiator das Subjekt selbst ist. Die zweite aber bedeutet, *sich versuchen zu lassen*, also sich offen zu halten für das, was ungerufen kommt und einem Versuch gleichkommt [...].«[305]

Gelegentlich wird Foucault, im Anschluss an entsprechende Formulierungen in der letzten Vorlesung seiner »Hermeneutik des Subjekts«,[306] als ein Experimentator in

303 Vgl. Odo Marquard: Abschied vom Prinzipiellen. Auch eine philosophische Einleitung. In: Derselbe: Abschied vom Prinzipiellen. Philosophische Studien. Stuttgart: Reclam 1981, S. 4–22; hier: S. 4.

304 Vgl. Jean-Jacques Rousseau: Die Bekenntnisse. A. a. O. (wie Anm. 184), S. 7.

305 Wilhelm Schmid: Philosophie der Lebenskunst. A. a. O. (wie Anm. 22), S. 361, 366.

306 Vgl. Michel Foucault: Hermeneutik des Subjekts. Frankfurt a. M.: Suhrkamp 2009, S. 593 f.

dem ersten von Schmid benannten Sinn verstanden, der sich in der Kultivierung einer aktiven Haltung der »Selbsterprobung« in eine Reihe mit Nietzsche und Emerson stellt.[307] Ebenso wird das Vorwort der französischen Erstausgabe seiner Dissertationsschrift »Wahnsinn und Gesellschaft« herangezogen, in der er sich selbst als jemand beschreibt, der unermüdlich in Bewegung ist, um Erfahrungen zu sammeln, die sein Denken voranbringen:

> »Dieses Buch ist von jemandem, der ins Staunen gekommen ist. Der Autor ist von Berufs wegen ein Philosoph, der in die Psychologie gewechselt ist – und von der Psychologie in die Geschichte. Er war Student an der École normale supérieure, agrégé im Fach Philosophie und Stipendiat der *Fondation Thiers*; er ist in psychiatrische Kliniken gegangen (von der Seite, wo die Türen sich öffnen), er hat in Schweden das sozialisierte Glück kennengelernt (von der Seite, wo die Türen sich nicht mehr öffnen), in Polen das sozialistische Elend wie auch den Mut, der dort vonnöten ist, in Deutschland, nicht weit von Altona, die neuen Festungen des deutschen Reichtums, und er ist in Frankreich an die Universität zurückgekehrt: All dies hat ihn mit ein wenig Ernst darüber nachdenken lassen, was ein *Asyl* ist. Er wollte wissen, er will immer noch wissen, um welche Sprache es sich eigentlich handelt, die durch so viele Mauern und Schlösser hindurch sich knüpft, sich ausdrückt und über alle Trennungen hinweg zum Austausch bringt.«[308]

Komplementär zu dieser für Foucault reklamierten Weltoffenheit können die »Essais« Montaignes und die »Rêveries« des späten Rousseau als Ergebnisse eines autobiografisch-philosophischen Experimentierens verstanden werden, das mit einem Rückzug in die Einsamkeit beginnt. Entsprechend wäre dann im Anfang des ›Ersten Spazierganges‹ auch nicht nur ein Appell an das Mitleid der Leser zu sehen, wenn Rousseau schreibt: »So bin ich nun allein auf dieser Welt, habe keinen Bruder mehr, keinen Nächsten, keinen Freund, keine Gesellschaft außer mir selber.«[309] Vielmehr handelt es sich, zumindest nach einer Deutung Heinrich Meiers, auch um die Beschreibung einer philosophischen Versuchsanordnung und damit, ganz wie zuvor schon in den »Confessions«, um den »Ausgangspunkt eines Unternehmens [...], das sich von allem unterscheidet, was er bis dahin, wenn nicht in der Gesellschaft, so doch für die Gesellschaft begann«.[310] Tatsächlich wird Rousseau vom Umstand seiner Isolation nur wenige Zei-

307 Vgl. Dieter Thomä: Jeder ist sich selbst der Fernste. Zum Zusammenhang zwischen personaler Identität und Moral bei Nietzsche und Emerson. In: Nietzsche-Studien. Bd. 36 (2007), S. 329–356; hier: S. 335.

308 Übersetzt zitiert in: Dieter Thomä; Vincent Kaufmann; Ulrich Schmid: A. a. O. (wie Anm. 26), S. 250 f. [Hervorhebungen im Original.]

309 Jean-Jacques Rousseau: Träumereien eines einsamen Spaziergängers. A. a. O. (wie Anm. 254), S. 7.

310 Heinrich Meier: Über das Glück des philosophischen Lebens. Reflexionen zu Rousseaus *Rêveries* in zwei Büchern. München: Beck 2011, S. 17.

len später auf den Imperativ des delphischen Orakels gebracht, in dem philosophische und autobiografische Reflexionen besonders einleuchtend konvergieren: »Ich aber, losgerissen von ihnen [d. h. von den Mitmenschen] und der ganzen Welt: was bin ich selbst? Das bleibt mir noch zu ergründen.«[311] Bei der Beantwortung dieser Frage setzt er sich v. a. von Descartes ab: Während dieser im Streben nach Selbsterkenntnis das Individuum zergliedert, geht Rousseau mit dem gleichen Ziel von der Experimentieranordnung eines atomisierten Sozialkörpers aus. Nur die selbst gewählte Isolation, i. S. eines Ausschlusses psychosozialer Faktoren, scheint seinem Forschungsgegenstand angemessen zu sein:

> »Ich will [...] über etwas höchst Wechselhaftes Klarheit gewinnen, nämlich darüber, wie sich meine Stimmungen wandeln und in welcher Reihenfolge. Ich führe an mir ähnliche Messungen durch, wie sie Naturforscher verrichten, die täglich den Zustand der Luft beobachten. Ich prüfe also meine Seele wie mit dem Barometer, und wenn ich dies nur sorgfältig und oft genug tue, könnte mir dies Ergebnisse verschaffen, die ebenso sicher wären wie die der Naturforscher.«[312]

Wie Montaigne, der in der selbst gewählten Zurückgezogenheit eine Methodik des essayistischen Schreibens entwickelt, die er auf den Begriff des »Gedankenspaziergänges« bringt, geht mit dem zitierten Ziel auch Rousseau spazieren, nicht aber nur in Gedanken, sondern tatsächlich unter Einsatz seiner Füße. Gleichwohl folgt er damit seiner Meinung nach der Idee eines planvollen, auf Erkenntnis hin ausgerichteten Tuns:

> »Ich plante also, die allgemeine Befindlichkeit meiner Seele in der jetzigen Situation zu beschreiben [...] –, und am besten, glaubte ich, gelänge mir dies, wenn ich getreulich die Träumereien protokollierte, die meine einsamen Spaziergänge beleben, kaum dass ich meinen Kopf gewähren und meine Gedanken sich völlig ohne Zwang und Steuerung entwickeln lasse. Nur in diesen Stunden der Einsamkeit, da ich Gelegenheit zum Nachsinnen habe und mich nichts ablenkt oder stört, bin ich ganz und gar ich selbst und gehöre mir allein; nur in diesen Stunden kann ich ehrlicherweise von mir behaupten zu sein, wie die Natur mich wollte.«[313]

Auch wenn dieses Programm in den »Rêveries« oftmals in bloßen »Absichtserklärungen« und »umständliche[n] Vorbereitungen auf das eigentliche Träumen«

311 Jean-Jacques Rousseau: Träumereien eines einsamen Spaziergängers. A. a. O. (wie Anm. 254), S. 7.

312 Ebenda, S. 16 f.

313 Ebenda, S. 19.

steckenbleibt,[314] eröffnet sich mit ihm eine interessante Option für ein Philosophieren, dass von der eigenen Subjektivität ausgeht und diese selbst reflektierend mit in den Blick nimmt, ohne thematisch auf sie beschränkt zu sein. Das Potenzial dieser Methodik des ›Träumens‹ zeigt sich u. a. im ›Vierten Spaziergang‹, in dem Rousseau anlässlich aktueller, z. T. zufälliger Lektüre-Eindrücke eine differenzierte, mit persönlichen Erinnerungen beginnende Auseinandersetzung mit der Problematik von Wahrheit und Lüge gelingt.[315] An anderer Stelle bringt ihn der Wechsel vom analytischen Blick zum »Eindruck des Ganzen« einer auf den Winter zuschreitenden Natur in den Modus einer philosophischen Selbstanalyse vor dem Hintergrund der eigenen Sterblichkeit hinein.[316] In fachdidaktischer Perspektive fordern Fundstellen wie diese dazu auf, die bisherige Methodik des Anschaulichen Philosophierens (vgl. Kapitel 1.2), aber auch des sog. Philosophischen Tagebuches (vgl. Kapitel 3.3.3), um Überlegungen zu ergänzen, die den Bezug zu den persönlichen Lebenserfahrungen der Schülerinnen und Schüler und zur Theorie eines dezidiert autobiografischen Schreibens noch deutlicher in den Blick nehmen.

314 Vgl. Jean Starobinski: A. a. O. (wie Anm. 153), S. 523 f.

315 Jean-Jacques Rousseau: Träumereien eines einsamen Spaziergängers. A. a. O. (wie Anm. 254), S. 56–81.

316 Vgl. ebenda, S. 19–23.

3. Erzähltheoretische Grundlagen

Fortfolgend soll ein Repertoire begrifflicher Unterscheidungen in Anlehnung an Gérard Genette entwickelt und hinsichtlich seiner Leistungsfähigkeit in Bezug auf die Analyse autobiografischer Texte herausgestellt werden. Genette bietet sich für dieses Vorhaben in besonderer Weise an, weil seine Arbeiten seit ihrer Übersetzung am Anfang der 1990er-Jahre auch an deutschen Universitäten einen unbestrittenen curricularen Standard in der textlinguistischen und literaturwissenschaftlichen Ausbildung darstellen. Sie werden dabei auch von der Biografie-Forschung stark rezipiert und zeigen zudem plausible Lösungen für einige Probleme in früheren Modellbildungen auf. Ergänzend wird v. a. auf eine Arbeit von Martínez und Scheffel zurückgegriffen, die – ebenfalls unter ständigem Bezug auf Genette – der Idee folgt, die beachtliche Bandbreite erzähltheoretischer Ansätze vom russischen Formalismus bis zur Dekonstruktion terminologisch zu systematisieren, um ein robustes Gesamtvokabular vorzuschlagen.[317]

Alltagssprachlich werden die Begriffe der *Geschichte*, der *Erzählung* und der *Narration* häufig mehr oder weniger synonym gebraucht, wohingegen innerhalb der Text- und Kulturwissenschaften für jeden von ihnen unterschiedliche Bedeutungen kursieren. Die vorliegende Arbeit schließt sich, um Unschärfen zu vermeiden, in diesem Punkt durchgängig der Terminologie Genettes an, der unter *Geschichte* (histoire) den zu beschreibenden Vorgang, die Handlung, den Erzählinhalt, das Erzählte bzw. – in Anlehnung an das elementare semiotische Vokabular Saussures – das Signifikat versteht. Als *Erzählung* (récit) wird demgegenüber die Textgestalt bezeichnet, mit der diese Handlung erfasst wird – also die Ebene der Signifikanten –, und unter *Narration* (narration) der Akt des Produzierens und Hervorbringens der Erzählung,[318] d. h. den Vorgang des Erzählens. Unter dem zuletzt genannten Aspekt wird in der wissenschaftlichen Perspektive der Narratologie hauptsächlich nach den institutionellen, quasi-institutionellen und alltäglichen Situationstypen sowie den ihnen entsprechenden Erzählhandlungen und *Textsorten* gefragt. Ebenso geht es um die *Funktionen*, die in der jeweiligen Praxis des Erzählens realisiert werden:

317 Vgl. Matías Martínez; Michael Scheffel: A. a. O. (wie Anm. 59).

318 Vgl. Gérard Genette: Fiktion und Diktion. A. a. O. (wie Anm. 60), S. 16.

> »Man kann erzählend informieren, unterhalten oder belehren, moralisch unterweisen, geistlich stärken oder politisch indoktrinieren, Erzählgemeinschaften bilden, individuelle oder kollektive Identitäten stiften usw.«[319]

Solche pragmatischen Aspekte weisen für die ethisch-philosophische Fächergruppe als Reflexionsgegenstände eine offensichtliche Relevanz auf. Wenn die Unterrichtspraxis darüber hinaus in einem methodischen Sinn auf narrative Elemente zurückgreifen soll, so bedeutet dies für die Didaktik der Philosophie und Ethik zudem, dass sowohl die Potenziale als auch die Gefahren, die in der oben zitierten Aufzählung von Funktionen des Erzählens bzgl. der moralisch-ethischen Orientierung und Urteilsbildung der Schülerinnen und Schüler ausgehen können, genau analysiert werden sollten. Der Bereich der Narration, also des Erzählvorganges, erweist sich vor diesem Hintergrund als besonders wichtiger Aspekt im Rahmen der vorliegenden Arbeit. Ihm gilt in den Kapiteln 3.3 und 3.4 daher das hauptsächliche Augenmerk, nachdem die anderen beiden Zentralbegriffe der *Geschichte* und der *Erzählung* noch etwas genauer betrachtet worden sind.

3.1. Geschichten

3.1.1. Ereignis, Geschehen, Geschichte

In Anlehnung an Martínez und Scheffel sind *Geschichten*, verstanden als Handlungsverläufe, elementar aus *Ereignissen* zusammengesetzt. Im Zuge einer bloßen chronologischen Aneinanderreihung entsteht aus diesen zunächst ein *Geschehen*, welches seinerseits dann zur Geschichte wird, »wenn die Ereignisfolge zusätzlich [...] auch einen kausalen Zusammenhang aufweist, so dass die Ereignisse nicht nur aufeinander, sondern auch auseinander folgen«.[320]

In einem anderen prominenten Vokabular entspricht die Unterscheidung von Geschehen und Geschichte dem Begriffspaar von *Story* und *Plot*.[321] Um dieselbe Differenz geht es aber auch der Biografie- und Autobiografie-Forschung, wenn sie aus der poststrukturalistischen Geschichtswissenschaft im Anschluss an Hayden White den Begriff der *Chronik* übernimmt,[322] um ihn dem der Geschichte gegenüberzustel-

319 Vgl. Matías Martínez: Erzählen. In: Derselbe (Hrsg.): Handbuch Erzählliteratur. Theorie, Analyse, Geschichte. Stuttgart: Metzler 2011, S. 1–12.

320 Ebenda, S. 27.

321 Vgl. Matías Martínez; Michael Scheffel. A. a. O. (wie Anm. 59), S. 113 f. Die Autoren berufen sich hier auf Überlegungen des englischen Romanciers und Kritikers Edward Morgan Forster.

322 Vgl. Hayden White: Historical Emplotment and the Problem of Thruth. In: Saul Friedländer (Hrsg.): Probing the Limits of Representation. Cambridge: University Press 1992, S. 37, 53.

len.[323] Sie ignoriert dabei allerdings häufig, dass bereits Walter Benjamin zu einer ganz ähnlichen Einschätzung gekommen war und darüber hinaus mit eigenen Erinnerungsskizzen ein programmatisches Beispiel für ein autobiografisches Schreiben in Abkehr von der Idee einer durchgängig auserzählten Geschichte vorgelegt hatte.[324] In seinem Essay »Der Erzähler« heißt es:

> »Der Historiker ist gehalten, die Vorfälle, mit denen er es zu tun hat, auf die eine oder andere Art zu erklären; er kann sich unter keinen Umständen damit begnügen, sie als Musterstücke des Weltlaufs herzuzeigen. Genau das aber tut der Chronist, und besonders nachdrücklich tut er das in seinen klassischen Repräsentanten, den Chronisten des Mittelalters [...].«[325]

In der von Benjamin präferierten Textsorte wird das Geschehen »vermerkt und verbucht, ohne dass eine Verlegenheit über den Zusammenhang zwischen Ereignissen aufkäme«.[326] Eine ähnliche Charakteristik findet sich dann auch bei MacIntyre, der die »wertneutrale Chronik« seinerseits aber abwertet, indem er ihr mit Hegel eine »philosophische Geschichte« gegenüberstellt, die seiner kommunitaristischen Überzeugung nach dazu beiträgt, die innerhalb einer bestehenden Gesellschaft eingespielten »Normen für Leistung und Versagen, für Ordnung und gestörte Ordnung« weiterzuführen.[327]

Ereignisse können, wieder nach Martínez und Scheffel, hinsichtlich ihrer Bedeutung innerhalb der Geschichte noch weiter systematisiert werden. *Dynamisch* sind sie demnach dann, wenn sie eine veränderte Situation bewirken. In solchen Fällen fungieren sie, je nachdem, ob die Veränderung intendiert ist oder nicht, als bloße *Geschehnisse* oder aber als *Handlungen*. *Statische* Ereignisse liegen hingegen vor, wenn die Situation dieselbe bleibt wie zuvor. *Verknüpfte* Ereignisse sind darüber hinaus solche, die für den Fortgang der Haupthandlung relevant sind, während beim gegenteiligen Fall von *freien* Ereignissen zu sprechen wäre. Insgesamt werden Ereignisse auch als *Motive* bezeichnet. Unter *Motivierung* ist dabei zunächst die Art und Weise zu verstehen, wie

323 Vgl. u. a. Christian Klein: ›Histoire‹. Bestandteile der Handlung. In: Derselbe (Hrsg.): Handbuch Biographie. A. a. O. (wie Anm. 57), S. 204–212; hier: S. 208–210. Jerome S. Bruner: Vergangenheit und Gegenwart als narrative Konstruktionen. Was ist gewonnen und was verloren, wenn Menschen auf narrative Weise Sinn bilden? In: Straub Jürgen: Erzählung, Identität und historisches Bewusstsein. Die psychologische Konstruktion von Zeit und Geschichte. Frankfurt a. M.: Suhrkamp 1998, S. 46–80; hier: S. 76–78.

324 Vgl. Walter Benjamin: Berliner Kindheit um Neunzehnhundert. Fassung letzter Hand. Hrsg. von Karl-Maria Guth. Berlin: Suhrkamp 2016.

325 Derselbe: Der Erzähler. A. a. O. (wie Anm. 149), S. 115.

326 Dieter Thomä; Vincent Kaufmann; Ulrich Schmid: A. a. O. (wie Anm. 26), S. 80.

327 Alasdair MacIntyre: Der Verlust der Tugend. Zur moralischen Krise der Gegenwart. Frankfurt a. M.: Suhrkamp 1995, S. 15 f.

Geschehnisse in den nachvollziehbaren Zusammenhang einer Geschichte integriert werden. Unterscheidbar sind hier noch einmal drei verschiedene Möglichkeiten:

> »Die (1) *kausale Motivierung* erklärt ein Ereignis, indem sie es als Wirkung in einem Ursache-Wirkungs-Zusammenhang einbettet, der als empirisch wahrscheinlich oder zumindest möglich gilt. [...] Vor allem bei älteren Erzähltexten ist die Handlung [...] häufig auch durch eine (2) *finale Motivierung* bestimmt. Die Handlung final motivierter Texte findet vor dem mythischen Sinnhorizont einer Welt statt, die von einer numinosen Instanz beherrscht wird. Der Handlungsverlauf ist hier von Beginn an festgelegt, selbst scheinbare Zufälle enthüllen sich als Fügungen göttlicher Allmacht. [...] Kausale und finale Motivierung betreffen gleichermaßen die objektive Ordnung der erzählten Welt. Eine ganz andere Dimension narrativer Texte wird mit dem Begriff der (3) *kompositorischen* oder ästhetischen *Motivierung* bezeichnet. Diese umfasst die Funktion der Ereignisse und Details im Rahmen der durch das Handlungsschema gegebenen Gesamtposition und folgt nicht empirischen, sondern künstlerischen Kriterien.«[328]

3.1.2. Handlungsschemata

Unter dem zitierten Begriff des *Handlungsschemas* ist seinerseits »ein aus der Gesamtheit der erzählten Ereignisse abstrahiertes globales Schema der Geschichte, das nicht nur für den einzelnen Text, sondern für ganze Textgruppen (wie z. B. Gattungen) charakteristisch sein kann«,[329] zu verstehen. Ein entsprechendes Muster für den Handlungsverlauf hatte der russische Strukturalist Vladimir Propp in den 1920er-Jahren zunächst für das Zaubermärchen herausgearbeitet. Ebenso plausible Studien existieren in dieser Hinsicht auch für die Heldenepik und den Höfischen Roman des Mittelalters sowie für die Trivialliteratur der Gegenwart, in der u. a. Autoren von Kriminal-, Science Fiction- und Arztromanen nahezu abweichungsfrei auf genrespezifische Schemata zurückgreifen.[330]

Eine Relevanz solcher Handlungsschemata für die Konstruktion autobiografischer Alltagserzählungen haben zahlreiche soziolinguistische Studien im Anschluss an Labov und Waletzky herausgestellt.[331] Zugleich orientiert sich die jüngere Biografie- und Autobiografie-Forschung auch in diesem Punkt an Hayden White und seiner These,

328 Matías Martínez; Michael Scheffel: A. a. O. (wie Anm. 59), S. 114 f., 117. [Hervorhebungen im Original.]

329 Ebenda, S. 27. [Geklammerter Text im Original.]

330 Vgl. ebenda, S. 126–132.

331 Vgl. Wiliam Labov; Joshua Waletzky: Erzählanalyse. Mündliche Versionen persönlicher Erfahrung. In: Jens Ihwe (Hrsg.): Literaturwissenschaft und Linguistik. Bd. 2. Frankfurt a. M.: Fischer-Athenäum 1973, S. 78–126.

»dass Historiker bei der Transformation des von den Quellen vorgegebenen Materials in kohärente Geschichten von literarischen Erzählmustern Gebrauch machen«,[332] wobei der Autobiograf dann gewissermaßen als Geschichtsschreiber in eigener Sache verstanden wird. White verdeutlicht seine Behauptung unter Rückgriff auf eine Heuristik der Erzählformen, die er bei dem kanadischen Literaturkritiker Northrop Frye vorgefunden hat, der sich seinerseits stark an der Aristotelischen Poetik orientiert.[333] Konkret unterscheidet White zwischen *Romanze*, *Satire*, *Komödie* und *Tragödie*,[334] und im Anschluss an ihn tut dies u. a. auch das in der deutschen Forschung einschlägige »Handbuch Biographie«:

> »*Romanze* (Erlösungsgeschichte, Selbstfindung des Helden, der Hindernisse überwindet), *Satire* (unausweichliche Niederlage gegen böse Mächte, widrige Umstände, gesellschaftskritische Entlarvung), *Komödie* (vorübergehende Versöhnung widerstreitender Kräfte, temporärer Triumph des Helden über seine Umwelt) und *Tragödie* (resignative Einsicht in Ursachen von Konflikten, Vernichtung des Helden, wodurch diese Konflikte ansatzweise gelöst werden können).«[335]

Obwohl sich Whites provokant vorgebrachter Impuls nicht nur für die Geschichtswissenschaft, sondern auch für die Geschichtsdidaktik als überaus produktiv erwiesen hat (vgl. Kapitel 4.1.3), stoßen insbesondere seine terminologischen Vorschläge schnell an gewisse Plausibilitätsgrenzen. So folgt die von ihm vorgeschlagene Einteilung zum einen keinem einheitlichen Kriterium: Romanze, Komödie und Tragödie unterscheiden sich bei ihm zunächst durch die Frage, ob und wie nachhaltig es dem Protagonisten gelingt, sich gegenüber Hindernissen und Widersachern zu behaupten. Nach dieser Logik lässt sich jedoch offensichtlich das Handlungsmuster der Tragödie nicht hinreichend von dem der Satire differenzieren, da die Hauptperson in beiden Fällen zum Scheitern verurteilt sein soll. Der zusätzliche, oben zitierte Hinweis, dass von der Satire eine besondere politisierende Kraft ausgehe, verdankt sich dann einem Kategorienwechsel, ohne tatsächlich zu größerer Trennschärfe zu führen, weil für die Tragödie, zumindest seit ihrer Konfiguration als Bürgerliches Trauerspiel in der Mitte des 18. Jahrhunderts, durchaus Ähnliches diskutiert werden kann.[336] Dies verweist

332 Ansgar Nünning: Fiktionalität, Faktizität, Metafiktion. In: Christian Klein (Hrsg.): A. a. O. (wie Anm. 57), S. 21–31; hier: S. 23.

333 Vgl. Northrop Frye: Anatomy of Criticism. Princeton: University Press 1957. In deutscher Übersetzung publiziert als: Analyse der Literaturkritik. Stuttgart: Kohlhammer 1964.

334 Vgl. Hayden White: Metahistory. Die historische Einbildungskraft im 19. Jahrhundert in Europa. Aus dem Amerikanischen von Peter Kohlhaas. Frankfurt a. M.: Fischer 1991, S. 22–25; im Einzelnen dann 177–346.

335 Christian Klein: ›Histoire‹. Bestandteile der Handlung. In: Derselbe (Hrsg.): A. a. O. (wie Anm. 57), S. 204–212; hier: S. 209.

336 Vgl. Peter-André Alt: Aufklärung. Stuttgart: Metzler ^{2}2001, S. 207–224; konkret zum »sozialen Wirkungskalkül« und zu den »gesellschaftlichen Perspektiven« des Trauerspiels in emanzipationspolitischer Hinsicht: S. 212.

zum anderen auch auf den z. T. kontraintuitiven Status der Begrifflichkeiten Whites. Hier wäre v. a. anzumerken, dass sich das Verständnis des Komischen nicht auf das strukturelle Moment eines fragilen Gleichgewichtes der Mächte reduzieren lässt und dass stattdessen bereits bei Aristoteles auf das besondere, psychologische Moment der Lächerlichkeit hingewiesen wird.[337] Für zahlreiche historische oder lebensgeschichtliche Ereignisfolgen scheint es dann aber nicht nur semantisch unpassend, sondern schlichtweg zynisch zu sein, von einer Komödie zu sprechen.

Vor dem Hintergrund solcher Überlegungen verwundert es nicht, dass neuere Bestrebungen innerhalb der Sozialpsychologie und Geschichtswissenschaft, die nicht zuletzt auf eine Erklärung von Prozessen der Identitätsbildung im Rahmen historischer Erzählungen abzielen, um eine Revision der von White in Anschlag gebrachten Begrifflichkeiten bemüht sind, die zugleich gute Chancen haben dürfte, sich in Bezug auf die Analyse autobiografischer Texte zu bewähren. Der US-amerikanische Psychologe Kenneth Gergen geht dabei von dem oben bereits eingeführten, grundlegenden Merkmal aller Erzählungen aus, Ereignisse in den Blick zu nehmen, denen in evaluativer Hinsicht der Status eines Besonderen zugeschrieben wird. Daher ist zu schlussfolgern, dass reine *Stabilitätserzählungen* eher selten vorkommen, die Gergen dadurch charakterisiert, dass in ihrem Fall der Lebensverlauf in qualitativer Hinsicht oder die Persönlichkeitsentwicklung in moralischer Hinsicht weder Verbesserungen noch Verschlechterungen zeitigt und insofern das »Leben […] einfach so weiter« geht.[338] Wo dieses Schema doch zum Einsatz kommt, zeugt es von einem besonderen Selbstwertgefühl des sich autobiografisch darstellenden Verfassers. Sichtlich ist dies z. B. in den »Ausgangspunkten« der Fall, die Popper im Jahr 1974 auf Anregung jenes Paul Arthur Schilpp veröffentlichte, der auch Jaspers' bereits zitierte Autobiografie in der »Library of Living Philosophers« herausgegeben hat.[339] (Vgl. Kapitel 2.5.1.) Der Eindruck einer ungebrochenen Kontinuität ergibt sich in Poppers Schilderung zunächst aus einer weitgehenden Zurückstellung äußerer Lebensbedingungen in politisch ja durchaus turbulenten Zeiten zugunsten einer sehr strengen Fokussierung auf die bereits im Untertitel hervorgehobene »intellektuelle Entwicklung«. Eine vergleichsweise aufwändige Beglaubigung des durchgehenden Zuges, der für diese Entwicklung behauptet wird, zeigt sich zu Beginn des Textes darüber hinaus zum einen in dem Verweis auf ein überaus solides Bildungsfundament im elterlichen Haushalt. So nimmt allein die Auflistung der philosophischen Schriften, die in der väterlichen Bibliothek vorzufinden

337 Aristoteles: Poetik. Griechisch/deutsch. Übersetzt und hrsg. von Manfred Fuhrmann. Stuttgart: Reclam 1999, S. 17.

338 Vgl. Kenneth J. Gergen: Erzählung, moralische Identität und historisches Bewußtsein. Eine sozialkonstruktionistische Darstellung. In: Jürgen Straub: Erzählung, Identität und historisches Bewußtsein. Die psychologische Konstruktion von Zeit und Geschichte. Frankfurt a. M.: Suhrkamp 1998, S. 170–202; hier: S. 178.

339 Vgl. Karl R. Popper: Ausgangspunkte. Meine intellektuelle Entwicklung. Hamburg: Hoffmann und Campe ^{2}1994, S. IXf.

gewesen seien, eine Dreiviertelseite in Anspruch, und ebenso wird ein persönliches Interesse an der Musik, das einer tieferen familiären Begabung mütterlicherseits zugeschrieben wird, in mehreren Kapiteln ausführlich geschildert.[340] Zum anderen erfolgt eine Plausibilisierung auch durch Erinnerungen, die den jungen Popper als Wunderkind präsentieren, bei dem bereits alles auf die Entwicklung des Kritischen Rationalismus hin angelegt zu sein scheint. Entsprechend beschreibt Popper etwa, wie er mit seinem Vater anlässlich einer Lektüre der Autobiografie Strindbergs über dessen »obskurantische« Versuche diskutierte, »etwas Wichtiges aus der ›wahren‹ Bedeutung von gewissen Worten abzuleiten«:

> »Ich erinnere mich, daß ich nach der Diskussion versuchte, mir die Richtlinie, die Maxime, einzuprägen, *niemals über Worte und ihre ›wahre‹ Bedeutung zu argumentieren*; denn solche Diskussionen sind irreführend und unwichtig. Ich erinnere mich auch, daß ich nicht daran zweifelte, daß diese Richtlinie oder Maxime wohlbekannt und weithin akzeptiert sein müsse: Ich hatte den Verdacht, daß sowohl Strindberg als auch mein Vater in diesen Dingen etwas rückständig waren. Viele Jahre später fand ich heraus, daß ich ihnen Unrecht getan hatte und daß der Glaube an die Wichtigkeit von Worten und besonders von Definitionen fast universell war. Die Einstellung, die ich später ›Essentialismus‹ nannte, ist noch immer weit verbreitet […].«[341]

Angesichts so viel geistiger Präpotenz wirkt es auch nicht verwunderlich, wenn Popper den Beginn seines Bewusstseins für die besondere Art philosophischer Probleme auf ein Alter von nur acht Jahren zurückdatiert.[342] Zugleich ergänzt er die Tradition der Genie-Geburtsgeschichten (vgl. Kapitel 2.4.2) damit um eine weitere, weniger mystifizierende Variante:

> »Obwohl die meisten von uns den Tag und den Ort der Geburt wissen – bei mir der 28. Juli 1902, am Himmelhof, in Ober Sankt Veit in Wien –, so wissen doch nur wenige, wann und wie ihr intellektuelles Leben begann. Ich erinnere mich an einige der ersten Schritte in meiner philosophischen Entwicklung.«[343]

Auch Popper stellt dem Bewusstsein seiner Besonderheit übrigens eine selbstironische Strategie zur Seite (vgl. Kapitel 2.4.3). Entsprechend leitet er das Kapitel, das bei ihm u. d. T. ›Allwissenheit und menschliche Fehlbarkeit‹ am Anfang der Autobiografie

340 Vgl. ebenda, S. 6 f.; 71–98.
341 Ebenda, S. 17 f. [Hervorhebung im Original.]
342 Ebenda, S. 15.
343 Ebenda, S. 3.

steht, mit der für Märchen typischen Wendung ein, wenn er auf seine parallel zum Studium absolvierte Lehre eingeht: »Es war einmal ein Tischlermeister, der hieß Adalbert Pösch«.[344] Dessen Neigung, sich der Allwissenheit zu brüsten, kommentiert Popper in Form einer ironischen Dissimulation:

> »Ich vermute, daß ich über Erkenntnistheorie mehr von meinem lieben, allwissenden Meister Pösch gelernt habe als von irgendeinem anderen meiner Lehrer. Keiner hat so viel dazu beigetragen, mich zu einem Jünger des Sokrates zu machen. Denn mein Meister lehrte mich nicht nur, daß ich nichts wußte, sondern auch, daß die einzige Weisheit, die zu erwerben ich hoffen konnte, das sokratische Wissen von der Unendlichkeit meines Nichtwissens war.«[345]

Dieser ersten, bei Popper aufscheinenden Grundform der von Selbstgewissheit strotzenden Stabilitätserzählung stellt Gergen zwei weitere gegenüber:

> »Man kann die Ereignisse nämlich auch in einer Weise miteinander verbinden, daß die betreffende Bewegung in der evaluativen Dimension über die Zeit hinweg entweder durch einen Anstieg oder einen Abfall charakterisiert wird. Im ersten Fall können wir von *progressiven*, im zweiten von *regressiven Erzählungen* sprechen. [...] Die progressive Erzählung ist die von Glanz überzogene Darstellung des Lebens, bei der es in jeder Hinsicht immer besser wird. [...] Die regressive Erzählung schildert ein andauerndes Abwärtsrutschen. Das Individuum mag bekennen: ›Ich kann die Ereignisse in meinem Leben anscheinend nicht mehr unter Kontrolle halten‹ oder: ›Es kam eine Katastrophe nach der anderen‹.«[346]

Die seiner Meinung nach gängigsten Handlungsmuster bestimmt Gergen daraufhin genauer, indem er zeigt, dass es sich um jeweils spezifische Zusammensetzungen aus den genannten Grundformen handelt:

> »Die Tragödie in diesem Sinne würde die Geschichte vom jähen Fall einer Person erzählen, die eine hohe Position erreicht hatte. Einer progressiven folgt hier eine schnell verlaufende regressive Erzählung. In der [...] Romanze [...] folgt einer regressiven eine progressive Erzählung. Alle Lebensereignisse werden immer problematischer, bis der Knoten platzt, woraufhin das Glück der Hauptpersonen rasch wiederhergestellt wird. [...] Weiterhin haben wir im Falle, daß einer progressiven Erzählung eine stabilitätswahrende folgt [...], etwas vorliegen, was gemeinhin

344 Ebenda, S. 1.

345 Ebenda, S. 1 f.

346 Kenneth J. Gergen: A. a. O. (wie Anm. 338), S. 178 f. [Hervorhebungen im Original.]

> als ›Und-sie-lebten-glücklich-und-zufrieden-bis-ans-Ende-ihrer-Tage‹-Geschichte bekannt ist [...]. Auch die Heldensage gibt eine Folge von progressiv-regressiven Phasen wieder [...]. In diesem Fall könnte das Individuum seine Vergangenheit als Schlachtfeld andauernder Kämpfe gegen die Mächte der Dunkelheit charakterisieren.«[347]

Auch die Evidenz dieses Vorschlages soll für den autobiografischen Bereich kurz anhand ausgewählter Textbeispiele philosophischer Autoren verdeutlicht werden. Den Typ der Romanze bedienen u. a. die »Rêveries« Rousseaus. Am Anfang des ›Ersten Spazierganges‹ zeigt sich dieser zunächst als jemand, der ohne jedes eigene Verschulden auf dem Tiefpunkt der sozialen Desintegration angelangt sei:

> »Die Menschen haben denjenigen, der unter ihnen der geselligste und warmherzigste war, einmütig aus ihrer Mitte verbannt. Ihr abgefeimter Hass erspürte zielsicher jene Qual, die meine empfindliche Seele am schmerzhaftesten treffen musste, und so zerstörten sie gewaltsam alles, was mich noch an sie band. Ich hätte die Menschen auch gegen ihren Wunsch geliebt. Nur indem sie aufhörten, Menschen zu sein, konnten sie sich meiner Zuneigung entziehen.«[348]

Rousseau bezieht sich dabei auf jene Kette von Vertreibungen, Anzeigen und Verleumdungen, die mit der Publikation des »Émile« und des darin enthaltenen Bekenntnisses zu einer »Religion des Herzens« ausgelöst worden war und ihn schließlich bis nach England geführt hatte, um sich dort mit Hume zu verstreiten.[349] In der Rolle des träumenden Spaziergängers macht Rousseau aus der Not seines Außenseitertums in seiner letzten Lebensphase dann aber eine Tugend. Seine Abgeschiedenheit gilt ihm nun als notwendige Bedingung für das experimentelle Projekt einer Selbsterforschung, deren Nutzen er nicht zuletzt in einer gelingenden Vorbereitung auf den eigenen Tod sieht:

> »Nein, viele Einsichten darf ich mir wirklich nicht mehr erhoffen; wohl aber habe ich die Möglichkeit, mir eine Reihe von Tugenden anzueignen, die meine Lage dringend erfordert und die zu erwerben höchste Zeit wird: Güter die meine Seele bereichern und schmücken und die sie mitnehmen kann, wenn sie dereinst den Körper, der sie blendet und ihr den Klarblick verstellt, hinter sich lässt und die Wahrheit ohne Schleier sieht. [...] Geduld, Sanftmut, Gottergebung, Rechtschaffenheit und unparteiische Gerechtigkeit sind [...] Besitztümer, [...] bei denen wir keineswegs

347 Ebenda, S. 180 f.

348 Jean-Jacques Rousseau: Träumereien eines einsamen Spaziergängers. A. a. O. (wie Anm. 254), S. 7.

349 Vgl. Jürgen von Stackelberg: Nachwort. In: Jean-Jacques Rousseau: Träumereien eines einsamen Spaziergängers. A. a. O. (wie Anm. 254), S. 191–214; hier: S. 193–195.

fürchten müssen, sie zählten irgendwann nicht mehr, denn nicht einmal der Tod vermag sie ihres Wertes für uns zu berauben. Allein diesem sinnvollen Streben widme ich den Rest meiner alten Tage.«[350]

Im Grunde reiht sich Rousseau damit in die Tradition der philosophischen Trostliteratur ein, und tatsächlich folgt auch deren klassischer Referenztext, wenn nicht im *Plot*, so doch in der *Story* dem Schema der Romanze: Titelgebend überwindet ja auch schon Boethius seinen tiefen Fall und seine Todesangst durch den »Trost der Philosophie«.

Diesem Handlungsmuster steht die autobiografische Erzählung im Gewand eines Briefes, den der Frühscholastiker Abaelard an einen Freund verfasst haben soll, besonders schroff gegenüber. Trost gespendet wird hier nicht dem Verfasser, sondern dem Adressaten, und zwar dadurch, dass dieser den Lebensverlauf des ersteren als »Leidensgeschichte« und das darin erfahrene Übel als deutlich größer, systematischer und unumstößlicher wahrnehmen soll als die selbst erlebten Widerfahrnisse.[351] Ganz i. S. des tragischen Handlungsmusters baut Abaelard zunächst eine erhebliche Fallhöhe auf, indem er von seiner privilegierten ritterlichen Herkunft, seinen segensreichen Geistesgaben als Kind und seiner glänzenden akademischen Karriere berichtet, deren erste Schritte er in spektakulären Disputationen mit seinen Professoren realisiert sieht. Bereits an dieser Stelle gibt er dem Leser aber ein erstes Mal zu verstehen, dass alles auf einen Sturz hinauslaufen muss:

»Ein solcher Sieg empörte auch die Kommilitonen, die schon einen Namen hatten, und sie empörten sich um so stärker, da ich der Jüngste war und noch kein so langes Studium hinter mir hatte. Das gab das erste Glied der Leidenskette, die noch kein Ende hat; mit der Ausbreitung meines Ruhms schürte ich den Neid der Fremden; obendrein traute ich meinem Kopf größere Kraft zu, als ich es meinen Jahren nach tun durfte [...].«[352]

Die eigene Hybris wird von Abaelard hier also als Grund des Scheiterns ebenso angesehen wie eine Missgunst der anderen, die im Verlauf des Briefes leitmotivisch mehrfach wiederkehrt und nach zahlreichen Diffamierungen in Mord- und Totschlagsversuchen gipfelt.[353] Hinzu kommt schon früh die verhängnisvolle Liebe zu seiner Schülerin Heloise, die sein öffentliches Ansehen unterminiert und ihm eine Entmannung durch

350 Jean-Jacques Rousseau: Träumereien eines einsamen Spaziergängers. A. a. O. (wie Anm. 254), S. 54 f.

351 Vgl. Petrus Abaelardus: Die Leidensgeschichte und der Briefwechsel mit Heloisa. Hrsg. von Eberhard Brost. Heidelberg: Schneider ^{2}1954, S. 8 und 79.

352 Ebenda, S. 9.

353 Vgl. ebenda, S. 76–78.

ihren Onkel einbringt.[354] Zwar gibt es bei Abaelard auch einen an Augustinus erinnernden Hinweis auf die Gnade Gottes, der den Menschen durch Prüfungen aus der »Hoffart« herauszuführen vermag.[355] Am Scheitern und am »Elend« seiner irdischen Existenz ändert dies seiner Auffassung nach aber ebenso wenig wie sein Aufstieg in den materiell abgesicherten Rang eines Abts.[356] Die Logik eines positiv gestimmten finalen Erzählens (vgl. Kapitel 3.1.1) kann sich bei Abaelard, anders gesagt, nicht gegen das dominante Handlungsmuster der Tragödie durchsetzen.

Das Gegenteil ist offensichtlich in der autobiografischen Schilderung des neapolitanischen Geschichts- und Rechtsphilosophen Giambattista Vico der Fall. Ein Treppensturz im frühen Kindesalter, der einen Schädelbruch, eine längere Bewusstlosigkeit und eine Tumorbildung nach sich zieht, steht hier symbolisch für schlechte Ausgangsbedingungen, die den behandelnden Arzt zu der Prognose führen, dass das Kind entweder sterben oder geistig stark eingeschränkt bleiben müsse.[357] Programmatisch setzt sich dieses negative Szenario zunächst in Diskriminierungserfahrungen im Jesuitenkolleg, in einem überfordernden Selbststudium und in einem wirtschaftlichen Abstieg der Familie fort, der Vico zur Übernahme einer Hauslehrertätigkeit zwingt. Mit einer Berufung auf den Lehrstuhl für Rhetorik wendet sich für den Neunundzwanzigjährigen dann aber das Blatt. Insgesamt realisiert sich bei Vico das Handlungsmuster des Märchens in Allianz mit dem finalen Erzählen. Dabei tritt die Schicksalsmacht in diesem Fall als göttlich eingerichtete Gesetzmäßigkeit einer menschlichen Verstandesentwicklung mit emanzipatorischem Fluchtpunkt zutage.[358] Diese hatte Vico andernorts – in seinem geschichtsphilosophischen Hauptwerk »Scienza nuova« – auch in phylogenetischer Perspektive herausgearbeitet. Die Geschichte, in der Vico seinen Lebensverlauf autobiografisch präsentiert, folgt aber nicht nur dem Schema seiner Theorie. Vielmehr wird diese zugleich auch von Anfang an als vorgegebenes Ziel seiner Existenz verstanden:

> »So ordnen sich alle Widerwärtigkeiten, Unglücksfälle und Verleumdungen, ja sein ganzes Lebensschicksal auf die ›Scienza nuova‹ hin und es empfängt von ihr seinen Sinn und seine Bedeutung. Damit aber erkennt Vico wie in der Geschichte der Völker auch in seiner eigenen Lebensgeschichte das Walten der göttlichen Vorsehung, die ihm die Aufgabe gestellt hat, die ›Szienza nuova‹ zu schreiben, eine Aufgabe,

354 Vgl. ebenda, S. 33 f.

355 Vgl. ebenda, S. 19.

356 Vgl. ebenda, S. 78.

357 Vgl. Giambattista Vico: Vita di Giambattista Vico scritta da se medesimo [1723–1728]. In: Derselbe: Opere. Hrsg. von Andrea Battistini. Bd. I. Milano: Mondadori 1990, S. 3–85; hier: S. 5.

358 Vgl. u. a. Hans-Jürgen Daus: Selbstverständnis und Menschenbild in den Selbstdarstellungen Giambattista Vicos und Pietro Giannones. Ein Beitrag zur Geschichte der italienischen Autobiographie. Genf: Droz 1962, S. 53–59.

> die er zwar unbewußt und in Verfolgung persönlicher, partikulärer Zielsetzungen, aber doch verwirklicht hat.«[359]

Der Komplexität dieser Konstruktion sind einzelne Datierungen, die sich bei Nachprüfungen als falsch erweisen, ebenso geschuldet wie Schönfärbungen in der Bewertung verschiedener Ereignisse, zu denen immerhin auch der Umstand gehört, dass der als Lebensaufgabe verstandene Text der »Scienza nuova« bei den Zeitgenossen schlichtweg durchgefallen war.[360]

Den Typ der Heldensage verwirklicht in mustergültiger Weise Bertrand Russels »Autobiographie« für die Jahre 1944 bis 1967, wobei die für dieses Handlungsmuster charakteristische Schwebe zwischen Auf- und Abschwung sowie zwischen Chance und Bedrohung hier aus einer überindividuellen Perspektive resultiert, die der Verfasser bereits im Vorwort kennzeichnet, wenn er in Bezug auf eine dauerhafte Bannung der Atomkriegsgefahr und die Sicherung der Freiheitsrechte den Satz äußert: »Mögen andere erfolgreicher sein, wo meine Generation versagte«.[361] Nachfolgend leitet er nahezu sämtliche Texte, die er im genannten Zeitraum verfasste, aus den in ihrer Intensität schwankenden persönlichen Ängsten hinsichtlich einer Selbstauslöschung der Menschheit ab. Entsprechend heißt es etwa über den Beginn der Fünfzigerjahre:

> »Ich argwöhnte, bislang allzu sehr jene dunklen Möglichkeiten betont zu haben, die die Menschheit bedrohten, und ich meinte, nunmehr wäre ein Buch an der Zeit, in dem weniger deprimierende Themen gängiger Auseinandersetzungen im Vordergrund stünden. Es erhielt den Titel *New Hopes for a Changing World*, und jedesmal, wenn zwei Möglichkeiten zur Wahl standen, betonte ich darin nachdrücklich und mit Vorbedacht, es *könnte* etwa die Realisierung des glücklicheren Weges bevorstehen. [...] Doch meine Unruhe wuchs. Daß mir nicht gelingen wollte, meinen Mitmenschen klar zu machen, welche Gefahren ihnen und dem gesamten Menschengeschlecht bevorstanden, belastete mich sehr. [...] Allmählich hatte ich das Gefühl, *New Hopes for a Changing Wold* bedürfte einer neuerlichen und tieferen Prüfung; dies versuchte ich in meinem Buch *Human Society in Ethics and Politics*, dessen Abschluss das Verlangen, meine Ängste mit nachdrücklicher Wirkung darzustellen, einstweilen besänftigte.«[362]

Am Ende seiner Autobiografie scheint Russel selbst zu bemerken, dass das von ihm verwendete Handlungsmuster zu einem ernüchternden Gesamteindruck führt, den

359 Ebenda, S. 67.

360 Vgl. ebenda, S. 60–67.

361 Bertrand Russel: Autobiographie 1944–1967. Frankfurt a. M.: Insel 1968, S. 7.

362 Ebenda, S. 32–34. [Hervorhebungen im Original.]

man hinsichtlich seiner Person, die inzwischen immerhin mit dem Nobelpreis gewürdigt worden war, nicht unbedingt teilen muss. Entsprechend beendet er das Buch, aber dezidiert nur hinsichtlich seiner publizistischen Tätigkeit, dann mit einer überwiegend positiven Bilanz:

> »Meine Arbeit steht vor ihrem Ende, und es ist der Zeitpunkt gekommen, wo ich sie als Ganzes überblicken kann. Inwiefern hatte ich Erfolg? Inwieweit bin ich gescheitert? Von frühesten Jahren an hielt ich mich für große und schwierige Aufgaben bestimmt. Es ist fast drei Viertel eines Jahrhunderts her, seitdem ich bei einem Spaziergang durch den Tiergarten – als der Schnee unter kühl schimmernder Märzsonne dahinschmolz – mich entschloß, zwei Reihen von Büchern zu schreiben: eine abstrakte, die allmählich konkreter wird, und eine konkrete, welche immer abstrakter werden sollte. Ihre Krönung hätte eine Synthese sein sollen, die Kombination reiner Theorie mit praktischer Sozialphilosophie. Außer der abschließenden Synthese, die mir noch immer nicht gelingen will, habe ich diese Bücher geschrieben.«[363]

3.2. Erzählungen

Wenn Erzählungen untersucht werden, ist die Art und Weise, wie Ereignisse, Geschehen bzw. Geschichten dargestellt werden, die entscheidende Perspektive. Als leitende Kategorien der Textanalyse macht Genette hier *Zeit*, *Modus* und *Stimme* geltend.

3.2.1. Zeit

Unter dem Aspekt der Zeit kann erstens untersucht werden, in welcher Reihenfolge das Geschehen in der Erzählung vermittelt wird. ›Linearität‹ liegt dabei in Fällen vor, in denen sich die Erzählung streng an der chronologischen Ordnung der Ereignisse orientiert. Bis zu den Grenzen des Möglichen folgt diesem Prinzip Paul Feyerabend. Dieser artikuliert, bei der Niederschrift seiner Lebenserinnerungen in der Gegenwart ankommend, am Anfang des letzten Kapitels (›Fading Away‹) eine existenzielle Enttäuschung:

> »Als ich den Titel dieses letzten Kapitels im Sommer 1993 niederschrieb, dachte ich an mein *berufliches* Verschwinden. Ich wollte keine Aufsätze mehr schreiben, ein

363 Ebenda, S. 330 f.

> kurzes Buch beenden, hin und wieder Vorträge halten und das Honorar für Reisen mit Grazia verwenden. Ich dachte, ich könnte jetzt lesen, in den Wäldern spazierengehen und mich um meine Frau kümmern. Aber es ist nicht ganz so gekommen.«[364]

Das Ereignis, dass den beschriebenen Plänen zuwiderläuft, benennt er dann wenige Seiten später, nach Schilderung einer kurzen Zeit, die der Realisierung des bezeichneten Ideals noch folgte:

> »Gegen Ende des Jahres 1993 nahm der Titel dieses Kapitels eine neue Bedeutung an. Ich liege halbseitig gelähmt in einem Krankenhaus, mit einem inoperablen Hirntumor.«[365]

Die konjunktivische Fortsetzung seiner Vorstellungen von der glücklichen Gestaltung einer verbleibenden Lebenszeit zeigt an, dass sich Feyerabend hinsichtlich der Nähe seines Todes bei der weiteren Arbeit am Text seiner Autobiografie keinerlei Illusionen mehr hingibt. Mit momentanen Überlegungen zu einem wünschenswerten Verlauf des Sterbeprozesses geht der Text dann zugleich in die Tagebuchform über (vgl. Kapitel 3.3.3). Die Einlösung dieser Wünsche zeigt sich unmittelbar darauf in einer kurzen Nachschrift seiner Ehefrau.

Wenn das – bei Feyerabend bis über den letzten Lebensmoment hinaus praktizierte – Prinzip der Linearität durchbrochen wird, kommt es zu *Anachronien*, und zwar nach Genette entweder in Form von *Analepsen* (Rückwendungen), *Prolepsen* (Vorausdeutungen) oder *Achronien*, bei denen sich gar kein chronologisch geordnetes Ganzes rekonstruieren lässt.[366] Zweitens kann unter zeitlichem Gesichtspunkt die *Dauer* betrachtet werden, mit der über die Ereignisse erzählt wird.[367] Dabei sind die Begriffe des *zeitdeckenden, zeitdehnenden* und *zeitraffenden* Erzählens sowie des *Zeitsprungs* so etabliert, dass sie i. d. R. auch schon im schulischen Literaturunterricht der Mittelstufe zuverlässig anzutreffen sind. Weniger Berücksichtigung findet dort, bei einiger Relevanz für die Untersuchung von Autobiografien, wenn sie ein Potenzial als Medium des Philosophierens aufweisen, demgegenüber das Phänomen der *Pause*:

> »Hierher gehören z. B. längere eingeschobene Beschreibungen, Kommentare oder Reflexionen eines Erzählers, die nicht aus der Perspektive einer handelnden Figur

364 Paul Feyerabend: Zeitverschwendung. Übersetzt von Joachim Jung. Frankfurt a. M.: Suhrkamp 1995, S. 241. [Hervorhebung im Original.]

365 Ebenda, S. 247 f.

366 Vgl. Gérard Genette: Erzählung. A. a. O. (wie Anm. 60), S. 21–59.

367 Vgl. ebenda, S. 21 f., 61–80.

erfolgen und die insofern nicht in die Zeit der erzählten Geschichte eingebunden sind.«[368]

Entsprechende Stellen finden sich u. a. in der bereits weiter oben herangezogenen Autobiografie Karl Poppers, die dieser in ihrer Funktion auch eigens reflektiert:

»Ich nenne diesen Abschnitt aus zwei Gründen einen Exkurs: erstens, weil die Art, in der ich hier [...] meinen Anti-Essentialismus formuliere, zweifellos durch spätere Einsichten beeinflußt ist; und zweitens weil die anschließenden Teile dieses Abschnittes sich weniger mit meiner intellektuellen Entwicklung befassen [...], als vielmehr mit der Besprechung eines Problems, dessen Klärung mich mein ganzes Leben beschäftigt hat.«[369]

Drittens schließlich kann unter dem Aspekt der Zeit auch die *Frequenz* untersucht werden, d. h. in der Terminologie Genettes, wie oft bestimmte Ereignisse Eingang in die Erzählung finden.[370] Deutlicher stellen Martínez und Scheffel hier drei Varianten gegenüber:

»Im Rahmen der *singulativen* Erzählung besteht zwischen der Wiederholungszahl des Ereignisses und der seiner Erzählung ein Abbildungsverhältnis von eins zu eins. [...] Der Fall der *repetitiven* Erzählung wird durch die Formel ›wiederholt erzählen, was sich einmal ereignet hat‹[,] bestimmt. [...] Die *iterative* Erzählung schließlich folgt der Formel ›einmal erzählen, was sich wiederholt ereignet hat‹.«[371]

Die hier getroffenen Unterscheidungen erweisen sich insbesondere in der sog. *Narrativen Psychologie* und in soziologischen Studien, die mit autobiografischen Narrationen von Patienten bzw. Probanden arbeiten, als äußerst produktiv und eröffnen von hier aus auch hilfreiche Überlegungen zur Arbeit mit Interviews im Ethikunterricht (vgl. Kapitel 4.3.5).

368 Matías Martínez; Michael Scheffel: A. a. O. (wie Anm. 59), S. 46.

369 Karl R. Popper: A. a. O. (wie Anm. 339), S. 20.

370 Vgl. Gérard Genette: Erzählung. A. a. O. (wie Anm. 60), S. 81–114, 217 f.

371 Matías Martínez; Michael Scheffel: A. a. O. (wie Anm. 59), S. 47 f. [Hervorhebungen im Original.]

3.2.2. Modus

Desweiteren lässt sich die Kategorie des *Modus* mit den Begriffen der *Distanz* und der *Fokalisierung* weiter differenzieren. Bei letzterer handelt es sich zugleich um ein Kernstück der Narratologie Genettes. Eine unterschiedliche Distanz entsteht durch die Entscheidung eines Autors darüber, ob er das Geschehen mit Hilfe eines durchgängigen Erzählers oder etwa in dialogischer Form wiedergeben will.[372] Letztere kann sich nicht nur durch Interview-Techniken realisieren, wie etwa im Fall der Autobiografie Spaemanns (vgl. Kapitel 2.5.1). Einen anderen Weg wählt hier etwa Abaelard (vgl. 3.1.2), der seine biografische Selbstdarstellung in der Form eines Briefes darbietet und, im Falle ihrer Echtheit,[373] durch die berühmt gewordene Korrespondenz mit Heloise auf eindrückliche Weise dokumentarisch flankiert. Bzgl. der Fokalisierung geht es Genette darüber hinaus um die Frage, aus wessen Sicht erzählt wird. Hier ist zunächst zwischen dem Standpunkt des Wahrnehmenden und dem des Sprechers zu unterscheiden.[374] Beide lassen sich in drei verschiedene Verhältnisse zueinander bringen. Dabei versteht Genette unter *Nullfokalisierung* den Fall, dass der Erzähler mehr weiß, als jede einzelne der im Geschehen situierten Figuren wahrnimmt. Eine *interne Fokalisierung* liegt demgegenüber vor, wenn sich das Wissen des Erzählers auf genau das zu belaufen scheint, was sich auch aus der Perspektive der jeweiligen Figur erschließt. Bei einer *externen Fokalisierung* erstreckt sich das vom Erzähler Wiedergegebene hingegen sichtlich nur auf einen Teil dessen, was eine Figur mutmaßlich weiß.[375]

Gegenüber dieser Differenzierung könnte hinsichtlich des Themas dieser Arbeit eingewendet werden, dass sie irrelevant sei, weil im Fall autobiografischer Texte aufgrund ihrer weitgehenden Zuordnung zum faktualen Erzählen eine zwingende Identität von Autor, Erzähler und handelnder Figur vorliege. Lejeune hat diese Gleichsetzung auf die vielzitierte Formel eines *autobiografischen Paktes* gebracht, den der Rezipient mit dem Verfasser eingeht, indem er entsprechenden textuellen und paratextuellen Signalen (wie etwa der Namensgleichheit des Ich-Erzählers und des Verfassers oder einer entsprechenden Titelwahl auf dem Umschlag) Glauben schenkt.[376] Demgegenüber hat Lejeune allerdings selbst einräumen müssen, dass Autobiografien immerhin auch aus der Perspektive der Dritten Person geschrieben sein können,[377]

372 Vgl. ebenda, S. 50–66.

373 Vgl. Peter von Moos: Mittelalter und Ideologiekritik. München: Fink 1974. John Marenbon: Authenticity Revisted. In: Bonnie Wheeler: Listening to Heloise. The Voice of a Twelfth-Century Woman. New York: Palgrave Macmillan 2000, S. 19–33.

374 Vgl. Gérard Genette: Erzählung. A. a. O. (wie Anm. 60), S. 132–134.

375 Vgl. ebenda. S. 134–138.

376 Vgl. Philippe Lejeune: Der autobiografische Pakt [1975]. Aus dem Französischen von Wolfram Bayer und Dieter Hornig. Frankfurt a. M.: Suhrkamp [4]1994.

377 Vgl. Philippe Lejeune: Autobiography in the Third Person. In: New Literary History. Bd. 9 (1977/78), S. 27–50.

»die entweder der Distanzierung dient, oder, im dem Fall, dass ein fiktiver Erzähler zwischengeschaltet wird, eine soziale Gegenüberstellung simuliert, die der Autobiograph zu seinen Gunsten zu beeinflussen gedenkt«.[378] Ersteres ist abermals in der Autobiografie Vicos der Fall (vgl. Kapitel 2.5.1 und 3.1.2), weswegen in ihr zugleich eine wichtige Neuerung innerhalb der Entwicklung der italienischen Renaissance-Autobiografie gesehen worden ist.[379] Die zweite Konstellation findet sich titelbildend u. a. in den autobiografischen Dialogen »Rousseau juge de Jean-Jacques« (vgl. Kapitel 2.4.1). Wie auch im Fall der »Confessions« handelt es sich hierbei um einen Versuch der Selbstverteidigung, die Rousseau notwendig erschienen war, nachdem zwei seiner wichtigsten Schriften, der »Gesellschaftsvertrag« und der »Émile«, Adel und Klerus gegen den Autor aufgebracht hatten, so dass sie zügig konfisziert und verdammt worden waren. Mitverantwortlich dürfte zudem Voltaires Beitrag zur Rufschädigung in Form eines anonym in Umlauf gebrachten Pamphlets gewesen sein, das sich auf die Verbringung der Kinder Rousseaus in das Waisenhaus bezogen hatte.[380] Eine weitere, in Lejeunes Selbstrevision nicht berücksichtigte Variante des Auseinanderfallens von Autor, Erzähler und Person im autobiografischen Text zeigt sich darüber hinaus in biografischen Studien, die sich als verdecktes Abarbeiten an eigenen Lebenserfahrungen mit Hilfe stellvertretender Figuren erweisen. In solcher Weise könnte z. B. Hannah Arendts Buch über »Rahel Varnhagen« verstanden werden, zumal dieses in der Ersten Person, also in der Perspektive der Porträtierten selbst, verfasst ist, was Arendt zumindest »zu Rahels Bauchrednerin« macht.[381] Bezogen auf die Fremdheitserfahrungen, die aus den jüdischen Wurzeln beider Personen resultieren, konstatiert in dieser Hinsicht Julia Kristeva:

> »Weit davon entfernt, eine Osmose mit ihrer Heldin einzugehen, scheint Arendt eher mit ihr abzurechnen: Ein nahestehendes Wesen, ein *alter ego*, das Hannah Arendt ohne Zweifel niemals sein konnte, doch dessen Bedrohung sie fühlt und in bestimmten vertrauten Tiefen aufspürt, mit einer ebenso unbarmherzigen wie komplizenhaften Strenge und Hartnäckigkeit.«[382]

378 Martina Wagner-Egelhaaf: A. a. O. (wie Anm. 5), S. 70.

379 Vgl. Hans-Jürgen Daus: A. a. O. (wie Anm. 358), 33 f.

380 Vgl. u. a. Jürgen von Stackelberg: A. a. O. (wie Anm. 349), S. 194.

381 Vgl. Dieter Thomä; Vincent Kaufmann; Ulrich Schmid: A. a. O. (wie Anm. 26), S. 184.

382 Julia Kristeva: Das weibliche Genie. Hannah Arendt. Aus dem Französischen von Vincent von Wroblewsky. Hamburg: Europäische Verlagsanstalt 2008, S. 88. Vgl. Dieter Thomä; Vincent Kaufmann; Ulrich Schmid: A. a. O. (wie Anm. 26), S. 185. [Hervorhebung im Original.]

3.2.3. Stimme

Zur Art und Weise, wie Ereignisse in Form einer Erzählung dargestellt werden, gehört, wie oben schon angesprochen, zudem die Kategorie der *Stimme*. Martínez und Scheffel systematisieren den Stand der Forschung hierzu in Form von drei Perspektiven; sie betrachten den »Zeitpunkt des Erzählens (Wann wird erzählt?)«, den »Ort des Erzählens (Auf welcher Ebene wird erzählt?)« und die »Stellung des Erzählers zum Geschehen (In welchem Maße ist der Erzähler am Geschehen beteiligt?)«.[383] In der zuerst genannten Hinsicht geht es um die Frage, ob die Erzählung vor oder nach dem Geschehen, das sie thematisiert, stattfindet oder ob eine Gleichzeitigkeit zwischen den Ereignissen und ihrer Darstellung in Form der Erzählung vorliegt. Für die am Anfang des Kapitels wiedergegebene Definition der Erzählung ist dieser Aspekt interessant, weil er zur Verdeutlichung in einem wichtigen Punkt einlädt, der auch für autobiografische Texte relevant ist. Denn neben der gängigen Betrachtung des Geschehens aus der *Retrospektive* ist durchaus auch eine *prospektive* Skizzierung der weiteren Lebensgeschichte in die Zukunft hinein denkbar, und zwar auf zwei verschiedene Weisen: Zum einen kann der Erzähler auf Ereignisse Bezug nehmen, die von seinem Standort aus in der Zukunft liegen, aber aus der Sicht des Autors bereits Vergangenheit sind, was auf die bereits weiter oben eingeführte Prolepse hinausläuft. Zum anderen können aber Ereignisse, die auch für den autobiografischen Verfasser zum Zeitpunkt der Textproduktion noch gar nicht geschehen sind, antizipiert oder i. S. eines weiteren Lebensplanes mehr oder weniger zielstrebig entworfen werden.

Wie bereits erwähnt, gibt es theoretisch noch eine dritte Möglichkeit, den Zeitpunkt der Erzählung anzusetzen, die in der Gleichzeitigkeit von Handlungsverlauf und Erzählen besteht. Im Bereich des streng faktualen Erzählens muss dieses Projekt, bei bestehender Identität von Autor und Erzähler, zwangsläufig scheitern. In diesem Punkt gibt das Schicksal der ungarischen Autobiografie-Forscherin Nadja Petöfskyi ein tragisches Beispiel. Als junge Wissenschaftlerin hatte diese auf Vermittlung durch Georg Lukács an der vielbeachteten Konferenz »The Language of Criticism and the Sciences of Man« teilnehmen können, die im Oktober 1966 in Baltimore stattfand und auf der sie u. a. auch Roland Barthes, Paul de Man und Jacques Derrida kennengelernt hatte. Deren strukturalistische Subjekt-Negationen hatte Petöfskyi, vor dem Hintergrund ihrer ganz anders gearteten theoretischen Voraussetzungen im Ostblock, geradezu als Kulturschock empfunden, der dazu führte, dass sie ihre Dissertation erst nach einem krisenhaften Entwicklungsprozess von vierzehn weiteren Jahren einreichte, um wenig später in die Gefahr zu geraten, »als Apologetin des literarischen Realismus missverstanden« und vereinnahmt zu werden.[384] Daraus zog sie eine drastische Konsequenz:

383 Vgl. Matías Martínez; Michael Scheffel: A. a. O. (wie Anm. 59), S. 70–92.

384 Vgl. Dieter Thomä; Vincent Kaufmann; Ulrich Schmid: A. a. O. (wie Anm. 26), S. 354–372; hier: S. 370.

> »Wenn sie sich aus der Öffentlichkeit zurückzog, so bedeutete dies freilich nicht, dass sie nicht mehr schrieb. Im Gegenteil: Sie schrieb vielleicht zu viel. In ihrem Spätwerk baute sie die […] ›Chronik‹ zu einer umfassenden Lebensdokumentation aus und praktizierte eine eigenwillige, eigenartige Praxis der Autobiographie, die zunehmend manische, tragische Züge annahm. Diese Praxis bestand in einem von Jahr zu Jahr immer fanatischeren Mitschreiben ihres eigenen Lebens.«[385]

Nach Augenzeugenberichten war sie im Verlauf dieses Prozesses nur noch eingeschränkt dazu in der Lage, am sozialen Leben teilzunehmen.[386]

Die zweite Perspektive in der Kategorie *Stimme*, die in der Frage besteht, auf welcher Ebene erzählt wird, ist etwas komplizierter und geht wiederum auf Überlegungen Genettes zurück. Sie basiert darauf, dass Erzählungen auch selbst als Ereignisse aufgefasst werden können, die in einer Geschichte vorkommen. Wenn also eine Person A eine Autobiografie verfasst, dann befindet sie sich zunächst auf der Ebene des *extradiegetischen* Erzählens. Wenn sie im Verlauf ihres Textes auf ihre alten Tagebuch-Notizen zurückgreift und diese zitiert, um bestimmte Geschehnisse für den Leser greifbarer zu machen, wechselt sie jedoch auf die Ebene des *intradiegetischen Erzählens*. Wenn sie zudem in einem dieser Tagebuch-Einträge auf ihre Begegnung mit der Person B zu sprechen kommt und wiedergibt, was B ihr bei dieser Gelegenheit erzählt hat, so ist sie auf der Ebene des *metadiegetischen* Erzählens angelangt. Und wenn eines der Ereignisse, das B ihr seinerzeit geschildert hatte, sich auf den Inhalt einer Erzählung bezieht, die die Person C verfasst hat und die B gelesen hat, dann liegt sogar ein Erzählen auf der *metametadiegetischen* Ebene vor. Auch für das Verständnis philosophischer Autobiografien kann die Unterscheidung verschiedener Erzählebenen hilfreich sein, was nachfolgend abermals am Beispiel des sog. »Siebten Briefes« Platons gezeigt werden soll (vgl. Kapitel 2.4.1 und 2.5.1). Der Umstand, dass die Leserschaft hier im Wesentlichen den Wortlaut eines Schreibens vorgelegt bekommt, welches Platon mit dem Ziel, Trost und Rat zu spenden, zunächst exklusiv für die Anhänger des toten Dion verfasst haben will, bezeichnet in diesem Fall den Wechsel von der extradiegetischen auf die intradiegetische Ebene. Die Unbelehrbarkeit des auf Syrakus herrschenden Dionysios II. verdeutlicht Platon, indem er im Brief verschiedene philosophische Gespräche mit diesem wiedergibt und auf diese Weise die metadiegetische Ebene beschreitet. Weitere Beispiele, wie in Texten die Erzählebene gewechselt werden kann, geben Martínez und Scheffel:

385 Ebenda.
386 Vgl. ebenda, S. 371.

> »Neben dem mündlichen Erzählen oder einem Brief können schließlich auch ein vorgelesenes oder zitiertes Buch, ein Manuskript, ein Traum oder sogar ein Bild oder ein Bilderzyklus eine neue Erzählebene eröffnen.«[387]

Theoretisch ist hier offenbar ein Progressus ad infinitum denkbar. Der *Grad der Beteiligung* des Erzählers am Geschehen lässt sich aus dem Bisherigen ableiten, wenn zugleich unterschieden wird zwischen »Erzählungen, in denen der Erzähler an der von ihm erzählten Geschichte als Figur beteiligt ist«, und Erzählungen, in denen dies nicht der Fall ist. Im zuerst genannten Fall kann von einem *homodiegetischen* Erzähler gesprochen werden, wobei dieser in unterschiedlicher Intensität in die Geschehnisse eingebunden sein kann, nämlich als unbeteiligter Beobachter, als beteiligter Beobachter, als direkt involvierte Nebenfigur, als eine der Hauptfiguren oder gar als die Hauptfigur ohne eine neben ihr stehende Figur mit vergleichbarer Bedeutung. Es dürfte evident sein, dass im Normalfall autobiografischen Schreibens die zuletzt genannte Variante vorliegt, die als *autodiegetisch* bezeichnet werden kann, während der Erzähler in allen Fällen, in denen er keine in die Geschichte selbst involvierte Person ist, *heterodiegetisch* ist. Dabei sind Abweichungen vom autodiegetischen Erzählen nicht unbedingt Hinweise auf eine persönliche Bescheidenheit des Autobiografen. Stattdessen ist es auch denkbar, dass er auf diese Weise seine Rolle für weniger rühmliche Ereignisse i. S. eines strategischen autobiografischen Schreibens herabspielt.

3.3. Bevorzugte autobiografische Textsorten

In der bisherigen Betrachtung war der Phänomenbereich auf Formen des Erzählens eingeschränkt worden, in denen jemand gegenüber mindestens einer anderen Person rückblickend oder vorausschauend auf Vorgänge im eigenen Lebensverlauf bezugnimmt, die er aus bestimmten Gründen für etwas Besonderes hält. Die nachfolgenden Überlegungen runden dieses Bild ab, indem sie in systematisierender Weise Textsorten in den Blick nehmen, in denen sich solche Erzählungen situations- und zielorientiert vollziehen, wobei i. S. der thematischen Fokussierung dieser Arbeit v. a. das jeweilige subjektbezogene und darüber hinausgehende philosophische Erkenntnispotenzial interessiert.

Für den schriftlichen Bereich kann zunächst zwischen autobiografischen *Monografien*, autobiografischen *Paratexten* und autobiografischen *Kleinformen* unterschieden werden. Der Schwerpunkt liegt nachfolgend auf dem zuletzt genannten Bereich, weil sich die dazugehörigen Texte in Umfang und Konzentration als ergiebiger erweisen

387 Vgl. Matías Martínez; Michael Scheffel: A. a. O. (wie Anm. 59), S. 70–92.

als bloße Paratexte, aber im Unterricht auch als praktikabler im Vergleich zu autobiografischen Ganzschriften. Zudem bestehen hier interessante Anschlussmöglichkeiten an die bisherigen fachdidaktischen Überlegungen zur Arbeit mit sog. *marginalen Gattungen*.[388] Rohbeck hebt deren Bedeutung für den schulischen Philosophie- und Ethikunterricht in deutlicher Abgrenzung vom akademischen Lehrbetrieb hervor:

> »In Universitätsseminaren ist es üblich, ›klassische‹ Abhandlungen bekannter und weniger bekannter Philosophen zu lesen. Das ist durchaus sinnvoll, weil der überwiegende Teil der philosophischen Literatur nun einmal in dieser Form verfasst worden ist. Das Studium anderer literarischer Formen ist hier Nebensache und gehört zum Forschungsgebiet weniger Spezialisten. Ganz anders verhält es sich im Unterricht an allgemeinbildenden Schulen. In diesem Fall ist es gerade sinnvoll, solche Textsorten zu berücksichtigen, die in der Philosophiegeschichte selten und peripher sind. Was in der universitären Philosophie am Rande liegt, kann im Schulunterricht ins Zentrum rücken.«[389]

Als Grund für die unterrichtspraktische, rezeptive wie produktionsorientierte Integration entsprechender Textsorten, die er durch ein mehr oder weniger zutage tretendes narratives Gestaltungsmoment kennzeichnet, führt Rohbeck u. a. deren Neigung zur »[s]ubjektive[n] Färbung der Argumentation« an. D. h., dass in ihrem Fall oftmals gerade jener »Bezug eines Arguments auf die eigene Erfahrung, Interessenlage und Lebensgeschichte« erkennbar ist, der auch alltägliche moralische Urteile in der Lebenswelt der Schülerinnen und Schüler kennzeichnet und von dem »Verallgemeinerungen« i. S. eines philosophischen Erkenntnisgewinns häufig ganz notwendig ausgehen.[390]

3.3.1. *Monografien und Paratexte*

In der Kategorie der autobiografischen Monografien wird üblicherweise weiter zwischen *Autobiografien* i. e. S. und *Memoiren* differenziert. Erstere werden insbesondere in der von Augustinus geprägten Traditionslinie als Textsorte verstanden, die den Lebensverlauf in seiner vorläufigen Gesamtheit bis zur Zeit der Niederschrift retrospektiv in den Blick nimmt, chronologisch in Richtung der Gegenwart des narrativen Aktes vorwärtserzählt und sich dabei insbesondere der »inneren Entwicklung« des

388 Vgl. Johannes Rohbeck: Literarische Formen des Philosophierens im Unterricht. A. a. O. (wie Anm. 242); hier: S. 193–209

389 Ebenda, S. 194.

390 Vgl. ebenda, S. 196.

Autors,[391] d. h. der »Feststellung der Identität [der Person] in der Folge der Lebensalter und Umstände«, widmet.[392] Demgegenüber wird in Memoiren »das Interesse vom Selbstbildnis des Verfassers weg auf seine Augenzeugenschaft, d. h. auf die Schilderung von Begebenheiten, die Darstellung von allgemeinen Verhältnissen und die Kennzeichnung anderer Persönlichkeiten verlegt«,[393] was zugleich bedeutet, dass das Kriterium der eigenen Biografiewürdigkeit hinter den Primat einer »gründliche[n] Kenntnis der behandelten Dinge« zurücktritt.[394] Eine maßgebliche Intention kann dabei in der Kritik öffentlicher Verhältnisse bestehen,[395] deren determinierende Kraft auf den Verfasser in seiner Eigenschaft als Zeitgenosse für den Leser daher auch oftmals deutlicher erfahrbar wird als in Autobiografien des oben benannten Typs, die nach der vielzitierten Analyse Roy Pascals eher dazu neigen, eine »Eroberung der Freiheit« zu inszenieren.[396] Dazu passt auch die Feststellung, dass sich Verfasser von Autobiografien i. d. R. als aktiv handelnde, zentrale Protagonisten erzählen, während der Memoirenschreiber »mehr als Betrachter und ›Zaungast‹ von Vorkommnissen« und damit oftmals in einer deutlich passiveren Rolle auftritt.[397]

Den autobiografischen Monografien stehen, dem Umfang nach, sog. Paratexte am deutlichsten gegenüber. Der Begriff geht auf Genettes Theorie der *Transtextualität* zurück, in der er verschiedene Verfahrensweisen unterscheidet, nach denen Texte bzw. Textteile aufeinander Bezug nehmen können. Konkret entsprechen nach seiner Terminologie Kommentare zu philosophischen Texten der Strategie der *Metatextualität*, wobei der für diese Arbeit relevante Spezialfall dann vorliegt, wenn ein Autor im Rahmen seiner Philosophischen Autobiografie seine eigenen Werke mit Bezug auf die persönliche Lebensgeschichte bespricht (vgl. Kapitel 2.5.1). Ein Beispiel für *Hypertextualität*, d. h. die Adaption und Transformation stofflicher und stilistischer Vorlagen, besteht dagegen in dem bereits dargestellten Spiel mit dem Topos der Geniegeburt im Anschluss an Rousseau und Goethe (vgl. Kapitel 2.4.2f). *Paratextualität*, die hier eigentlich interessiert, realisiert sich hingegen über Randtexte, die den inhaltlich zentralen Kapiteln eines Textes nur mit beigegeben sind. Genette zählt hierzu u. a. Vor- und Nachworte, und es hat sich im bisherigen Verlauf dieser Arbeit bereits an den Beispielen Rousseaus, Anders', Russels und Foucaults gezeigt, wie leicht autobio-

391 Vgl. so schon Friedrich von Bezold: Über die Anfänge der Selbstbiographie und ihre Entwicklung im Mittelalter. In: Zeitschrift für Kulturgeschichte. H. 1 (1894), S. 145–171; hier: S. 146.

392 Vgl. Roy Pascal: Die Autobiographie. Gehalt und Gestalt. Stuttgart: Kohlhammer 1965, S. 27.

393 Hans-Joachim Schoeps: Biographien, Tagebücher und Briefe als Geschichtsquellen. In: Deutsche Rundschau. Bd. 86 (1960), S. 813–817; hier: S. 814.

394 Vgl. Johann Gustav Droysen: Historik. Vorlesungen über Enzyklopädie und Methodologie der Geschichte. Hrsg. von Rüdiger Hüber. München: Oldenbourg ^{3}1958, S. 80.

395 Vgl. Eckard Henning: Selbstzeugnisse. Quellenwert und Quellenkritik. Berlin: BibSpider 2012, S. 33.

396 Vgl. Roy Pascal: A. a. O. (wie Anm. 392), S. 27.

397 Vgl. Eckard Henning: A. a. O. (wie Anm. 395), S. 21.

grafische Ausführungen in dieser rahmenden Position zu Zwecken der strategischen Selbstinszenierung und Leserlenkung durch Philosophen nutzbar gemacht werden können (vgl. Kapitel 2.4.2, 2.5.8 und 3.1.2).

Ebenso stellen für Genette aber auch Fußnoten und Bestandteile vergleichbarer Anmerkungsapparate paratextuelle Formate dar. In philosophischen Werken können autobiografische Hinweise dieser Art hauptsächlich zwei Funktionen erfüllen. Zum einen dienen sie der Absicherung von Behauptungen mit Hilfe von Belegen, die sich dem persönlichen Erleben verdanken, wenn nicht sogar das eigene Leben als exemplarisches Beispiel dargestellt wird. Hinter der intendierten Überzeugungskraft steht hier der Anspruch auf einen authentischen Zugriff auf Materialien und Erinnerungen, wenngleich solchen Beweisgängen bei genauerem Hinsehen nicht mehr als der Status von Prima Facie-Argumenten zugesprochen werden kann. So untermauert etwa Frank Engster den Eindruck einer für die 1968er-Generation kaum zu unterschätzenden Wirkung der Aufsatzsammlung »Geschichte und Klassenbewußtsein« nicht etwa durch Ergebnisse einer umfangreicheren rezeptionsgeschichtlichen Untersuchung, sondern lediglich in Form einer zwanzigzeiligen »autobiographische[n] Fußnote in illustrativer Absicht«.[398] Seine eigene Beschäftigung mit Georg Lukács verfolgt er darin über fast fünfzig Jahre hinweg mit einem gewissen Anspruch auf Repräsentativität für akademische Werdegänge innerhalb der bundesrepublikanischen Linken. Die Fragwürdigkeit dieser Darstellungsweise muss dem Autor nach Publikation seines Textes selbst aufgefallen sein. In einer von ihm zur Verfügung gestellten digitalen Version belässt er es an der entsprechenden Stelle bei einem Quellennachweis für den betreffenden Lukács-Aufsatz.[399]

Während es sich in diesem konkreten Fall um einen vielleicht hilfreichen, aber für die eigentliche Untersuchung, die Lukács' Verdinglichungsthese gewidmet ist, vernachlässigbaren Zusatz handelt, können autobiografische Ergänzungen des Haupttextes in Form von Anmerkungen andererseits auch ganz eigene, deutungsrelevante Akzente innerhalb eines philosophischen Werkes setzen. Diese zweite Funktion kann u. a. im Werk Ernst Machs ausfindig gemacht werden. Zumindest interpretiert Oliver Krämer in diesem Sinn eine Fußnote in den »Anti-metaphysischen Vorbemerkungen«, in der Mach die notwendige Härte des Wissenschaftlers im Kampf gegen eigene, sozialisationsbedingte Vorurteile autobiografisch unterstreicht. Krämer versteht diese narrative Wendung ins Private als Teil einer größeren Strategie, die sich ausschließlich in

398 Vgl. Frank Engster: Lukács' Existenzialismus oder Die Selbstreflexion der Produktivkraft durch das Selbstbewusstsein der Ware Arbeitskraft. In: Hanno Plass (Hrsg.): Klasse, Geschichte, Bewusstsein. Was bleibt von Lukács' Theorie? Berlin: Verbrecher Verlag 2015, S. 33–78.

399 Vgl. derselbe: Lukács' Existenzialismus oder Die Selbstreflexion der Produktivkraft durch das Selbstbewusstsein der Ware Arbeitskraft. Auf: www.academia.edu/30524217/LUK%C3%81CS_EXISTENZIALISMUS_oder_Die_Selbstreflexion_der_Produktivkraft_durch_das_Selbstbewusstsein_der_Ware_Arbeitskraft. Zugriff: 07.02.2017.

Exkursen realisiert und auch nach Horst Thomé dazu dient, »den Empiriokritizismus, wenigstens ansatzweise, zu einer [...] Weltanschauung« zu verstärken.[400] Zu beobachten sei in diesem Sinn nicht zuletzt eine mit autobiografischen Mitteln geleistete Profilierung eines wissenschaftlichen Ethos, das einen angemessenen Umgang des erkennenden Subjektes mit eigenen Vorurteilen ebenso einbezieht wie die Konsequenzen, die sich aus der empiriokritizistischen »Destruktion des Subjekts für das Verhältnis zur eigenen Biographie« und zum Tod ergeben.[401] Interessant ist diese Beobachtung deshalb, weil Mach selbst andererseits »immer wieder betont hat, er sei Physiker und nicht Philosoph und wolle keineswegs eine umfassende Weltanschauung [...] anbieten«. [402]

Unter autobiografischen Kleinformen können, drittens, in Analogie zu entsprechenden Überlegungen zu Textsorten des biografischen Schreibens über andere Personen, sowohl autobiografische »Genres von geringem Umfang« als auch »konstitutive Elemente« autobiografischen Schreibens in nicht unbedingt primär autobiografischen Textsorten verstanden werden.[403]

3.3.2. Genres geringen Umfanges

In der zuerst genannten Hinsicht bietet sich auch eine Übertragung der folgenden Unterscheidung an:

> »Im Hinblick auf biografische Formen von geringem Umfang lassen sich einerseits Genres differenzieren, die das Ganze eines Lebens umfassen sollen und dabei möglichst knapp gehalten werden, und andererseits solche, die – chronologisch oder inhaltlich – lediglich einen Teil eines Lebens zu Darstellungszwecken herausgreifen. Bei dieser zweiten Gruppe kann man wiederum solche, die bewusst fragmentarisch, lückenhaft und auf Ergänzung oder Fortsetzung angelegt sind, von anderen unterscheiden, die synekdochisch oder metonymisch für das darzustellende Leben stehen sollen.«[404]

400 Horst Thomé: Weltanschauungsliteratur. Vorüberlegungen zu Funktion und Texttyp. In: Lutz Danneberg; Friedrich Vollhardt (Hrsg.): Wissen in Literatur im 19. Jahrhundert. Tübingen: Niemeyer 2002, S. 338–380; hier: S. 352 f.

401 Vgl. ebenda.

402 Oliver Krämer: Ethos und Pathos des Metaphysikverzichts bei Ernst Mach, Max Weber und Robert Musil. In: Ralf Klausnitzer; Carlos Spoerhase; Dirk Werle: Ethos und Pathos in den Geisteswissenschaften. Konfigurationen der wissenschaftlichen Persona seit 1750. Berlin; Boston: Walter de Gruyter 2015, S. 103–132; hier: S. 109.

403 Vgl. Myriam Richter; Bernd Hambacher: Biographische Kleinformen. In: Christian Klein (Hrsg.): A. a. O. (wie Anm. 57), S. 137–142; hier: S. 137.

404 Ebenda.

Als Beispiele für entsprechende biografische Kleinformen weisen die zitierten Autoren u. a. *Registereinträge* im Anhang kommentierter Werkeditionen und wissenschaftlicher Untersuchungen und *Lexikonartikel* sowie *Kurzviten* für verschiedene Anlässe aus, wobei auf der Hand liegt, dass solche Texte auch von den thematisierten Personen selbst geschrieben werden können und dann umso mehr »der Inszenierung und dem Marketing« der Persönlichkeit dienen.[405] Das Gleiche gilt für sog. *Charakterbilder* anekdotischen Zuschnittes, die sich u. a. in der bereits zitierten Selbstbeschreibung Cardanos finden, und sogar für psychologische *Anamnesen*, was sich weiter oben bei Rousseau, Nietzsche und Barthes gezeigt hat (vgl. Kapitel 2.4.2 und 2.5.7). Zu denken ist ferner an bereits zu Lebzeiten verfasste *Nekrologe*.

Ein »einzigartiges autobiographisches Dokument«[406] stellt in der zuletzt genannten Hinsicht die Grabinschrift dar, die Thomas Morus im Jahr 1533 auf sich selbst verfasste. Weil er sie bereits zwei Jahre vorher an keinen Geringeren als Erasmus von Rotterdam versendet hatte, handelt es sich zugleich um ein öffentliches Statement zu Händen des humanistischen Europas.[407] Entsprechend erkennt Uwe Baumann, in Auseinandersetzung mit einer anderslautenden Interpretation in der vielbeachteten Biografie Peter Berglars,[408] in diesem Text auch eine verdeckte politische Botschaft. Immerhin seien die eigentlichen Motive, die Morus zur Niederlegung des Lordkanzler-Amtes bewegten, nicht etwa in der Zufriedenheit mit dem bisherigen Lebenswerk und in gesundheitlichen Beeinträchtigungen zu suchen, wie wörtlich von ihm behauptet. Vielmehr sei ihm vor dem Hintergrund der politischen und religiösen Verwicklungen um den skrupellosen Gattinnenwechsel Heinrichs VIII. durchaus klargewesen, dass ihm sein Rücktritt unweigerlich als Gefolgschaftsverweigerung ausgelegt werden würde. Entsprechend habe er im Nekrolog durch die Angabe alternativer, privater Gründe auch gar nicht mehr die Anklage wegen Hochverrats verhindern wollen, die ihm schließlich tatsächlich das Leben kostete.[409] Stattdessen sei es ihm in dieser bereits ausweglosen Situation nur noch darum gegangen, die Festigkeit des eigenen Gewissens für die Zeitgenossen und die Nachwelt herauszustellen. Nach dieser These hat sich Morus, um es anders zu sagen, einer Strategie der ironischen Verstellung bedient (vgl. Kapitel 2.4.3). Am offenkundigsten tritt diese in einer Passage zutage, in der er zu einem überschwänglichen Tyrannenlob auf Heinrich VIII. ausholt, wenn er dessen unter Regenten vermeintlich beispiellose Güte und Nachsichtigkeit hervorhebt.

405 Vgl. ebenda, S. 140.

406 Uwe Baumann: Thomas Morus (1477/8 – 1535): Formen und Funktionen autobiographischen Schreibens (Epigramme, Humanistenbriefe und die *Apology*). In: Derselbe; Karl August Neuhausen (Hrsg.): Autobiographie: Eine interdisziplinäre Gattung zwischen klassischer Tradition und (post-)moderner Variation. Göttingen: V & R unipress 2013, S. 129–150; hier: S. 135.

407 Vgl. ebenda.

408 Vgl. Peter Berglar: Die Stunde des Thomas Morus. Einer gegen die Macht. Olten: Walter [3]1981, S. 13.

409 Vgl. Uwe Baumann: A. a. O. (wie Anm. 406), S. 138 f.

Dass Morus in der Einschätzung der publizistischen Erfolgschancen für diese Form der finalen politischen Abrechnung nicht ganz falsch lag, zeigt sich in dem Umstand, dass sie tatsächlich als Inschrift an seinem Grab in der Pfarrkirche von Chelsea angebracht worden ist, so dass sie – zusammen mit dem Erasmus-Briefwechsel – gleich in doppelter Weise überliefert blieb.[410]

Als »konstitutive Elemente« können autobiografische Erzählungen im Zusammenhang mit philosophischem Denken darüber hinaus v. a. in den Textsorten des *Tagebuches*, des *Briefes* und des *Essays*, die nachfolgend jeweils noch etwas genauer betrachtet werden sollen, zum Tragen kommen.

3.3.3. *Tagebücher*

Tagebücher können zunächst folgendermaßen charakterisiert werden:

> »Das Tagebuch [...] (Diarium, Registrante, Journal) dient der Niederschrift von Alltagsbegebenheiten und Erfahrungen, Empfindungen und Gedanken etc., die mit der Person des Tagebuchführenden in einem wie auch immer gearteten Zusammenhang stehen. Die Aufzeichnungen erfolgen schubweise in einer Serie einzelner Neuanfänge, d. h. die verschiedenen Eintragungen müssen sich deutlich voneinander unterscheiden lassen und in einem mehr oder minder strengen zeitlichen Rhythmus aufeinander folgen; dabei muß das chronologische Einteilungsprinzip nicht notwendig an den Kalenderdaten abzulesen sein, es genügt, wenn es den Aufzeichnungen innewohnt. Entscheidend für die Perspektive des Diaristen ist es, daß sein Journal niemals abgeschlossen ist; das Tagebuch ist eine ›offene Form‹. Spätere Eintragungen brauchen nicht notwendig auf früheren zu fußen.«[411]

Von der oben dargestellten Textsorte der monografischen Autobiografie unterscheiden sich Tagebücher demnach i. d. R. durch einen geringeren zeitlichen Abstand zu den in Erinnerung gebrachten Erlebnissen, woraus oftmals auch eine unsicherere Bewertung des jeweiligen Geschehens hinsichtlich seiner Relevanz für das weitere Leben resultiert. Ebenso charakteristisch ist eine Tendenz zum Unsystematischen und Fragmentarischen. V. a. bei Tagebüchern, die i. S. der oben ausgearbeiteten Definition des Autobiografischen einem zusätzlichen Adressatenkreis neben dem Verfasser zugänglich gemacht werden, ist dieser Zug nicht mit Kompositionslosigkeit gleichzusetzen. Vielmehr dürften intensive Prozesse der Stoffauswahl, Selbstzensur und Selbstinsze-

410 Vgl. ebenda, S. 138.

411 Eckart Henning: A. a. O. (wie Anm. 395), S. 29.

nierung hier ebenso den Regelfall markieren wie ganz bewusste Entscheidungen für bestimmte erzählerische Darbietungsweisen und ein besonderer Aufwand in Form sorgfältiger Überarbeitungen. Bei originären, nicht zur Veröffentlichung bestimmten Tagebucheinträgen ist hingegen nicht von Texten mit konstitutiven autobiografischen Elementen, sondern von bloßen *Ego-Dokumenten* zu sprechen (vgl. Kapitel 1.3).

Die Frage, welchen Stellenwert und welche Funktionen in Tagebuch-Einträgen Reflexionen über den eigenen Lebensverlauf einnehmen können, ermöglicht über das Bisherige hinaus eine Binnendifferenzierung. Zu unterscheiden sind hier zunächst *Bekenntnis-* bzw. *Reflexionstagebücher* von *Notiztagebüchern* und *Denktagebüchern*. Kennzeichnend für den zuerst genannten Typus ist das Motiv einer emotionalen Selbstregulierung und urteilenden Selbstpositionierung gegenüber aktuellen Ereignissen und Problemstellungen im Lebensverlauf:

> »Alles, was den Schreiber dieser Tagebücher innerlich bewegt, ob er es nun kontemplativ oder enthusiastisch exaltiert aufgenommen hat, wird niedergeschrieben: familiäre Auseinandersetzungen, Krankheiten, Probleme der Kindererziehung, Fragen des Weltverständnisses, der Selbsterkenntnis und Gewissensforschung.«[412]

Philosophische Tiefe kann der Verfasser dabei zuvorderst dort erreichen, wo er von den konkreten Alltagskonstellationen i. S. der oben beschriebenen Selbsttranszendierung abstrahiert (vgl. Kapitel 2.5.7). Vergleichbares ist aber auch der Fall, wenn er aus problematischen eigenen Handlungsweisen persönliche Maximen für den Umgang mit ähnlichen Situationen ableitet oder zur Metareflexion des Tagebuchschreibens als Akt der Weltdeutung bzw. als Arbeit des Subjekts an sich selbst übergeht. Notiztagebücher unterscheiden sich von diesem Typus v. a. durch eine Zurückhaltung eigener Wertungen und Reflexionen zugunsten einer chronologischen Protokollierung:

> »[...] über alles, was auf den Diaristen von außen an Bewegungen und Erlebnissen zukommt, wird Buch geführt, d. h. sie werden mehr oder weniger kommentarlos aneinandergereiht und registriert. Diese Merkbücher können auch als Korrespondenzkladde oder wissenschaftliche Materialsammlung dienen.«[413]

Eine philosophische Dimension ist dem so verstandenen Notiztagebuch insofern nicht inhärent, sondern bereitet sich in ihm allenfalls vor. Den entgegengesetzten Fall stellt das Denktagebuch dar, wie es z. B. Hannah Arendt über dreiundzwanzig Jahre hinweg geführt hat:

412 Ebenda, S. 30.
413 Ebenda.

> »Die Passagen, die oft mehrere Seiten füllen, manchmal aber auch nur aus einem Satz bestehen, sind zumeist gut durchdachte, in sich runde Erörterungen thematisch angezeigter Probleme der Philosophiegeschichte. Sie haben einen deutlichen Bezug zu den laufenden Arbeiten und Veröffentlichungen der Autorin. Trotz der sachlichen Zusammenhänge [...] kommt dem ›Denktagebuch‹ aber eine Eigenständigkeit zu, die seine Veröffentlichung vollkommen legitimiert. Es kann gelesen werden wie die Pensées des von Hannah Arendt hochgeschätzten Pascal, die den unsystematischen, fragmentarischen Typ der philosophischen Meditation in der europäischen Literatur heimisch machten. Das ›Denktagebuch‹ ist nicht nur ein Arbeitsjournal, sondern ein Stundenbuch für philosophische Meditationen, ein Brevier für den bios theoretikós, jene Einstellung, die das Denken über das Leben als ein Leben im Denken begreift und daraus Folgerungen zieht für Inhalt, Aufbau und soziopolitische Funktion der Philosophie.«[414]

Ähnlich wie in der Philosophischen Autobiografie zeichnen sich hier also Denkbewegungen im Lebensverlauf ab, aber nicht, wie bei dieser, in der Retrospektive, sondern in der Gegenwart des philosophischen Nachdenkens, als dessen Medium das Denktagebuch selbst fungiert. Eine autobiografische Dimension zeigt sich hier dann, wenn auch das philosophische Denken als Kette erlebbarer Ereignisse verstanden wird.

Eine Position zwischen Denk- und Notiztagebuch kommt der Tradition der antiken *Hypomnemata* zu, die der Begrifflichkeit nach als ›niedergelegte Erinnerungen‹ zu übersetzen sind. Eine genauere Charakterisierung findet sich bei Foucault:

> »Man notierte dort Zitate, Auszüge aus Büchern, Exempel und Taten, die man selbst erlebt oder von denen man gelesen hatte, Reflexionen oder Gedankengänge, von denen man gehört hatte oder die einem in den Sinn gekommen waren. Sie bildeten gleichsam ein materielles Gedächtnis des Gelesenen, Gehörten und Gedachten, einen zur neuerlichen Lektüre und weiterer Reflexion bestimmten Schatz an Wissen und Gedanken. Außerdem bildeten sie den Rohstoff für systematischere Abhandlungen, in denen man Argumente und Mittel bereitstellte, um gegen ein Laster (wie Zorn, Neid, Geschwätzigkeit, Schmeichelei) zu kämpfen oder mit einer schwierigen Lage (mit einem Trauerfall, dem Exil, dem Ruin oder mit Undankbarkeit) fertig zu werden.«[415]

414 Bernd Leineweber: Hannah Arendt: Denktagebücher 1950–1973. Besprechung auf: http://www.deutschlandfunk.de/hannah-arendt-denktagebuecher-1950-1973-zwei-baende.730.de.html?dram:article_id=101927. Online seit: 02.12.2002. Zugriff: 10.03.2017.

415 Michel Foucault: Über sich selbst schreiben [1983]. Aus dem Französischen von Michael Bischoff. In: Sandro Zanetti (Hrsg.): Schreiben als Kulturtechnik. Grundlagentexte. Frankfurt a. M.: Suhrkamp 2012, S. 49–66; hier: S. 52.

Foucault rechnet ein Schreiben in der bezeichneten Textsorte den asketischen Lebenskunst-Techniken zu, die er als »Übung[en] seiner selbst durch sich selbst« versteht. Im Anschluss an Epiktet hält er es für eine Praxis des Meditierens. Im Unterschied zum Denktagebuch Hannah Arendts geht es ihm aber um eine »*auf sich selbst* gerichtete Übung des Denkens, das [...] sich einen Grundsatz, eine Regel oder ein Beispiel vergegenwärtigt und darüber reflektiert, das sie in sich aufnimmt und sich so auf die Auseinandersetzung mit der Wirklichkeit vorbereitet.«[416] Ein derartiges Schreiben fungiert für ihn entsprechend als »Operator, der Wahrheit in Ethos umwandelt«, und hat insofern eine »ethopoetische Funktion«.[417] Im Unterschied zum Bekenntnistagebuch realisiert sich dieses Potenzial beim hypomnematischen Schreiben außerdem nicht in einem Abstraktionsprozess von den eigenen, momentanen sozialen Interaktionen, Kognitionen und Emotionen, sondern – im Gegenteil – vielmehr aus einer »Subjektivierung des Diskurses«.[418] Es entwickelt sich, indem Teile der kulturellen Tradition individuell ausgewählt und schreibend assimiliert werden. Reale Alltagserlebnisse fungieren in diesem Selbstbildungsprozess als praktische Bewährungsproben für bereits erarbeitete Haltungen.[419]

Deutlich steht hinter diesem Denk- und Schreibmodell die Philosophie der kaiserzeitlichen Stoa.[420] Von ihm aus ist es nur ein kleiner Schritt zu den »Selbstbetrachtungen« Marc Aurels, ohne dass hier aber die von Hadot vorgenommene Zuordnung zur Textsorte der Hypomnemata ganz plausibel sein muss.[421] Hadot gegenüber kann zum einen angeführt werden, dass dieser Text eine »kunstvolle Zusammenfügung von vielen aus den antiken Gattungen bekannten Stilelementen« darstellt und insofern über eine chronologisch Aufzeichnung von Reflexionsanlässen deutlich hinausgeht.[422] Zum anderen ist aber auch darauf hingewiesen worden, dass hier eine Praxis des Selbstdialoges vorliegt,[423] die insbesondere von Seneca beeinflusst ist,[424] und die auch jenen Anverwandlungsprozess im Text selbst mit abbildet, den der Verfasser bloßer Hypomnemata anhand seiner Aufzeichnungen jenseits des Mediums der Schriftlichkeit in Gedanken vollführt.[425] Gemeinsam ist beiden Schreibpraktiken, dass für sie Momente im eigenen Lebensverlauf im Wesentlichen als »Aufhänger« für ein

416 Vgl. ebenda, S. 51 f. [Hervorhebung: V. H.]

417 Vgl. ebenda.

418 Vgl. ebenda, S. 53.

419 Vgl. ebenda, S. 56 f.

420 Vgl. ebenda, S. 51.

421 Vgl. Pierre Hadot: Die innere Burg. Anleitung zu einer Lektüre Marc Aurels. Frankfurt a. M.: Eichborn 1997, S. 96.

422 Vgl. Marcel van Ackeren: Die Philosophie Marc Aurels. Berlin; New York: Walter de Gruyter 2011, Bd. 2, S. 699.

423 Vgl. ebenda, Bd. 1, S. 259.

424 Vgl. ebenda, Bd. 1, S. 239

425 Vgl. ebenda, Bd. 1, S. 346; Bd. 2, S. 700.

philosophisches Nach-Denken dienen,[426] in dieser Funktion aber doch einen unverzichtbaren Stellenwert haben.

Vergleichbares findet man dann im 20. Jahrhundert u. a. bei Günther Anders, bei ihm aber als Übergang zwischen Reflexions- und Denktagebuch. Die Produktivität dieser Verbindung hat sich nicht zuletzt im 1. Band der »Antiquiertheit des Menschen« dokumentiert. Anders beginnt hier sein erstes Kapitel mit längeren Zitaten aus »einigen Tagebucheintragungen aus Kalifornien«, die er auf den März des Jahres 1942 datiert. Er beschreibt darin über mehrere Seiten hinweg ausführlich seine Beobachtungen an einem Bekannten während des gemeinsamen Besuches einer Technik-Ausstellung und meint, in dem Verhalten dieser Person gegenüber den dort gezeigten, hochentwickelten Apparaturen eine besondere Form der Ehrfurcht erkannt zu haben. Umgehend generalisiert er diesen Eindruck i. S. eines veränderten Selbstgefühls der Menschheit unter den kulturellen Bedingungen der zunehmend automatisierten Massenproduktion, und gewinnt damit eine für sein technikphilosophisches Werk maßgebliche Hypothese:

> »Glaube, heute vormittag [sic!] einem neuen Pudendum auf die Spur gekommen zu sein; einem Scham-Motiv, das es in der Vergangenheit nicht gegeben hat. Ich nenne es vorerst für mich ›Promethische Scham‹; und verstehe darunter die ›Scham vor der beschämend hohen Qualität der selbstgemachten Dinge‹.«[427]

Bei Anders zeigt sich demnach eine gezielte Indienstnahme des autobiografischen Erlebens für den philosophischen Erkenntnisgewinn. Die Störanfälligkeit des hierbei maßgeblichen induktiven Schlusses (vgl. auch Kapitel 2.5.5 und 4.3.3) ist ihm offensichtlich bewusst, weswegen er nachfolgend verschiedene Einwände, und zwar v. a. mit grundsätzlicheren Überlegungen zum Wesen der Scham, zu antizipieren versucht.[428]

3.3.4. Briefe

Es ist noch einmal Foucault, bei dem der lebenskunstphilosophische Zusammenhang zwischen der bereits vorgestellten Textsorte der Hypomnemata und Briefen aufscheint:

»[Erstere] können auch als Rohstoff für Texte benutzt werden, die man anderen schickt. Umgekehrt bietet der *per definitionem* für andere bestimmte Brief gleichfalls

426 Vgl. Martina Wagner-Egelhaaf: A. a. O. (wie Anm. 5), S. 111.

427 Anders, Günther: Die Antiquiertheit des Menschen. Bd. 1: Über die Seele im Zeitalter der zweiten industriellen Revolution. München: Beck [4]1988, S. 23.

428 Vgl. ebenda, S. 26–30.

Gelegenheit zu persönlicher Übung. Das ist so, sagt Seneca, weil wir beim Schreiben lesen, was wir schreiben, wie wir ja auch beim Sprechen hören, was wir sagen. Der Brief, den man wegschickt, wirkt durch den Akt des Schreibens auf den Absender ein, wie er durch das Lesen und Wiederlesen auf den Empfänger einwirkt.«[429]

Die zentrale Eigenart von Briefen mit autobiografischer Konstituente bestimmt Foucault demgegenüber in einer »Introspektion« mit dem Ziel der »Öffnung gegenüber einem anderen«, und er geht dabei so weit, gerade in der Korrespondenz die »frühesten Zeugnisse der schriftlichen Selbstdarstellung« zu verorten,[430] und nicht etwa in der Gerichtsrede (vgl. Kapitel 2.4.1). Zugleich unterscheidet er hier noch einmal zwei Arten des Selbstbezuges. Einen exemplarischen Fall für die eine Variante erkennt er in Ciceros Korrespondenz mit der Familie, während er als Beispiele für die andere Spielart auf Briefe Senecas, Marc Aurels und Plinius' verweist:

> »[In] Ciceros Briefen [...] handelt es sich um Selbstdarstellung als Subjekt von Handlungen (oder Überlegungen zu möglichen Handlungen) im Verhältnis zu Freunden oder Feinden, zu glücklichen oder unglücklichen Ereignissen. Bei Seneca, bei Marc Aurel und auch bei Plinius ist die Selbstdarstellung eine Darstellung des Verhältnisses zu sich selbst. Dabei [d. h. in der zweiten Variante] zeichnen sich deutlich zwei Elemente, zwei strategische Punkte ab [...]: Die Wechselwirkungen zwischen Seele und Körper (eher Eindrücke als Handeln) und die Tätigkeiten der Muße (statt äußerer Ereignisse); Körper und Tage.«[431]

Beide Traditionslinien unterscheiden sich also mehr oder weniger aufgrund ihrer primären Fokussierung von Fragestellungen der Ethik einerseits und der Lebenskunstphilosophie andererseits.

Dabei stellt im zweiten Fall ein »Austausch von Seelendiensten« unter philosophisch ebenbürtigen Korrespondenten durchaus nicht die einzige Form dar. So ist z. B. das Verhältnis Frontos zu Marc Aurel oder Senecas zu Lucilius durch Wissens- und Reflexionsvorsprünge geprägt, die für Lehrer-Schüler-Beziehungen typisch sind. Sie gehören insofern zugleich zur speziellen Textsorte der *Lehrbriefe*, die innerhalb der Philosophiegeschichte eine breite Tradition aufweisen und in der Intensität des autobiografischen Moments stark variieren. Wie lebendig diese Art des autobiografisch-philosophischen Briefwechsels durch die Zeiten hinweg geblieben ist, zeigt sich dann u. a. in jenen – bewusst auch so genannten – »Lehrbriefen«, die Hans Jonas in den letzten beiden Jahren des Zweiten Weltkrieges an seine Frau Lore verfasste. Die von ihr

429 Michel Foucault: Über sich selbst schreiben. A. a. O. (wie Anm. 415), S. 58. [Hervorhebung im Original.]

430 Vgl. ebenda, S. 61.

431 Ebenda, S. 62.

überlieferte Genese dieser Texte bietet interessante Einblicke in den Zusammenhang von Leben und Werk:

> »1940–45 meldete er sich bei der britischen Armee. Er wollte mit der Waffe gegen Hitler kämpfen. In seiner Militärzeit, fern von Bibliotheken, dachte er aus offensichtlichen Gründen – Verstümmelung und Tod waren nahe – über *Leben* nach, und daraus entstand sein Interesse an den Naturwissenschaften. Ich schickte ihm auf seinen Wunsch grundlegende naturwissenschaftliche Literatur ins Feld – Charles Darwin, Aldous Huxley, John Haldane und vieles mehr –, was immer in Palästina erhältlich war. Das Ergebnis dieses Nachdenkens schlug sich zunächst in den »Lehrbriefen« aus dem Feld nieder, aus denen später das Buch »Organismus und Freiheit« erwuchs, das in den nachfolgenden Auflagen den Titel »Das Prinzip Leben« erhielt.«[432]

In stilistischer Hinsicht sind die Briefe erkennbar von einem Veröffentlichungswillen geprägt, der von Anfang an auf das Format einer Vorlesung oder Abhandlung abzielt und autobiografische Momente dort, wo sie vorhanden sind, im Hintergrund hält. Demgegenüber wird der philosophische Gedankengang anhand von sachdienlichen Anmerkungen und Nachfragen der Partnerin konsequent weiterentwickelt. Dabei folgt diese ganz der entsprechenden Brieftradition, indem sie sich als »philosophisch ungeschulter Geist« präsentiert.[433] Unschwer lässt sich in dieser Schreibpraxis eine dialogische Spielart des Denktagebuches erkennen.

Ähnlich sind auch von Philosophen verfasste *Offene Briefe* »nicht prinzipiell, wohl aber graduell [...] durch die Abnahme des individuellen Gehalts gekennzeichnet.«[434] Wie zentral sie andererseits, etwa in rechtfertigender Funktion, verschiedene Episoden im Leben eines Verfassers aufgreifen können, hatte sich weiter oben bereits am Beispiel des »Siebten Briefes« Platons gezeigt (vgl. Kapitel 2.4.1). Der Definition nach sind Offene Briefe zunächst Schriftstücke, die für eine größere Leserschaft als den im Text selbst benannten Empfänger bestimmt sind. Oft dokumentiert sich in ihnen darüber hinaus ein Wille zur persönlichen Intervention angesichts aktueller politischer und gesellschaftlicher Problemlagen. Dabei wird z. B. der primäre Adressat durch die Verbreitung in einem öffentlichen Medium mit besonderer Wirksamkeit dazu aufgefordert, zu einem gewissen Sachverhalt Stellung zu beziehen, den eigenen Standpunkt in einer Entscheidungsfrage zu überdenken oder sich für ein bestimmtes Ziel einzusetzen.[435]

432 Vgl. Geleitwort von Lore Jonas. In: Hans Jonas: Erinnerungen. Nach Gesprächen mit Rachel Salamander. Hrsg. und mit einem Nachwort versehen von Christian Wiese. Frankfurt a. M.: Suhrkamp 2005, S. 7–9; hier: S. 8.

433 Vgl. ebenda, S. 348.

434 Eckart Henning: A. a. O. (wie Anm. 395), S. 24.

435 Vgl. Rolf-Bernhard Essig: Der Offene Brief. Geschichte und Funktion einer publizistischen Form von Isokrates bis Günter Grass.

Dass solche Texte eine bedeutsame Stellung im Gesamtwerk eines philosophischen Autors einnehmen können, sieht man u. a. bei Günther Anders, für den in jüngerer Zeit gerade aufgrund der Rezeption seines entsprechenden Brief-Nachlasses eine philosophiegeschichtliche Neubewertung empfohlen worden ist:

> »In seiner Korrespondenz zeigt sich Anders als Teil eines internationalen intellektuellen Netzwerkes. Das Bild des Außenseiters, des ›marginalisierten Intellektuellen‹, der keiner Schule, keinem System, keiner Partei und keiner Universität angehören wollte, ist anhand der erhaltenen Briefe zumindest zu differenzieren.«[436]

In den Offenen Briefen, die Anders u. a. an den Sohn Adolf Eichmanns und an John F. Kennedy verfasste, dokumentiert sich in autobiografischer Hinsicht v. a. die Tiefe des eigenen Entsetzens über den industriellen Massenmord im nationalsozialistischen Deutschland und über das Zerstörungspotenzial der Atombombe, aber auch der intensive geistige Austausch mit Hannah Arendt. Dabei geht es ihm nicht nur wie dieser darum, an der Person des Holocaust-Organisators Adolf Eichmann die »Banalität des Bösen« in der Konfiguration eines bis zuletzt obrigkeitshörigen und reuelosen Technokraten herauszuarbeiten.[437] Vielmehr unternimmt er auch einen auffallend komplementären Versuch am Beispiel des Kampfpiloten Claude Eatherly. Dieser hatte im August 1945 mit einem Aufklärungsflug den Atombomben-Abwurf auf Hiroshima vorbereitet. Günther Anders war auf ihn 1957 durch einen Bericht im Nachrichtenmagazin »Newsweek« aufmerksam geworden, in dem der Pilot als jemand porträtiert worden war, der unter der Last von Schuldgefühlen wiederholt delinquent geworden sei, um sich in eigener Initiative Bestrafungen zu unterziehen. Im Offenen Brief an Kennedy stilisiert Anders die Causa Eatherly im Januar 1961 dann als notwendiges Vorbild für Verantwortungsbewusstsein im Zeitalter der atomaren Aufrüstung, wenn er schreibt:

> »Eatherly ist eben nicht der Zwilling von Eichmann, sondern dessen großer und für uns tröstlicher Antipode. Nicht, der Mann, der die Maschinerie als Vorwand für Gewissenlosigkeit ausgibt, sondern umgekehrt der Mann, der die Maschinerie als furchtbare Bedrohung des Gewissens durchschaut.«[438]

436 Kerstin Putz: Günther Anders in seiner Korrespondenz. FWF-Projekt P24012 Günther Anders. Februar 2014. Auf: www.guenther-anders-gesellschaft.org/wp-content/uploads/2014/03/Projektb._GA-in-seiner-Korrespondenz_Kerstin-Putz.pdf. Zugriff: 14.02.2017. Vgl. demgegenüber noch Enzo Traverso: Auschwitz und Hiroshima: Günther Anders. In: Derselbe: Auschwitz denken. Die Intellektuellen und die Shoah. Aus dem Französischen von Helmut Dahmer. Hamburg: Hamburger Edition 2000, S. 150–180; hier: S. 153.

437 Vgl. Hannah Arendt: Eichmann in Jerusalem. A Report on the Banality of Evil. New York: Viking 1963.

438 Günther Anders an Präsident John F. Kennedy, 13.1.1961. In: Günther Anders: Hiroshima ist überall. München: Beck 1982, 322–330; hier S. 327.

Für das Handeln des US-Präsidenten im atomaren Zeitalter fasst Anders die beabsichtigte Lehre aus dem Fallbeispiel in Form einer rhetorischen Frage zusammen: »Wo und wie weit dürfen wir oder dürfen wir nicht mittun?«[439] Schon bald sollte sich allerdings herausstellen, dass sich Anders mit seiner Deutung der Person Eatherlys in rufschädigender Weise vertan hatte. Anlass für den entsprechenden Skandal war seine Korrespondenz mit diesem selbst, die auch für sich genommen in der Nähe des Offenen Briefes steht, weil Anders ihre Herausgabe von Anfang an vorgesehen hatte.[440] Eatherly wird darin dieselbe Rolle anempfohlen, in der ihn Anders schon im Brief an Kennedy sehen wollte:

> »Nachdem Du gesehen hattest, was Du angerichtet hattest, da bist Du aufgestanden, da hast Du Nein gerufen. [...] Eichmann und Du – Ihr seid die beispielhaften Figuren dieser Epoche. Und gäbe es Dich nicht als Gegenfigur zu ihm, wir hätten allen Grund, in dieser Eichmann-Zeit zu verzweifeln.«[441]

Dem »persönlichen Wunsch nach einer versöhnlichen Ausnahme, dem Wunsch nach einem Menschen, der bereut, der Sühne sucht für die Verbrechen der Moderne«, ist es dann allerdings auch geschuldet, dass Anders in Eatherly nicht den notorischen Lügner und Narzissten erkannte, der u. a. noch im Jahr 1947 dazu bereit gewesen war, als Söldner im Auftrag eines Verschwörungsnetzwerkes lieber Havanna zu bombardieren als in der historischen Bedeutungslosigkeit zu versinken.[442] Bis in die Feuilletons hinein sorgten Enthüllungen dieser Art schon bald nach der Veröffentlichung der Korrespondenz für einen »peinlichen Beigeschmack«:

> »Sie zeigt einen Mann, der, gestützt auf eine höchst dürftige Kenntnis der näheren Umstände des Falles und mit einer von vornherein fertigen Meinung dazu, sich in das Unglück eines ihm geistig weit unterlegenen Fremden hineindrängt, seinen Gewissensqualen Beifall spendet, ihm dafür säkulare Bedeutung verheißt und ihm vom ersten Wort an die Rolle zudiktiert, die nur als ganze anzunehmen oder auszuschlagen ist.«[443]

In einer problematischen, unmäeutischen Weise knüpft Anders hier zugleich an die Tradition des Lehrbriefes an. Dies zeigt sich u. a., wenn er Eatherly nahelegt, für das

439 Ebenda.

440 Vgl. Robert Jungk: Täter als Opfer. Vorwort in: Derselbe (Hrsg.): Off Limits für das Gewissen. Briefwechsel zwischen Günther Anders und Claude Eatherly. Reinbeck: Rowohlt 1961, S. 5–15; hier: S. 13.

441 Robert Jungk (Hrsg.): A. a. O. (wie Anm. 440), S. 141.

442 William Bradford Huie: Der Hiroshima-Pilot. Wien: Zsolnay 1964.

443 Dieter E. Zimmer: Der Bomberpilot von Hiroshima. Claude Eatherly oder Die Suche nach dem einen Gerechten. In: DIE ZEIT. H. 35/1964, S. 9 f.

etwaige Projekt eines späteren monografischen Lebensberichtes vorbereitend v. a. Augustinus zu lesen. Auch auf diese Weise manipuliert er seinen literarisch nicht vorgebildeten Korrespondenzpartner in die Richtung des von ihm gewünschten »Zukunftssymbols«.[444] Denn während er »für Eatherly zu einem Mentor wird, scheint es so, als würde [dies]er immer mehr mit der Stimme von Anders sprechen. Es findet eine Art fingierter Dialog statt, bei dem Anders die Stichworte liefert und der Pilot sie als seine eigene Meinung ausgibt«.[445] Im Ergebnis sind Eatherlys vermeintlich autobiografische Bekenntnisse nichts als Projektionen einer zu kurz greifenden philosophischen Zeitdiagnose.

3.3.5. *Essays*

Die Anfänge des Essays stehen in engem Zusammenhang mit der Selbstbewusstwerdung des neuzeitlichen Subjekts. In Frankreich war es Michel de Montaigne, der einen schöpferischen, sich auch in seiner eigenen Krisenhaftigkeit reflektierenden Menschen ins Zentrum des Interesses stellte. In England trat nahezu zeitgleich Fancis Bacon in die Öffentlichkeit, in dessen Werk sich ein philosophischer Fortschrittsgeist mit dem machiavellistischen Machtwillen des Renaissancepolitikers eint. Beide Autoren prägten jeweils »eine bestimmte Form des Essayistischen, die stilbildend werden sollte und die das Spektrum des Essays insgesamt ausleuchtet«.[446] Montaignes Ich-Skepsis, induktiv-offener Fragehaltung und assoziativ-sprunghafter Gedankenführung, die immer wieder auch Geschichten aus dem eigenen Erlebnisbereich aufnimmt, steht bei Bacon eine selbstgewisse Grundhaltung und Thesenbildung gegenüber, die ihre Berechtigung allein aus der Strenge der logischen Stringenz beziehen will.

Es ist zuvorderst das Verdienst des US-amerikanischen Philosophen Jay Rosenberg,[447] dass gerade die von Bacon initiierte und u. a. von Descartes, Locke und Leibniz weitergeführte Form des *Argumentierenden Essays* zum Modell einer methodisch anleitbaren Textsorte geworden ist, die sich an Schulen und im akademischen Betrieb, und zwar zunehmend auch in Deutschland, größerer Beliebtheit erfreut.[448]

444 Vgl. Georg Geiger: Der Täter und der Philosoph – Der Philosoph als Täter. Die Begegnung zwischen dem Hiroshima-Piloten Claude R. Eatherly und dem Antiatomkriegphilosophen Günther Anders. Oder: Schuld und Verantwortung im atomaren Zeitalter. Frankfurt a. M.: Lang 1991, S. 170.

445 David Johst: Die Legende vom reumütigen Piloten. In: DIE ZEIT. Nr. 32. 06.08.2015, S. 19.

446 Christian Schärf: Geschichte des Essays. Von Montaigne bis Adorno. Göttingen: Vandenhoeck & Ruprecht 1999, S. 40.

447 Vgl. Jay F. Rosenberg: Philosophieren. Ein Handbuch für Anfänger. Frankfurt a. M.: Klostermann [5]2006, S. 81–87, 135–153.

448 Vgl. Klaus Thomalla: Der argumentierende Essay. In: Julian Nida-Rümelin; Irina Spiegel; Markus Tiedemann (Hrsg.): A. a. O. (wie Anm. 16), S. 261–270.

Sichtbar ist der Einfluss Montaignes innerhalb der aktuellen Publizistik hingegen eher im feuilletonistischen als im wissenschaftlichen Bereich, obwohl sich durchaus so namhafte Philosophen wie Voltaire, Nietzsche, Adorno und Bloch dieser Richtung des sog. *Literarischen Essays* zuordnen lassen. Verantwortlich gemacht werden kann für diese marginale Bedeutung im universitären Diskurs, neben der konstitutiven Neigung zur erzählerischen Ausgestaltung, auch die bevorzugt »adamische Haltung« des Verfassers, der zu allererst »auf sich selbst und sein eigenes Empfinden achtet«.[449] Entsprechend urteilt auch Hegel über Montaignes »Essais«, dass sie »nicht zur eigentlichen Philosophie gerechnet« werden könnten, obwohl sie durchaus »Anmutiges, Geistreiches, Lehrreiches« enthalten würden.[450]

Man muss diese Betonung des Subjektiven allerdings nicht zwingend als »Naivität« geißeln, »die beim gegenwärtigen Zustand unserer Kultur nicht mehr zulässig ist«.[451] Stattdessen ist der selbstbezogene, assoziative, ins Ungewisse tastende Gestus des Literarischen Essays auch als adäquate Antwort auf das Bewusstsein einer ohnehin nur relativ und bruchstückhaft erfassbaren Welt gefeiert worden.[452] Ganz ähnlich spricht Sloterdijk vom Essay als »einem regulativen Prinzip in einer Situation, wo es gilt, überverdichtete Informationssysteme auf eine für natürliche Prozessoren [...] fassbare Darstellungsebene zu projizieren«.[453] Das »weltweit gestiegene Interesse« an dieser Textsorte ist demnach nicht zuletzt bedingt durch »das Orientierungsbedürfnis der Menschen und ihr[en] Wunsch nach eigener Positionierung« im Angesicht »einer immer komplexer werdenden Außenwelt und der drohenden Beliebigkeit von Meinungen im Zeitalter der Talkshows und Chatrooms«.[454] Die an Montaigne orientierte Essayistik trägt diesem Bedürfnis prononciert Rechnung, weil sie es dem Verfasser per definitionem ermöglicht, »Fragen, die ihm am nächsten liegen [...], je nach der Eigenart seiner Persönlichkeit [...] aus unmittelbarer Erfahrung [zu] beurteilen«,[455] wobei er zunächst alle klassischen Antworten auf sein Problem mehr oder weniger konsequent und gewissermaßen phänomenologisch ausblendet.[456]

In Essays des argumentierenden Typs spielt dieses autobiografische Moment

449 Mario Pedro Miguel Caimi: Essay als Form der Philosophie. Eichstätt: Katholische Universität Eichstätt 2001, S. 15.

450 Georg Wilhelm Friedrich Hegel: Vorlesungen über die Geschichte der Philosophie III. In: Derselbe: Werke in 20 Bänden. Frankfurt: Suhrkamp 1986, S. 16 f., 48. Vgl. dazu auch Hans-Bernhard Petermann: Philosophieren als Konzept der Lebensresignation? Leben und Philosophieren lernen mit Montaigne. In: ZDPE. H. 2/1999, S. 101–109.

451 Mario Pedro Miguel Caimi: A. a. O. (wie Anm. 449), S. 15.

452 Vgl. Max Bense: Plakatwelt. Vier Essays. Stuttgart: DVA 1952, S. 7.

453 Peter Sloterdijk: Essayismus in unserer Zeit. In: Derselbe: Medien-Zeit. Drei gegenwartsdiagnostische Versuche. Stuttgart: Cantz 1994, S. 43–64; hier: S. 57.

454 Andrea Stadter: Essayistisches Schreiben in der Sekundarstufe (I und) II. In: Landesinstitut für Erziehung und Unterricht Stuttgart (Hrsg.), Der Essay. Textgestaltung auf der Grundlage eines Dossiers. Stuttgart 2004, S. 37–48, hier: S. 38.

455 Vgl. Mario Pedro Miguel Caimi: A. a. O. (wie Anm. 449), S. 12.

456 Vgl. Gerhard Haas: Essay. Stuttgart: Metzler 1969, S. 42.

demgegenüber keine vordergründige Rolle. Allenfalls lassen sich in ihnen gewisse Denkbewegungen im Leben des jeweiligen Autors nachvollziehen, weswegen z. B. Robert Spaemann in einer Auswahl seiner »Philosophischen Essays« doch auch eine Art »philosophischer Selbstdarstellung« erkennen kann.[457] Beispiele für eine größere stilistische Lockerheit, v. a. aber für den erzählerischen Grundzug der von der Tradition des literarischen Typs geprägten Essayistik, finden sich hingegen überraschenderweise u. a. in einem Band, den Jürgen Habermas den Leistungen verschiedener Vordenker und Kollegen gewidmet hat. Darin stellt die autobiografische Erzählung über eine gemeinsame Erfahrung im ersten Semester an der Bonner Universität, mit der der Text über Karl-Otto Apel beginnt, im Werk Habermas' noch einmal eine besondere Singularität dar, die die Intensität des intellektuellen Austausches und der Freundschaft zwischen den beiden Philosophen umso erkennbarer macht.[458]

Eine geradezu programmatisch ins Spiel gebrachte, autobiografisch artikulierte Subjektivität findet sich darüber hinaus in Odo Marquardts Text »Abschied vom Prinzipiellen«, der dem gleichnamigen Essay-Band einleitend voransteht. Darin schildert er seinen eigenen philosophischen Werdegang im Hinblick auf seine Zugehörigkeit zu der von Helmut Schelsky im Jahr 1957 als Befund formulierten »skeptischen Generation«. Er entwickelt auf diese Weise aber nicht nur sein eigenes Verständnis eines Zusammenhangs zwischen philosophischer Skepsis und Hermeneutik noch einmal plastisch vor dem Hintergrund eigener Lebenserfahrungen.[459] Vielmehr zeigt er mit dem autobiografisch gesättigten Essay auch die Option einer philosophischen Untersuchungs- und Präsentationsweise auf, die diesem Zusammenhang selbst konsequent entspricht, indem sie sich jeglichen Absolutheitsanspruches systematisch verweigert. Marquardt sieht in der entsprechenden Haltung zugleich das entscheidende Moment einer zeitgemäßen Lebenskunst:

> »Hermeneutik ist die für Menschen notwendige Kunst, sich verstehend in Kontingenzen zurechtzufinden, die man festhalten und distanzieren muß, weil Wesen mit befristeter Lebenszeit sie nur begrenzt loswerden können; und der modernste Teil dieser Lebenskunst besteht – ›lesen und lesen lassen!‹ – darin, den ›absoluten Text‹, der in den hermeneutischen Bürgerkriegen (den Konfessionskriegen) tödlicher Streitfall wurde, zum ›relativen Text‹ – zum neutralen, literarischen, ästhetischen – unter anderen relativen Text zu zähmen durch Pluralisierung auch noch der

457 Vgl. Robert Spaemann: Einleitung. In: Derselbe: Philosophische Essays. Stuttgart: Reclam 1983, S. 3–18; hier: S. 3.

458 Vgl. Jürgen Habermas: Ein Baumeister mit hermeneutischem Gespür. Der Weg des Philosophen Karl-Otto Apel. In: Derselbe: Vom sinnlichen Eindruck zum symbolischen Ausdruck. Philosophische Essays. Suhrkamp: Frankfurt a. M. 1997, S. 84–97; hier: S. 84 f.

459 Vgl. auch Odo Marquard: Frage nach der Frage, auf die die Hermeneutik eine Antwort ist. In: Derselbe: Abschied vom Prinzipiellen. A. a. O. (wie Anm. 303), S. 117–146.

Lesarten, der Rezeptionsversionen: als Teilung auch noch jener Gewalten, die die Texte und Auslegungen sind, so daß ›der Kern der Hermeneutik die Skepsis und die aktuelle Form der Skepsis die Hermeneutik‹ ist. Wir müssen unsere Kontingenz ertragen: Gerade die Skepsis – und auch das in dieser Einleitung Aufgeführte – ist keine absolute Mitteilung, weil jede Philosophie in ein Leben verwickelt bleibt, das stets zu schwierig und zu kurz ist, um absolute Klarheit über sich selbst zu erreichen. ›Das Leben‹ – sagt ein Sprichwort – ›ist schwer, aber es übt‹: vor allem trainiert es – more sceptico – Zufriedenheit damit, daß es endlich ist.«[460]

Derselbe Grundzug zeigt sich – in der Theorie ebenso wie in der Praxis – auch im Werk Stanley Cavells (vgl. Kapitel 2.5.6):

»So besteht das wohl gewichtigste Interesse Cavells [...] in seiner ganz und gar ablehnenden Haltung gegenüber allen Beschreibungen von Universalität, die eine unpersönliche und vorgegebene Matrix oder Struktur voraussetzen, mit deren Hilfe wir vereint werden und durch die der Philosoph in der Lage ist, repräsentativ zu sprechen. In Cavells anti-fundamentalistischer Sicht ist die Philosophie gehalten, mit dem separaten Selbst anzufangen und aufzuhören, das heißt: mit dem Autobiographischen [...].«[461]

Bei Marquard erinnert schon der argumentative Rekurs auf die Todesproblematik an Montaigne, den er im zitierten Text auch selbst als eines der Vorbilder seiner skeptischen Hermeneutik ausweist.[462] Tatsächlich benennt dieser die Auseinandersetzung mit der eigenen Sterblichkeit bereits im Vorwort ›An den Leser‹ als eine entscheidende Motivationsquelle für das Verfassen seiner um eine authentische Selbstschilderung bemühten »Essais«.[463] Im IX. Hauptstück des Ersten Buches bringt er diesen Zusammenhang dann in Anlehnung an Cicero und unter Berufung auf verschiedene Beobachtungen im eigenen Leben auf das vielzitierte Credo »Philosophieren heißt sterben lernen«.[464] Umgekehrt dient Montaigne der Tod aber auch als beständiger Maßstab für lebenspraktische Urteile, die sich auf den Umgang mit Furcht, Verlangen und Hoffnung ebenso beziehen wie etwa auf das Erkennen von Übeln oder auf Eigenschaften, die seiner Meinung nach gute Ehefrauen ausmachen.[465]

In jüngerer Zeit ist dieses Verfahren in auffälliger Weise von Julian Barnes, dem

460 Ebenda, S. 11–27; hier: S. 20.

461 Espen Hammer; Davide Sparti: Einleitung. In: Stanley Cavell: Die Unheimlichkeit des Gewöhnlichen und andere philosophische Essays. Frankfurt a. M.: Fischer 2002, S. 7–34; hier: S. 7 f.

462 Vgl. Odo Marquardt: Abschied vom Prinzipiellen. A. a. O. (wie Anm. 303), S. 11.

463 Vgl. Michel de Montaigne: Essais. A. a. O. (wie Anm. 150), S. 29.

464 Ebenda, S. 86–103.

465 Vgl. ebenda, S. 40–48, 272–294, 830–837.

Bruder des englischen Philosophiehistorikers Jonathan Barnes, aufgegriffen und mit aller Konsequenz weiterentwickelt worden. In seinem Buch »Nichts, was man fürchten müsste« beschäftigt er sich nahezu ausschließlich mit dem Tod im Zusammenhang mit Fragen der Lebensgestaltung.[466] Dabei bedient er sich auch formal der essayistischen Vorlage Montaignes. Konkret bedeutet dies, dass bei ihm der thematische »Kern [...] unablässig umkreist wird, umstellt wird von tausend Ansichten, Wahrheiten und Erinnerungen, die miteinander konkurrieren und nur durch diese Konkurrenz eine vage Ahnung davon geben, [...] wie es wäre, zu sterben«.[467] Zugleich ist es über mehr als dreihundert Seiten hinweg gerade der permanente narrative Bezug auf eigene Lebenserinnerungen, neben persönlichen Lektüre-Eindrücken, der den Text als ein zusammenhängendes Ganzes erscheinen lässt. Im Ergebnis liegen eine ernstzunehmende Phänomenologie des Sterbens und eine lebenskunstphilosophische Reflexion über den Umgang mit dem Tod in einem über weite Strecken unterhaltsamen Stil vor.

Aus solchen Schlaglichtern auf den Essay ergibt sich der Eindruck, dass eine Fachdidaktik, die die Prinzipien einer lebensnahen Problemorientierung, eines reflexiven Umganges mit Vorurteilsstrukturen und einer Vielfalt fachphilosophischer Methoden und Denkstile ernstnimmt, den literarisch-autobiografischen Essay-Typ als Schreibform des Philosophierens im Unterricht nicht vorschnell zugunsten seines analytisch-argumentierenden Pendants vernachlässigen sollte. Tatsächlich ist dies in verschiedenen Publikationen jüngeren Datums unter der Bezeichnung des *Philosophischen Essays* aber der Fall (vgl. Näheres in Kapitel 4.3.2).

3.3.6. *Alltagserzählungen*

Bei Alltagserzählungen oder *konversationellen Erzählungen* handelt es sich um spontane mündliche Gesprächsbeiträge innerhalb der alltäglichen Kommunikation, die in Form kurzer Geschichten präsentiert werden.[468] Konstitutiv ist das autobiografische Moment hier deshalb, weil Ereignisse wiedergegeben werden, die mindestens einer der Gesprächsteilnehmer selbst erlebt hat, wobei er innerhalb der Geschichte als wesentlicher Handlungsträger, zumindest aber als ein persönlich in irgendeiner Weise betroffener Beobachter fungiert. In jedem Fall ist also der »Sprecher [...] iden-

466 Vgl. Julian Barnes: Nichts, was man fürchten müsste. Köln: Kiepenheuer & Witsch 2010.

467 Tobias Rüther: Die Geschichte des Todes in zehneinhalb Kapiteln. Rezension zu: Julian Barnes: Nichts, was man fürchten müsste. Auf: http://www.faz.net/aktuell/feuilleton/buecher/rezensionen/belletristik/julian-barnes-nichts-was-man-fuerchten-muesste-die-geschichte-des-todes-in-zehneinhalb-kapiteln-1957749-p2.html?printPagedArticle=true#pageIndex_2. Online seit: 03.04.2010. Zugriff: 27.02.2017.

468 Vgl. Harvey Sachs: Das Erzählen von Geschichten innerhalb von Unterhaltungen. In: Kölner Zeitschrift für Soziologie und Sozialpsychologie. Bd. 15 (1971), S. 307–317.

tisch mit einer in die komplexe Handlungdas Ereignis als Gegenstand der Erzählung verwickelten Person«.[469]

In der Forschung der frühen Siebzigerjahre sind solche Geschichten in Orientierung am strukturalistischen Paradigma zunächst als Abfolge von vier bis sechs Elementen beschrieben worden.[470] Demnach dient zuerst ein *Abstract* optional der Ankündigung gegenüber dem Zuhörer, dass eine monologische Unterbrechung des Gespräches in Form einer autobiografischen Erzählung folgen wird und warum diese in Bezug auf ein bestimmtes Thema als relevant erscheint. Danach gibt das obligatorische Element der *Orientierung* dem Zuhörer Anhaltspunkte zu den Personen und der konkreten Situation, in deren Zusammenhang die zu erzählende Handlung zu denken ist. Das für Erzählungen notwendige Moment des Besonderen äußert sich daraufhin im Element der *Komplikation*. Diese ist dadurch gekennzeichnet, dass bestimmte Erwartungen durchkreuzt werden, die entweder aus Plänen oder vergleichbaren Vorstellungen der erzählenden Person resultieren oder einer allgemein anerkannten Norm entsprechen. Diese Störung wird im weiteren Verlauf der erzählten Handlung in Form eines konkreten, oftmals nicht vorhersehbaren und daher pointierenden *Resultats* aufgelöst. Am Ende der Erzählung zeigen *Koda*, wenn auch nicht zwingend, die Fortsetzung der eigentlichen Konversation an. Als wiederum obligatorisch, aber mit variabler Stellung innerhalb der Erzählung im Ganzen, wird außerdem das Element der *Evaluation* beschrieben. Die entsprechende Sequenz dient dem Erzähler dazu, seine subjektiven Einschätzungen gegenüber den geschilderten Ereignissen oder auch gegenüber bestimmten, involvierten Personen zum Ausdruck zu bringen. Dabei handelt es sich oftmals um eine ganz einfache, »affektive Haltung«,[471] die sich innerhalb bestimmter Polaritäten (wie z. B. ›wünschbar‹ und ›nicht wünschbar‹ oder ›feindlich‹ und ›wohlwollend‹) bewegt.

An den beschriebenen Elementen halten neuere Studien im Prinzip fest, wobei sie allerdings eine flexiblere Anordnung der einzelnen Teile betonen und damit an die Stelle eines ursprünglich linear gedachten Modells eine relationale Struktur setzen.[472] Als besonders einflussreich erweist sich hier die Theorie der *Stegreiferzählung* des deutschen Soziologen Fritz Schütze, zumal sie der Entwicklung des sog. *Narrativen Interviews* zugrunde liegt, das innerhalb der empirischen Sozialforschung als qualitative Forschungsmethode nicht mehr wegzudenken ist. Schützes Theorie ist stark von

469 Uta M. Quasthoff: Makrostruktur und Gliederungsmerkmale in konversationellen Erzählungen. Gedanken zur Strukturbeschreibung in Texten. In: Heinrich Weber; Harald Weydt (Hrsg.): Sprachtheorie und Pragmatik. Tübingen: Niemeyer 1976, S. 291–304; hier: S. 292.

470 Vgl. William Labov; Joshua Waletzky: Erzählanalyse. Mündliche Versionen persönlicher Erfahrung. In: Jens Ihwe (Hrsg.): Literaturwissenschaft und Linguistik. Bd. 2. Frankfurt a. M.: Fischer-Athenäum 1973, S. 76–126.

471 Uta M. Quasthoff: Erzählen in Gesprächen. Linguistische Untersuchungen zu Strukturen und Funktionen am Beispiel einer Kommunikationsform des Alltags. Tübingen: Narr 1980, S. 35.

472 Vgl. ebenda.

der phänomenologisch orientierten Soziologie, dem Symbolischen Interaktionismus, der Ethnomethodologie und der Grounded Theory beeinflusst:[473]

»Diesen soziologischen Ansätzen gemeinsam [...] ist die Annahme, dass die soziale Wirklichkeit nicht außerhalb des Handelns der Gesellschaftsmitglieder ›existiert‹, sondern jeweils im Rahmen kommunikativer Interaktionen hergestellt wird. Die soziale Wirklichkeit wird nicht als etwas Statisches, sondern als ein Prozessgeschehen verstanden, das prinzipiell in jeder Interaktionssituation aufs Neue aktualisiert und ausgehandelt wird und werden muss, in einem ›ongoing social process‹. Um die soziale Wirklichkeit zu untersuchen, müssen die kommunikativen Interaktionen sinnverstehend analysiert werden. Gerade aufgrund dieses die Konstruktion betonenden Begriffs von sozialer Realität treten auch die Konstanten und Routinen der sprachlichen Verständigung besonders in den Blick dieser soziologischen Positionen.«[474]

In Schützes Forschung bedeutet das eine Wendung des Blicks von der fertigen Erzählung zu den narrativen Vorgängen ihrer Produktion. Im Ergebnis werden von ihm drei »Strukturierungszwänge« identifiziert, die bei der erzählerischen Darstellung von Sachverhalten stärker wirken als etwa bei einer beschreibenden oder argumentierenden Präsentation:

»1. *Detaillierungszwang*. Der Erzähler ist getrieben, sich an die tatsächliche Abfolge der von ihm erlebten Ereignisse zu halten und – orientiert an der Art der von ihm erlebten Verknüpfungen zwischen den Ereignissen – von der Schilderung des Ereignisses A zur Schilderung des Ereignisses B überzugehen. 2. *Gestalterschließungszwang*. Der Erzähler ist getrieben, die in der Erzählung darstellungsmäßig begonnenen kognitiven Strukturen abzuschließen. Die Abschließung beinhaltet den darstellungsmäßigen Aufbau und Abschluß von eingelagerten Strukturen, ohne die die übergeordneten kognitiven Strukturen nicht erschlossen werden könnten. 3. *Relevanzfestlegungs- und Kondensierungszwang*. Der Erzähler ist getrieben, nur das zu erzählen, was an Ereignissen als ›Ereignisknoten‹ innerhalb der zu erzählenden Geschichte relevant ist. Das setzt den Zwang voraus, Einzelereignisse und Situationen unter Gesichtspunkten der Gesamtaussage der zu erzählenden Geschichte fortlaufend zu gewichten und zu bewerten.«[475]

473 Vgl. Ivonne Küsters. Narrative Interviews. Grundlagen und Anwendungen. Wiesbaden: Verlag für Sozialwissenschaften [2]2009, S. 18.

474 Ebenda.

475 Werner Kallmeyer; Fritz Schütze: Zur Konstitution von Kommunikationsschemata der Sachverhaltsdarstellung. In: Dirk Wegner (Hrsg.): Gesprächsanalysen. Hamburg: Buske 1977, S. 188. [Hervorhebungen: V. H.]

Für Alltags- bzw. Stegreiferzählungen wirken diese Mechanismen noch einmal in besonders deutlicher Weise, weil in ihrem Fall sogar Geschichten, die zuvor bereits in einem anderen Zusammenhang erzählt worden sind, in der aktuellen Gesprächssituation spontan und unvorbereitet neu ausgestaltet werden müssen, um zum einen das Thema der vorgängigen Konversation nicht zu verfehlen und um zum anderen für den jeweiligen Gesprächspartner individuell notwendige Verstehensvoraussetzungen zu schaffen.[476] Unter diesen Maßgaben ist es nach Schützes Beobachtungen umso schwerer, den Anteil eigenen Handelns innerhalb der Geschichte zu manipulieren oder einzelne, für die eigene Person unvorteilhafte »Glieder der Ereigniskette bewusst wegzulassen, ohne inkonsistent oder unverständlich zu werden«.[477] Eben an dieser Erkenntnis setzt die Praxis des Narrativen Interviews an, indem sie Probanden zu Äußerungen in der Form von Stegreiferzählungen zu bewegen versucht und anschließend die Glaubwürdigkeit des auf diese Weise erhobenen Materials durch die Suche nach erzähllogischen Sprüngen, Widersprüchen und vergleichbaren Auffälligkeiten überprüft.

Andere Untersuchungen beziehen das Kriterium der Kohärenz nicht nur auf einzelne Stegreiferzählungen, sondern auch auf den Grad ihrer Übereinstimmung mit einer sich auf das bisherige Lebensganze erstreckenden, mental repräsentierten *Life Story*. In einer einschlägigen Studie betrachtet die US-amerikanische Linguistin Charlotte Linde dieses Konstrukt als Ergebnis beständiger Aushandlungsprozesse, die sich bevorzugt in der Hervorbringung von Alltagserzählungen und in entsprechenden Rückmeldungen des sozialen Umfeldes vollziehen.[478] Die Herstellung einer kohärenten Life Story nimmt bei Linde nicht zuletzt deshalb sehr viel Raum ein, weil sie darin den Schlüssel zu verschiedenen Funktionen erkennt, die Alltagserzählungen in lebenspraktischer Hinsicht bereitstellen können:

> »Life stories express our sense of self: who we are and how we got away. [...] we use these stories to claim or negotiate group membership and demonstrate that we are in fact worthy members of those groups, understanding and properly following their moral standards. [...] they make presuppositions about we can be taken as expected [...].«[479]

Alltagserzählungen werden von der genannten Autorin also im Zusammenhang mit der *Arbeit an der personalen Identität*, mit der *Integration in soziale Gruppen* sowie

476 Vgl. Fritz Schütze: Das narrative Interview in Interaktionsfeldstudien. Hagen: Fernuniversität 1987, S. 237. Derselbe: Zur soziologischen und linguistischen Analyse von Erzählungen. In: Internationales Jahrbuch für Wissens- und Religionssoziologie. Bd. X. Opladen: Westdeutscher Verlag 1976, S. 7–41; hier: S. 8.

477 Ivonne Küster: A. a. O. (wie Anm. 473), S. 27.

478 Vgl. Charlotte Linde: Life Stories. The Creation of Coherence. New York: Oxford University Press 1993, S. 4–17.

479 Ebenda, S. 3.

mit der *Kommunikation über Normen- und Werte-Verständnisse* gesehen. In allen drei Aufgabenfeldern zeigt sich eine deutliche Überschneidung mit Unterrichtsgegenständen der philosophisch-ethischen Fächergruppe. Weil Alltagserzählungen zugleich den elementarsten Fall der autobiografischen Narration darstellen, der außerdem unmittelbar aus der Lebenswelt bezogen werden kann und sich entsprechend auch in der Unterrichtspraxis als Modellfall anbietet, soll ihnen unter dem Gesichtspunkt der Funktionalität im nachfolgenden Teilkapitel noch detaillierter nachgegangen werden.

3.4. Basale Funktionen autobiografischen Erzählens im Alltag

3.4.1. Identitätsarbeit

In einer weiteren Ausdifferenzierung können zunächst unter dem Begriff der Identitätsarbeit verschiedene Einzelfunktionen zusammengefasst werden. Namentlich unterscheidet der Sozialpsychologe Jürgen Straub zwischen narrativen Vorgängen der *Identitätsbildung und -stabilisierung*, der *Identitätstransformation* sowie der *Identitätspräsentation*.[480]

Der diesen Wortbildungen zugrundeliegende Terminus der »Identität, der sich vom lateinischen ›idem‹ (›derselbe‹, ›dasselbe‹) ableitet«, verweist auf das Konzept einer »temporalen Strukturierung«,[481] das für Personen oder Dinge eine »Einheit und Gleichheit über die Zeit hinweg« behauptet.[482] Vor dem Hintergrund aktueller Identitätstheorien, in denen eine »Dynamik der Identitätsbildung betont wird«,[483] bestimmt Straub die entsprechende Kontinuität zuvorderst als »Selbstbewusstsein einer Person, das treffend als ›Einheit ihrer Differenzen‹ bezeichnet werden kann«.[484] Nach diesem Verständnis kommt Alltagserzählungen i. S. der identitätsbildenden und -stabilisierenden Funktion die Aufgabe zu, merkliche Veränderungen in den Denk- und Handlungsweisen sowie in der Lebensführung und in der Selbstwahrnehmung einer Person schlaglichtartig mit bestimmten Ereignissen im Lebensverlauf zu plausibili-

480 Vgl. Jürgen Straub: Geschichten erzählen, Geschichte bilden. Grundzüge einer narrativen Psychologie historischer Sinnbildung. In: Derselbe (Hrsg.): Erzählung, Identität und historisches Bewußtsein. Die psychologische Konstruktion von Zeit und Geschichte. Frankfurt a. M.: Suhrkamp 1998, S. 81–169; hier: S. 128–130.

481 Christian Klein: Erzählen und personale Identität. In: Matías Martínez (Hrsg.): Handbuch Erzählliteratur. A. a. O. (wie Anm. 319), S. 83–89; hier: S. 83.

482 Bernadette Müller: Empirische Identitätsforschung. Personale, soziale und kulturelle Dimensionen der Selbstverortung. Wiesbaden: Springer 2011, S. 19 f.

483 Christian Klein: Erzählen und personale Identität. A. a. O. (wie Anm. 481), S. 83.

484 Jürgen Straub: Personale Identität. In: Derselbe; Joachim Renn (Hrsg.): Transitorische Identität. Der Prozesscharakter des modernen Selbst. Frankfurt a. M.: Campus 2002, S. 85–113; hier: S. 94.

sieren und sie so als Bestandteile eines kontinuierlichen persönlichen Entwicklungsprozesses zu verdeutlichen.

Dabei darf die kausale Abhängigkeit von äußeren Einflüssen offenbar weder zu ›dünn‹ noch zu ›dick‹ konstruiert sein, denn im ersten Fall würde das Leben der erzählenden Person als bloße Zufallsentwicklung erscheinen, während der Sprecher andernfalls seine Existenz in der Konsequenz deterministisch beurteilen müsste.[485] Nach den von Linde erhobenen empirischen Befunden (vgl. Kapitel 3.3.6) steuern Alltagserzählungen beiden Gefahren entgegen, indem sie eine gewisse Konstanz bestimmter persönlicher Orientierungen betonen. Sprecher greifen zu diesem Zweck bevorzugt auf vier Narrationsstrategien zurück, die die genannte Autorin am Beispiel beruflicher Neuorientierungen aufzeigt. Eine aktuelle Berufswahl erscheint demnach als umso besser begründet, (1) je plausibler sie mit grundlegenden Merkmalen und Fähigkeiten übereinstimmt, die einer Person zugeschrieben werden können (*establishing adequate causality via character*), (2) je weiter sich die Entscheidung für den Beruf in die Vergangenheit zurückverfolgen lässt (*temporal depth*), (3) je mehr einzelne Episoden im bisherigen Leben in die entsprechende Richtung vorverweisen (*richness of accounts*) und (4) je widerspruchsfreier sich die primär angeführten Gründe für die Berufswahl auf ein System von grundlegenden persönlichen Einstellungen zurückführen lassen (*reasons for reasons*).[486]

Vor diesem Hintergrund realisiert sich die identitätsbildende und -stabilisierende Funktion von Alltagserzählungen nicht zuletzt darin, dass sich Personen vor sich selbst und vor ihren Interaktionspartnern auch immer wieder »mit bestimmten *Wünschen, Zielen* oder Überzeugungen identifizieren«.[487] Zugleich werden diese aber der Option einer kritischen Überprüfung ausgesetzt, um sie in einem mehr oder weniger widerspruchsfreien System zu halten, in dem sie sich wechselseitig stützen.[488] Tim Henning weist in seiner philosophischen Untersuchung entsprechend darauf hin, dass Rezipienten von Alltagserzählungen anhand des dargestellten Handlungsverlaufes intuitive Rückschlüsse auf die dahinterstehenden Einstellungen des Sprechers ziehen und diese mit ihrem bisherigen Wissen über dessen Person abgleichen, wobei wahrgenommene Diskrepanzen, so wie im nachfolgend zitierten Beispiel, in der Form »kritische[r] Seit-Wann-Fragen« kommuniziert werden:

> »Angenommen, zwei alte Freunde, A und B, treffen sich nach längerer Zeit wieder. A erzählt B von einer neuen Beziehung, die ihn sehr glücklich macht. Im Zuge der Unterhaltung verstärkt sich jedoch Bs Eindruck, dass A für sein Glück einen hohen

485 Vgl. Charlotte Linde: A. a. O. (wie Anm. 478), S. 128.

486 Vgl. ebenda, S. 129–139.

487 Tim Henning: A. a. O. (wie Anm. 148), S. 32. [Hervorhebung im Original.]

488 Vgl. ebenda, S. 90.

> Preis zahlt. Er hat offensichtlich vieles in seinem Leben geändert, und es erscheint B so, als sei dies allein seiner neuen Lebensgefährtin zuliebe geschehen. Kaum eines der Themen, über das A und B früher leidenschaftlich diskutieren konnten, scheint jetzt noch einen echten Platz im Denken und Leben As zu finden. Und je länger sie reden, desto mehr fallen B Veränderungen auf, die er nicht mit seinem Bild von seinem Freund in Verbindung bringen kann. Irgendwann erzählt A, dass er und seine Partnerin ein Haus gekauft haben, in dem sie eine Familie gründen wollen, und dass er sich dazu aus Platzgründen von seiner Plattensammlung trennen muss. Er beteuert aber, dass ihm ohnehin nicht viel an den alten Platten liege. Schließlich erzählt er B noch, dass er seinen Job kündigen wolle und stattdessen eine Arbeit mit mehr Sicherheit und geregelten Arbeitszeiten suche. Hier kann B schließlich nicht mehr an sich halten und fragt: ›Seit wann gefällt dir dein Job nicht mehr? Du hast ihn doch immer geliebt! Und seit wann bitteschön liegt dir nichts mehr an deinen Platten, und wieso träumst du plötzlich von Kindern und einem Haus? Ich verstehe das einfach nicht.‹«

Wenn ein Mensch auf diese Weise hinterfragt wird, sieht er sich unter dem Zwang, sich als nach wie vor intakte, authentische Persönlichkeit zu rechtfertigen, indem er eine explizitere »Geschichte seiner Einstellungen« präsentiert.[489] Zur Illustration setzt Henning das obige Beispiel mit der möglichen Entgegnung der zur Rede gestellten Person A fort:

> »Also, ich habe eigentlich schon immer davon geträumt, einmal eine Familie zu haben. Habe ich nicht oft davon gesprochen? Und was meinen Job anbelangt: Ich habe nicht aufgehört, ihn zu lieben. Aber das Zusammensein mit meiner Freundin hat mir gezeigt, dass er zu viele Opfer erfordert. Deshalb habe ich schon vor einiger Zeit beschlossen, lieber auf ihn zu verzichten als auf alles andere. Und schließlich zu meinen Platten: Du merkst ja selber, dass sich einiges in meinem Leben verändert hat, und die Musik gehört mittlerweile einfach zu einem anderen Lebensabschnitt. Ich musste irgendwann feststellen, dass sie mir nicht mehr wirklich etwas bedeutet. Und bevor die Platten zu Staubfängern verkommen, mit denen mich nur noch Sentimentalität verbindet, verkaufe ich sie lieber jemandem, der sie wirklich wertschätzt.«[490]

Offensichtlich kann der Sprecher im funktionalen Modus der narrativen Identitätsstabilisierung also zugleich bestrebt sein, die relative Konstanz bestimmter Einstellungen zu betonen und unleugbare Veränderungen in diesem System als Prozesse nachvoll-

489 Vgl. ebenda, S. 20.
490 Ebenda.

ziehbar zu machen, die auf eigene Reflexionsleistungen zurückgehen oder von ihnen zumindest maßgeblich begleitet sind. Eine demgegenüber noch etwas differenziertere Aufstellung identitätsstabilisierender Strategien ergibt sich bei Linde abermals aus der Untersuchung von Alltagserzählungen, die berufliche Neuorientierungen thematisieren:

> »*Strategy of Apparent Break:* A later profession might seem very different from an earlier one, but the speaker shows, that they have characteristics in common that allow us to see their sequence as continuous. […] *Strategy of Temporary Discontinuity:* […] to show that the discontinuity is not fundamentally real, since it represents only a temporary break in interests or activities. For example, a second career may be shown to be a result of an early interest that was abandoned for a while and then resumed. […] *Strategy of Discontinuity as Sequence:* Even [profession] A is very different from B or is something that the speaker now rejects, the fact that it can be seen as leading to B or developing into B makes the sequence coherent. […] *Strategy of Self-distancing:* […] The speaker says, […] ‹I am a different person from this person who was involved in the initial profession'. In a first-person narrative, some degree of distancing necessarily exists between the narrator and the protagonist. […] *Strategy of Discontinuity as Meta-continuity:* In effect, the speaker using this strategy affirms: ‹Discontinuity is my continuity'. […] *Discontinuity without Account:* […] some narratives discuss discontinuity itself, without finding an immediate way to manage it acceptably. However, this failure itself is criticized, thus indicating that the speaker recognizes it as problematic – as a less than desirable way of presenting a life story."[491]

Identitätsstabilisierende Effekte erkennt die zitierte Autorin desweiteren im Erzählen vor dem Hintergrund eines »coherence systems«. Darunter versteht sie in diskursanalytischer Perspektive Erklärungs- und Überzeugungssysteme, die jeweils einer speziellen Logik folgen und sich auf einer mittleren Komplexitätsstufe zwischen »common sense« und »expert systems« befinden. Namentlich identifiziert Linde in dem von ihr analysierten Text-Pool Rekurse auf die Psychologie Freuds und den Behaviorismus sowie auf Astrologie, Feminismus und Katholizismus. So findet sich z. B. im Fall der freudianischen Theorie die spezifische Option zur Erzählung einer – trotz auffälliger Verwerfungen – in sich stimmigen Lebensgeschichte in der Grundthese einer Aufspaltung der Persönlichkeit in verschiedene, einander mehr oder weniger zwangsläufig widerstreitende Instanzen.[492]

Innerhalb dieser Aufzählung tangieren insbesondere die Strategien der narrativen

491 Charlotte Linde: A. a. O. (wie Anm. 478), S. 152–162. [Hervorhebungen: V. H.]

492 Vgl. ebenda, S. 163–183.

Selbstdistanzierung und der Feststellung einer nicht weiter vermittelbaren Diskontinuität den Bereich der Identitätstransformation. Gemeint sind damit alltagsnarrative Formen der Bewältigung »individuelle[r] Sinnkrisen«, welche die persönliche Identität einer Person in kritischer Weise in Frage stellen und dadurch eine bestimmte Aufgabe an sie herantragen:[493]

> „Die Person muss demnach prüfen, ob sie noch dieselbe ist, was sich möglicherweise geändert hat, ob sie diese Änderung als Teil ihrer neuen persönlichen Identität akzeptieren will und wie sie ihre neue Identität nach außen vertreten und darstellen will«.[494]

Im Anschluss an diese Frage kann die betroffene Person ihr gegenwärtiges Selbstverständnis in eine revidierte, in neuer Weise kohärente Form bringen, indem sie eine alternative Lebensgeschichte produziert, wobei sie anderen Ereignissen als bisher einen zentralen Stellenwert im Lebensverlauf beimisst und bei deren Verknüpfung ggf. auch auf ein anderes Handlungsschema zurückgreift.[495] (Vgl. Kapitel 3.1.2.) So ist z. B. das regressive Muster eines immer offensichtlicheren Leistungsversagens auf dem Bildungsweg einer Person durch die Stabilitätserzählung eines permanenten Aufbegehrens gegen gesellschaftlich eingeforderte Erwartungshaltungen ersetzbar, wenn es gelingt, hinreichend viele Ereignisse ausfindig zu machen, bei denen die unzureichenden Noten mit deviantem Verhalten einhergingen. Alltagserzählungen dienen in diesem Zusammenhang dazu, solche Umdeutungsleistungen im sozialen Umfeld zu kommunizieren und sie damit einem Akzeptanztest zu unterziehen, der allerdings u. U. auch brisant ausfallen kann:

> »Ob bestimmte Dinge in eine Erzählung aufgenommen oder aus ihr ausgeschieden werden, ist nicht bloße Geschmackssache. Eine nur willkürliche oder kapriziöse Auswahl von Ereignissen aus einem großen Vorrat oder Repertoire an Fakten wird nichts für niemanden sinnvoll machen. An diesem Punkt sehen wir jedoch allmählich echte Probleme. [...] [Diese bestehen darin], daß möglicherweise Einigkeit über die Tatsachen besteht, während man uneinig ist darüber, was für wen Sinn hat. Ist ein Zeitabschnitt oder ein Ablauf von Ereignissen gegeben, werden bei verschie-

493 Hans-Peter Frey; Karl Haußer: Entwicklungslinien sozialwissenschaftlicher Identitätsforschung. In: Dieselben: Identität. Entwicklung psychologischer und soziologischer Forschung. Stuttgart: Enke [7]1987, S. 3–26; hier: 12 f.

494 Ebenda, S. 13.

495 Vgl. hierzu auch zahlreiche psychologische Publikationen – u. a. von Beate Wilken: Methoden der Kognitiven Umstrukturierung. Stuttgart: Kohlhammer [4]2008. Hilarion G. Petzold: Lebensgeschichte erzählen. Biographiearbeit – Narrative Therapie – Identität. Paderborn: Junfermann 2003. Konrad Peter Grossmann: Der Fluss des Erzählens. Narrative Formen der Therapie. Heidelberg: Auer [2]2003. Aaron T. Beck: Kognitive Therapie der Depression. Weinheim/Basel: Beltz [2]2001, S. 206–208.

> denen Hörern ganz unterschiedliche Erzählungen der Sache Sinn geben, und hier kommt vielleicht nicht nur eine Meinungsverschiedenheit ins Spiel, sondern ein regelrechter Konflikt, einerlei, ob es dabei um eine Sache von enormer öffentlicher Bedeutung geht [...] oder um etwas am allgemeinen Maßstab gemessen Winziges wie z. B. die Zerrüttung einer Ehe.«[496]

Eine Identitätstransformation ist demnach erst dann erfolgreich abgeschlossen, wenn der Sprecher sie in einer Vielzahl von Alltagserzählungen gegenüber mehr oder weniger allen relevanten Kennern der eigenen Person plausibilisieren konnte. Die am Anfang dieses Unterkapitels unter dem Begriff der Identitätsarbeit mitgenannte Identitätspräsentation erweist sich hier als notwendige Voraussetzung eines komplexeren Aushandlungsprozesses. Konkret arbeitet Quasthoff auf empirischer Basis drei verschiedene Strategien der entsprechenden Selbstdarstellungsfunktion in Alltagserzählungen heraus:

> »(1) Die Erzählung [...] kann der Gefahr von Mißverständnissen begegnen, die in der Interpretationsbedürftigkeit des Verhaltens liegt. Sie kann diese Interpretationen nämlich selbst in Form von expliziten Kommentaren oder Evaluationen liefern. [...] (2) Die Erzählung [...] kann die Übertragung des Selbstbildes um die Charaktereigenschaften ergänzen, die man im Alltag der Interaktion kaum unter Beweis stellen kann. Für das Selbstbild des todesmutigen Helden müssen eben Erzählungen über Kriegserlebnisse herhalten, in denen das todesmutige Verhalten stellvertretend für die faktische Interaktion vorgeführt wird, damit sich der Zuhörer das entsprechende Bild vom Erzähler bilde. (3) Die Erzählung [...] kann das schmeichelhafte Selbstbild vermitteln, das im faktischen Verhalten schlecht zu übertragen ist, weil das faktische Verhalten ihm eigentlich widerspricht. Die Verbalisation von eigenem Verhalten kann – im Unterschied zum faktischen eigenen Verhalten selbst – dieses Verhalten korrigieren, ungeschehen machen, verändern [...].«[497]

3.4.2. Soziale Integration

Neben dem Aufgabenfeld der Identitätsarbeit wurden weiter oben bereits soziale Integrationsprozesse und Verständigungen über Normen- und Wertvorstellungen als weitere Funktionsbereiche von Alltagserzählungen ausgewiesen. Sie lassen sich ebenfalls im Rückgriff auf Ergebnisse der soeben zitierten Autorin konkretisieren,

496 Bernard Williams: Wahrheit und Wahrhaftigkeit. Aus dem Amerikanischen von Joachim Schulte. Frankfurt a. M.: Suhrkamp 2003, S. 316.

497 Uta M. Quasthoff: Erzählen in Gesprächen. A. a. O. (wie Anm. 471), S. 153 f.

wobei diese die einzelnen Funktionen in Orientierung an einem soziolinguistischen Modell allerdings anders gruppiert. Entsprechend unterscheidet sie zwischen *kommunikativen* und *interaktiven Funktionen* von Erzählungen und differenziert in der zuerst genannten Kategorie noch einmal zwischen *primär sprecherorientierten* und *primär hörerorientierten Funktionen*, wobei sie aber betont, dass in konversationell eingebetteten Erzählungen i. d. R. verschiedene Funktionen gleichzeitig realisiert werden.[498]

Dem Aufgabenbereich der sozialen Integration kann aus den Befunden Quasthoffs zunächst die Funktion der *Belustigung und Unterhaltung* zugeordnet werden, die bevorzugt in »Situationen des geselligen Beisammenseins« vorkommt. Dabei werden über den gemeinsamen Erlebnischarakter hinaus in solchen Szenarien u. U. auch soziale Rangfolgen etabliert oder gefestigt, denn die einzelnen Teilnehmer an entsprechenden Konversationen konkurrieren in ihren Versuchen, jeweils ihre eigenen autobiografischen Geschichten zu produzieren, um die Aufmerksamkeit und Resonanz innerhalb der Gruppe im Ganzen.[499] Ferner können Erzählungen innerhalb der Alltagskonversation eine sozial bedeutsame *Erklärungsfunktion* übernehmen:

> »[Dies ist der Fall,] wenn ein Sprecher [...] mit mindestens zwei Gesprächspartnern eine Anspielung – meist in witzig-pointierter Form – macht, die nur aus der Kenntnis eines bestimmten Ereignisses heraus verstehbar ist. Wenn einer der Gesprächspartner dieses Ereignis nicht kennen kann und damit auch in der Antizipation des Sprechers das Verständnis der Anspielung systematisch ausgeschlossen ist, so verlangen die Regeln für ein nicht repressives Gesprächsverhalten, daß dann die Voraussetzung zum Verständnis der Anspielung, also die Kenntnis des zugrundeliegenden Ereignisses, von demjenigen, der die Anspielung geäußert hat, unaufgefordert gesichert wird.«[500]

Das gegenteilige Verhalten ist u. a. auch die wesentliche Voraussetzung für eine aggressiv-feindselige Variante der Ironie.[501] Sozial integrativ wirken autobiografische Erzählungen im Alltag darüber hinaus aber noch auf zwei weitere Weisen. Zum einen können sie im Hörer aufgrund der oft vergleichsweise intimen Informationen über die Person des Sprechers ein exklusives Gefühl von Nähe und Vertrauen herstellen. Zum anderen können sie »der Besinnung auf das Gemeinsame vergangener und heutiger

498 Vgl. ebenda, S. 146–148.

499 Vgl. ebenda, S. 159.

500 Ebenda, S. 168.

501 Vgl. Norbert Groeben; Brigitte Scheele (Hrsg.): Produktion und Rezeption von Ironie. Tübingen: Narr ^{2}1985. Bd. I, S. 244.

Tage dienen und damit zur Traditionsbildung beitragen«,[502] »indem sie bestehende soziale Gruppen sinnstiftend darstellen und diese legitimieren«.[503]

3.4.3. Moralische Kommunikation

Über diesen Bereich der sozialen Integration i. e. S. hinaus dienen Alltagserzählungen, wie Erzählungen überhaupt, desweiteren der Normeinübung und -reflexion.[504] Sie realisieren diese Funktion bevorzugt durch die Präsentation von Folgen einer Regeleinhaltung bzw. -verletzung als Elemente innerhalb der Geschichte sowie durch zusätzliche Bewertungen in Form von Erzähler-Kommentaren. Dabei werden gelegentlich auch die entsprechenden Verhaltensentscheidungen auf der Basis verschiedener Handlungsalternativen mitthematisiert. In beiden Fällen beruht »die normvermittelnde Wirkung exemplarischen Erzählens wesentlich auf Prozessen des sozialen Lernens oder Lernens am Modell« i. S. Banduras, wonach »eine Person durch die Beobachtung des Verhaltens anderer und der Folgen dieses Verhaltens [...] selbst bestimmte Verhaltensdispositionen, Fertigkeiten oder Einstellungen erwirbt.«[505]

Linde sieht darüber hinaus das Potenzial einer moralischen Kommunikation in der Alltagsnarration v. a. in der Stabilisierung von Verhaltenserwartungen des Hörers gegenüber der erzählenden Person (vgl. Kapitel 3.3.6), die mit Quasthoff als Effekt einer – über den engeren moralischen Bereich hinausgehenden – informativen Funktion gedeutet werden kann,[506] welche letztlich allen erzählenden Textsorten zu eigen ist.[507] Mit Quasthoff lässt sich aber auch noch eine weitere Funktionen erschließen, die die Autorin selbst als »Belegfunktion« bezeichnet. Sie charakterisiert diese sowohl als Mittel zur Realisierung persönlicher moralischer Rechtfertigungen des autobiografischen Erzählers als auch als persuasives Instrument, das mitunter gezielt verwendet wird, um »den Hörer zu einer bestimmten affektiven Einstellung und – als Folge davon – zu einer bestimmten Entscheidung/Handlung zu bewegen«.[508] Quasthoff demonstriert diese Funktion im Rückgriff auf das – sich auch im Philosophie- und Ethikunterricht einer gewissen Beliebtheit erfreuenden – Toulmin-Sche-

502 Jürgen Straub: A. a. O. (wie Anm. 480), S. 129.

503 Barbara Schaff: Erzählen und kollektive Identität. In: Matías Martínez (Hrsg.): A. a. O. (wie Anm. 319), S. 89–97; hier: S. 90.

504 Vgl. Klaus Kanzog: Erzählstrategie. Eine Einführung in die Normeinübung des Erzählens. Heidelberg: Quelle und Meyer 1976.

505 Michael Richter: Erzählen und Moral. In: Matías Martínez (Hrsg.): A. a. O. (wie Anm. 319), S. 102–105; hier: S. 103. Vgl. Albert Bandura: Lernen am Modell. Ansätze zu einer sozial-kognitiven Lerntheorie. Stuttgart: Klett 1976.

506 Vgl. Uta Quasthoff: Erzählen in Gesprächen. A. a. O. (wie Anm. 471), S. 156–158.

507 Vgl. Susanne Kaul: Erzählen als Erkenntnisform. In: Matías Martínez (Hrsg.): A. a. O. (wie Anm. 319), S. 97–102.

508 Uta Quasthoff: Erzählen in Gesprächen. A. a. O. (wie Anm. 471), S. Ebenda, S. 163.

ma.[509] Alltagserzählungen dienen nach dieser Logik v. a. der Einfügung einer weiteren Stützung der Position ›Data‹ und beanspruchen insofern für behauptete Fakten, aus denen unter Anwendung einer Schlussregel eine bestimmte Folgerung – wie etwa die moralische Begründung einer bestimmten Handlung – gezogen werden kann, eine besondere, zusätzliche Glaubwürdigkeit i. S. des »Augenzeugenprinzips«.[510]

3.4.4. Psychische Funktionen

Nun bleibt Quasthoffs Analyse allerdings nicht bei dem Nachweis identitätsrelevanter, sozial integrativer und moraldiskursiver Funktionen stehen. Ihre Befunde legen vielmehr nahe, dass Alltagserzählungen noch für ein weiteres Aufgabenfeld relevant sind, das in einer *psychischen* bzw. *kommunikativen Entlastung* der Person des Sprechers besteht. Beide Funktionen haben in der Interpretation Quasthoffs gemeinsam, dass sie sich auf Erlebnisse beziehen, die für den Sprecher stark affektiv besetzt sind. Sie unterscheiden sich aber sowohl im Grad als auch in der Dauer der emotionalen Erschütterung voneinander. Entsprechend kommt die psychische Entlastungsfunktion nur bei Erlebnissen von beträchtlicher Wirkungstiefe zum Tragen, die ein vergleichsweise großes Maß an »Gefahr, Schock, Wut oder Enttäuschung einschließen«. Eine Alltagserzählung kann in diesem Kontext dann als gelungener Abschluss angesehen werden, wenn sie als »Aneignungsprozess« fungiert, der solchen Ereignissen als Teil des eigenen Lebens ganz i. S. Diltheys einen gewissen ›Sinn‹ verleiht« (vgl. Kapitel 2.3.1). Ereignisse, die kleinere, spontane Verstimmungen auslösen, werden demgegenüber kommunikativ in der Weise zu entlasten versucht, dass sie der Sprecher durch Verbalisierung kurzerhand wieder ›loswerden‹ will.[511]

Straub differenziert diesen Bereich der psychischen Funktionen unter Einbezug entsprechender Standardliteratur weiter aus.[512] Dabei schließt zunächst der *Selbstschutz* unmittelbar an die Strategie der moralischen Selbstrechtfertigung an bzw. realisiert sich durch diese, sofern sie auf »die (explizite oder implizite) Zurückweisung von schuldhafter Verstrickung und Verantwortung« hinausläuft. Eng damit verbunden sind *Selbstidealisierungen*, die oft komplementär zur pauschalen Schuldzuweisung an andere Personen oder deren Erniedrigung realisiert werden. Dies kann zugleich auf eine *Abfuhr von Aggressionen* hinauslaufen. Eine Form der psychischen Selbstregula-

509 Vgl. u. a. Volker Pfeifer: Didaktik des Ethikunterrichts. Bausteine einer integrativen Wertevermittlung. Stuttgart: Kohlhammer ²2009, S. 188 f. Klaus Goergen: Argumentationsschulung. In: Julian Nida-Rümelin; Irina Spiegel; Markus Tiedemann: A. a. O. (wie Anm. 16), S. 214–223; hier: S. 218 f.

510 Vgl. Uta Quasthoff: Erzählen in Gesprächen. A. a. O. (wie Anm. 471), S. 161 f.

511 Vgl. ebenda, S. 149 f.

512 Vgl. ff. Jürgen Straub: A. a. O. (wie Anm. 480), S. 138–142. Vgl. u. a. auch Gabriele Rosenthal: Erzählte und erlebte Lebensgeschichte. Gestalt und Struktur biografischer Selbstbeschreibungen. Frankfurt a. M.: Campus 1995.

tion, die dieser Art der Bewertung entgegengesetzt ist, besteht in der »*Entlastung des Gewissens* durch geständnisartige Bekenntnisse«; mit Blick auf die breite, mit Augustinus beginnende Tradition der autobiografischen Bekenntnisliteratur (vgl. Kapitel 2.2.1) tritt hier der elementare Charakter der Alltagserzählung besonders deutlich zutage.

Darüber hinaus kann autobiografisches Erzählen in verschiedenen Weisen auch zu einer *Angstverarbeitung bzw. Angstreduktion* beitragen. So kann sich eine Person u. a. »durch eine nostalgische oder schwärmerische Hinwendung zur Vergangenheit« über Nöte der Gegenwart hinwegtrösten. Zudem kann sie mit Angst behaftete Ereignisse im wiederholten Erzählvorgang in neue Zusammenhänge stellen und auf diese Weise relativieren oder positiv umdeuten. Dabei geht von der Erzähltätigkeit selbst bereits oft schon eine befreiende Wirkung aus, indem sich die Person – als ›Erzähler‹ oder ›Regisseur‹ – in einer neuen, aktiveren und souveräneren Haltung gegenüber der eigenen Geschichte erlebt und auf diese Weise mit Widerfahrnissen besser umgehen kann, die ursprünglich mit dem Gefühl eines passiven Ausgeliefertseins einhergingen. Neben solchen Reorganisationsleistungen wird aber auch der narrativen »Tabuisierung und Ausgrenzung« eines Ereignisses eine mitunter *heilende Wirkung* zugesprochen, und zwar dann, wenn von ihm eine schwere Traumatisierung ausging, die sich »(lange Zeit) nicht erzählerisch verarbeiten und integrieren« lassen würde.

Wie die Psychoanalytikerin Brigitte Boothe sieht auch Straub einige dieser Effekte in einem engen Zusammenhang mit der Erzeugung von Gefühlen der *Stabilität und Sicherheit*. Narrationen dienen bei dieser Funktion dazu, belastende Episoden zu ›externalisieren‹, um sie von einem sicheren Standpunkt aus neu zu begreifen und dabei auch Emotionen produktiv zu kanalisieren:

> »[...] die emotionalen Motive werden in einem äußeren Geschehen platziert und dort als konfliktäres Geschehen organisiert. Dieses äußere Geschehen ist als im interpunktierbaren Ablauf eingeschlossen überschaubar. Der Erzähler erreicht so Kontrolle durch Überblick. Diese Kontrolle entspricht aber keineswegs einer emotionalen Dämpfung. Im Gegenteil, der Erzählvorgang selbst mobilisiert, entfesselt Emotionalität als Beteiligung an einem präsentischen Geschehen.«[513]

Narrationen können jedoch nicht nur der Verarbeitung negativer Erlebnisse, sondern auch der *Wunscherfüllung* dienen. In dieser Hinsicht folgt die zitierte Analyse ebenfalls ganz der klassischen psychoanalytischen Theorie:

> »Stets geht es [...] um Modellierungen von Erlebnissen und Erfahrungen im Sinne des Lustprinzips (das also auch in der Erzählung die Oberhand über das Realitäts-

513 Brigitte Boothe: Der Patient als Erzähler in der Psychotherapie. Göttingen: Vandenhoeck & Ruprecht 1994, S. 51.

> und Rationalitätsprinzip sowie das Moralprinzip gewinnen kann – was tatsächlich häufig der Fall ist, so daß das Es auch in der narrativen Welt über das Ich und das Über-Ich triumphiert). Demgemäß hat man es mit Erzählungen zu tun, die, in der einen oder anderen Weise, das Gewesene in Richtung des (ehemals und/oder heute) Ersehnten und Begehrten präsentieren.«[514]

Dabei berücksichtigt Straub neben der retrospektiven Ausrichtung autobiografischen Denkens auch die Option gegenwärtiger Wunscherfüllung in einer prospektiven Dimension, wobei sich letztere als unabdingbar für eine planvolle Lebensführung überhaupt erweist:

> »Die Wunscherfüllungstendenz ist nicht nur im Hinblick auf das Vergangene und vielleicht Versäumte wirksam, sondern selbstverständlich auch in der Erwartung der Zukunft. Die […] Erzählung mag dazu dienen, Hoffnung zu gewinnen und utopische Horizonte auszumalen, Interesse und Motivation zu wecken oder zu steigern.«[515]

Zuletzt erkennt Straub eine psychische Funktion autobiografischer Narrationen auch in Prozessen der *kognitiven Kontingenzverarbeitung*. Anders als Linde, nach deren Auffassung die Herstellung kohärenter autobiografischer Geschichten v. a. zur Aufrechterhaltung des Gefühls der Handlungsautonomie einer Person beiträgt, sieht er ein besonderes Potenzial von Narrationen hier aber darin, zur »Erkennung sowie der Anerkennung und psychischen Integration von Kontingenz« beizutragen, d. h. dabei zu helfen, »mit dem als Heteronomie aufgefaßten Zufall […] zu leben«.[516] Während Linde damit einem Verständnis des Autobiografischen folgt, das Thomä unter den Begriffen der Selbstfindung bzw. Selbsterfindung charakterisiert, lässt sich Straubs Verständnis eher dem Konzept der sog. Selbstliebe zuordnen (vgl. Kapitel 2.3). Im nachfolgenden Kapitel, in dem es zunächst um die Frage nach entwicklungspsychologischen Voraussetzungen für die Arbeit mit und an autobiografischen Erzählungen im Unterricht der philosophischen Fächergruppe geht, werden diese divergierenden Interpretationsweisen von Lebensgeschichten noch einmal eine Rolle spielen, weil sie verschiedenen Typen des *Geschichtsbewusstseins* bzw. des *Autobiografischen Bewusstseins* zugeordnet werden können.

514 Jürgen Straub: A. a. O. (wie Anm. 480), S. 141.

515 Ebenda, S. 141 f.

516 Ebenda, S. 142.

4. Autobiografisches Erzählen und Philosophieren im Unterricht

4.1. Entwicklungspsychologische Voraussetzungen

Eine Unterrichtspraxis, in der die Rezeption fremder und die Hervorbringung eigener autobiografischer Erzählungen der Schülerinnen und Schüler zum Ausgangspunkt bzw. zum Operationsmodus des Philosophierens gemacht wird, ist an bestimmte entwicklungspsychologische Voraussetzungen gebunden. Die wesentlichsten dieser Bedingungen lassen sich in den Konstrukten der *Erzählkompetenz*, des *Autobiografischen Gedächtnisses* und des *Autobiografischen Bewusstseins* erfassen, wobei letzteres in Analogie zu bestehenden Studien zum sog. *Geschichtsbewusstsein* beschrieben werden kann.

4.1.1. Erzählkompetenz

Erste Überlegungen zur Entwicklung der Fähigkeit des Erzählens gehen auf die 1920er Jahre und namentlich auf Jean Piaget zurück, der sich auf die Untersuchung grundlegender sozial-kognitiver Aspekte konzentriert hatte.[517] Inzwischen weiß man, »dass Erzählkompetenz nicht nur eine Vielzahl an sprachlichen und kognitiven Fähigkeiten inkorporiert und voraussetzt, sondern auch bezüglich der Entwicklung in einem fast unentwirrbaren Bedingungsgefüge befangen ist«.[518] Dieser Problematik begegnen jüngere Untersuchungen mit »einem schematheoretischen Ansatz [...], zu dem sich interaktiv-pragmatische Konzepte gesellten«.[519] In der zuerst genannten Perspektive geht es um die Aneignung spezifischer Strukturmerkmale von Erzählungen, wie sie u. a. von Labov und Waletzky beschrieben worden sind.[520] (Vgl. Kapitel 3.3.6.) Die

517 Vgl. Jean Piaget: Sprechen und Denken des Kindes [1923]. Düsseldorf: Schwann 1972.

518 Tabea Becker: Erzählkompetenz. In: Matías Martínez (Hrsg.): Handbuch Erzählliteratur. A. a. O. (wie Anm. 319), S. 58–63; hier: S. 58.

519 Ebenda.

520 Vgl. z. B. Elinor Ochs; Lisa Capps: Living Narrative. Cambridge: Harvard University Press 2001.

zweite Perspektive fragt ergänzend danach, wie sehr und mit welchen Strategien es Erzählern verschiedenen Alters gelingt, eine Geschichte für Zuhörer oder Leser nachvollziehbar zu gestalten, im Ganzen als relevant zu markieren, im Verlauf spannend zu halten und kohärent in den jeweiligen kommunikativen Kontext einzubetten.[521] Beide Lernprozesse lassen sich im Anschluss an entsprechende Studien in einem Kontinuum beschreiben, dessen End- und Anfangspunkt v. a. durch folgende Dichotomien charaktierisiert werden kann:

> »[...] monologisch – dialogisch, kohäsiv/kohärent – inkohärent, erzählwürdig – wenig erzählwürdig, oral – literal, affektiv/wertend – affekt-/wertungslos. [...] An dem der idealtypischen Erzählung gegenüber liegenden Ende wäre dann eine Erzählung, die folgendermaßen charakterisierbar ist: in der Mündlichkeit verhaftet, von mehreren Erzählern kokonstruiert, ohne Abgrenzung zum Diskurs, ohne kausale oder temporale Organisation, ohne erzählwürdiges Ereignis und ohne klare Wertungen.«[522]

Im statistischen Mittel lassen sich wesentliche Etappen dieser Entfaltung der Erzählkompetenz jeweils bestimmten Lebensjahren zuordnen, wobei im Einzelfall jedoch eine deutliche Abhängigkeit von schichtspezifischen Praktiken des Nacherzählens alltäglicher Erlebnisse und der Rezeption fiktionaler Erzählungen besteht.[523] Bei einer Zusammenschau der Forschungsergebnisse entsteht folgendes Bild:

> »Die Fähigkeit, längere und komplexere sprachliche Einheiten zu äußern, und auch sein Wissen um Diskursarten baut das Kind in der Regel zwischen drei und fünf Jahren aus [...]. Kennzeichnend für diese Altersphase sind Erzählungen, die Ereignisse meist unverbunden – oder höchstens linear verkettet – aneinanderreihen. [...] Bei der Wiedergabe von Selbsterlebtem fungiert der erwachsene Zuhörer als Impuls- und Strukturgeber. [...] 5-Jährigen gelingt es meist noch nicht, eine Konfliktstruktur herauszuarbeiten, sondern sie reduzieren ein relevantes Ereignis oder Erlebnis, ohne dieses strukturell einzubetten [...]. Mit 7 Jahren sind die meisten Kinder fähig, sehr lange und elaborierte Phantasiegeschichten zu erzählen. Zwar handelt es sich meist nicht um strukturierte Höhepunkterzählungen, sondern eher um Reihenerzählungen, die aus vielen nur lose verbundenen Einzelepisoden

521 Vgl. u. a. Ludger Hoffmann: Zur Bestimmung von Erzählfähigkeit. Am Beispiel zweisprachigen Erzählens. In: Konrad Ehlich; Klaus R. Wagner (Hrsg.): Erzähl-Erwerb. Bern; Frankfurt a. M.: Lang 1989, S. 63–88. Heiko Hausendorf; Uta M. Quasthoff: Ein Modell zur Beschreibung von Erzählerwerb bei Kindern. Ebenda, S. 89–112.

522 Tabea Becker: Erzählkompetenz. A. a. O. (wie Anm. 518), S. 59.

523 Vgl. ebenda, S. 59f, 62: V. a. verhält sich dabei die »Entwicklung der Erzählkompetenz« mehr oder weniger »proportional zur Menge des narrativen Inputs«.

> bestehen […]. Gegen Ende der Grundschulzeit sind dann fast alle Kinder in der Lage, eine Erzählung mit Exposition, Komplikation und Auflösung zu produzieren. Im Laufe der Grundschule kommen eine zunehmende Hörerorientierung, die Differenzierung von Hörer- und Sprecherrolle und die Fähigkeit, Aktanten angemessen einzuführen, hinzu […].«[524]

Nach diesen Befunden könnte angenommen werden, dass mit dem Übergang an die weiterführenden Schulen im Normalfall alle wesentlichen Voraussetzungen gegeben sind, um autobiografische Erzählungen im Unterricht der philosophischen Fächergruppe als Reflexionsgegenstände einzusetzen sowie zum Medium eines aktiven Philosophierens weiterzuentwickeln. Tatsächlich sind im spezifischen Fall autobiografischer Erzählungen über rein narrative Gesichtspunkte hinaus aber weitere Aspekte zu berücksichtigen, die sich aus Besonderheiten der Erinnerung und Reflexion von Menschen hinsichtlich ihres eigenen Lebensverlaufes ergeben. Diese Besonderheiten können unter den Begriffen des *Autobiografischen Gedächtnisses* und des *Autobiografischen Bewusstseins* näher beschrieben werden.

4.1.2. *Autobiografisches Gedächtnis*

Als autobiografisch wird in der Psychologie jener Teil des Gedächtnisses bezeichnet, in dem Ereignisse der eigenen Lebensgeschichte gespeichert werden, denen das Individuum eine vergleichsweise nachhaltige persönliche Bedeutung beimisst. Weil in ihm im Unterschied zum *Semantischen Gedächtnis* nicht statisches Weltwissen, sondern Vorgänge in ihrem Verlauf repräsentiert werden, stellt es ein Subsystem des *Episodischen Gedächtnisses* dar. Im Vergleich zu anderen Erinnerungen in diesem Bereich weisen Inhalte des Autobiografischen Gedächtnisses eine größere emotionale Einbettung auf, was sie nicht zuletzt auch weniger anfällig für Vergessen macht.[525]

Entwicklungspsychologische Untersuchungen haben in den Neunzigerjahren gezeigt, dass für die Entstehung des Autobiografischen Gedächtnisses im frühen Kindesalter eine retrospektive Thematisierung von Handlungen und Alltagsereignissen maßgeblich ist, die von erwachsenen Bezugspersonen angeregt wird und auch die Ausbildung der Erzählkompetenz initiiert. Genaugenommen gehen deren Anfänge der Entwicklung des Autobiografischen Gedächtnisses aber voran und bereiten sie, zumal sie Einfluss auf das Bewusstsein von Zeitlichkeit haben, auch vor:

524 Ebenda, S. 60.

525 Vgl. u. a. Harald Welzer: Das kommunikative Gedächtnis. Eine Theorie der Erinnerung. München: Beck 2002, S. 35.

»Die Entwicklung eines autobiografischen Gedächtnisses setzt offenbar genau jenes Beherrschen der repräsentationalen Dimension von Sprache voraus, die notwendig ist, um Motive, Absichten und Zusammenhänge in der Welt und im Handeln der Bezugspersonen jenseits der jeweils vorliegenden konkreten Situation deuten und verstehen zu können. Jenseits der konkreten Situation, das heißt auch: jenseits der Gegenwart. Um eine Vergangenheit und eine Zukunft in einem autobiografischen Sinn konstruieren bzw. antizipieren zu können, muss das Kind sich aus der Befangenheit der konkreten Gegenwart und ihrer unmittelbaren Anforderungen herauslösen – […] und die Grundbedingung für die Erweiterung der Gegenwart um eine Vergangenheit und eine Zukunft ist die Fähigkeit, sich erinnern zu können.«[526]

Der Sozialpsychologe Harald Welzer verdeutlicht diesen Entwicklungsprozess mit einer Unterscheidung zwischen früher verfügbaren *prozeduralen Erinnerungen* (»so ist es immer«, »es gibt solche Tage«) und *expliziten Erinnerungen* (»heute habe ich eine Puppe geschenkt bekommen«). Tatsächlich geben nach empirischen Befunden Kinder noch bis in das dritte Lebensjahr hinein in ihren Erzählungen oftmals generalisierte, sozial vermittelte *Skripts* i. S. von Alltagsroutinen anstelle von wirklich besonderen Ereignissen wieder. Welzer schlussfolgert daraus, dass in solchen Fällen noch kein Episodisches Gedächtnis vorliegt, das seinerseits bereits etabliert sein muss, um ein Autobiografische Gedächtnis im eigentlichen Sinn zu entwickeln. Die Ablage von Erinnerungen in letzterem erfolgt immerhin nicht zuletzt durch eine Kontextualisierung mit Erinnerungen an frühere Episoden über den operativen Modus eines Vergleichs: »das ist mir schon mal passiert«.[527] Entsprechend versteht der zitierte Autor das Autobiografische Gedächtnis als:

»[…] eine neue Organisationsform für das Erfahrene bzw. zu Erfahrende […] – ein neues Gedächtnissystem, das die Gesamtheit der Erfahrungen und Erinnerungen auf ein sich zunehmend integrierendes und hierarchisierendes Selbst zu beziehen beginnt […].«[528]

Welzer weist zugleich darauf hin, dass dieser Integrationsprozess »zu den langwierigsten Entwicklungsaufgaben des heranwachsenden Menschen gehört«,[529] so dass die Herausbildung des Autobiografischen Gedächtnisses nicht zeitgleich mit der Erzählkompetenz abgeschlossen ist. Er beruft sich dabei auf das Konzept der Life Story (vgl. Kapitel 3.3.6). Eine Person, die autobiografisch kompetent erzählt, ist demnach

526 Ebenda, S. 92.
527 Vgl. ebenda, S. 93.
528 Ebenda, S. 94 f.
529 Ebenda, S. 101.

in der Lage, alle als wesentlich erachteten Episoden des eigenen Lebensverlaufes in den Zusammenhang einer weitgehend kohärenten Geschichte des bisherigen eigenen Lebens im Ganzen zu stellen. Diese Fähigkeit setzt den Erwerb »von unterschiedlich gelagerten Rahmen« voraus, durch die autobiografische Erinnerungen – im Abgang von einer alleinigen Groborientierung an gesellschaftlich vorgegebenen Stationen eines typischen bürgerlichen Lebensverlaufes – individuell kontextualisiert werden.[530] Beschreibbar ist deren Verhältnis als hierarchisches Ordnungssystem:

> »[...] von a) bedeutsamen Lebensabschnitten (›als ich in Amerika gelebt habe‹), b) allgemeinen Ereignissen (›als ich damals an der Ostküste Urlaub gemacht habe‹) und c) spezifischen Einzelereignissen (›als ich mit dem Segelboot gekentert bin‹).«[531]

Eine entwicklungspsychologische Datierung dieser Orientierungsrahmen lässt sich im Anschluss an die Forschung zum sog. *Reminiscence Bump* vornehmen. Gemeint ist mit solchen ›Erinnerungshügeln‹ das Phänomen, dass sich ältere Menschen i. d. R. an besonders viele einzelne Episoden aus der Zeit zwischen dem fünfzehnten und fünfundzwanzigsten Lebensjahr erinnern können. Erklärt wird dieser Befund damit, dass in der bezeichneten Phase vergleichsweise viele neue Erfahrungen gemacht werden, die in dieser Qualität von den Individuen auch wahrgenommen werden, so dass eine besonders gute Enkodierung im Gedächtnis erfolgt. Tatsächlich ereignen sich in der genannten Zeitspanne zumeist die ersten, bewusst wahrgenommenen »biografischen Transitionen, Statuspassagen und kritischen Lebensereignisse[n]« mit einschneidender Bedeutung für den weiteren Lebensverlauf. Zu denken ist hier z. B. an den Schulabschluss sowie die Entscheidungen für einen bestimmten Beruf und Lebenspartner, die häufig in diese Zeit fallen. Erfahrungen solcher Tiefe fungieren daher auch als Modelle für die Erfahrungsverarbeitung in der Zukunft und wirken in dieser Weise nicht zuletzt stabilisierend im Prozess der Identitätsbildung.[532] (Vgl. Kapitel 3.4.1.)

Die Entwicklung des Autobiografischen Gedächtnisses wird damit, zusammenfassend gesagt, in der Adoleszenzphase stark befördert, aber in seinen wesentlichen Zügen erst im jungen Erwachsenenalter abgeschlossen. Für die Arbeit mit autobiografischen Erzählungen im Philosophie- und Ethikunterricht stellt sich umso mehr die Frage, mit welchen spezifischen Einschränkungen im autobiografischen Denkvermögen bei Schülerinnen und Schüler verschiedener Klassenstufen zu rechnen ist und wie dieses selbst vielleicht im philosophischen Bildungsprozess gewinnbringend mitgefördert werden kann. Konkretere Anhaltspunkte hierfür lassen sich aus Unter-

530 Vgl. ebenda, S. 42.

531 Ebenda.

532 Vgl. Daniel Schacter: Searching for Memory. The Brain, the Mind, and the Past. New York: Basic Books 1996, S. 298.

suchungen der Geschichtsdidaktik zum Phänomen des sog. *Geschichtsbewusstseins* gewinnen, dass nach Auffassung der Autoren entsprechender Studien analog zum autobiografischen Bewusstsein funktioniert und ausgebildet wird.[533]

4.1.3. Geschichtsbewusstsein

Der Terminus des Geschichtsbewusstseins geht bis auf Dilthey zurück (vgl. Kapitel 2.3.1), der ihn in seinen späteren Schriften zu einem hermeneutischen Kernbegriff ausbaute.[534] Er wurde zunächst durch Kurt Sonntag und durch Heinrich Roth aufgegriffen, die in Anlehnung an Piagets frühes Entwicklungsmodell Versuche unternahmen, verschiedene, aufeinander aufbauende Phasen des historischen Denkens gegeneinander abzugrenzen.[535] In derselben Tradition steht auch die geschichtsdidaktische Untersuchung Hans-Günter Schmidts, der als erster den Zusammenhang zwischen dem Geschichtsbewusstsein Heranwachsender und ihrer Fähigkeit, Geschichten erzählen zu können, empirisch in den Blick nahm.[536] Er orientierte sich dabei an Kohlbergs Forschung zur Genese der moralischen Urteilsfähigkeit, die ihrerseits eine Weiterentwicklung des Ansatzes Piagets darstellt und für die Philosophiedidaktik nach wie vor eine wichtige Rolle spielt.[537]

In weitere Arbeiten zum Geschichtsbewusstsein ging der von Schmidt einbezogene Aspekt des Narrativen dann in verschiedenen Weisen ein: Während es in der Studie eines Osnabrücker Forschungsteams um Hans-Jürgen Pandel v. a. als Mittel zur Datenerhebung in einem qualitativ angelegten Design diente, wird es von dem deutschen Historiker Jörn Rüsen als wesentliches Konstitutionsmoment des Geschichtsbewusstseins überhaupt angesehen. Dieser Ansatz wurde in zahlreichen Publikationen ausgebaut und erweist sich in dieser Elaboriertheit innerhalb der Geschichtswissenschaft

533 Vgl. u. a. Jürgen Straub: Geschichten erzählen, Geschichte bilden. A. a. O., S. 165–167. Derselbe: Temporale Orientierung und narrative Kompetenz. Zeit- und erzähltheoretische Grundlagen einer Psychologie biographischer und historischer Sinnbildung. In: Jörn Rüsen (Hrsg.): Geschichtsbewußtsein. Psychologische Grundlagen, Entwicklungskonzepte, empirische Befunde. Köln; Weimar; Wien: Böhlau 2001, S. 16–44.

534 Vgl. Wilhelm Dilthey: Gesammelte Schriften. Bd. 11: Vom Anfang des geschichtlichen Bewusstseins. Jugendaufsätze und Erinnerungen. Göttingen: Vandenhoeck & Ruprecht 1936, S. XIX.

535 Vgl. Kurt Sonntag: Das geschichtliche Bewußtsein des Schülers. Ein Beitrag zur Bildungspsychologie. Erfurt: Stenger 1932. Heinrich Roth: Kind und Geschichte. Psychologische Voraussetzungen des Geschichtsunterrichts in der Volksschule. München: Kösel [5]1968.

536 Hans-Günter Schmidt: »Eine Geschichte zum Nachdenken«. Erzähltypologie, narrative Kompetenz und Geschichtsbewußtsein. Bericht über einen Versuch der empirischen Erforschung des Geschichtsbewusstseins von Schülern der Sekundarstufe I (Unter- und Mittelstufe). In: Geschichtsdidaktik. H. 1/1987, S. 28–35.

537 Vgl. u. a. Stefan Applis: Die empirische Wende in der Fachdidaktik und die (Sonder-)Stellung der Philosophiedidaktik. In: Julian Nida-Rümelin; Irina Spiegel; Markus Tiedemann (Hrsg.): Handbuch Philosophie und Ethik. Bd. 1. A. a. O. (wie Anm. 16), S. 144–152.

und Geschichtsdidaktik auch über den deutschen Sprachraum hinaus als vergleichsweise einflussreich.[538]

Ausgangspunkt der Überlegungen Rüsens ist die produktive Verunsicherung der Geschichtswissenschaft durch Hayden Whites Überlegungen zum Einfluss rhetorischer Elemente in der Geschichtsschreibung (vgl. Kapitel 3.1.2). Konkret geht es ihm zunächst um eine Topologie kulturell eingeschliffener Wahrnehmungsmuster und Argumentationsstrategien der Geschichtsschreibung, hinter denen er den grundlegenderen Zweck einer praktischen »Orientierung« und »Lebensbewältigung« erkennt. Hierzu leisten die einzelnen Topoi seiner Meinung nach Beiträge, indem sie auf je eigene Weise auf Erinnerung zurückgreifen, zeitliche Verläufe als Kontinuität wahrnehmen, Deutungen historischer Ereignisse im Prozess der Kommunikation aushandeln, die Identität des erkennenden Subjektes durch historische Selbstverortung stabilisieren und aus der Geschichtsinterpretation insgesamt Sinn bilden.[539]

Rüsen geht ferner davon aus, dass sich die gesuchte Topologie von vier »Differenzierungsprinzipien« aus entwickeln lässt. So beruht das Prinzip der *Affirmation* darauf, dass das Subjekt immer schon in eine Lebenspraxis hineingeboren ist, die durch historische Narrationen zeitliche Orientierungen gibt. Je vorbehaltloser die Bejahung und Fortführung einer solchen Tradition ausfällt, desto mehr kann diese freilich auch »als überwältigende Macht vorentschiedener Lebenschancen« empfunden werden. Ein zweites Orientierungsprinzip heißt bei Rüsen *Regularität*. Mit seiner Hilfe können unterschiedliche Traditionen in einer übergreifenden Deutung zusammengeführt werden. Leitend ist dabei die Vorstellung, dass sich allgemeingültige Lehren aus der Geschichte ziehen lassen. Rüsen bewertet solche Regelhaftigkeiten als »notwendiges Inventar handlungsbestimmender Erfahrungsdeutungen« und die entsprechende »Regelkompetenz« als »wesentliches Moment von Identitätsstärke.« Ferner beruht für ihn das Prinzip der *Negation* »auf der fundamentalen Tatsache jeder Kommunikation«, dass verschiedene Individuen, Gruppen, Gesellschaften und Kulturen mehr oder weniger divergierende Deutungen ein und desselben Sachverhaltes hervorbringen und miteinander aushandeln müssen. Dem Bewusstsein hierfür schreibt er eine hohe Relevanz für die Identitätsbildung zu: Es macht »die Subjekte eigensinnig; sie weisen ihnen vorgegebene und angesonnene Orientierungen zurück und entwickeln dabei ihre eigenen Orientierungen, die ihre Besonderheit, ihre Unterschiedlichkeit, ihre Gegensätzlichkeit zum Ausdruck bringen.« Davon unterscheidet sich das Prinzip der *Transformation* darin, dass es der zeitlichen Veränderung selbst »eine handlungsori-

538 Der Verbreitung im englischsprachigen Sprachraum förderlich war nicht zuletzt: Jörn Rüsen: Studies in Metahistory. Pretoria: Human Sciences Council 1993. Zur oben referierten Entwicklung der Theorie des Geschichtsbewusstseins vgl. insgesamt Carlos Kölbl: Geschichtsbewusstsein im Jugendalter. Grundzüge einer Entwicklungspsychologie historischer Sinnbildung. Bielefeld: transcript 2004, S. 56–78; zur Bedeutung Rüsens: S. 52.

539 Vgl. Jörn Rüsen: Lebendige Geschichte. Göttingen: Vandenhoeck & Ruprecht 1989, S. 40.

entierende Sinnqualität« beimisst. Dadurch werden verschiedene Perspektiven nicht nur wahrgenommen und gegeneinander behauptet, sondern »in die Vorstellung einer umgreifenden dynamischen Einheit der Zeit integriert«.[540]

Nach Rüsens Analyse begründen die vier genannten Prinzipien jeweils einen eigenen Topos der Geschichtserzählung: Affirmation begünstigt ein *traditionales Erzählen*, Regularität ein *exemplarisches Erzählen*, Negation ein *kritisches Erzählen* und Transformation ein *genetisches Erzählen*. In der Reihenfolge dieser Aufzählung weisen die vier Topoi offensichtlich eine sich steigernde Kapazität der Erfahrungsverarbeitung und Kontingenzbewältigung auf, die auf einen zunehmenden Abstraktionsgrad im Umgang mit einzelnen Ereignissen und Traditionen zurückgeführt werden kann.[541] Tatsächlich geht Rüsen nach diachronen Analysen historiografischer Quellen auch davon aus, dass sie sich im Verlauf der Geschichtsschreibung nacheinander entwickelt haben. Für die historischen Diskurse der Gegenwart konstatiert er ferner, dass alle vier Topoi nach wie vor präsent sind und »ein Netz« bilden, das den »Gesamtbereich historischer Argumentationsmuster« abdeckt. Weil in den einzelnen Diskursen und Geschichtserzählungen aber zumeist einer der Topoi dominant ist, meint Rüsen auch, verschiedene »Typen narrativer Sinnbildung« unterscheiden zu können. Er entwickelt diese konsequent, indem er für jedes der kennzeichnenden Differenzierungsprinzipien danach fragt, wie sie die Funktionen der Erinnerung, Kontinuitätsstiftung, Kommunikation, Identitätsbildung und Sinngenerierung realisieren.[542]

So erinnert *traditionale Sinnbildung* an Ursprünge gesellschaftlicher Ordnungen und Lebensformen. Sie begreift Kontinuität als deren Fortbestehen im Wandel der Zeit. Die Kommunikation zielt entsprechend auf »die expressive […] Präsentation eines ›Wir‹-Gefühls, einer kollektiven Zugehörigkeit zu einer […] ›Wertegemeinschaft‹, die auf gemeinsamen […] Vorgeschichten in den gegebenen Lebensumständen beruht.« Sie operiert im Modus eines Einverständnisses mit dem Tradierten, »das bis an die Grenzen der Frag- und Sprachlosigkeit, des Selbstverständlichen gehen kann.« Identitätsbildung erfolgt hier zugleich als nachahmende »Verankerung überkommener sozialer Ausprägungen von Subjektivität in tiefsitzenden mentalen Einstellungen, Wahrnehmungs- und Deutungsmustern und Motivationen.« Sinnhaft wirkt nach diesem Denktypus alles, was ursprünglich zu sein und erfolgreich fortzudauern scheint.«[543]

Exemplarische Sinnbildung konzentriert sich demgegenüber in der Erinnerung auf Ereignisse, die vermeintlich allgemeine Handlungsregeln demonstrieren. Der Eindruck von Kontinuität wird dann dadurch bewirkt, dass diesen Handlungsregeln eine überzeitliche Geltung zugesprochen wird, so dass sie wechselnde Lebensformen

540 Vgl. ebenda, S. 39–43.
541 Vgl. ebenda, S. 41.
542 Vgl. ebenda, S. 43.
543 Vgl. ebenda, S. 43–45.

umgreifen. Durch den Bezug auf solche Regeln erhält die Kommunikation die Form einer »Argumentation mit Urteilskraft«. Das Identitätsverständnis verdankt sich in diesem Fall nicht zuletzt einem Gefühl der »Klugheit« i. S. einer Regelkompetenz in konkreten Handlungssituationen.[544]

Kritische Sinnbildung organisiert Erinnerung, indem sie sich auf Geschehnisse konzentriert, die geltende historische Orientierungen in Frage stellen. Kontinuität wird dadurch im wiederkehrenden Bruch mit wirksamen Zeitvorstellungen erfahrbar. Die Kommunikation ist durch eine »bewusste Standpunkteinnahme gegen angesonnene oder vorgegebene soziale Situierungen« i. S. einer »Sprache der Gegenbeispiele« gekennzeichnet. Denkbar ist hier in der Konsequenz durchaus, dass »eine ganze Symbolsprache des Historischen gegen eine neue ausgewechselt wird«. Auch die Identitätsbildung erhält durch diese radikale Abweisung vorgegebener Deutungsmuster und Lebensformen einen neuen Schub; sie vollzieht sich nun »als Abweichung, als Selbstgewinn durch die Erklärung, anders zu sein«. Rüsen verweist allerdings auch auf das dialektische Moment einer solchen Selbstaufklärung: Da sie ihre Kraft v. a. aus der Depotenzierung vorfindlicher kultureller Diskurse bezieht, bleibt sie von diesen abhängig und neigt dazu, sich in letzter Konsequenz selbst aufzuheben.[545]

Anders verfährt demgegenüber die *genetische Sinnbildung*. Erstmals konzentriert sich die Erinnerung hier auf Veränderungen, ohne diese narrativ wegzuarbeiten. Vielmehr werden sie eigens »als Qualität menschlicher Lebensformen hervorgehoben«. Kontinuität wird dadurch begreifbar als Entwicklung, in der sich Lebensformen wandeln, um sich dynamisch auf Dauer zu stellen. Dem entspricht ein Kommunikationsverhalten, das divergente Standpunkte und Perspektiven diskursiv aufeinander bezieht. Dabei können die Subjekte auch punktuell »am andern und an sich selbst Alteritätsqualitäten, Modi des Andersseins, wahrnehmen« und als aktuelle »Chancen der Identitätssteigerung durch Anerkennung nutzen«. Identität i. S. eines »Selbstseins« ist dann eine immer wieder neu vorzunehmende »Richtungsbestimmung von Veränderung dessen, was man ist«. Rüsen benutzt für diese Aufgabe auch den Begriff der »Bildung«. Das Faktum der verstreichenden Zeit erhält hier einen Sinn, weil sie als Motor dieser Tätigkeit der Subjekte an sich selbst bejaht wird.[546]

Auf eine mögliche geschichtsdidaktische Relevanz der herausgearbeiteten Typen der narrativen Sinnbildung geht Rüsen u. a. in einer Studie ein, deren Ergebnisse er im Jahr 1991 zusammen mit anderen Autoren publizierte und die von der Zielsetzung bestimmt war, das »Geschichtsbewusstsein« von Abiturienten empirisch zu untersuchen. Entsprechend heißt es vor der Auswertung der qualitativ erhobenen Daten:

544 Vgl. ebenda, S. 45–49.
545 Vgl. ebenda, S. 49–52.
546 Vgl. ebenda, S. 52–55.

»Es wäre schön, wenn sich diese vier Typen [...] in den empirischen Befunden artikulierten Geschichtsbewußtseins deutlich voneinander abgegrenzt finden ließen. Sie könnten dann nach der Häufigkeit ihres Auftretens miteinander verglichen und diese Häufigkeit mit den Rahmenbedingungen für die Artikulation von Geschichtsbewußtsein korreliert werden. Das wäre ganz besonders im Hinblick auf die Entwicklung von Geschichtsbewußtseins interessant.«[547]

Die Untersuchung brachte allerdings nur undeutliche Hinweise für die Richtigkeit der Hypothese zutage, was sich methodologisch schnell begründen lässt. Offensichtlich handelt es sich bei den Typen der historischen Sinnbildung um derart elaborierte Konzepte, dass sie sich – wie aber versucht – »in geschlossenen Fragen kaum operationalisieren lassen.«[548] Zugleich erweist sich das parallele Bestreben, sie im Material von Geschichtsnarrationen zu identifizieren, die von den Abiturienten selbst verfasst worden sind, nicht unbedingt als zureichend, weil die zu diesem Zweck in Auftrag gegebenen »Ultrakurzgeschichten«[549] nicht zwingend denselben Strukturierungsprinzipien folgen wie abgeschlossene, ausgestaltete Erzählungen von Historiografen.

Ein dritter methodischer Weg besteht demgegenüber darin, historische Szenarien (wie etwa die Entdeckung Amerikas durch Kolumbus) anhand vorgegebener Aussagen i. S. von Multiple Choise-Aufgaben beurteilen zu lassen, wobei die verschiedenen zur Auswahl stehenden Aussagen jeweils unterschiedlichen Typen der historischen Sinnbildung entsprechen.[550] Mit diesem Verfahren kamen immerhin mehrere Studien im Anschluss an Rüsen zu dem Ergebnis, »daß jüngere Schüler(innen) [...] eher zu ›traditionalen‹ und ›exemplarischen‹ Mustern« neigen und »ältere tendenziell ›kritische‹ und ›genetische‹ Aussagen bevorzugten [...].« Dieser Befund spricht insgesamt für einen »gleitenden Übergang statt einer krassen Entgegensetzung der Sinnbildungsmuster«,[551] wofür verschiedene Gründe geltend gemacht werden können. Individuelle psychische Merkmale sind hier ebenso als relevante Größen anzunehmen wie Einflüsse von Sozialisationsinstanzen und Lebenserfahrungen sowie Loyalitätsgefühle gegenüber bestimmten Gruppen.[552] Selbstredend ist auch nicht zu

547 Jörn Rüsen; Klaus Fröhlich; Hubert Horstkötter; Hans-Günther Schmidt: Untersuchungen zum Geschichtsbewusstsein von Abiturienten im Ruhrgebiet. In: Bodo von Borries; Hans-Jürgen Pandel; Jörn Rüsen (Hrsg.): Geschichtsbewußtsein empirisch. Pfaffenweiler: Centaurus 1991, S. 221–344; hier: S. 239.

548 Bodo von Borries: Geschichtsbewußtsein als System von Gleichgewichten und Transformationen. In: Jörn Rüsen (Hrsg.): Geschichtsbewußtsein. A. a. O. (wie Anm. 533), S. 239–280; hier: S. 250. Vgl. auch Carlos Kölbl: A. a. O. (wie Anm. 538), S. 76 f.

549 Jörn Rüsen; Klaus Fröhlich; Hubert Horstkötter; Hans-Günther Schmidt: A. a. O. (wie Anm. 547), S. 231.

550 Vgl. Bodo von Borries; Rainer H. Lehmann: Geschichtsbewußtsein Hamburger Schülerinnen und Schüler 1988. Empirische Befunde einer quantitativen Pilotstudie. In: Bodo von Borries; Hans-Jürgen Pandel; Jörn Rüsen (Hrsg.): Geschichtsbewußtsein empirisch. A. a. O. (wie Anm. 547), S. 121–220.

551 Bodo von Borries: Geschichtsbewußtsein als System von Gleichgewichten und Transformationen. A. a. O. (wie Anm. 548), S. 251.

552 Vgl. Bodo von Borries; Rainer H. Lehmann: A. a. O. (wie Anm. 550), S. 132.

vergessen, dass Lehrkräfte – ob bewusst oder unbewusst – möglicherweise jeweils einen oder mehrere Sinnbildungstypen als Erklärungsmuster für historische Vorgänge vorbildhaft präferieren.

Eine weitere Studie, die auf Rüsens Typologie aufbaut, legte im Jahr 1998 Peter Seixas vor. Auf theoretischer Ebene kombiniert dieser die vier Typen der historischen Sinnbildung zunächst mit sieben Kernproblemen historischen Denkens:[553]

1. Das Problem der historischen Epistemologie besteht darin, dass der Glaube an die Richtigkeit historischer Narrationen einerseits zentral für das Empfinden von Sinn ist, aber es andererseits keinen direkten Zugang zur Vergangenheit und daher für sie auch keine objektive, für alle Zeiten wahre Darstellung gibt.
2. Da die Erforschung der Vergangenheit kapazitiv begrenzt ist, ist es notwendig, bestimmte Themen, Ereignisse und Fakten auszuwählen. Die dafür notwendigen Kriterien historischer Bedeutsamkeit ändern sich im Verlauf der Geschichte jedoch selbst.
3. Die für das Geschichtsverstehen zentrale Kategorie des Wandels ist nur erfahrbar, indem man »ein Phänomen vor einen stabilen, gleichbleibenden Hintergrund« stellt. Der Geschichtswissenschaft steht aber keine dafür geeignete transhistorische Kategorie zur Verfügung, so dass sie, um einen solchen »Hintergrund« zu erzeugen, »zu einer Reihe von ahistorischen Annahmen« gezwungen ist.
4. Wenn sich eine leitende Perspektive für die Geschichtswissenschaft aus der Fortschrittsidee ergibt, dann stellt sich die Frage, wie wir uns historisch in einer Zeit orientieren können, in der diese Idee mit guten Gründen ins Wanken geraten ist.
5. Eine zentrale Aufgabe der Auseinandersetzung mit Geschichte besteht in der moralischen Orientierung von Subjekten in der Gegenwart. Allerdings bewirkt es der historische Wandel von Lebensumständen und Mentalitäten regelmäßig, dass unser moralisches Urteil anachronistisch ausfällt.
6. Einerseits neigen Menschen dazu, historische Subjekte für bestimmte Ereignisse und Folgen in der Geschichte verantwortlich zu machen, aber andererseits sehen sie diese Subjekte umso mehr als determiniert »durch die Strukturen, in die sie hineingeboren sind«, je mehr sie von der »Möglichkeit grundlegenden Wandels in der Geschichte« wissen. Damit wird die historische Handlungsfähigkeit zum Problem.

553 Vgl. Peter Seixas: Historisches Bewußtsein. Wissensfortschritt in einem post-progressiven Zeitalter. In: Jürgen Straub (Hrsg.): Erzählung, Identität und historisches Bewußtsein. A. a. O. (wie Anm. 480), S. 234–265; hier: S. 237–241.

7. Im historischen Verstehen ist Empathie die Fähigkeit, sich in die Motive, Gründe und Handlungen eines fremden Akteurs einzufühlen, der von einem divergierenden Lebenshorizont geprägt ist. Im Vergleich zum moralischen Urteil neigen wir hier aber womöglich noch alternativloser dazu, »anderen unsere eigenen Bezugssysteme […] überzustülpen«.

Seixas erörtert daraufhin, wie die vier Typen der historischen Sinnbildung mit den genannten Problemen umgehen. Zuvorderst läuft dies auf die Frage hinaus, welche dieser Probleme sich aus der jeweiligen Perspektive überhaupt stellen. Im Ergebnis präzisiert Seixas Rüsens Typologie v. a. hinsichtlich des jeweiligen Umganges mit Quellen. So stellt Seixas für den *traditionalen Typ* fest, dass Autorität die alleinige Begründung für die Richtigkeit historischer Annahmen darstellt, wohingegen eine Berufung auf dokumentarische Nachweise nicht praktiziert wird oder zu »fundamentalistischen Lesarten« führt, weil sie nicht kontextualisiert werden. Und weil »grundlegende Daseinsstrukturen, Werte und Mentalitäten nicht als etwas begriffen werden, was sich mit der Zeit wesentlich ändert, taucht die Frage nach dem historischen Subjekt gar nicht auf. Wenn sich diese Dinge ohnehin nicht ändern, gibt es auch keinen Beitrag von Individuen oder Gruppen, den sie für einen Wandel leisten könnten. Menschliches Handeln ist darauf begrenzt, die Lebensmöglichkeiten und Rollen innerhalb der traditionellen Gegebenheiten durchzuspielen.« Bzgl. moralischer Urteile und Empathie stellt Seixas erwartungsgemäß fest, dass der »Traditionalist« annimmt, dass Menschen früherer Epochen »aus Gründen handelten, die unseren eigenen sehr ähnlich sind« und dass sie ansonsten als unvernünftig abgetan werden.[554]

Den *exemplarischen Typ* nennt Seixas auch ›progressiv‹. Dessen Denkweise setzt er mit der Fortschrittsidee der Aufklärung und der positivistischen Sozialwissenschaft gleich. Durch »rationale, empirische historische Verfahren« ist es möglich, neue Quellen zu erschließen und in die Geschichtsdeutung einzubringen. Gezeichnet wird das Bild einer Menschheit, das durch ein anwachsendes historisches Wissen immer mehr Kontrolle über den eigenen Verlauf der Geschichte verlangt und für diesen entsprechend auch die Verantwortung als handelndes Subjekt trägt. Moralische Urteile werden vom Maßstab universeller Regeln und unveräußerlicher Menschenrechte aus gefällt, die durch die gesamte Historie hindurch gelten. Empathie mit früheren Menschen scheint zwar möglich, weil von universellen Grundlagen menschlichen Denkens und Verhaltens ausgegangen wird; eine »vollständige Anerkennung des differenten Anderen« erfolgt jedoch nicht.[555]

Der *kritische Typ* sucht auch in der Darstellung Rüsens mit voller Absicht nach historischen Belegen, die die gegenwärtige Wertesysteme und Lebensformen problema-

554 Vgl. ebenda, S. 241–244.
555 Vgl. ebenda, S. 244–246.

tisch erscheinen lassen. Die Problematisierung des Geschichtswissens führt hier nach Seixas schließlich zu der »Vorstellung, daß es keinerlei Flucht aus der Ideologie gibt«, womit das selbstkritisch gewendete Denken des Historikers auf den Stand Hayden Whites gekommen ist (vgl. Kapitel 3.1.2). Vor allem wird so auch die Fortschrittsidee in Frage gestellt. Überhaupt wohnt nun Bedeutung nicht mehr »den historischen Ereignissen selbst inne, sondern dem, was der Historiker aus ihnen macht. Der kritische Historiker stellt die Bedeutung gerade jener Ereignisse und Menschen in Frage, welche zuvor für am wichtigsten gehalten wurden, und er tut das teilweise dadurch, daß er die vormals unwichtigen Ereignisse bedeutsam macht.« In handlungspraktischer und moralischer Perspektive kann diese Befreiung von ehedem unhinterfragten Bewertungen allerdings auch zu Relativismus und Orientierungslosigkeit führen. Ebenso »stellt die kritische Stufe des Geschichtsbewußtseins die Möglichkeit historischer Empathie überhaupt in Frage«, indem sie an jeder gemeinsamen Wahrnehmungsgrundlage aktueller und früherer Subjekte und Gruppen zweifelt.[556]

Den *genetischen Typ* verortet Seixas auf dem Stand der Sozial- und Kulturgeschichte »nach den Herausforderungen der Postmoderne«. Wissen wird im Bewusstsein eines prinzipiell zuzulassenden Pluralismus der Standpunkte gedacht als Konstrukt einer »Gemeinschaft von Forschenden [...], die gegenseitige Kontrolle ausübt und innerhalb ihrer selbst für Ausgleich sorgt.« Dies geschieht durchaus nicht beliebig, sondern nach jeweiliger Quellenlage und nach aktuellen Standards der Darstellung und Argumentation, deren eigene Historizität i. S. eines methodischen Zweifels stets präsent ist. Produktiv wird mit diesem Problem umgegangen, indem die Erzählungen, in denen vergangene Ereignisse geordnet werden, zugleich als Auskunft »über unser Leben in der Gegenwart und über unsere Entscheidungen in der Zukunft« verstanden werden. Moralische Urteile werden unter Berücksichtigung der konkreten Differenz zwischen Urteilendem und dem jeweils beurteiltem historischen Subjekt zu fällen versucht. Ähnliches gilt auch für empathische Annäherungsversuche. Dabei wird das Andere weder vorschnell mit dem Eigenen gleichgesetzt noch als das ganz Fremde betrachtet, denn Geschichte wird »zugleich als Fortschritt und als Rückschritt für verschiedene Gruppen zu verschiedenen Zeiten verstanden«.[557]

Im Folgenden soll die hier vorgestellte Typologie spezifiziert werden, um bestimmte Funktionsweisen eines dezidiert Autobiografischen Bewusstseins auszudifferenzieren.[558]

556 Vgl. ebenda, S. 247–249.

557 Vgl. ebenda, S. 249–251.

558 Vgl. Volker Haase: Autobiografische Narrationskompetenz. A. a. O.

4.1.4. Autobiografisches Bewusstsein

Demnach orientiert sich der *traditionelle Typ* bei seinem autobiografischen Selbstentwurf streng an den vorgegebenen Stationen des bürgerlichen Lebenslaufes und den entsprechenden Rollenmustern und Statusvorstellungen. Er geht von einem festen Persönlichkeitskern aus, zu dem er einen privilegierten Zugang zu haben glaubt und der über den Verlauf des Lebens hinweg kontinuierlich anzudauern scheint. Entsprechend lässt er sich auch durch vergleichsweise pauschale, kontextunabhängige Selbstbeurteilungen charakterisieren. Wird er dazu angeregt, sich zur eigenen Vergangenheit reflexiv in Bezug zu setzen, hält er das Erinnerte für zweifelsfreie Repräsentationen des Gewesenen. Er neigt daher auch kaum zu Neuinterpretationen vergangener Episoden, zumal sich ihm die Relativität der Perspektive der jeweiligen Gegenwart und damit auch der Charakter der eigenen Lebensgeschichte als Produkt von Interpretationsvorgängen weitgehend entziehen.

Der *exemplarische Typ* stellt sich im Gegensatz dazu bewusst der Macht der Erinnerung. Aus ihr versucht er wesentliche persönliche Charaktermerkmale und Haltungen sowie entsprechende Handlungsmaximen abzuleiten. Diese Denkweise entspricht in der Klassifikation Thomäs dem autobiografischen Selbstbezug der *Selbstfindung* (vgl. Kapitel 2.3.2). Der exemplarische Typ gewichtet ferner vergangene Episoden seines Lebens nach ihrem Einfluss auf die Gestaltungsoptionen in der Gegenwart und in der Zukunft. Bei diesem Zugriff macht er die Erfahrung einer zunehmenden Kontrolle über das eigene Leben. Für dessen individuelle Gestaltung übernimmt er die Verantwortung. Er orientiert sich dabei bewusst an selbst gewählten Vorbildern und Lebensstilen. Sein autobiografisches Denken ist im Ganzen stark progressiv ausgerichtet; die persönliche Gestaltung des Lebensverlaufes wird zum lebenslangen Projekt. Frühere, nicht kohärent in das aktuelle Selbstverständnis integrierbare Denk- und Handlungsweisen hält er für Symptome von Entwicklungsstufen, die er erfolgreich hinter sich gelassen hat. Durch diesen Hinweis lassen sie sich ggf. der Kritik mit aktuellen moralischen Maßstäben entziehen. Die für diesen Typ charakteristische Zielorientierung erinnert zugleich an den autobiografischen Selbstbezug der *Selbsterkenntnis* (vgl. Kapitel 2.3.1).

Der *kritische Typ* ist demgegenüber durch eine noch konsequentere Historisierung und Relativierung des eigenen Bewusstseins gekennzeichnet. Darin besteht zunächst eine Parallele zum Konzept der *Selbstbestimmung*. Er sucht in der Erinnerung nach Abweichungen von gegenwärtigen Haltungen und Denkweisen. Alte Interpretationen vergangener Erlebnisse werden von ihm neu gedeutet. Er problematisiert sein Wissen über die eigene Vergangenheit, und die Bedeutung autobiografischer Erzählungen als Konstruktionsleistungen wird für ihn greifbar. Dadurch werden ihm Gegenerzählungen zur bisher präsentierten Lebensgeschichte möglich, was ihn schließlich in die Nähe von Thomäs Begriff der *Selbsterfindung* rückt (vgl. Kapitel 2.3.3). Auch für fremde Interpretationen des eigenen Lebensverlaufes ist er offen. Er erkennt zudem die Bedeutung von Kontingenzen und stellt eine generelle Planbarkeit des Lebensentwurfes in Frage. Die Einteilung des Lebens erfolgt nicht mehr zwingend anhand der typischen bürgerlichen Statuspassagen, sondern ggf. durch die Abgrenzung verschiedener Phasen anhand des ganz persönlichen Erlebens (vgl. Kapitel 4.1.2).

Der *genetische Typ* versteht die Gegenwart als dynamischen Übergang zwischen immer neuen Persönlichkeitsentwürfen. Seine Identität begreift er als permanenten, z. T. aktiv zu steuernden Wandlungsprozess. Er kann einen widersprüchlichen Pluralismus der Interessen und Haltungen in sich erkennen und moderieren. Dies gelingt ihm u. a. dadurch, dass er für die Gültigkeit verschiedener Selbstbilder bereichsbezogene Maßstäbe anlegt. So neigt er u. U. jeweils bewusst zu anderen Verhaltensweisen und Werthaltungen in der Familie, im Umgang mit Freunden, im Verein und im Beruf bzw. in der Ausbildung. Er konstatiert in der Gegenwart aber auch die Gleichzeitigkeit von Fort- und Rückschritten in diesen verschiedenen Lebensbereichen. Dies ermöglicht ihm ein bewusstes Verteilen von Kräften auf bestimmte Entwicklungsaufgaben, was mit Thomäs Konzept der *Selbstliebe* konvergiert (vgl. Kapitel 2.3.4). Verständnisse der eigenen Vergangenheit deutet er nicht zuletzt als Verweis auf Selbstdeutungen in der Gegenwart; sie stellen für ihn Anhaltspunkte für das Erkennen und Befriedigen aktueller Bedürfnisse dar.

Nach den im Kapitel 4.1.1 zitierten Erkenntnissen ist mit der Verfügbarkeit einer Life Story, in die sich die einzelnen Episoden eines autobiografischen Erzählens kohärent einordnen lassen, in der Orientierungsstufe der weiterführenden Schulen zu rechnen, wobei die hierfür verfügbaren Muster aber noch nicht auf eigene Lebenserfahrungen zurückgehen, sondern i. S. des traditionellen Typs vom unmittelbaren sozialen Umfeld stark vorgegeben sein dürften. Ferner entspricht insbesondere der Prozess einer ersten Ablösung von solchen Vorgaben, die mit dem Übergang zum exemplarischen Typ korreliert, einer wichtigen Entwicklungsaufgabe der Pubertätsphase, so dass es plausibel erscheint, hier eine Zuweisung zum Curriculum der Mittelstufe vorzunehmen. Die anderen beiden Typen zeichnen sich demgegenüber durch kompliziertere Denkleistungen im Bereich der Metakognition aus; Episoden des eigenen Lebens werden hier nicht mehr nur kritisch durchdacht, sondern auch die Kritik selbst wird noch einmal einer Reflexion unterzogen. Es liegt angesichts des besonderen Schwierigkeitsgrades dieser Operationen wohl nahe, sie v. a. in den Unterricht der Oberstufe zu integrieren (vgl. konkrete Übungsaufgaben und Typen-Zuordnungen in Kapitel 4.3.4).

Abschließend ist an dieser Stelle allerdings zu verdeutlichen, dass Rüsens Modell keine strenge entwicklungspsychologische Abfolge verschiedener »Stufen« beschreibt, sondern vielmehr nebeneinander fortbestehende, in konkreten Erzählungen mitunter auch ineinander übergehende »Typen« der autobiografischen Selbst- und Sinndeutung.[559] Daher kann ihr reflektierter, situativ variabler Einsatz als wesentliches Merkmal einer kompetenten Produktion und Rezeption autobiografischer Erzählungen angenommen werden.

An anderer Stelle wurde in diesem Zusammenhang die Konzeption einer *Autobiografischen Narrationskompetenz* vorgestellt,[560] die im fachdidaktischen Diskurs bereits positiv aufgegriffen worden ist.[561] Nun steht der Kompetenzbegriff nach derzeitiger bildungspolitischer Lage zwar nicht zur Disposition. Er ist aber in einer breiteren Öffentlichkeit, ebenso wie in der Fachdidaktik, auch nicht unumstritten. Es bedarf daher nachfolgend zunächst einer Sondierung der entsprechenden Debatten, die in den aktuellen Bildungsplänen nicht unberücksichtigt geblieben sind, um geeignete Vorschläge zur curricularen Integration autobiografischer Erzählungen in den Unterricht der philosophischen Fächergruppe zu unterbreiten.

4.2. Autobiografisches Philosophieren und Kompetenzorientierung

4.2.1. Kompetenzen in der aktuellen Diskussion

Die bildungspolitische Leitidee einer konsequenten Orientierung schulischer Lernprozesse an Kompetenzen ist in Deutschland als Reaktion auf das vergleichsweise schlechte Abschneiden in der ersten PSIA-Studie, die auf die Jahre 2000 und 2001 zurückgeht, zu verstehen. Die Kultusministerkonferenz hatte seinerzeit auf die Ergebnisse dieser Untersuchung mit dem Beschluss reagiert, in allen Bundesländern kompetenzorientierte Bildungspläne zu formulieren. Sie hatte sich dabei auf eine Expertise des Erziehungswissenschaftlers Eckhard Klieme gestützt, die sich ihrerseits am psychologischen Kompetenzbegriff Franz E. Weinerts orientierte.[562] Dieser versteht eine Kompetenz als »die bei Individuen verfügbaren oder durch sie erlernbaren kognitiven Fähigkeiten und Fertigkeiten, um bestimmte Probleme zu lösen«, wobei auch die entsprechenden »motivationalen, volitionalen und sozialen Bereitschaften und

559 Vgl. u. a. Jörn Rüsen: Lebendige Geschichte. A. a. O. (wie Anm. 537), S. 57.

560 Vgl. Volker Haase: Autobiografische Narrationskompetenz. A. a. O. (wie Anm. 2).

561 Vgl. Christa Runtenberg: Philosophiedidaktik. Lehren und Lernen. Paderborn: Fink 2016, S. 105 f. Klaus Blesenkemper [u. a.] (Hrsg.): Endbericht der Praxissemester-Fachgruppe »Philosophie/Praktische Philosophie (PI/PP). Münster: Philosophisches Seminar 2014, S. 16.

562 Vgl. Eckhard Klieme [u. a.]: Zur Entwicklung nationaler Bildungsstandards. Expertise. Bonn; Berlin: Bundesministerium für Bildung und Forschung 2003. Unveränderter Nachdruck 2009, S. 72. Auf: https://www.bmbf.de/pub/Bildungsforschung_Band_1.pdf. Zugriff: 20.04.2017.

Fähigkeiten« mitzuberücksichtigen sind, die dazu beitragen, »Problemlösungen in variablen Situationen erfolgreich und verantwortungsvoll nutzen zu können«.[563]

Ganz neu war diese Sichtweise zum damaligen Zeitpunkt allerdings nicht, wie v. a. ein Blick auf die »Beiträge zur kritisch-konstruktiven Didaktik« Wolfgang Klafkis zeigt. Ein noch früheres Kompetenz-Modell ist zudem in der »Pädagogischen Anthropologie« Heinrich Roths nachweisbar.[564] Diese Vorstöße waren schulpolitisch allerdings vergleichsweise folgenlos geblieben.[565] Herausfordernder wirkte ihnen gegenüber das nach dem PISA-Schock installierte Kompetenzparadigma nicht zuletzt aufgrund seiner weitreichenden *Output-Orientierung* und *Standardisierung*. Lernerfolge liegen nach diesem Verständnis dann vor, wenn die als Entwicklungsziele definierten Kompetenzen über entsprechende Aufgabenstellungen trennscharf voneinander nachgewiesen werden können. Zugleich sind diese so zu konstruieren, dass der Zielerreichungsgrad mit quantifizierenden Methoden möglichst exakt gemessen werden kann. Dabei sollen zumindest in bestimmten Bereichen nicht nur Feststellungen verschiedener Leistungsniveaus in der jeweiligen Lerngruppe möglich sein, sondern auch Aussagen über den Leistungsstand im Maßstab des jeweiligen Bundeslandes und darüber hinaus im nationalen und internationalen Vergleich.[566]

Im Ganzen geht es bei dieser Ausrichtung nicht allein um eine zuverlässigere schulische Qualifikation der Heranwachsenden angesichts sich wandelnder Anforderungen auf den Arbeitsmärkten, sondern auch um die möglichst effiziente Nutzung der Ressourcen, die die Bildungspolitik im Rahmen der staatlichen Haushaltsausgaben bereitstellt. Dass inzwischen insbesondere der geistes- und kulturwissenschaftliche Bereich an den Schulen und Hochschulen durch einen so vordergründigen Primat des Wirtschaftlichen weltweit in ernsthafte Gefahr geraten sei, betont u. a. die prominente US-amerikanische Philosophin Martha Nussbaum. Sie hält diese Entwicklung für besonders fatal, weil ihrer Meinung nach v. a. die *Humanities* jene persönlichkeitsbildenden Wirkungen fördern, die für den Fortbestand von Demokratien existenziell sind.[567] Gerade in dieser Hinsicht geht es Nussbaum allerdings nicht um eine Ablehnung des Kompetenzgedankens an sich,[568] was ihr die Kritik eingebracht hat, dass sie

563 Franz E. Weinert: Vergleichende Leistungsmessung in Schulen – eine umstrittene Selbstverständlichkeit. In: Derselbe (Hrsg.): Leistungsmessungen in Schulen. Weinheim und Basel: Beltz 2001, S. 17–31; hier: S. 27 f.

564 Vgl. Heinrich Roth: Pädagogische Anthropologie. Bd. 2. Hannover: Schroedel 1971; zur Grundidee dort: S. 180.

565 Vgl. Jürgen Rekus: Kompetenz – ein neuer Bildungsbegriff? In: engagement. Zeitschrift für Erziehung und Schule. H. 3/2007, S. 155–160; hier: S. 156.

566 Zur Erläuterung und kritischen Überprüfung des Output-Konzeptes aus pädagogischer Sicht vgl. Helmut Heid: Was vermag die Standardisierung wünschenswerter Lernoutputs zur Qualitätsverbesserung des Bildungswesens beizutragen? In: Dietrich Benner (Hrsg.): Bildungsstandards. Instrumente zur Qualitätssicherung im Bildungswesen. Chancen und Grenzen – Beispiele und Perspektiven. Paderborn: Schöningh 2007, S. 29–48.

567 Vgl. Martha Nussbaum: Nicht für den Profit! Warum Demokratie Bildung braucht. Müllheim: Tibia [2]2016.

568 Vgl. Volker Haase: Warum sich Kompetenzen und philosophische Bildung nicht ausschließen. In: ZDPE. H. 4/2016, S. 56–62; hier: S. 57.

den Sinn der Geistes- und Kulturwissenschaften letztlich mit derselben instrumentellen Vernunft rechtfertige, die sie der Ökonomie vorwirft.[569]

Die Pauschalität solcher Urteile kann als Anzeichen für die Emotionalität verstanden werden kann, mit der die Debatte um das Kompetenzparadigma seit über einem Jahrzehnt auch im deutschsprachigen Raum ausgetragen wird. Nussbaums vielbeachtete Analyse fällt demgegenüber differenzierter aus, indem sie in der von ihr diagnostizierten Erosion von Bildung und gesellschaftlichen Selbstheilungskräften v. a. das Resultat einer zu durchgängig und alternativlos gehandhabten Output-Orientierung erkennt. Entsprechend sieht sie einen besonderen Wert philosophisch-kulturwissenschaftlicher Bildung zwar gerade auch in der Vermittlung von Fähigkeiten, wobei sich diese aber eben nicht bis ins Letzte in Form standardisierter Aufgaben erwerben und nachweisen lassen. Namentlich geht es ihr hier um die Ausbildung von Formen der Selbstreflexion und der Wahrnehmung von Alterität, um Empathie und Perspektivenwechsel als Grundlagen humaner Lebensgestaltung und um die Möglichkeit, aktuellen gesellschaftlichen Problemlagen, aber auch existenziellen Herausforderungen mit eigenen Urteilsbildungen gegenüberzutreten. Dabei legt insbesondere das zuerst genannte Ziel eine curriculare Integration der Beschäftigung mit autobiografischem Erzählen nahe.

Ebenso wie in der größeren gesellschaftlichen Debatte ist es im fachdidaktischen Diskurs die streng angewendete Output- und Standardisierungslogik, die am aktuellen Kompetenzparadigma am meisten provoziert. Volker Steenblock erkennt in ihr einen »gedankenlosen Positivismus«,[570] der sich in einer geradezu kartellhaften Zusammenarbeit von Schulforschung, Bildungspolitik und Wirtschaft verdichtet und das eigentliche Ziel eines wohlverstandenen Philosophie- und Ethikunterrichtes zwangsläufig verfehlt. Dieses charakterisiert er, von einem hermeneutischen Standpunkt aus, als essenziellen »gemeinsame[n] Orientierungsprozess«, der durch »Übernahme- wie Abarbeitungs-, Widerspruchs- und Irritationsvorgänge« getragen wird, welche allesamt »im ›Output‹ gleichsam verschwinden«.[571] Im Umkehrschluss würde die Kompetenzorientierung ohne diese Fixierung nicht auf den vielfach bekundeten Paradigmenwechsel, sondern nur auf eine neue Rhetorik hinauslaufen, mit der sich eine an sich weitgehend unveränderte Unterrichtspraxis beschreiben ließe.[572]

Gegenüber solchen Einschätzungen, denen zufolge die nach PISA implementierten Bildungspläne entweder keinen erkennbaren Nutzen oder sogar einen sichtlichen

569 Vgl. Konrad Paul Liessmann: Martha C. Nussbaum: »Not for profit! Why democracy needs the humanities". Rezension in: Frankfurter Allgemeine Zeitung, 12.08.2010, S. 32.

570 Vgl. Volker Steenblock: Der lebendige Raum der Didaktik und der Sinn des Philosophieunterrichts. In: ZDPE. H. 4/2016, S. 63–69; hier: S. 67.

571 Vgl. ebenda, S. 68. Vgl. derselbe: Philosophie und Lebenswelt. Hannover: Siebert 2012, S. 141–166.

572 Vgl. Hans-Gerhard Neugebauer: Wie viel Sinn hat die Kompetenzrhetorik? Überlegungen aus Anlass des Kernlehrplans Philosophie NRW. In: ZDPE. H. 4/2016, S. 8–13.

Schaden für die Qualität des Philosophie- und Ethikunterrichtes bedeuten müssten, ist es andernorts v. a. *ein* vermeintlicher Vorteil, der der Kompetenzorientierung zugutegehalten wird:

> »Der Mehrwert einer kompetenzorientierten Formulierung der Lehrpläne wird oftmals in einem veränderten Verständnis fachlicher Inhalte gesehen. Dahinter steht offenbar das Bild, dass in den vergangenen Lehrplänen und in der Unterrichtspraxis zu viel Wert auf das Wissen über bestimmte Fachinhalte (also z. B. Wissen über den Utilitarismus und über die Kantische Position) und zu wenig Wert darauf gelegt wurde, wie mit dieser spezifischen Art des Wissens umgegangen werden kann (z. B. indem kritische Einwände gegen den Utilitarismus formuliert werden können).«[573]

Auch hierin sehen Kritiker allerdings keinen substanziellen Gewinn, wenn sie etwa darauf verweisen, dass Lehrkräfte, die bei ihrer Planung dem fachdidaktischen Paradigma der *Problemorientierung* folgen, auch ohne Kompetenzformulierungen in der charakterisierten Weise zum Nach- und Selbstdenken anregen würden.[574] Nicht so leicht von der Hand zu weisen ist allerdings die Wahrnehmung, dass seit der Einführung kompetenzorientierter Bildungspläne in den Schulen mehr Bewusstsein dafür besteht, an welche besonderen Bedingungen der Erwerb methodischer Fähigkeiten und Fertigkeiten geknüpft ist. In diesem Bereich erweist sich offensichtlich gerade die Output-Logik als instruktiver gegenüber vergleichbaren Bestrebungen seit den 1970er-Jahren:[575]

> »Bei einer ernstgenommenen *Output-Orientierung* müsste die Lehrkraft [...] den Erfolg ihrer Unterrichtsbemühungen [...] an der Frage messen, woran sie empirisch erkennen will, dass die Lerngruppe [z. B.] im Bereich der moralisch-ethischen Argumentierens tatsächlich vorangekommen ist. Über bloße Spekulationen, Geschmacksurteile und Pygmalioneffekte gehen Antworten auf diese Fragen v. a. dann hinaus, wenn konkrete Methoden (wie z. B. der *Fünfsatz*, das *Toulmin-Schema* oder die *Amerikanische Debatte*) eingeführt und für ihre gelungene Anwendung distinkte Gütekriterien vereinbart werden. Ferner ist es dann unverzichtbar, den Schülerinnen und Schülern genügend Zeit für ein bewusstes, selbständiges Einüben

573 Kirsten Meyer: Kompetenzorientierung. In: Julian Nida-Rümelin; Irina Spiegel; Markus Tiedemann (Hrsg.): Handbuch Philosophie und Ethik. Bd. 1. A. a. O. (wie Anm. 16), S. 104–113; hier: S. 108. [Hervorhebungen im Original.]

574 Vgl. ebenda. Carlo Schultheiss; Markus Andries: Ein »dritter Weg« in der Philosophie- und Ethikdidaktik. Problemorientierter Philosophie- und Ethikunterricht zwischen klassischem Bildungsdenken und strikter Kompetenzorientierung. In: ZDPE. H. 4/2016, S. 28–38.

575 Vgl. Volker Haase: Warum sich Kompetenzen und philosophische Bildung nicht ausschließen. In: ZDPE. H. 4/2016, S. 56–62; hier: S. 58 f.

am jeweiligen Unterrichtsgegenstand und für eine kritische Reflexion des Nutzens und der Nachteile der kennengelernten Technik zur Verfügung zu stellen.«[576]

Eine Festlegung dieser Art muss nicht notwendigerweise auf eine neoliberale Vereinnahmung der Schülerinnen und Schüler hinauslaufen, sofern es bevorzugt Methoden des eigenständigen Denkens und kritischen Urteilens sind, die im philosophischen Schulunterricht gefördert werden.[577]

Gegenüber solchen punktuellen Aufwertungen des Kompetenzparadigmas besteht das elaborierteste Plädoyer für seine konsequente Durchsetzung im Philosophie- und Ethikunterricht in einer Monografie Anita Röschs. Diese orientiert sich ihrerseits am sog. *Lernkompetenzquadrat*, das Roths Unterscheidung zwischen *Sach-*, *Selbst-* und *Sozialkompetenz* aufgreift,[578] um den Bereich einer *methodischen Kompetenz* ergänzt und in dieser Form auch der Konzeption verschiedener Bildungspläne nach dem Jahr 2000 zugrunde lag.[579] Insgesamt umfasst Röschs Modell sechzehn verschiedene, mehr oder weniger komplex zusammengesetzte Kompetenzen auf jeweils drei Anforderungsstufen, für die stets noch einmal zwei Teilniveaus unterschieden werden. Dabei wird jede dieser Kompetenzen als spezifisches Zusammenspiel einzelner Fähigkeiten und Fertigkeiten in den oben genannten vier Kompetenz-Dimensionen verstanden.

An dieser Initiative ist von fachdidaktischer Seite v. a. bemängelt worden, dass sie nicht nur fachspezifische Kompetenzen, sondern auch solche Fähigkeiten und Fertigkeiten in den Blick nehmen würde, die ebenso gut in anderen Fächern gefördert werden könnten.[580] Außerdem wurde ihr gegenüber eine Kritik vorgebracht, die auch der Kompetenzorientierung in den ersten Bildungsplänen nach PISA generell galt und darin bestand, dass der Bildungswert philosophischen Wissens zu stark in den Hintergrund gedrängt werden würde.[581] Hinterfragt wurde ferner »angesichts solcher umfangreichen Kataloge«, wie von Rösch präsentiert, »welche Prioritäten gesetzt und wie der Unterricht aufgebaut werden soll, wenn doch zweifellos alle diese Kompetenzen [...] es wert sind, so weit wie möglich ausgebildet zu werden«.[582] Angemerkt wurde in diesem Zusammenhang schließlich auch, dass eine mangelnde Trennschärfe

576 Ebenda, S. 59. [Hervorhebungen im Original.]

577 Vgl. ebenda. Zum emanzipatorischen Anspruch des Philosophie- und Ethikunterrichtes vgl. Markus Tiedemann: Ethische Orientierung in der Moderne – Was kann philosophische Bildung leisten? In: Derselbe; Julian Nida-Rümelin; Irina Spiegel: Handbuch Philosophie und Ethik. Bd. 1. A. a. O. (wie Anm. 16), S. 23–29.

578 Vgl. Heinrich Roth: A. a. O. (wie Anm. 564), konkret zur Sachkompetenz: S. 456–476; zur Selbstkompetenz: 539–588; zur Sozialkompetenz: 477–539.

579 Vgl. Anita Rösch: Kompetenzorientierung im Philosophie- und Ethikunterricht. A. a. O. (wie Anm. 53), S. 34 f.

580 Kirsten Meyer: Kompetenzorientierung. A. a. O. (wie Anm. 573), S. 107 f.

581 Vgl. u. a. Markus Tiedemann: Kompetenzorientierung, oder: Vom Tanz um nackte Kaiser. In: ZDPE. H. 4/2016, S. 69–75; hier: S. 70 f.

582 Vgl. Matthias Tichy: Lehrbarkeit der Philosophie und philosophische Kompetenzen. In: Jonas Pfister; Peter Zimmermann (Hrsg.): Neues Handbuch des Philosophieunterrichts. Bern: Haupt 2016, S. 43–60; hier: S. 53.

zwischen den vergleichsweise komplex zusammengesetzten Kompetenzen untereinander nicht unbedingt zu größerer Übersichtlichkeit beitragen würde.[583]

Für Rösch ließe sich andererseits argumentieren, dass eine Gewichtung zwischen fachübergreifenden und fachspezifischen Kompetenzen in ähnlich plausibler Weise möglich wäre, wie dies Rohbeck gelingt (vgl. Kapitel 4.3.1), und dass die hohe Zahl der in verschiedenen Kompetenzen wiederkehrenden Teilfähigkeiten einem lernpsychologischen Realismus geschuldet sei, während jedes reduktionistischere Vorgehen an dieser Stelle die Lehrkräfte auch mehr oder weniger um Chancen bei der individuellen Diagnose und Förderung bringen würde.

Dennoch sind die angeführten Einwände für den fachdidaktischen Trend offenbar maßgeblich. Immerhin bescheiden sich alle anderen Vorschläge zur Etablierung einer Kompetenzorientierung im Philosophie- und Ethikunterricht auf die Skizzierung deutlich schlankerer Modelle. Dabei handelt es sich v. a. um Überlegungen im Bereich der methodischen Kompetenz, wobei entweder Methoden in den Blick genommen werden, deren Verwendung nach der Auffassung der Autoren bereits selbst Philosophieren bedeutet, oder solche, die als Grundlage für gelingende philosophische Reflexionen im eigentlichen Sinn verstanden werden.[584] Bei aller Unterschiedlichkeit dieser Überlegungen im Einzelnen, die sich nicht zuletzt aus divergierenden Verständnissen des Methoden-Begriffs ergeben (vgl. Kapitel 4.3.1), zeichnet sich hier der Wille zu mehr Elementarität ab, der v. a. auch die Einsicht betont, dass jedes philosophierende Tätigsein primär an genuin philosophische Inhalte und Problemstellungen gebunden ist.

Vergleichbaren Überlegungen ist offenbar auch die zweite Bildungsplangeneration nach PISA verpflichtet.[585] Entsprechend geht z. B. der baden-württembergische Bildungsplan für das Schulfach Ethik an Gymnasien, der seit September 2016 implementiert wird, nur noch von einem Kompetenz-Modell mit zwei Dimensionen aus, wobei die Rolle der sog. *inhaltsbezogenen Kompetenzen*, i. S. eines verfügbaren philosophischen Orientierungswissens, »angesichts der wissenschaftlich-technischen, gesellschaftlichen und kulturellen Veränderungen und der damit einhergehenden Unübersichtlichkeit« stark hervorgehoben wird.[586] Ferner wird die konkrete Festlegung von Standards in beiden Kompetenzbereichen nach Auffassung des Autorenteams durch eine konsequente Ausrichtung an den *Leitbegriffen* der Freiheit, der Gerechtigkeit und der Verantwortung legitimiert, die als zentrale gesellschaftliche Werte ebenso verstanden werden,[587] wie sie etwa auch Nida-Rümelin i. S. eines »erneuerten Humanismus«

583 Vgl. ebenda.

584 Vgl. einen entsprechenden Überblick ebenda, S. 52 f.

585 Vgl. Kirsten Meyer: Kompetenzorientierung. A. a. O. (wie Anm. 573), S. 108.

586 Vgl. Ministerium für Kultus, Jugend und Sport Baden-Württemberg (Hrsg.): Bildungsplan des Gymnasiums. Bildungsplan 2016. In: Kultus und Unterricht. Az. 32–6510.20/370/292 vom 23.03.2016. Auf: http://www.bildungsplaene-bw.de/,Lde/LS/BP2016BW/ALLG/GYM/ETH. Zugriff: 10.07.2017, S. 3.

587 Vgl. ebenda, S. 4.

geltend macht.[588] Namentlich in Bezug auf den zuerst genannten Begriff wird auch eine curriculare Sonderstellung des Faches Ethik beansprucht, die darin bestünde, dass eine eigene, pädagogische Kompetenzdefinition zur Anwendung komme, die die Output-Logik relativiert:

> »Diesem Kompetenzbegriff zufolge dient der Erwerb von Kompetenzen nicht primär der Leistungsmessung, sondern der Erschließung der Welt durch die Schülerinnen und Schüler und ihrer Unterstützung bei dem Prozess des Autonom-Werdens.«[589]

Auf diese Weise werden Lernprozesse nicht von vornherein ausgeschlossen, die von Entwicklungszielen bestimmt werden, welche sich nicht als konkrete Fähigkeiten sowie über distinkte Aufgabenformate und Anforderungsstufen definieren lassen, und die nach fachdidaktischer Einschätzung durchaus auch eine Relevanz für philosophische Bildungsprozesse haben:

> »Dies gilt zum Beispiel für die Beförderung der intellektuellen Neugier, des philosophischen Staunens, der Freude am Philosophieren, sowie der Bereitschaft, vermeintliche Gewissheiten in Frage zu stellen. Denn werden diese Ziele erreicht, dann haben die Schülerinnen und Schüler nicht die Fähigkeit der intellektuellen Neugier erworben, sondern diese Neugier selbst. Ebenso haben sie nicht bloß die Fähigkeit erworben, Gewissheiten kritisch in Frage stellen zu können, sondern möglicherweise auch die Bereitschaft ebendies zu tun.«[590]

Wenn der hier in Betracht kommende Erwerb von persönlichen Einstellungen in den sog. Leitperspektiven aufgeht, folgt das der lernpsychologisch zweifelsfrei realistischen Einschätzung, dass sich Haltungen und Handlungsbereitschaften allenfalls langfristig ergeben können und dass sich Lernprozesse in diesem Bereich nicht so elementar planen lassen wie etwa die Vermittlung von Sachwissen oder das Einüben bestimmter Methoden. Entsprechend liegt auch die Schlussfolgerung nahe, dass es in der neu konzipierten Dimension der *prozessbezogenen Kompetenzen* v. a. um die Vermittlung methodischer Fertigkeiten ginge.

Tatsächlich bestehen mit der Unterteilung in die Facetten »Wahrnehmen und sich hineinversetzen«, »Analysieren und interpretieren«, »Argumentieren und reflek-

588 Vgl. Julian Nida-Rümelin: Bildungsziele des erneuerten Humanismus. In: Derselbe; Markus Tiedemann; Irina Spiegel (Hrsg.): A. a. O. (wie Anm. 16), S. 18–22.

589 Vgl. Marcel Remme: Kompetenzorientierter Ethikunterricht bildet! Zum Kompetenzbegriff der neuen baden-württembergischen Bildungspläne Ethik. In: ZDPE. H. 4/2016, S. 25–28; hier: S. 26.

590 Kirsten Meyer: Kompetenzorientierung. A. a. O. (wie Anm. 573), S. 109 f.

tieren« sowie »Beurteilen und (sich) entscheiden« erkennbare Schnittmengen mit bestimmten fachdidaktischen Vorschlägen für die curriculare Gestaltung methodischen Lernens im Unterricht der philosophischen Fächergruppe.[591] Es lässt sich daher aber auch eine bestimmte Kritik, die gegen diese Überlegungen vorgebracht werden kann, auf den zitierten Bildungsplan beziehen. Diese lautet, dass solche Bestimmungen des methodischen Kompetenzerwerbes, ohne eine darüber hinausgehende Angabe konkreter, von den Lernenden in unterschiedlichen situativen Kontexten selbst erneut anwendbarer Verfahren, nur begrenzt instruktiv sind.

In der Tat finden sich innerhalb der 31 Fähigkeiten, die in der besagten Dimension ohne Differenzierung nach Klassenstufen aufgezählt werden, lediglich fünf klare Verweise auf solche Verfahren, die in Rollenspielen, Fallanalysen, Gedankenexperimenten, Dilemmadiskussionen sowie im Perspektivenwechsel bestehen. In der Folge gehen die vorgeschlagenen vier Facetten nicht nennenswert über jene grundsätzlichen Verhaltensweisen im Umgang mit Wissen hinaus, die auch vor PISA schon i. S. der sog. *Anforderungsbereiche* praktiziert worden sind. Anhand der für letztere jeweils charakteristischen *Operatoren*, die auch im zitierten Bildungsplan verwendet werden, lässt sich entsprechend die Facette »Wahrnehmen und sich hineinversetzen« mit dem Anforderungsbereich I gleichsetzen, während »Analysieren und interpretieren« dem Anforderungsbereich II entspricht und der Anforderungsbereich III durch »Argumentieren und reflektieren« sowie »Beurteilen und (sich) entscheiden« repräsentiert wird.

Von den inhaltsbezogenen Kompetenzen, die ebenfalls mit Hilfe von Operatoren formuliert sind, unterscheiden sich die prozessbezogenen Kompetenzen dann oftmals nur durch eine abstraktere Formulierung. So heißt es etwa in der zuerst genannten Dimension, dass die Schülerinnen und Schüler in der Klassenstufe 7 und 8 »Formen der Freiheit bestimmen und voneinander abgrenzen« können sollen.[592] Um die konkreten Inhalte bereinigt, entspricht dies im Bereich der prozessbezogenen Kompetenzen dann der Vorgabe, dass die Lerngruppen »zentrale Begriffe der Ethik erläutern, voneinander abgrenzen und bestimmen«.[593] Und wenn die Schülerinnen und Schüler der Kursstufe »die Bedeutung der Menschenrechte und die Achtung der Menschenwürde für ein gerechtes Leben bewerten« können sollen,[594] so handelt es sich auch hier nur um eine inhaltliche Konkretisierung jener anderen Formulierung, nach der »die Geltungsansprüche von leitenden Prinzipien und Regeln hinsichtlich ethischer Fragen und Problemstellungen kritisch [zu] prüfen und [zu] erörtern« seien.[595]

591 Vgl. Ministerium für Kultus, Jugend und Sport Baden-Württemberg (Hrsg.): Bildungsplan des Gymnasiums. Bildungsplan 2016. A. a. O. (wie Anm. 586), S. 10–12. Vgl. Matthias Tichy: Lehrbarkeit der Philosophie und philosophische Kompetenzen. A. a. O. (wie Anm. 582), S. 53.

592 Vgl. ebenda, S. 14.

593 Vgl. ebenda, S. 10.

594 Vgl. ebenda, S. 34.

595 Vgl. ebenda, S. 11.

Im Ergebnis sind die Ausführungen zu den prozessbezogenen Kompetenzen gegenüber den inhaltsbezogenen Kompetenzen verschiedentlich nichts anderes als redundant. Weil die Arbeit an dem zitierten Bildungsplan andererseits glaubhaft von dem Bemühen getragen war, kritische Reflexionen der Kompetenzorientierung von Seiten der Fachdidaktik aufzunehmen, verweist dieses Problem nicht zuletzt auf deren eigene konzeptionelle Uneinigkeit in der Frage, was unter Methoden im Philosophie- und Ethikunterricht verstanden werden soll. Diese Frage ist auch im Rahmen der vorliegenden Arbeit zu beantworten, um das bereits vorliegende Modell der *Autobiografischen Narrationskompetenz* fortzuführen. Indem hier mit einer Erweiterung der methodischen Kompetenz-Dimension, deutlicher als bisher, fachphilosophisch fundierte Verfahren berücksichtigt werden, eröffnet sich auch die Chance, eine weitgehende Beschränkung auf den Bereich einer philosophisch reflektierten Lebenskunst hinter sich zu lassen und Potenziale des autobiografischen Erzählens für ein Philosophieren im weiteren Sinn zu erschließen. Autobiografische Narrationskompetenz geht damit über in *Autobiografisches Philosophieren* (vgl. Kapitel 4.3).

Der dargestellte Stand der fachdidaktischen Diskussion und curricularen Entwicklung legt aber noch eine zweite Erweiterung des Modells der Autobiografischen Narrationskompetenz nahe. Der Einsicht folgend, dass Unterricht nicht nur durch besondere methodische Formen der Welt- und Problemerschließung, sondern primär durch die Auswahl entsprechender Fragestellungen und Inhalte philosophisch wird, gilt es auch, die Dimension der Sachkompetenz noch deutlicher auf genuin philosophische bzw. ethische Gegenstände und Materialien hin auszurichten (vgl. Kapitel 4.2.3). Vorab wird, zur besseren Nachvollziehbarkeit, das Modell in seiner bisherigen Fassung noch einmal kurz dargestellt.

4.2.2. Autobiografische Narrationskompetenz

Das Modell der Autobiografischen Narrationskompetenz wurde im Jahr 2013 in den fachdidaktischen Diskurs eingeführt.[596] Entwickelt wurde das Konstrukt in enger Orientierung am sog. Lernkompetenzquadrat (vgl. Kapitel 4.2.1). Wie schon beschrieben, sind komplexere Kompetenzen nach diesem Verständnis als Wirkungszusammenhang spezifischer Teilfähigkeiten in den Dimensionen der Sach-, Methoden-, Selbst- und Sozialkompetenz zu verstehen. Dass es sich beim autobiografischen Erzählen, das kulturell eingespielten formalen Standards ebenso genügt wie der Realisierung einschlägiger Funktionen, um die Anwendung einer solchermaßen komplexen Fähigkeit

596 Vgl. Volker Haase: Autobiografische Narrationskompetenz. A. a. O. (wie Anm. 2).

handelt, dürfte sich im Kapitel 3 sowie im Unterkapitel 4.1 der vorliegenden Arbeit hinreichend gezeigt haben. Zur ersten der genannten Dimensionen heißt es bei Haase:

> »Auf der Sachebene wird die Hervorbringung von eigenen und die Beschäftigung mit fremden autobiografischen Narrationen zunächst ein Wissen benötigen oder andernfalls hervorbringen, dass sich auf die Fragen nach der Struktur einer intersubjektiv verständlichen und bedeutsam erscheinenden Erzählung und nach geeigneten Textsorten der Selbstbeschreibung bezieht. Ferner können bestimmte topisch verwendete Darstellungs- oder ›Deutungsmuster‹, wie zum Beispiel die Inszenierung der Autobiografie als Bekenntnis in der Traditionslinie Augustinus' und Rousseaus, von Interesse sein. [...] Ferner kann im Unterricht auch das experimentelle Spiel mit den evaluativen Ausrichtungen der Stabilitäts-, Progressions- und Regressionserzählung den prinzipiellen Konstruktcharakter der narrativen Selbstdarstellung verdeutlichen. Es empfiehlt sich dabei selbstredend, nicht sogleich das Leben der Schülerinnen und Schüler, sondern vorerst die Erinnerungen prominenter Persönlichkeiten und literarischer Figuren einer gemeinsamen Diskussion zu unterziehen.«[597]

Über solche Erkenntnisse im Bereich der Theorie des autobiografischen Erzählens i. e. S. geht Haase noch hinaus, indem er fordert, auch lebensphasentypische und milieuspezifische Rollenmuster und Statusvorstellungen, die im Rahmen der Sozialisation erworben werden, in die Auseinandersetzung mit Autobiografien mit einzubeziehen.[598] Bzgl. möglicher Lernfortschritte im Bereich der Selbstkompetenz wird daraufhin ein besonderes Potenzial betont, das nach Auskunft des zitierten Textes in der Hervorbringung persönlicher Erinnerungen und Zukunftsvorstellungen der Schülerinnen und Schüler begründet liegt:

> »Dabei kann durch die Anschlussfrage, ob oder bis zu welchem Grad das eigene Leben wirklich planbar ist, Kontingenzbewusstsein entstehen. Zugleich ist es möglich, von solchen retrospektiven Spiegelungen und prospektiven Entwürfen auf aktuelle Einstellungen und Haltungen, Wünsche und Bedürfnisse sowie auf Entwicklungsaufgaben, die das Selbstverständnis bestimmen, zu schließen. Überlegungen dazu, woher diese Ausrichtungen der eigenen Persönlichkeit kommen, werden zudem auf Introjekte in der Form unbewusst internalisierter Normen und Werte, aber auch selbst gewählter Vorbilder verweisen.«[599]

597 Volker Haase: Autobiografische Narrationskompetenz. A. a. O. (wie Anm. 2), S. 94 f.
598 Vgl. ebenda, S. 95.
599 Ebenda.

Haase betont hieran anschließend, wie auch schon in dem vorangegangenen Zitat, die besondere Notwendigkeit eines geschützten Kommunikationsrahmens, den er andernorts unterrichtsmethodisch v. a. dahingehend erläutert, dass es den Schülerinnen und Schülern jederzeit freistehen müsse, selbst zu entscheiden, ob sie ihre persönlichen autobiografischen Erzählungen der Öffentlichkeit der Lerngruppe zugänglich machen. Vorgeschlagen wird darüber hinaus, dass phasenweise nur Personen, zwischen denen besondere Vertrauensverhältnisse bestehen, als Reflexionspartner miteinander in einen Austausch treten.[600] Unter dem Vorbehalt solcher Bedingungen hält er auch weitere Entwicklungen im Bereich der Selbstkompetenz, die ihren Ausgangspunkt von zentralen Episoden des bisherigen Lebens von Schülerinnen und Schülern nehmen, für möglich:

> »[Wenn die Lernenden] diese Erzählungen später hinsichtlich ihres evaluativen Gehalts [...] reflektieren, werden sie vermutlich auch erkennen, ob sie sich selbst eher erfolgs- oder misserfolgsorientiert denken. Praktische Versuche der Umerzählung negativ erinnerter Erlebnisse könnten hier u. U. einen Weg zu einer positiveren Selbst- und Lebensauffassung aufzeigen. Im Ganzen kann davon ausgegangenen werden, dass die beschriebenen Denkbewegungen, sofern ein Teil davon in der Lerngruppe öffentlich wird, dazu führen können, Selbst- und Fremdbilder von der eigenen Person miteinander abzugleichen und darüber hinaus auf einer weiteren Stufe der Abstraktion die subjektiven Persönlichkeitstheorien, die sich jeder von uns macht und seinem Handeln und Erleben zugrundelegt, zu explizieren und einer gemeinsamen Diskussion zuzuführen.«[601]

Dass hier Grenzen zum Therapeutischen bestehen, die in der Unterrichtspraxis nicht überschritten werden sollten, wurde weiter oben bereits betont (vgl. Kapitel 1.2). Mit den Ausführungen zur Dimension der Sozialkompetenz geht Haase auf noch weitere Voraussetzungen einer gelingenden Präsentation und Reflexion autobiografischer Erzählungen im Klassenzimmer ein. Entsprechend heißt es in diesem Abschnitt:

> »Die Fähigkeiten zur Empathie und zum Perspektivenwechsel werden in fühlbarer Weise bereits gegeben sein müssen, bevor autobiografisches Erzählen im Klassenzimmer stattfinden kann. Nur auf dieser Basis ist es möglich, über die Herstellung einer vertraulichen Atmosphäre gemeinsam nachzudenken und aktives Zuhören zu trainieren. Die Frage, wie sehr dieser gruppendynamische Prozess vorangeschrit-

600 Vgl. Volker Haase: Selbstkompetenz und autobiografische Narration. A. a. O. (wie Anm. 25), S. 96 sowie verschiedene Beispiele: S. 98 f.

601 Volker Haase: Autobiografische Narrationskompetenz. A. a. O. (wie Anm. 2), S. 96.

ten ist, wird darüber entscheiden, wie offen autobiografiebezogene Ich-, Du- und Wir-Botschaften artikuliert werden können.«[602]

Angesichts der bisherigen Erkenntnisse der vorliegenden Arbeit muss es dabei allerdings nicht schon bleiben. So kann insbesondere aus der Kenntnis von Funktionen autobiografischer Alltagserzählungen heraus (vgl. Kapitel 3.4) eine größere Sensibilität für Bedürfnisse von Gesprächspartnern resultieren und mit entsprechenden Analysen fiktiver oder echter narrativer Sequenzen gefördert werden.

Zuletzt wird auch in der spezifischen Ausstattung der methodischen Dimension eine wichtige Voraussetzung für inhaltlich gewinnbringende Kommunikations- und Reflexionsprozesse im autobiografisch-philosophischen Feld erkannt:

> »Ich denke dabei an Techniken zur Herstellung von Erinnerungen sowie zu ihrer sinnstiftenden Auswahl und Interpretation. Ferner denke ich an bestimmte Gesprächs- und Interviewtechniken zum sichereren Umgang mit fremden autobiografischen Äußerungen und an das Training bestimmter Schreibtechniken, die Reflexionen über das eigene Leben im Rahmen einer philosophischen Untersuchung fruchtbar machen. In dieser Hinsicht kommt für mich, nach entsprechenden Vorübungen, v. a. der Essay in Betracht.«[603]

Während fachdidaktische Konkretisierungen zur Arbeit an eigenen Erinnerungen und zur Gesprächsführung mit Gästen im Ethikunterricht bereits vorliegen,[604] beziehen sich Überlegungen zum Verfassen von Texten mit dezidiert autobiografischen Ausgangspunkten bislang lediglich auf Vorformen des eigentlichen Essays.[605] Das Potenzial eines Philosophierens in und mit autobiografischen Texten ist damit – vor dem Hintergrund der vorangegangenen Kapitel dieser Arbeit – aber in methodischer Hinsicht durchaus noch nicht ausgeschöpft. Bevor entsprechende Erweiterungsmöglichkeiten aufgezeigt werden, sollen im nachfolgenden Unterkapitel aber zunächst Vorschläge zur deutlicheren philosophischen Fundierung der inhaltlichen Dimension innerhalb des Modells der Autobiografischen Narrationskompetenz unterbreitet werden.

602 Ebenda.

603 Ebenda, S. 96 f.

604 Vgl. Margarete Knödler-Pasch: Den Stoff des Lebens sichten – Zur Vielfalt autobiographischen Schreibens. In: ZDPE. H. 2/2012, S. 127–132; hier: S. 130–133. Volker Haase: Betroffenen-Interviews im Ethikunterricht. A. a. O. (wie Anm. 48).

605 Vgl. Anita Rösch: Sprache ist die Kleidung der Gedanken. Vorformen essayistischen Schreibens. In: Ethik & Unterricht 1/2013, S. 40–44; hier: S. 44.

4.2.3. *Vorschläge zum Ausbau inhaltsbezogener Kompetenzen*

Von Kompetenzen kann im Zusammenhang mit Inhalten dann gesprochen werden, wenn die Formulierung entsprechender Ziele unter Verwendung geeigneter Operatoren i. S. von Handlungsorientierungen erfolgt, die über die konkrete Einzelsituationen hinaus nützlich sein können. Im Philosophie- und Ethikunterricht können Unterrichtseinheiten, die dem Phänomen des autobiografischen Erzählens ganz oder auch nur punktuell gewidmet sind, auf dem gegenwärtigen, in der vorliegenden Arbeit referierten Stand der Autobiografieforschung v. a. die nachfolgenden Fähigkeiten fördern.

Die Schülerinnen und Schüler können:

1. verschiedene Bedeutungen des Begriffes der Autobiografie (als praktischer Vollzug, Beschreibung, Interpretation und Inszenierung des eigenen Lebensverlaufes sowie als Präsentations- und Denkmedium des Philosophierens) unterscheiden und hinsichtlich ihrer jeweiligen Plausibilitätsgrenzen bewerten.
2. unterschiedliche Arten des autobiografischen Selbstbezuges (Selbstverantwortung und -bestimmung, Selbsterkenntnis, Selbstfindung, Selbsterfindung und Selbstliebe) unterscheiden, an einschlägigen Textbeispielen der philosophischen Tradition erläutern und bzgl. ihrer Bedeutung als Perspektiven für die eigene Selbstvergewisserung beurteilen.
3. typische Strategien der strategischen Selbstinszenierung (Selbstverteidigung, Selbstbehauptung und Selbstdistanzierung) in autobiografischen Texten identifizieren und ihre gesellschaftliche Bedeutung sowie mögliche Vor- und Nachteile, die sich daraus für den Sprecher bzw. Verfasser selbst ergeben können, erörtern.
4. Möglichkeiten des Philosophierens im Zusammenhang mit autobiografischem Erzählen (didaktischer, modellstiftender und theoriekritischer Selbstbezug, Selbstreduktion, -projektion, -transformation, und -transzendierung sowie Selbstversuch) erläutern, in Texten der philosophischen Tradition erkennen und hinsichtlich ihrer Potenziale und Grenzen für den Erkenntnisgewinn beurteilen.
5. autobiografische Texte auf die Verwendung von Handlungsschemata (im Anschluss an White oder Gergen) analysieren und die Relevanz solcher Erzählstrategien für die Präsentation und Interpretation von Lebensverläufen und für die Erzeugung von Eindrücken der Sinnhaftigkeit reflektieren.
6. weitere typische Gestaltungselemente von Erzählungen (im Anschluss an Genette) in die Analyse von autobiografisch geprägten philosophischen Texten einbeziehen und ihre Bedeutsamkeit für die argumentativ Überzeugungskraft und weitere Wirkungen des Textes beurteilen.

7. Alltagserzählungen bzgl. der Realisierung typischer Funktionen (Identitätsarbeit, soziale Integration, moralische Kommunikation, psychische Funktionen) analysieren, den Stellenwert dieser Funktionen in der eigenen Lebenspraxis reflektieren und das Potenzial der Manipulation von Menschen in sozialen Gruppen aufgrund der kennengelernten Funktionen in exemplarischen Situationen einschätzen.
8. Ratgeberliteratur und entsprechend vermarktete autobiografische Literatur hinsichtlich vermeintlicher Selbstverständigungspotenziale im Rekurs auf die philosophische Tradition autobiografischen Schreibens kritisch beurteilen und dabei insbesondere reduktionistische Tendenzen und fragliche Originalitätsansprüche aufdecken.

4.3. Methodik des Autobiografischen Philosophierens

4.3.1. Methoden im Philosophie- und Ethikunterricht

Die im Kapitel 4.2.1 bereits angesprochene, uneinheitliche und undifferenzierte Verwendung des Methodenbegriffes in fachdidaktischen Publikationen kritisiert u. a. Rohbeck:

> »Wenn von Methoden die Rede ist, werden in der Regel unterschiedliche Verfahrensweisen angesprochen. Dazu zählen etwa: Unterrichtsgespräch, Textarbeit, Begriffsanalyse und Begriffsverwendung, Analyse der Argumentation und argumentieren lernen, Gedankenexperimente verstehen und selber konstruieren, Beispiele zuordnen, Bibliotheksrecherche, Expertenbefragung, Internetrecherche, eigene Texte verfassen, Filme und Bilder einbeziehen, szenische Darstellung und Rollenspiel. Bereits diese Übersicht demonstriert, dass sich solche Unterrichtsmethoden auf verschiedenen Ebenen bewegen. Es vermischen sich Arbeitstechniken, Sozialformen, Medien und Denkmethoden.«[606]

Um zu mehr Deutlichkeit zu verhelfen und zugleich den fachphilosophischen Bezug der Methodik der philosophischen Fächergruppe stärker zu akzentuieren, schlägt Rohbeck eine Unterscheidung zwischen *medialen* und *philosophischen Methoden* vor, wobei er letztere noch einmal in *allgemeine* und *besondere Methoden* einteilt. Der ersten Rubrik ordnet er daraufhin die Textlektüre, das Unterrichtsgespräch und das Verfassen von Texten durch die Schüler selbst zu, während er die Kategorie der all-

606 Johannes Rohbeck: Methoden des Philosophie- und Ethikunterrichts. In: Derselbe: Didaktik der Philosophie und Ethik. A. a. O. (wie Anm. 44), S. 51–71; hier: S. 51.

gemeinen philosophischen Methoden dem Verstehen und Verwenden von Begriffen, Metaphern und Modellen einerseits und dem Argumentieren andererseits vorbehält. Für diese Arbeitsfelder gibt der zitierte Text auch Hinweise auf konkret einsetzbare und z. T. von den Schülerinnen und Schülern selbst erlernbare Techniken und Verfahren. Den besonderen philosophischen Methoden werden daraufhin jene philosophischen *Denkrichtungen* zugeordnet, deren »Transformation« für die Unterrichtspraxis mehrere Publikationen Rohbecks gewidmet sind. Im Unterschied zu den allgemeinen Methoden, die im Philosophie- und Ethikunterricht zwar eine unverzichtbare Rolle spielen, aber auch in anderen Schulfächern praktiziert werden können, versteht er unter ihnen solche, die sich genuin aus wichtigen Strömungen der Philosophie ableiten. Namentlich geht es ihm hier um die Analytische Philosophie, den Konstruktivismus, die Phänomenologie, die Dialektik, die Hermeneutik und die Dekonstruktion, wobei an anderer Stelle die Experimentelle Philosophie ergänzt worden ist.[607]

In seinem Aufsatz »Zehn Arten, einen Text zu lesen« zeigt Rohbeck darüber hinaus, wie diese Denkrichtungen mit Hilfe von entsprechend konzipierten Aufgabenstellungen zu erproben und als Stile, die das Selbst-Denken der Schülerinnen und Schüler beeinflussen können, einzuüben sind.[608] Indem er hier u. a. zwischen objektiver Hermeneutik, intentionalistischer Hermeneutik und Kulturhermeneutik unterscheidet, ist der in jüngerer Zeit vorgebrachte Einwand, dass etwaige »Binnendifferenzierungen der Positionen« notwendigerweise »aus dem Blick geraten« müssten oder eine Überforderung der Schülerinnen und Schüler eintreten würde,[609] eigentlich hinreichend antizipiert. Eine solche Entfaltung von »Tätigkeiten«, die durch entsprechende Aufgaben exemplarisch angeleitet werden können, unternimmt Rohbeck u. a. auch zur Ausschöpfung der »didaktischen Potenziale der sprachanalytischen Methode«:[610]

> »[…] die logische Struktur und die Funktion von Begriffen analysieren (nach Gottlob Frege), den Bedeutungsumfang und die konstitutive Rolle von Begriffen für andere Begriffe erkennen (nach Rudolf Carnap), den Gebrauch der Worte im praktischen Umfeld von Sprachspiel und Lebensform bestimmen (nach Ludwig Wittgenstein), in den Aussagen verschiedene Sprechakte identifizieren (nach John L. Austin), die

607 Vgl. derselbe: Didaktische Transformationen. In: Julian Nida-Rümelin; Irina Spiegel; Markus Tiedemann (Hrsg.): Handbuch Philosophie. Bd. 1. A. a. O. (wie Anm. 16), S. 48–56; hier: S. 53–55. Derselbe: Experimentelle Philosophiedidaktik. In: ZDPE. H. 2/2014, S. 3–9.

608 Vgl. derselbe: Zehn Arten, einen Text zu lesen. A. a. O. (wie Anm. 237).

609 Vgl. diese Kritik bei Philipp Richter: Unterrichtsmethoden in der didaktischen und fachdidaktischen Literatur: Bedeutung und Missverständnisse. In: Derselbe (Hrsg.): Professionell Ethik und Philosophie unterrichten. Ein Arbeitsbuch. Stuttgart: Kohlhammer 2016, S. 51–62; hier: S. 60.

610 Vgl. Johannes Rohbeck: Didaktische Potenziale philosophischer Denkrichtungen. In: Derselbe: Didaktik der Philosophie und Ethik. A. a. O. (wie Anm. 44), S. 75–90; hier: S. 80.

Vieldeutigkeit von Begriffen berücksichtigen (nach Willard V. O. Quine), den Kontext und die Komposition der Begriffe untersuchen (nach Donald Davidson).«[611]

Allerdings war die Wirkung dieses Impulses zur Klärung des Methodenbegriffes nicht ganz durchschlagend. So wird z. B. in einer erst kürzlich erschienenen Publikation im Zusammenhang mit den Ergebnissen des Transformationsprojektes nicht etwa von besonderen philosophischen Methoden gesprochen, wie von Rohbeck selbst vorgeschlagen, sondern gerade von »allgemeinen«.[612] Maßgeblich für diese Umbenennung war möglicherweise der Eindruck, dass die von Rohbeck angeregten Transformationen nicht das Konkretisierungsniveau klar geregelter Verfahren aufweisen, wie sie Wittschier u. a. für die Arbeit mit Texten zusammengestellt hat und wie sie Rohbeck auch selbst den Bereichen der medialen und allgemeinen philosophischen Methoden zuordnet.[613]

Einen Vorschlag Klaus Drakens aufgreifend, können solche Verfahren zur Erreichung größerer terminologischer Klarheit *Arbeitsmethoden* genannt werden, während die von Rohbeck sog. besonderen philosophischen Methoden, um Missverständnisse wie das oben dargestellte zu vermeiden, synonym auch als *Denkmethoden* bezeichnet werden können. Ferner dürfte sich auch die bei Draken aufzufindende Anregung als sinnvoll erweisen, *Unterrichtsmethoden* nicht als Sammelbegriff für alle im Unterricht praktizierten Methoden zu verstehen, sondern für jene Lernformen zu reservieren, die – wie etwa Projektarbeit oder Stationenlernen – der »Organisation wirksamer Prozesse« innerhalb der Philosophie- oder Ethikstunde dienen.[614]

Über die begriffliche Vergewisserung hinaus lässt sich das Obige allerdings nicht widerspruchsfrei auf Rohbecks Ausführungen zur Differenzierung der Rede vom Methodischen in der Didaktik des Philosophie- und Ethikunterrichtes beziehen. Der Grund hierfür besteht darin, dass Drakens »Systematisierung der Methodenebenen« stark auf Martens fokussiert ist, der seinerseits in seiner »Methodik« nicht von der Vielfalt der philosophischen Strömungen in der Gegenwart, sondern von grundlegenden Denkweisen des Philosophierens ausgeht, die bis zur »sokratischen Methodenpraxis und [...] der aristotelischen Methodenreflexion« zurückverfolgt werden können.[615] Mit Martens belässt es Draken entsprechend bei den »fünf Fingern« der phänomenologischen, hermeneutischen, analytischen, dialektischen und spekulativen

611 Ebenda.

612 Vgl. Matthias Tichy: Lehrbarkeit von Philosophie und philosophischen Kompetenzen. A. a. O. (wie Anm. 582), S. 52.

613 Vgl. Michael Wittschier: Textschlüssel Philosophie. 30 Erschließungsmethoden mit Beispielen. München: Patmos 2010.

614 Vgl. Klaus Draken: Metamethoden – Eine fachbezogene Methodenlehre über den Arbeits- und Unterrichtsmethoden. In: Julian Nida-Rümelin; Irina Spiegel; Markus Tiedemann (Hrsg.): Handbuch Philosophie. Bd. 1. A. a. O. (wie Anm. 16), S. 160–170; hier v. a.: S. 161.

615 Vgl. Ekkehard Martens: Methodik des Ethik- und Philosophieunterrichts. A. a. O. (wie Anm. 264), S. 48–55; hier: S. 54.

Denkmethode. Im Unterschied zu Rohbeck stehen diese auch nicht neben Methoden der Arbeit mit bestimmten Medien. Vielmehr dienen letztere der »schulischen Umsetzung philosophischer Denkmethoden«, wobei die konkrete Verfahrensweise mit ihnen von den Arbeitsmethoden bestimmt ist.[616]

Die vorliegende Arbeit orientiert sich im weiteren Verlauf an Rohbecks Klassifikation der Methoden, und zwar aus zwei Gründen. Erstens erfolgt auf diese Weise, anders als bei Martens, eine explizite Würdigung der Denkmethoden der Konstruktion und Dekonstruktion, die für das theoretische Verständnis, aber auch für eine philosophisch reflektierte Praxis des autobiografischen Erzählens, unverzichtbar sind (vgl. Kapitel 2.3.3f, 3.1.2, 3.3.6 und 4.1.4). Zweitens entsprechen aber auch jene Operationen des Philosophierens in autobiografischen Texten, die im Kapitel 2.5 erarbeitet worden sind, genau der Abstraktionsstufe oberhalb konkreter Arbeitsmethoden, die nach Rohbeck das Praktizieren von Denkmethoden im Unterricht ausmachen kann. Ein Vorteil von Vorgaben dieses mittleren Abstraktionsgrades besteht – nach ersten, stärker anleitenden Aufgabenstellungen – darin, dass den Schülerinnen und Schülern beim eigenständigen Philosophieren die notwendige Offenheit gelassen wird, ohne es dabei aber ganz an Instruktivität mangeln zu lassen.

Konkret wird im Folgenden für eine Ergänzung des bisherigen Methoden-Spektrums im Philosophie- und Ethikunterricht um ein Autobiografisches Philosophieren i. S. einer elaborierten medialen Methode plädiert. Diese Forderung ergibt sich zunächst aus einer Kritik an bereits bestehenden philosophischen Schreibpraktiken, und zwar namentlich in den Textsorten des Essays, des Tagebucheintrages und des Briefes. Zu verdeutlichen ist hier, dass im bisherigen schulischen Umgang mit den genannten Textsorten ein größeres Potenzial ungenutzt bleibt, weil relevante Subgenres weitgehend ausgeblendet werden, die sich nicht zuletzt autobiografischen Komponenten verdanken (vgl. Kapitel 3.3). Gezeigt werden kann daraufhin auch, dass die Arbeit mit den genannten Textsorten gerade dann an philosophischer Tiefe gewinnt, wenn in sie bewusst die besagten Denkbewegungen aufgenommen werden, die mit der persönlichen Lebenserfahrung in dezidierter Verbindung stehen. Im Anschluss an diese Entwicklung lassen sich außerdem, einer weiteren Idee Rohbecks folgend, durch die Koppelung des Autobiografischen Philosophierens an die Denkmethoden der Transformationsdidaktik noch weitere fachdidaktische wie unterrichtspraktische Gewinne erzielen.

616 Vgl. ebenda.

4.3.2. Schulisches Philosophieren in autobiografischen Kleinformen

Mit der erwähnten Transformationsdidaktik stand die Entwicklung einer eigenen Methodik des philosophierenden Schreibens von Anfang an in einem engen Zusammenhang. Entsprechend konstatiert Haase:

> »Zunächst wurden [...], in der zweiten Hälfte der Neunzigerjahre, in Anlehnung an die Deutsch-Didaktik, Möglichkeiten der *produktiven Hermeneutik* diskutiert. Wenig später wurde dieser Ansatz durch die Anregung dekonstruktivistischer Verfahren ergänzt. Eingebettet war diese Entwicklung in ein breiteres Bestreben, philosophiegeschichtlich bedeutsame *Denkstile* für den methodischen Gebrauch im Unterricht nutzbar zu machen [...]. In dieser Entwicklung, die eine große Vielfalt dessen präsentmachte, was Philosophieren im Klassenzimmer bedeuten kann, waren auch grundsätzlichere Fragen angelegt. Namentlich ging es u. a. darum, in welchem Verhältnis Philosophie und Literatur, aber auch Philosophie und Rhetorik [...] zueinander stehen. Diskutiert wurde dabei nicht zuletzt, ob philosophisches Denken zwingend an einen analytisch-diskursiven Modus geknüpft ist, oder ob es auch auf dem Weg der [...] *Anschaulichkeit* gelingen kann. In den Blick gerieten hierbei Phänomene der *symbolischen Repräsentation* und der *Narrativität*.«[617]

Als Ergebnis wird in dem zitierten Text verzeichnet, dass »inzwischen ein weites Feld von fachdidaktisch reflektierten Schreibformen« existiere. Gesagt ist damit aber noch nichts über die Tiefe der jeweiligen Reflexion. V. a. ist mit Blick auf Ergebnisse der vorliegenden Untersuchung kritisch nachzufragen, ob die bisherigen Ausarbeitungen zu Tagebucheinträgen, Briefen und Essays der eigentlichen Differenziertheit dieser Textsorten, die sich philosophiegeschichtlich verdeutlichen lässt, bereits in angemessener Weise gerecht werden (vgl. Kapitel 3.3.3 bis 3.3.5). Bezweifeln lässt sich dies zunächst für den *Essay*, dessen literarischer Typ als Schreibform des Philosophierens im Unterricht zugunsten seines analytisch-argumentierenden Pendants auch in verschiedenen Publikationen jüngeren Datums noch mehr oder weniger stillschweigend ausgeblendet wird.[618] Auch wo dies nicht der Fall ist, gerät das Moment des Autobiografischen

617 Volker Haase: Kreatives Schreiben. In: Julian Nida-Rümelin; Irina Spiegel; Markus Tiedemann (Hrsg.): Handbuch Philosophie und Ethik. A. a. O. (wie Anm. 16). Bd. 1, S. 230–240. [Hervorhebungen im Original.]

618 Vgl. Katrin Börm: Essayschreiben step by step. Philosophisches Denken verschriftlichen – in kleinen Schritten zum großen Text. In: Ethik & Unterricht. H. 1/2015, S. 44–48. Jonas Pfister: Fachdidaktik Philosophie. Bern: Haupt 2010, S. 71–73. Derselbe: Schreiben. In: Neues Handbuch des Philosophieunterrichts. Bern: Haupt 2016, S. 275–291; hier: S. 284–286. Christian Thein: Wie bringe ich die Schülerinnen und Schüler zum Schreiben? Möglichkeiten der Integration des philosophischen Essay-Wettbewerbs in die Unterrichtspraxis der Sekundarstufe II. In: ZDPE. H. 4/2013, S. 79–84: Thein zitiert am Anfang des Artikels zwar auch Untersuchungen, die die literarische Essay-Tradition in den Blick nehmen, geht auf diese in unterrichtspraktischer Hinsicht aber fortfolgend nicht weiter ein.

nicht bevorzugt als etwas in den Blick, das dem eigenständigen Philosophieren der Schülerinnen und Schüler substanziell zuträglich werden könnte.[619]

Eine Ausnahme stellt hier eine Ausgabe der »Zeitschrift für Didaktik der Philosophie und Ethik« dar, die in Reaktion auf die Neuübersetzung der »Essais« durch Hans Stilett im Jahr 1999 Montaigne gewidmet war. Angeregt wird in diesem Heft u. a. ein Schreiben in direkter Adaption der stilistischen Vorlage. Dabei wird eine praktikable Möglichkeit zur adäquaten Vorbereitung des Schreibprozesses in einer Sammlung von Materialien zu einem vorgegebenen Thema gesehen, die nach dem Vorbild Montaignes nicht nur »Reflexionen, Geschichten (Beispiele), Lesefrüchte« und »zitierte Verse« enthalten soll, sondern dezidiert eben auch persönliche »Erlebnisse, Erinnerungen und Kommentare, ferner Selbstbeobachtungen, Selbstanalysen und Selbstentwürfe«. Zusätzlich wird die konstitutive persönliche Perspektive auf das Thema durch einen Vergleich mit einem typischen Lexikon-Artikel vor dem eigentlichen Schreibprozess noch einmal ins Bewusstsein gehoben.[620]

Ein anderer Beitrag schlägt im selben Heft vor, Lerngruppen Essays auf der Basis von Fragen zu einem zuvor gelesenen Text verfassen zu lassen. Zwar ist Subjektivität nach dem Willen des Verfassers dieses Artikels durchaus gewünscht; über den Weg traut er ihr aber nur unter ganz bestimmten Bedingungen:

> »Viel eher könnten sich die Fragen zunächst darauf richten, die wesentlichen Begriffe in ihrem Verhältnis zueinander zu klären, Argumentationslinien und Problemstellungen deutlich werden zu lassen, soweit das beim erreichten Stand der Lektüre möglich ist. Die Schülerinnen und Schüler sollen dazu ermuntert werden, nicht bloß eine im Wortlaut stimmige Analyse vorzulegen. Aus den Essais soll ablesbar sein, daß die Fragen dem Schüler bedeutsam geworden sind. Dieser muß Stellung beziehen, ein Urteil über seinen Befund fällen, der sich offensichtlich aus dem eigenen Lebenshintergrund, den eigenen Kenntnissen und Neigungen speist.«[621]

Im Kern eröffnet dieser Vorschlag genau jenen Freiraum an Individualität, für den sich auch Rohbeck anlässlich eines Unterrichtsprojektes ausspricht, »in dem die Methoden der philosophischen Denkrichtungen in Schreibaufgaben« essayistischen Zuschnittes »transformiert werden«:

619 Vgl. so z. B. bei Volker Haase: Essays im Philosophie- und Ethikunterricht bewerten. In: Jahrbuch für Didaktik der Philosophie und Ethik. Dresden: Thelem 2011, S. 75–105.

620 Vgl. Urs Thurnherr: Die Pose der Heteronomie oder Die Ethik der Lernenden. Eine Unterrichtsreihe zu den »Essais« von Michel de Montaigne. In: ZDPE. H. 2/1999, S. 110–115; hier: S. 112.

621 Ulrich Baltzer: »Über das Üben«. Essays als Aneignung des Fremden. In: ZDPE. H. 2/1999, S. 128–133; hier: S. 131.

> »Dazu wird den Schülerinnen und Schülern *zuerst* eine bestimmte Methode vermittelt, die sie *dann* bei der Produktion eigener Texte selbstständig anwenden sollen. Auch in diesem Fall ergeben sich innerhalb eines methodischen Rahmens kreative Gestaltungsmöglichkeiten. Doch dank der Orientierung an philosophischen Denkrichtungen erhält das ›kreative Schreiben‹ eine bestimmte fachspezifische Färbung. Ausdrücklich verweise ich darauf, dass in diesem Schreibverfahren die Vermittlung philosophischer Methoden unverzichtbar ist, damit tatsächlich eine neuartige Methodenkompetenz erworben werden kann. [...] Spontaneität und Fantasie entstehen erst unter methodischen Vorgaben.«[622]

Plausibel bezieht sich diese Idee, Lerngruppen an das essayistische Schreiben über das Experiment mit den philosophischen Denkmethoden heranzuführen, auf die Textsorte des Analytischen Essays.[623] Vor diesem Hintergrund ist aber zu fragen, durch welche Vorgaben auch Essays des literarischen Typs im Unterricht gelingen können, wenn auf die konkrete Festlegung auf ein Schreib-Vorbild wie das Montaignes verzichtet werden soll. Dass hierin tatsächlich eine Schwierigkeit besteht, verdeutlicht ein Vorschlag Martina Deges. Wenn diese den Schülerinnen und Schülern lediglich Montaignes »zurückhaltendes Selbstbewusstsein« als Schreibhaltung anempfiehlt und im Übrigen auf allgemeine Techniken des Kreativen Schreibens zurückgreift, mangelt es der Aufgabenstellung erkennbar an Instruktivität, um sicherzustellen, dass auch weniger einfallsreiche Schülerinnen und Schüler zu einem einigermaßen befriedigenden Ergebnis in Form eines zurecht auch als philosophisch zu bezeichnenden essayistischen Textes kommen können.[624]

Ein aus den Erkenntnissen der vorliegenden Arbeit heraus einleuchtender, weitergehender Vorschlag besteht in dieser Frage nun darin, die Vielfalt der Weltbezüge und Materialzugriffe sowie die sprachliche Wendigkeit, die den literarischen Essay im Allgemeinen kennzeichnen,[625] gerade mit jenen Denkoperationen zu kombinieren, die sich aus der Tradition des Verfassens autobiografischer Texte als Denk- und Präsentationsmedien des Philosophierens gewinnen lassen, und damit das betont Subjektive dieses Subgenres durch ein Moment der methodisch kontrollierten Reflexion einzufangen. In der Selbstständigkeit, mit der die Schülerinnen und Schüler auf diese Weise selbst- und lebensweltbezogen philosophieren, übertrifft dieses Verfahren zugleich jene von Wolfgang Schneider vorgeschlagene Vorgehensweise, nach der sich Lehrper-

622 Johannes Rohbeck: Philosophische Methoden im Unterricht. In: Kirsten Meyer (Hrsg.): Texte zur Didaktik der Philosophie. Stuttgart: Reclam 2010, S. 237–253; hier: S. 248 f.

623 Vgl. Klaus Thomalla: A. a. O. (wie Anm. 448), S. 263 f. Vgl. Entsprechendes auch bei Renate Schröder-Werle: Schreiben in phänomenologischer, hermeneutischer und konstruktivistischer Absicht. In: ZDPE. H. 2/2002; hier konkret zum Verfassen von Essays: S. 125.

624 Vgl. Martina Dege: Montaignes »Essais« – der Versuch, schreibend die Balance zu halten. A. a. O.

625 Vgl. Genaueres bei Volker Haase: Essays im Philosophie- und Ethikunterricht bewerten. A. a. O. (wie Anm. 619).

sonen als Korrespondenzpartner durch weiterführende Nachfragen und Anregungen in die Textproduktionen der Lerngruppe einschalten und dabei an vermeintlich passenden Stellen auch dazu ermutigen, »eigene Erfahrungen [...] einfließen zu lassen«.[626]

Auch wenn Schneiders dialogisches Verfahren letztlich darauf hinausläuft, *Briefe* zu verfassen, denen autobiografische Elemente immanent sind, ist hier dieselbe Kritik berechtigt, die der bisherigen Behandlung des Essays entgegenzubringen ist. Denn auch wenn von Briefen gesprochen wird, wird üblicherweise in der fachdidaktischen Literatur nicht genauer zwischen verschiedenen Arten dieses Genres differenziert. Eine Ausnahme stellt in diesem Befund wiederum Rohbeck dar, indem er zwischen Briefen unterscheidet, die in der Hauptsache »informierende«, »appellierende« oder »manifestierende Funktionen« erfüllen.[627] In der Beherrschung solcher Unterscheidungen ist nicht nur ein Schlüssel zum tieferen, kritischeren Verständnis von Briefen der philosophischen Tradition zu erkennen, sondern auch ein darüber hinausgehendes praktisches Element einer kompetenten kulturellen Teilhabe.

Noch deutlicher zeigt sich das markierte Problem der fachdidaktischen Unterbestimmtheit im Umgang mit Textsorten aber in der Literatur zum sog. *Philosophischen Tagebuch*. Bei der Lektüre der entsprechenden Aufsätze stellt sich, mit wenigen Ausnahmen,[628] der Eindruck ein, dass es sich um eine Produktionsweise handeln würde, die eigens für Unterrichtszwecke geschaffen worden ist. So heißt es etwa in dem grundlegenden Artikel von Thies – nach der lapidaren Feststellung, dass auch Adorno und Alain Tagebücher als Denk- und Präsentationsmedien des Philosophierens benutzt hätten:

> »Demgemäß handelt es sich bei dem Philosophischen Tagebuch um eine Arbeitsform, bei der die Schüler aufgefordert werden, zu Hause, ausgehend von persönlichen Erfahrungen oder subjektiven Meinungen, über das im Philosophieunterricht behandelte Thema nachzudenken und die eigenen Überlegungen in beliebiger Form schriftlich festzuhalten.«[629]

Dabei steht das in dem zitierten Beitrag anklingende autobiografische Moment v. a. im Dienst einer »Selbstvergewisserung und Identitätsbildung«, was – nach einer grund-

626 Vgl. Wolfgang Schneider: Der Philosophielehrer als listige Spinne. »Poietisch-praktische Schreibversuche im Philosophie- und Ethikunterricht der Sekundarstufen I und II. In: ZDPE. H. 2/2002, S. 140–145; hier: S. 145.

627 Vgl. Johannes Rohbeck: Literarische Formen des Philosophierens im Unterricht. A. a. O. (wie Anm. 242), S. 200–202.

628 Vgl. Barbara Brüning: Hannah Arendt: »Über etwas nachdenken ...«. In: ZDPE. H. 1/2017, S. 102–104: Brüning thematisiert hier explizit das Subgenre des Denktagebuches und regt an, nach diesem Muster auch Schülerinnen und Schüler schreiben zu lassen.

629 Christian Thies: Das Philosophische Tagebuch. In: ZDPE. H. 1/1990, S. 26–32; hier: S. 27.

sätzlichen Einteilung der »Schreibanlässe«, die Thies ebenfalls vornimmt,[630] eine gewisse Konsequenz mit sich bringt:

> »Obwohl die einzelnen Beiträge des Tagebuches dem *textgebundenen Schreiben* ebenso zugehören können wie dem *freien* und dem *problemgebundenen* Schreiben, spricht dieses Ziel eher für die zuletzt genannten, offeneren beiden Formen. Weil aber ›Kreativität‹ nichts ist, was den Schülerinnen und Schülern im Unterrichtsalltag wie selbstverständlich von der Hand geht, bedarf es zumindest einiger Anregungen und Fingerzeige dafür, wie mit dem zur Verfügung gestellten Freiraum verfahren werden könnte.«[631]

Neben der Empfehlung, auch hier auf einschlägige Denkoperationen der autobiografisch-philosophischen Tradition zurückzugreifen, besteht im Anschluss an die Ergebnisse der vorliegenden Arbeit zusätzlich die Möglichkeit einer stufenspezifischen Differenzierung, die in den bisherigen fachdidaktischen Überlegungen zum Philosophischen Tagebuch ebenfalls nicht weiter ins Blickfeld geraten ist. So heißt es etwa bei Rösch in doppelter Pauschalität:

> »Der Ethik- und Philosophieunterricht schult die Schülerinnen und Schüler in den Kompetenzen Argumentieren und Urteilsfindung, dies aber im Unterricht zumeist im mündlichen Diskurs. Schriftliche Fähigkeiten werden zwar in Klassenarbeiten und Klausuren abgeprüft, aber im Ethikunterricht selten konkret geschult. Dieser Diskrepanz versucht die Arbeit mit einem Philosophischen Tagebuch zu begegnen, das sich von der Sekundarstufe I bis in die Oberstufe führen lässt. [...] Durch das Schreiben kann die Lerngruppe an das Philosophieren herangeführt werden. Eigene Erlebnisse und Gedanken, Erinnerungen und Erzählungen werden durch Reflexion und Bezugnahme auf im Unterricht behandelte philosophische Themen und Texte in einen größeren Zusammenhang eingebunden. Die eigene und fremde Position werden in Beziehung gesetzt und abgeglichen, was der argumentativen Untermauerung oder der reflektierten Ablehnung dient. Reflexion, abstraktes Denken und Argumentation verbinden sich zu einem schöpferischen Prozess.«[632]

Nach diesem Verständnis ist das Philosophische Tagebuch bereits an sich didaktisches Instrument, weshalb sich die Unterstützung bei der Arbeit in dieser Schreibform, ähnlich wie bei Bierbrodt und Röhr, auf einen Katalog von offen formulierten inhaltlichen

630 Vgl. ebenda, S. 29 f.

631 Vgl. Volker Haase: Kreatives Schreiben. A. a. O. (wie Anm. 617). [Hervorhebungen im Original.]

632 Anita Rösch: Das philosophische Tagebuch. Über die allmähliche Verfertigung der Gedanken beim Schreiben. In: Ethik & Unterricht. H. 1/2006, S. 58 f.

Hilfsfragen beschränkt.[633] Wenn aber, wie bei Rösch, dem autobiografischen Moment eine so starke Bedeutung im Prozess des schriftlichen Philosophierens zukommt, dann sollten bei der Formulierung entsprechender Aufgabenstellungen entwicklungspsychologischen Voraussetzungen, wie sie im Kapitel 4.1 der vorliegenden Arbeit untersucht worden sind, nicht ignoriert werden. Namentlich käme es hier v. a. darauf an, die Denkstrukturen des traditionellen und exemplarischen Typs des Autobiografischen Bewusstseins als kognitive Ausgangsbedingungen in der Mittelstufe und diejenigen des kritischen und genetischen Typs als bevorzugtes Trainingsfeld in der Oberstufe zu berücksichtigen.

4.3.3. Autobiografisches Philosophieren in elementaren Übungen

Kennzeichnend für die von Rohbeck initiierten Transformationen ist die Idee einer didaktischen »Übertragung und Umformung« von »Denkrichtungen der Philosophie« in »Praktiken, die von Schülerinnen und Schülern erlernt und selbständig angewendet werden können«.[634] Enger angeleiteten kleineren Übungen, wie sie etwa im bereits zitierten Artikel »Zehn Arten, einen Text zu lesen« vorgestellt werden, dienen dabei einer schreibpraktischen Erstbegegnung. Für eine sicherere Orientierung sind sie i. S. Rohbecks mit einer basalen theoretischen Einführung zu begleiten. Vorgesehen ist es als weiterer Schritt dann, dass die Schülerinnen und Schüler in eigenständigeren Versuchen selbst in dem entsprechenden »Stil« zu philosophieren beginnen.[635] Dezidiert geht es Rohbeck in diesem Bereich also nicht um »formale Methoden« i. S. von Arbeitsmethoden, sondern im Effekt um das Kennenlernen und Erproben von »Grundeinstellungen des Philosophierens«.[636]

Da, wie in der vorliegenden Arbeit aufgezeigt, autobiografisches Erzählen direkt in philosophisches Denken übergehen kann, eröffnet sich hier das Potenzial zu einer lohnenswerten Fortsetzung des bisherigen didaktischen Transformationsprojektes. Dafür muss nachgewiesen werden, dass sich auch Techniken des lange marginalisierten Autobiografischen Philosophierens auf der von Rohbeck angestrebten mittleren Konkretionsstufe operationalisieren und mit elementaren Übungen einführen lassen.

Auszunehmen scheinen hier auf den ersten Blick allerdings *modellstiftende Selbstbezüge* zu sein, denn es ist durchaus nicht zu erwarten, dass Heranwachsende, in

633 Vgl. ebenda. Johannes Bierbrodt; Henning Röhr: Unzensierbarkeit oder freies Denken unter Zwang. In: Donat Schmidt; Johannes Rohbeck; Peter von Ruthendorf (Hrsg.): Maß nehmen – Maß geben. Leistungsbewertung im Philosophieunterricht und Ethikunterricht. Dresden: Thelem 2011, 107–126; hier: S. 117.

634 Vgl. Johannes Rohbeck: Einleitung. In: Derselbe (Hrsg.): Didaktische Transformationen. A. a. O. (wie Anm. 32), S. 7–11; hier: S. 7.

635 Vgl. derselbe: Philosophische Methoden im Unterricht. A. a. O. (wie Anm. 622), S. 249.

636 Vgl. derselbe: Einleitung. In: Derselbe: Denkstile der Philosophie. Dresden: Thelem 2002, S. 7–10; hier: S: 8.

zudem reflektierter Weise, über so originelle philosophische Denkmuster verfügen, wie dies weiter oben exemplarisch am Beispiel Vicos und Descartes' demonstriert worden ist (vgl. Kapitel 2.5.2). Anders verhält es sich allerdings in Bezug auf bestimmte Maximen für das eigene Handeln, die die Schülerinnen und Schüler u. U. in konkreten Lebenssituationen erworben haben und als Erfahrungswissen weitergeben können. Tatsächlich werden in autobiografischen Alltagsnarrationen Modelle dieser Art häufig i. S. impliziter Ratschläge kommuniziert und stellen, je nachdem, ob sie auch normative oder nur technische Aspekte in den Blick nehmen, Realisierungen der moralischen Funktion oder – nach Quasthoff – der informativen Funktion dar (vgl. Kapitel 3.4.3). Ein konkreter Arbeitsauftrag lautet hier:

Aufgabe 1:

> Formulieren Sie eine für Ihr Handeln wichtige Regel, zu der Sie in einer bestimmten Situation Ihres Lebens durch eigene Anschauung und Überlegung gelangt sind. Notieren Sie auch die dazugehörige Geschichte aus Ihrem Leben.

Wenn zum Autobiografischen Philosophieren nicht im Rahmen einer eigenen, in sich geschlossen Unterrichtsreihe gearbeitet werden soll, ließe sich diese Übung z. B. auch gewinnbringend in eine Stunde zum Verständnis des Maximen-Begriffes bei Kant bzw. zu seiner Unterscheidung zwischen hypothetischen und kategorischen Imperativen integrieren. Ebenso ließe sich das Prüfverfahren des kategorischen Imperativs versuchsweise auf solche persönlichen, modellhaften Einsichten i. S. einer lebensweltlichen Materialbasis anwenden. In vergleichbarer thematischer Engführung könnten im Übrigen auch in der frühen Mittelstufe autobiografische Erzählungen mit dem Potenzial zur ethischen Modellstiftung im Unterricht verwendet werden, und zwar z. B. dann, wenn es um kommunikatives Konfliktmanagement geht. Ein entsprechender Arbeitsauftrag hieße:

Aufgabe 2:

> Erinnere Dich an eine Situation, in der es Dir gelungen ist, einen Streit trotz erheblicher eigener Verärgerung so zu lösen, dass niemand persönlich angegriffen wurde und alle mit dem Ergebnis zufrieden sein konnten. Erzähle der Reihe nach sowohl, wie es zu dem Konflikt kam, als auch, wie er beigelegt wurde.

Dass, zweitens, die Operation des *theoriekritischen Selbstbezuges* gut in Schüleraktivitäten übertragbar ist, wurde weiter oben ebenfalls am kategorischen Imperativ, und zwar hinsichtlich seiner lebensweltlichen Validierung, gezeigt (vgl. Kapitel 2.5.3). Ganz ähnlich kann u. a. auch mit philosophischen Menschenbildern verfahren werden. Aufgrund ihrer oftmals provokanten Zuspitzung, wie sie u. a. bei Hobbes und Bentham zu erkennen ist, fällt auch schwächeren Schülerinnen und Schülern eine lebensweltlich fundierte Entgegnung hier nicht schwer. Wenn im Unterricht der Oberstufe bereits mehrere Autoren behandelt worden sind, lautet die Instruktion entsprechend:

Aufgabe 3:

> Beziehen Sie Stellung gegen das Menschenbild eines Philosophen Ihrer Wahl. Gehen Sie hierbei von zwei bis drei persönlichen Erlebnissen aus, die diesem Bild widersprechen. Schildern sie Ihre Erlebnisse in Form kleiner Geschichten, deren ›Moral‹ darin besteht, dass Sie ein alternatives Menschenbild entwickeln.

Nun würde dieselbe Übung, ohne Auseinandersetzung mit solchen Vorlagen aus der philosophischen Tradition, unverkennbar dem Muster des *didaktischen Selbstbezuges* folgen (vgl. Kapitel 2.5.1). Wenn die Arbeit an der Methodik des Autobiografischen Philosophierens auch hier in eine thematisch anders ausgerichtete Unterrichtseinheit integriert werden soll, bietet sich als Beispiel abermals Kant, und zwar in der Frage, was als moralische Handlung zu verstehen ist, an. Die Anweisung, die in diesem Fall induktiv an die entsprechende Textpassage heranführt, könnte folgendermaßen formuliert sein:

Aufgabe 4:

> Wie kommt der Mensch in moralisch schwierigen Situationen zu einer guten Entscheidung? Entwickeln Sie hierfür ein Modell. Fertigen Sie vorbereitend ggf. ein Schaubild an, in dem wesentliche Instanzen bzw. Stellgrößen, die Sie bei moralischen Entscheidungen für maßgeblich halten, eingezeichnet und i. S. kausaler Zusammenhänge miteinander vernetzt sind. Formulieren Sie diese Erkenntnisse daraufhin aus. Erinnern Sie sich im Anschluss daran an eine Situation, in der Sie selbst zwischen zwei Handlungsoptionen schwankten und sich am Ende für eine Option entschieden, von der Sie sicher waren, dass es sich um die moralisch richtige Variante handelte. Erzählen Sie diese Geschichte so, dass dadurch Ihr zuvor entwickeltes theoretisches Modell noch besser verständlich wird.

Selbstredend kann es im Verlauf des hier skizzierten Denkprozesses dazu kommen, dass die Vergewisserung am eigenen Beispiel das Ergebnis der vorherigen Modellierung als kontrafaktisch erscheinen lässt. In diesem Fall liefe der Versuch wiederum auf einen theoriekritischen Selbstbezug, diesmal aber in Form einer Selbstevaluation des philosophischen Denkens statt einer Revision des Denkens einer anderen Person, hinaus.

Ähnlich wie didaktische und theoriekritische Selbstbezüge liegen in der unterrichtspraktischen Umsetzung auch *Selbstreduktionen* und *Selbstversuche* nahe beieinander. Beide operieren aber nicht im Bereich der retrospektiven autobiografischen Dimension, sondern vielmehr in der protokollierten Gegenwart des Lebensverlaufes. Aufgaben i. S. der Selbstreduktion werden im Unterricht gelegentlich bereits praktiziert, ohne dass diese aber bislang im Rahmen eines dezidiert Autobiografischen Philosophierens reflektiert worden wären. V. a. im Bereich der Tier- und Umweltethik gibt es zahlreiche Erfahrungen damit, theoretisch hergeleitete Regeln für einen angemessenen Konsum von Lebensmitteln (etwa Verzicht auf Fleisch) oder anderen Gütern (etwa Verzicht auf Plastik) aufzustellen und deren Realismus im Anschluss dadurch zu überprüfen, dass sie in einem definierten Zeitraum im Vollzug des eigenen Alltagslebens berücksichtigt werden sollen. Ein Arbeitsauftrag in dieser Richtung könnte lauten:

Aufgabe 5:

> Verzichte eine Woche lang in Deinem Alltag auf den Kauf aller Gegenstände, die in Plastik verpackt sind. (Erhöhte Schwierigkeitsstufe: Verzichte eine Woche lang auf die Benutzung möglichst aller Gegenstände, die aus Plastik sind bzw. Plastikanteile enthalten.) Notiere in Form eines Tagebuches am Ende jedes Tages, wie konsequent Du bei diesem Vorsatz geblieben bist, in welchen Situationen Dir seine Berücksichtigung leicht fiel und wo Du an Grenzen gestoßen bist. Formuliere das in dieser Hinsicht interessanteste Erlebnis pro Tag in Form einer kleinen Nacherzählung noch nachvollziehbarer aus.

Für die Schülerinnen und Schüler sind solche Aufgaben auch am Rande des Unterrichtes häufig Anlässe belebter autobiografischer Stegreiferzählungen. Zuweilen werden die Schilderungen der vermeintlichen Strapazen angesichts des bewusst geübten Verzichts von übertriebener Aufregung und sichtlichem Inszenierungswillen geprägt sein. Auf der für die Selbstreduktion charakteristischen Bewegung von der Theorie zur gelebten Praxis basieren sie aber allemal. Wenn zwischen Beidem eine allzu große Diskrepanz aufscheint, handelt es sich im Ergebnis allerdings auch hier um Theoriekritik.

Nach einem weiten Begriffsverständnis würden solche Übungen außerdem *Selbstversuche* darstellen. Im Sinn der oben getroffenen Unterscheidung wird dieser Terminus aber Aufgaben vorbehalten, die dazu anregen, eine eigene Problemorientierung und Fragehaltung zu einem philosophisch oder ethisch relevanten Themenbereich überhaupt erst zu entwickeln (vgl. Kapitel 2.5.8). Ein solches Sich-Aussetzen ohne zunächst klare Zielvorgabe könnte u. a. in der Aufgabe für konfessionslose Schülerinnen und Schüler bestehen, einen Gottesdienst zu besuchen und die hierbei gesammelten Beobachtungen in Form einer autobiografischen Ich-Erzählung festzuhalten. Ebenso wäre es denkbar, dass Oberstufen-Schülerinnen und Schüler, die sich dies zutrauen, in einer – für eine bestimmte Gruppenzugehörigkeit, Gesinnung oder Lebensausrichtung stehenden – Verkleidung (z. B. Niqab oder Nonnen-Habit) durch die Innenstadt gehen, wo sie kleinere Einkäufe und andere Tätigkeiten ihres normalen Alltages ausführen.[637] Während die übrigen Mitglieder der Lerngruppe ihre Eindrücke aus der Außenperspektive protokollieren, lautet der Schreibauftrag für die Versuchspersonen, in der für diese Denkoperation notwendigen Offenheit:

Aufgabe 6:

> Gehen Sie den zurückgelegten Weg in der Erinnerung Station für Station noch einmal durch. Halten Sie Ihre Begegnungen, Eindrücke, Gefühle und Gedanken in Form einer Erlebniserzählung fest. Formulieren Sie am Ende Ihres Textes ethische Problem- oder philosophische Erkenntnisfragen, auf die Sie bei diesem Experiment gestoßen sind.

In der soziologischen Feldforschung entspricht dieses Vorgehen der Methode der *Teilnehmenden Beobachtung*.[638] Der Erkenntniswert solcher Recherchen wird in den letzten Jahren vermehrt auch von journalistischer Seite genutzt.[639] Konkret bzgl. des testweisen Tragens muslimischer Kleidung wurde allerdings auch die Möglichkeit eines gelingenden Perspektivenwechsels, und zwar u. a. unter polemischem Verweis

637 Zur möglichen thematischen Einbindung dieses Selbstversuches in eine Unterrichtsreihe, die sich nicht ausschließlich mit dem autobiografischen Denkstil befasst, vgl. Volker Haase: Mit Kleidung spielen. Zur Untersuchung vestimentärer Codes als Einführung in die Semiotik (ab Klasse 11). In: ZDPE. H. 4/2015, S. 25–37.

638 Vgl. Christian Lüders: Teilnehmende Beobachtung. In: Ralf Bohnsack; Winfried Marotzki; Michael Meuser (Hrsg.): Hauptbegriffe Qualitativer Sozialforschung. Opladen: Budrich 2003, S. 151–153.

639 Vgl. z. B. Ella Carina Werner: Im Stoffgefängnis. Auf: http://www.taz.de/!5339580. Online seit: 28.09.2016. Zugriff: 11.07.2017.

auf Thomas Nagels Fledermaus-Experiment,[640] kritisch hinterfragt.[641] Sowohl die Rezeption dieser Kontroverse als auch das besagte philosophische Gedankenexperiment eröffnen hier zusätzliche, gewinnbringende Anschlussmöglichkeiten für den Unterricht, wenn es darum geht, das ausprobierte Verfahren hinsichtlich seiner Potenziale und Grenzen zu reflektieren.

Die Denkoperation der Selbstreduktion kann konkret im Ethikunterricht über das bereits Festgestellte hinaus noch eine andere Rolle spielen, und zwar als problematische Erwartungshaltung im Bereich der Rezeption autobiografischer Erzählungen von Experten. So wird z. B. oft von Vertretern der Weltreligionen, die zuweilen in den Unterricht eingeladen werden, um ihren Glauben in authentischer Weise darzulegen, vergleichsweise rigoros erwartet, dass sie ihren Lebensvollzug in jeder Hinsicht an tatsächlichen oder auch nur vermeintlichen Regeln ihrer Konfession auszurichten hätten. Begegnungen der bezeichneten Art können daher gelegene Anlässe zum Aufbrechen von Vorurteilsstrukturen sein, aber auch potenzielle Störquellen für die soziale Interaktion darstellen, derer sich die vorbereitende Lehrkraft bewusst sein muss.

Am offenkundigsten und einfachsten lassen sich philosophischen Hypothesen aus autobiografisch erzählten Erlebnissen auf dem Weg der *Selbstprojektion* gewinnen. Im Grunde handelt es sich dabei um eine Form der Induktion. Als Übungsbeispiel kann hier eine Aufgabenstellung adaptiert werden, die Pfeifer im Rahmen einer Auftaktstunde zur Mitleidsethik vorschlägt:[642]

Aufgabe 7:

> Erinnere Dich an zwei bis drei Situationen, in denen Du mit dem Kummer oder Leid anderer Personen konfrontiert worden bist. Beschreibe die Situation der Person, so wie Du sie wahrgenommen hast, jeweils möglichst genau. Gib am Ende dieser kurzen Erzählungen immer auch mit an, ob Du selbst Mitleid empfunden hast oder nicht.

Im Anschluss an diese Phase der autobiografischen Materialgewinnung ließe sich ein gemeinsamer Mitleidsbegriff mit der Methode des Sokratischen Gespräches entwickeln.[643] Vorstellbar wäre aber auch eine monologisch erarbeitete Definition in Form

640 Vgl. Thomas Nagel: What Is It Like to Be a Bat?/Wie ist es, eine Fledermaus zu sein? Englisch/Deutsch. Übersetzt und herausgegeben von Ulrich Diehl. Stuttgart: Reclam 2016.

641 Vgl. Margarete Stokowski: Wer nicht hören will. Journalistische Burkini-Selbstversuche. Auf: http://www.spiegel.de/kultur/gesellschaft/burkini-und-burka-selbstversuch-wer-nicht-hoeren-will-kolumne-a-1110068.html. Online seit: 30.06.2016. Zugriff: 11.07.2017.

642 Vgl. Volker Pfeifer: Didaktik des Ethikunterrichts. A. a. O. (wie Anm. 509), S. 103.

643 Vgl. ebenda, S. 125–140.

einer zusätzlichen Aufgabenstellung. Ähnlich verfahren werden kann selbstredend auch mit anderen, in der philosophischen Tradition relevanten Begriffen, so etwa mit den Termini der Liebe und der Freundschaft. Eine solche Aufgabenstellung könnte lauten:[644]

Aufgabe 8:

> Woran erkennst Du eine echte Freundschaft? Schildere eine persönliche Begebenheit, in der Du in besonders deutlicher Weise zu dem Eindruck gekommen bist, mit einer bestimmten Person wirklich befreundet zu sein!

Eine sich anschließende Reflexion der Erkenntnispotenziale und -grenzen der Selbstprojektion kann im Oberstufenunterricht mit Humes oder Poppers Zweifel an der Gültigkeit induktiver Schlüsse fundiert werden.[645] Es hatte sich aber bereits weiter oben herausgestellt, dass auch Denkbewegungen der *Selbsttransformation* ein erkennbares Korrektiv zu allzu vorbehaltlosen Verallgemeinerungen persönlicher Erfahrungen darstellen können (vgl. Kapitel 2.5.6). In Form der von Cavell praktizierten, methodisch reflektierten Beschränkung auf die Ich-Perspektive könnte ein solcher Ausgleich, weiterhin am Beispiel der Freundschaft, folgendermaßen erfahrbar gemacht werden:

Aufgabe 9:

> Schildere die ganz besonderen Umstände, die Dich zum Eingehen einer freundschaftlichen Beziehung mit einer Person führten. Charakterisiere auch die Freundschaft selbst so, dass man erkennt, dass es sich um eine Beziehung handelt, die nicht unbedingt das darstellt, was alle Menschen unter Freundschaft verstehen müssen.

Eine eher an Sontag angelehnte, auf Selbsttransformation abzielende Aufgabe würde die Lebensgeschichte außerdem nach sich widersprechenden Episoden absuchen, die

644 Einen ähnlichen, konkret an Montaigne orientierten Vorschlag unterbreitet Ingrid Weber: A. a. O. (wie Anm. 267), S. 137.

645 Vgl. David Hume: Eine Untersuchung über den menschlichen Verstand. Aus dem Englischen von Raoul Richter. Durchgesehen und überarbeitet von Lambert Wiesing. Frankfurt am Main: Suhrkamp 2007, S. 59. Karl Popper: Das Problem der Induktion. In: Derselbe: Lesebuch. Ausgewählte Texte zur Erkenntnistheorie, Philosophie der Naturwissenschaften, Metaphysik, Sozialphilosophie. Tübingen: Mohr [2]1997, S. 85 ff. Kritisch dazu: Norbert Hoerster: Karl Poppers problematische Sichtweise auf Induktion. In: ZDPE. H. 4/2013, S. 64–69.

in Form von Gegenerzählungen positioniert werden können. Ein solcher Arbeitsauftrag lautet, z. B. in Bezug auf die Frage nach dem Wesen der Liebe:

Aufgabe 10:

> Gib noch eine zweite Situation wieder, in der Du verliebt warst. Gehe bei der Suche nach einer geeigneten Episode von der Frage aus, welche *anderen* Gründe, Gefühle, Umstände und Verhaltensweisen im Vergleich zu der zuerst erzählten Liebesgeschichte im Spiel waren. (Sofern sie im Rahmen des Realistischen bleibt, kannst Du ggf. auch eine Geschichte erfinden. Darin musst Du auch nicht unbedingt selbst der Protagonist sein.)

Eine weniger intime, ähnliche Aufgabe, die an Sontags Praxis der Selbsttransformation orientiert ist, könnte etwa darin bestehen, konträre Vorbilder auszuwählen und die unterschiedlichen Situationen, in denen die entsprechenden Personen zu solchem Einfluss im eigenen Leben gelangten, nachzuerzählen.

Zuletzt gilt es hier noch, eine Beispielaufgabe für die von Sontag ebenfalls angeregte Denkbewegung der *Selbsttranszendierung* zu formulieren (vgl. Kapitel 2.5.7). Im Prinzip wurde eine entsprechende, reflexive Ablösung von den Zumutungen des Alltages bereits an anderer Stelle in Form der sog. *Spaltenmethode* vorgeschlagen:

> »Der Lernende führt über einen kleineren Zeitraum eine Art Tagebuch mit mehreren Spalten. In der ersten Spalte notiert er eine Auswahl besonders eindrücklicher Erlebnisse oder Beobachtungen und bemüht sich dabei um eine rein äußerliche Vorgangsbeschreibung. Erst in der zweiten Spalte hält er daraufhin fest, welche affektiven Reaktionen und Bewertungen die Ereignisse jeweils ausgelöst haben. Abschließend trägt er in die dritte Spalte alternative Interpretationsmöglichkeiten ein.«[646]

Zu Recht war gegen den Einsatz dieses Verfahrens im Philosophie- und Ethikunterricht eine u. U. problematische Nähe zum Therapeutischen geltend gemacht worden (vgl. Kapitel 1.2). Zudem handelt es sich bei Übungen dieser Art allenfalls um eine praktisch angewendete Lebenskunst, nicht aber um ein darüber hinausgehendes Philosophieren. Beide Einwände lassen sich jedoch leicht entkräften, wenn die Schülerinnen und Schüler zu einer raschen Ablösung von der konkreten Situation – hin zu einer allge-

646 Volker Haase: Selbstkompetenz und autobiografische Narration. A. a. O. (wie Anm. 25), S. 96.

meineren, etwa anthropologischen oder ethischen Betrachtung – angeregt werden, wie sie exemplarisch im folgenden Arbeitsauftrag realisiert wird:

Aufgabe 11:

Jeder Mensch hat sich für sein eigenes Verhalten schon einmal geschämt. Das ungute Gefühl kann oft tagelang andauern. Beschreibe eine Situation, in der Du Dich selbst geschämt hast. Verfasse, ausgehend von dieser Situation, eine kurze philosophische Erörterung unter dem Titel ›Vom Nutzen und Nachteil des Schamgefühls im menschlichen Leben‹.

4.3.4. Didaktische Transformationen

Gegen die Etablierung eines Autobiografischen Philosophierens im Philosophie- und Ethikunterricht könnte geltend gemacht werden, dass einige der oben vorgeschlagenen Übungen in deutlicher Nähe zu Denkrichtungen stehen, die in Rohbecks Transformationsprojekt eigens bereits bearbeitet worden sind. Tatsächlich weist die Aufgabe 2 einen konstruktivistischen und die Aufgabe 6 einen phänomenologischen Zug auf, und ebenso kann für die Aufgaben 3 und 10 ein Anklang an die Dialektik und für die Aufgabe 8 eine Nähe zur Analytischen Philosophie konstatiert werden. Wie Rohbeck betont, sind solche verschwimmenden Grenzen aber auch zwischen den von ihm selbst betrachteten Denkstilen erkennbar und können zugleich in besonderer Weise produktiv sein:

> »Hinter dem Stilbegriff, der zunächst vage erscheinen mag, steht die Erfahrung, dass sich die philosophischen Denkrichtungen nicht eindeutig definieren und voneinander abgrenzen lassen. Nehmen wir beispielsweise die ›Analyse‹ der analytischen Sprachphilosophie, so wird man einräumen, dass auch in anderen Richtungen Sprache reflektiert und ›analysiert‹ wird. Oder denken wir an die Methode der Interpretation in der Hermeneutik: Wer wollte bestreiten, dass nicht auch in der analytischen Philosophie oder im Konstruktivismus interpretiert und gedeutet wird? Interessant sind vor allem die Berührungspunkte zwischen den Richtungen: So findet sich das Verfahren, implizite Vorannahmen von Wahrnehmungen, mithin Verdeckungen und Verkehrungen aufzuklären, sowohl in der Dialektik als auch in der Phänomenologie. Diese Denkrichtungen repräsentieren gleichsam Zentren, in

> denen sich bestimmte Verfahren bündeln, während sich an der Peripherie Überschneidungen und Kombinationen ergeben.«[647]

In diesem Zusammenhang weist Rohbeck, ebenso wie Fellmann,[648] dem autobiografischen Moment nun sogar eine besondere Rolle zu:

> »Die philosophischen Orientierungen stehen nicht im leeren Raum, sondern sind aus bestimmten biografischen und historischen Kontexten hervorgegangen. Die Art und Weise, in der ein Mensch philosophiert, hängt mit seiner persönlichen Lebenspraxis zusammen. Der Begriff des Denkstils soll nicht zuletzt diesen Bezug zur gelebten Philosophie signalisieren.«[649]

Für die Unterrichtspraxis erkennt dezidiert Rentsch in diesem »enge[n] Konnex von *Methode und Selbsterkenntnis*, der durch die gelungenen Transformationen in den Übungen eigenständig freigelegt und zugänglich gemacht wird«, ein entscheidendes Potenzial.[650] Anschlussfähig ist hier daher die Frage, ob die von Rohbeck in den Blick genommenen Denkmethoden im Unterricht nicht sogar besonders gut verständlich gemacht und eingeübt werden können, wenn mit Ego-Dokumenten und autobiografischen Erzählungen gearbeitet wird und auf diese Weise auch Teile der eigenen Lebensgeschichte als Texte verstanden werden, die man in verschiedenen, methodisch verständigten Weisen lesen sowie produktiv weiterbearbeiten kann. Ein weiteres Anliegen besteht, darüber hinaus, in diesem Abschnitt darin, zu demonstrieren, dass gerade die Nutzung einiger dieser Denkmethoden für die Arbeit an der eigenen Autobiografie auch eine geeignete Form der Erprobung jener Selbstbezüge darstellt, die in Anlehnung an Thomä beschrieben worden sind (vgl. Kapitel 2.2.1 bis 2.3.4). Dabei soll zum besseren Verständnis zugleich noch einmal verdeutlicht werden, welcher Typ des Autobiografischen Bewusstseins von der jeweiligen Aufgabe in besonderer Weise angesprochen bzw. angeregt wird (vgl. Kapitel 4.1.4).

In »Zehn Arten, einen Text zu lesen« charakterisiert Rohbeck zunächst die Verfahrensweise der *Hermeneutik als ›objektive‹ Interpretation* durch eine »Trennung zwischen Textinhalt und Leserurteil«. Die in der schulischen Praxis weitverbreitete Übung, zunächst konsequent allein ersteren wiederzugeben, lässt sich im autobiografischen Kontext z. B. in eine Arbeit mit fotografischem Material übersetzen:

647 Johannes Rohbeck: Einleitung. In: Derselbe (Hrsg.): Denkstile der Philosophie. A. a. O. (wie Anm. 636), S. 8.

648 Vgl. Ferdinand Fellmann: Stile gelebter Philosophie und ihre Geschichte. In: Hans Ulrich Gumbrecht; K. Ludwig Pfeiffer (Hrsg.): Stil. Geschichten und Funktionen eines kulturwissenschaftlichen Diskurselements. Frankfurt a. M.: Suhrkamp 1986, S. 574–589.

649 Ebenda, S. 9.

650 Vgl. Thomas Rentsch: Phänomenologie als methodische Praxis. Didaktische Potentiale der phänomenologischen Methode. In: Johannes Rohbeck (Hrsg.): Denkstile der Philosophie. A. a. O. (wie Anm. 636), S. 11–28; hier: S. 27.

Aufgabe 1:

> Wähle ein Ereignis aus Deiner jüngeren Vergangenheit aus, das Dir persönlich wichtig ist und bei dem viel fotografiert worden ist. Ordne die Fotos nach der Reihenfolge ihrer Entstehung. Gib im Anschluss daran den Verlauf des Ereignisses in Form einer Nacherzählung möglichst genau wieder. Beziehe Dich dabei ausschließlich auf das, was Du anhand der Fotos erkennen und belegen kannst. Füge darüber hinaus nichts aus der eigenen Erinnerung hinzu. Schreibe, um dies konsequent zu realisieren, Deine Erzählung nicht in der Ich-Perspektive, sondern in der Perspektive eines außenstehenden Betrachters, der die abgebildeten Personen zwar kennt, aber bei dem Ereignis selbst nicht anwesend war, und die Bilder zum ersten Mal sieht.

An die Stelle des zu interpretierenden Textes i. e. S. tritt hier eine Episode der Life Story (vgl. Kapitel 3.3.6), die in Form der kontrollierten Nacherzählung auf produktive Weise neuinterpretiert wird. Die dabei geförderte Sensibilität für Details, die womöglich bislang gänzlich unberücksichtigt geblieben waren, verweist nicht nur auf Grenzen der eigenen Erinnerung, sondern auch auf die Beschränktheit der persönlichen Eindrücke in der Situation ihrer Entstehung. Der demgegenüber skeptische, vergewissernde Rückgriff auf Quellen entspricht, ebenso wie der Einbezug verschiedener Perspektiven auf das Geschehene, im System der autobiografischen Selbstbezüge der konkreten Denkweise der *Selbstbestimmung*. Die Aufgabe weist insofern eine basale Anforderung des *kritischen Typs* des Autobiografischen Bewusstseins auf.

Eine Aufgabe zur *intentionalistischen Hermeneutik* kann an diese Übung organisch angeschlossen werden. Bezogen auf die Arbeit mit Texten charakterisiert Rohbeck die entsprechende Arbeitsweise wie folgt:

> »In dieser Methode wird nach der *Intention* des Autors gefragt. Dabei setzt man voraus, dass der Autor seinen Text in der Absicht geschrieben hat, eigene Gedanken anderen mitzuteilen, und dass der Leser grundsätzlich imstande ist, diese Schreibabsicht zu erschließen. Zwar ähneln die methodischen Schritte denjenigen der ›objektiven‹ Interpretation, aber sie zielen jetzt mehr auf die *Strategie* und beabsichtigte *Wirkung* der Argumentation.«[651]

Mit derselben Fragerichtung können Schülerinnen und Schüler auch selbst angefertigte Fotos oder vergleichbare, in sozialen Netzwerken geteilte Ego-Dokumente untersuchen, zumal diese oft von kleinen, explizit autobiografischen Situationsschil-

651 Johannes Rohbeck: Zehn Arten, einen Text zu lesen. A. a. O. (wie Anm. 237), S. 166. [Hervorhebungen im Original.]

derungen in Form sog. *Posts* begleitet sind. Um die Lerngruppe für solche reflexiven *Selbstdistanzierungen* (vgl. Kapitel 2.4.3) zu öffnen, empfiehlt es sich allerdings, zunächst Internetpräsenzen fremder Personen, wie sie etwa auf »Facebook« verfügbar sind, gemeinsam hinsichtlich möglicher Selbstinszenierungsabsichten und anderer Intentionen zu betrachten, wobei auch typische Funktionen von Alltagsnarrationen als analytisches Instrumentarium dienen können (vgl. Kapitel 3.4). Ein Vergleich fördert zudem möglicherweise bestimmte Topoi der Selbstpräsentation zutage, deren Kenntnis dabei hilft, die Einlösung von Authentizitätsansprüchen in den aktuellen Leitmedien umso kritischer zu überprüfen (vgl. Kapitel 1.1).

Selbstredend können mit dem Fokus der intentionalistischen Hermeneutik also nicht nur eigene, sondern auch autobiografische Darstellungen anderer Personen untersucht werden, was sowohl der Empathie-Schulung als auch der rational-kritischen Auseinandersetzung mit den präsentierten Selbstbildern dienen kann. Ein Beispiel für den zuerst genannten Einsatz gibt Haase, wobei er zu ersten Übungszwecken aus der bereits zitierten Studie von Tim Henning die fiktive Geschichte einer an beruflichem Erfolg, Anerkennung und Geld orientierten Person übernimmt, die nach einem langen Arbeitstag plötzlich den Drang nach einem völlig anderen Leben verspürt und beschließt, nach Tibet auszuwandern, um sich dort als buddhistischer Mönch ausbilden zu lassen:[652]

Aufgabe 2:

> »Verfasse einen Tagebucheintrag dieser Person am Abend desselben Tages. Gehe in deiner Auseinandersetzung darauf ein, welche Vorstellungen und Überzeugungen für sie im bisherigen Leben maßgeblich waren und durch welche vorangegangenen Episoden sie gefestigt worden sind. Schildere darüber hinaus, welche Erlebnisse zu der drastischen Veränderung der Einstellungen und Wünsche dieses Menschen geführt haben könnten und was er sich von der im Text angedeuteten Lebensperspektive verspricht.«[653]

Der im Rahmen dieser Aufgabenstellung charakterisierte Protagonist vollzieht eine Neuorientierung seiner Lebensplanung in Abkehr von vorgegebenen Elementen des bürgerlichen Statusdenkens, was erkennbar den *kritischen Typ* stimuliert. Ein besonderes Potenzial der Einbindung autobiografischer Erzählungen in den Unterricht ver-

652 Vgl. Tim Henning: A. a. O. (wie Anm. 148), S. 90.
653 Volker Haase: Selbstkompetenz und autobiografische Narration. A. a. O. (wie Anm. 25), S. 97.

deutlicht Haase im Zusammenhang mit diesem spekulativen Vorgehen in Abgrenzung von der Arbeit mit anderen Materialien:

> »Im Vergleich zu den Fallbeispielen und Dilemmata, die üblicherweise im Ethikunterricht verwendet werden und bereits von einem konkreten Wertkonflikt aus konstruiert sind, liegen die Motive und Überzeugungen in den Episoden einer Lebensgeschichte weit weniger pointiert vor. Sie stehen vielmehr ›hinter‹ der Beschreibung konkreter Handlungen und müssen mit entsprechend viel Einfühlungsvermögen erst freigelegt werden. Ferner spielen auch äußere Umstände in biografischen und autobiografischen Narrationen eine größere Rolle, denn der reale Mensch ist in eine Fülle von Geschichten ›verstrickt‹. [...] Die Auswertung und der Vergleich der [i. S. der oben formulierten Aufgabe] entstehenden Texte kann unter dem Gesichtspunkt der mehr oder weniger gelungenen Einfühlung in das Innenleben der vorgegebenen Figur erfolgen, wobei man neben der Frage der inhaltlichen Plausibilität auf den Aspekt der emotionalen Anverwandlung eingehen kann. Hieran sollte sich ein Rückbezug auf den Erfahrungsbereich der Schüler anschließen; vielleicht gab es auch in ihrem Leben schon einzelne Momente, die eine spontane Umkehr bisherigen Verhältnisse und Absichten bewirkt haben. Die Aufbereitung solcher Ereignisse in Form authentischer *autobiografischer Rätsel* kann dann, analog zum oben vorgestellten Beispieltext, Anlass zu weiteren Übungen im Aufspüren impliziter Motive und Werthaltungen in den Lebensgeschichten sein.«[654]

An anderer Stelle wurde außerdem bereits ein Fragen-Katalog, der z. T. intentionalistisch ausgerichtet ist, vorgeschlagen, um gegenüber autobiografischen Erzählungen im Rahmen von *Betroffenen-Interviews* im Ethikunterricht eine kritische Distanz aufzubauen (vgl. Kapitel 4.3.5). Dabei wird u. a. auch angestrebt, aus bestimmten Verhaltensweisen des eingeladenen Gastes während des narrativen Aktes, aber auch aus spontanen persönlichen Reaktionen auf das Gehörte, auf mögliche Wirkungsabsichten zu schließen. Diese liegen freilich zumeist nicht im Bereich einer vorgängigen Selbstinterpretation, sondern vielmehr in dem der *Selbstverteidigung* oder *Selbstbehauptung* (vgl. Kapitel 2.4.1 und 2.4.2).

Die Denkweise der *Kulturhermeneutik* verdeutlicht Rohbeck für die Arbeit mit Texten, die in der philosophischen Tradition weiter zurückliegen, so dass »der zeitliche Abstand zum Autor« als »historische Differenz zu überbrücken« ist, indem etwa »Biographie, Sozialgeschichte und Politik, Kunst, Wissenschafts- und Philosophiegeschichte« als Hintergrundwissen in die Interpretation einbezogen werden.[655] Wie bei

654 Ebenda. [Hervorhebung im Original.]

655 Vgl. Johannes Rohbeck: Zehn Arten, einen Text zu lesen. A. a. O. (wie Anm. 237), S. 167.

allen Texten wirken auch bei der Produktion autobiografischer Erzählungen Faktoren wie die genannten als spezifische Zeitsignaturen unhintergehbar mit. Solche oft unbewusst fungierenden Beschränkungen der Selbstverständnisse und -präsentationen können auch im Philosophie- und Ethikunterricht mit geeigneten Übungen sichtbar gemacht werden. Als Ausgangspunkt bietet sich hier ein Arbeitsauftrag an, der bereits in anderen Zusammenhängen vorgeschlagen worden ist:

Aufgabe 3:

»Ein Leporello ist ein faltbares Heft in Form eines langen Papierstreifens, der ziehharmonikaartig zusammengelegt wird. Es wird in der Marketingpraxis vor allem für Bilderserien und Prospekte verwendet. Der Name geht auf die gleichnamige Figur in einer Oper Mozarts zurück: Der Diener des Frauenhelden Don Giovanni hat demnach eine Liste mit den Namen aller Damen zusammengestellt, die sein Herr verführt hat. Weil diese Liste bald unhandlich lang zu werden drohte, ließ sich Leporello das Faltsystem einfallen. Man kann ein Leporello aber auch benutzen, um sich über sein eigenes Leben Rechenschaft zu geben. Es entsteht dann eine Art ›Drehbuch‹ für die ganz persönliche Geschichte.

(1) Verfasse ein ›Leporello‹ für dein bisheriges Leben. Verzeichne darin die wichtigsten Ereignisse unter dem jeweiligen Datum. Notiere dazu auch einige Sätze zu den näheren Umständen und den Personen, die zum Verständnis der Episoden wichtig sind.

(2) Setze das ›Leporello‹ fort, indem du in derselben Weise Ereignisse kommentierst, die du dir für deine Zukunft (bis zum Todestag) vorstellen kannst.«[656]

Ein Vergleich der Produkte innerhalb von Lerngruppen der frühen Mittelstufe, für die diese Aufgaben typischerweise konzipiert sind,[657] wird i. d. R. sehr ähnliche Ergebnisse der einzelnen Schülerinnen und Schüler zutage fördern, was in Bezug auf die Erkenntnisse der Gedächtnispsychologie mit einer noch nicht in vollem Gang befindlichen Erinnerungsaufschichtung (vgl. Kapitel 4.1.2) und im Anschluss an Rüsen mit einer in dieser Altersgruppe noch vorherrschenden Orientierung des autobiografischen Denkens am *traditionellen Typ* zu erklären ist (vgl. Kapitel 4.1.3f). Die charakteristische,

656 Volker Haase: Selbstkompetenz und autobiografische Narration. A. a. O. (wie Anm. 25), S. 98 f.

657 Vgl. etwa auch Monika Sänger (Hrsg.): Abenteuer Ethik. Lehrbuch für die Jahrgangsstufe 7/8. Ausgabe Baden-Württemberg. Bamberg: Buchner 206, S. 67.

vergleichsweise starre Orientierung an den Statuspassagen des bürgerlichen Lebensverlaufes kann dann in einem zweiten Schritt Gegenstand der gemeinsamen Reflexion sein und auf diese Weise behutsam in Richtung des *exemplarischen Typs* aufgebrochen werden. Nach der Bildung von Hypothesen zur Erklärung der in den Narrationen erkennbaren Gemeinsamkeiten kann hier mit kleinen Informationstexten, die die Geschichte der entsprechenden Deutungsmuster jahrgangsstufengerecht zusammenfassen, weitergearbeitet werden, um die historisch-kulturelle Bedingtheit der selbst angefertigten autobiografischen Erzählungen erkennbar zu machen. Namentlich kann hier u. a. die Forschungsliteratur zur Erfindung der Kindheit, zur kulturell spezifischen Bedingtheit des Verständnisses von Jugend und zum Bedeutungswandel des Alters in didaktisch stark reduzierter Weise herangezogen werden.[658]

Die didaktischen Potenziale der *philosophischen Hermeneutik* charakterisiert Rohbeck in enger Anlehnung an Gadamer:

> »Sie enthält Ansätze, die durchaus in die Richtung späterer Entwicklungen der Rezeptionsästhetik und Dekonstruktion verweisen. Das betrifft erstens die Betonung von *Fremdheit* und *Differenz*, die das Verstehen überhaupt zum Problem werden lassen; und zweitens die aktive, ja sogar *produktive* Rolle des Lesers. Demnach verfügt jeder Leser über ein bestimmtes Vorverständnis, das die Lektüre maßgebend prägt und das sich im Laufe der Textarbeit verändert. Ein vertieftes Verständnis entsteht, wenn die beiden Sinnhorizonte miteinander verschmelzen.«[659]

Eine adäquate Überführung dieser Idee in eine schulisch anleitbare Lektürepraxis erkennt Rohbeck in der Arbeitsmethode des sog. verzögernden Lesens. Ganz ähnlich kann bei der Beurteilung einer noch unbekannten Person die Herstellung des besagten Vorverständnisses von einer ersten autobiografischen Stegreiferzählung ausgehen, mittels derer auf ein grundlegenderes individuelles Handlungsmuster oder einen durchgängigeren Charakterzug geschlossen wird. Die Verfestigung oder Revidierung des entstehenden Bildes im Verlauf der weiteren gemeinsamen Interaktionsgeschichte kommt, in der Terminologie Quasthoffs, dann nicht zuletzt einer Stabilisierung von Verhaltenserwartungen gleich (vgl. Kapitel 3.4.3). Mit den Worten des Rechtswissenschaftlers und Philosophen Wilhelm Schapp steht in diesem Prozess der Persönlichkeitsdeutung die »Geschichte«, eingängiger und plausibler als jede sonstige

658 Vgl. Philippe Ariès: Geschichte der Kindheit [1960]. Übersetzt von Caroline Neubaur und Karin Kersten. München: Hanser 1975. Hans Malmede: »Kulturbedeutung« (von) Jugend. – Ambivalente Deutungsmuster in Deutschland im 20. Jahrhundert. In: Nora Kottmann; Hans Malmede; Stephanie Osawa; Katrin Ullmann (Hrsg.): Familie – Jugend – Generation. Wiesbaden: Springer VS, S. 119–138. Gerd Göckenjan: Das Alter würdigen. Altersbilder und Bedeutungswandel des Alters. Frankfurt a. M.: Suhrkamp 2000.

659 Johannes Rohbeck: Zehn Arten, einen Text zu lesen. A. a. O. (wie Anm. 237), S. 168. [Hervorhebungen im Original.]

Attribuierung, »für den Mann«. Er verdeutlicht dies, neben persönlichen Eindrücken aus der Arbeit mit Mandanten, auch am Beispiel einer kolportierten Begebenheit im Leben Alexanders des Großen:

> »Das Heer Alexanders ist auf dem Marsch durch die Wüste. Das Wasser ist ausgegangen. Das ganze Heer wird von Durst gequält. Eine Patrouille nähert sich dem König. Sie bringt Wasser, aber nur einen Becher voll, und bietet dem König den Trunk dar. Dieser nimmt den Becher, überlegt einen Augenblick und schüttet ihn dann vor den Augen des Heeres in den glühenden Sand. Mit dieser Geschichte haben wir einen Zugang zu der Seele des Königs gefunden. Die Geschichte sagt uns vielleicht mehr, als alle Bilder und Statuen, die wir von Alexander kennen.«[660]

Nach der Vorgehensweise der philosophischen Hermeneutik könnte von Schülerinnen und Schülern, die noch keine weitere Kenntnis von der Person Alexanders haben, i. S. eines Vorverständnisses z. B. die Hypothese aufgestellt werden, dass es sich bei diesem um einen Menschen handelt, der trotz seiner gehobenen Stellung keinen Unterschied zwischen sich und einfachen Soldaten macht und stets verantwortungsvoll an seine Untergebenen denkt. Alternativ dazu könnte bei ihm aber auch eine außergewöhnliche Kompromisslosigkeit und Willensstärke bei der Durchsetzung seiner Ziele vermutet werden, mit der er sich und seine Leute jederzeit an die Grenzen des physiologisch Machbaren heranführt. Und ebenso könnte von einer besonderen Spontaneität ausgegangen werden, so dass in Alexander ein von heftigen Affekten oder situativen Einfällen beherrschter Mensch zu sehen wäre. Ein Studium der historischen Fakten wird dann spätestens nach der Kenntnisnahme des indischen Debakels die zweite Auslegung der ersten vorziehen, während z. B. die Geschichte vom Gordischen Knoten – zusätzlich ins Spiel gebracht – nahelegen würde, auch die dritte Hypothese nicht vorschnell aufzugeben.

Was in dieser Weise mit den Lebensgeschichten anderer Menschen möglich ist, geht im Anschluss an Dilthey auch im Vorgang der autobiografischen Selbstdeutung. Je mehr es nach dieser Sichtweise im Deutungsprozess gelingt, einzelne Episoden der persönlichen Erinnerung auf vermeintliche Grundtendenzen des Lebensverlaufes im Ganzen zu beziehen, als desto sinnvoller erscheint letzterer demnach selbst und als desto zweckhafter wirken dann auch bestimmte Entscheidungen für die Zukunft (vgl. Kapitel 2.3.1). Es gilt in dieser Perspektive also, durch fortwährende Auslegungspraxis den sprichwörtlichen roten Faden im Leben aufzuspüren, wobei dieser Modus des Selbstbezuges weiter oben schon auf den Begriff der *Selbsterkenntnis* gebracht worden ist. Wie ebenfalls bereits zu erkennen war, folgt Dilthey dabei dem teleologi-

660 Wilhelm Schapp: In Geschichten verstrickt. Zum Sein von Mensch und Ding. Frankfurt a. M.: Klostermann ^{3}1985, S. 104.

schen Deutungsmuster eines – wenn auch in der jeweiligen Gegenwart mitunter neu zu bestimmenden – obersten Zweckes, dem sich alle Einzelzwecke unterordnen. Die Tragweite und die Grenzen dieser Idee können sich Schülerinnen und Schüler durch eine entsprechende Aufgabenstellung leicht verdeutlichen:

Aufgabe 4:

(1) Skizzieren Sie in Form einer kurzen Erzählung einen Tag in Ihrer Zukunft, und zwar so, wie Sie sich diese momentan wirklich wünschen. Gehen Sie dabei auf Ihren späteren Beruf, auf Ihr soziales Umfeld und auf Dinge ein, die Sie in Ihrer Freizeit als erwachsene Person im ca. vierzigsten Lebensjahr gern tun würden.
(2) Versuchen Sie im Anschluss daran anhand schlagkräftiger Beispiele aufzuzeigen, dass mehr oder weniger alle nennenswerten aktuellen Interessen, früheren Hobbys und bisherigen Bekanntschaften sowie die einprägsamsten sonstigen Erlebnisse in Ihrem bisherigen, realen Leben auf diese Zukunftsvision ganz zielstrebig hinauslaufen.

Allerdings bedeutet eine Ablösung von der vergleichsweise rigiden Idee einer zielstrebigen Fortentwicklung nicht unbedingt auf eine Disqualifikation der Perspektive der philosophischen Hermeneutik für den Umgang mit der eigenen Lebensgeschichte hinaus. Vielmehr folgt auch der autobiografische Selbstbezug der *Selbstfindung* diesem Denkstil, wobei hier, ebenso wie im oben zitierten Beispiel Schapps, aber eher von einzelnen Begebenheiten innerhalb der eigenen Lebensgeschichte auf bestimmende Verhaltensweisen und Charakterzüge der eigenen Person zu schließen wäre, um diese dann anhand weiterer autobiografischer Erinnerungen zu validieren. Die Aufgabe fördert damit erkennbar auch den *exemplarischen Typ* des Autobiografischen Bewusstseins.

Nun ist der Husserl-Schüler Schapp allerdings nicht so sehr als Hermeneutiker, sondern vielmehr als Vertreter der *Phänomenologie* in die Philosophiegeschichte eingegangen. Bzgl. dieses Denkstils merkt Rohbeck an, dass er auf die Rezeption von Texten nur begrenzt anwendbar sei, obwohl es durchaus eine phänomenologische Leseforschung gebe. Im Übrigen entzündet sich auch die Kritik am Transformationsprojekt im Ganzen bevorzugt gerade am Versuch einer methodischen Nutzbarmachung der phänomenologischen Tradition für die Unterrichtspraxis.[661] Andererseits hat z. B. Philipp Thomas in einer weiterführenden Untersuchung gezeigt, dass dieser Versuch durchaus zu plausiblen Ergebnissen führen kann, wenn man einen Grundzug

661 Vgl. u. a. Philipp Richter: Unterrichtsmethoden in der didaktischen und fachdidaktischen Literatur. A. a. O. (wie Anm. 609), S. 54.

der Phänomenologie in ihrer Prägung durch Husserl, Heidegger und Merleau-Ponty als »negative Hermeneutik« verständlich macht:

> »Die Methode der Phänomenologie eignet sich in besonderer Weise auch für den Philosophie-/Ethikunterricht, wenn es darum geht, mit Jugendlichen die eigene Welt zu erkunden und dabei ein Wahrnehmen freizulegen, das [...] erst auf der Grundlage der Zurückweisung theoretischer (Alltags-) Modelle und Verstehensangebote möglich ist.«[662]

Klassische phänomenologische Übungen zur Zurückweisung allzu unhinterfragter Deutungsweisen bestehen u. a. in der Untersuchung von Gegenständen des täglichen Gebrauches. In diesem Sinn entwickelt auch Schapp eine besondere Technik zur Betrachtung der von ihm sog. »Wozudinge«, nach der es nicht zuletzt gilt, diese bewusst als Symptomträger einer jeweils einzigartigen Geschichte wahrzunehmen. Schapp veranschaulicht diese Idee an einer größeren Serie baugleicher Autos, die mit zunehmendem Gebrauchsalter in einer Vielzahl von Vorkommnissen immer verschiedener werden.[663] Wozudinge sind demnach für ihn in einer unauflösbaren Weise in ein multiversales Netz von »Verweisungsmöglichkeiten und Übergängen« zwischen Ereignissen geknüpft, die nur mit erzählerischen Mitteln adäquat dargestellt werden können. Über die Wozudinge eröffnet sich daher nichts Geringeres als die fundamentale »Frage nach dem Weltbegriff«: Für Schapp ist das »Verstricktsein in Geschichten die vorgegebene Wirklichkeit alles Seienden, darunter eben auch des Menschen«.[664]

An anderer Stelle ist diese Sichtweise bereits fachdidaktisch aufgegriffen worden, um sie für autobiografische Selbstreflexionsübungen nutzbar zu machen:

> »Der bloße Umstand, dass wir ›Wozudinge‹ besitzen, aber auch die Art, wie wir mit ihnen umgehen, sagt bereits viel über unsere Werthaltungen und Lebensweisen aus. Umgekehrt erzählen aber auch die Gebrauchsspuren an den Objekten des persönlichen Besitzes immer einen Teil unserer Lebensgeschichte. Aus diesen Gründen eignen sie sich hervorragend als Medien der autobiografischen Reflexion.«[665]

662 Philipp Thomas: Phänomenologie als negative Hermeneutik. A. a. O. (wie Anm. 32), S. 13.

663 Vgl. Wilhelm Schapp: A. a. O. (wie Anm. 660), S. 59 f.

664 Vgl. Hans P. Lichtenberger: »Im Leben verstrickt.« – Finden sich bei Wilhelm Schapp Ansätze zu einer narrativen Ethik? In: Marco Hofheinz, Frank Mathwig, Matthias Zeindler (Hrsg.): Ethik und Erzählung. Theologische und philosophische Beiträge zur narrativen Ethik. Zürich: TVZ 2009, S. 191–206; hier: S. 196.

665 Volker Haase: Selbstkompetenz und autobiografische Narration. A. a. O. (wie Anm. 25), S. 98.

Haase formuliert auf dieser Basis Arbeitsaufträge die – »bei verschiedenem Komplexitätsgrad« – mehr oder weniger deutlich dem Prinzip der *Selbstbestimmung* folgen, zumal sie Bestandsaufnahmen darstellen, die an das Vorbild Cardanos erinnern:

Aufgabe 5:

> »Wähle einen Gegenstand aus, zu dem du über längere Zeit ein besonders persönliches Verhältnis entwickelt hast. Beschreibe ›eure‹ gemeinsame Geschichte. Beziehe dich dabei auf die Gründe und näheren Umstände eurer ›Bekanntschaft‹ und gehe auf weitere Episoden ein. Untersuche den Gegenstand außerdem einmal genauer – vielleicht findest du Gebrauchsspuren, die als ›Zeugnisse‹ eurer Geschichte dienen können."[666]

Der in einer zweiten Übung vorgegebene Abgleich zwischen Selbst- und Fremdbild verweist dann noch deutlicher auf Voraussetzungen, denen der *kritische Typ* des autobiografischen Bewusstseins entspricht:

Aufgabe 6:

> »Setze dich zu Hause mit einem Stift und einem leeren Blatt Papier in die Mitte deines Zimmers. Notiere auf dem Blatt alle wichtigen Dinge deines persönlichen Besitzes, die du im Rundumblick wahrnimmst. Übergib diese ›Bestandsaufnahme‹ in der Schule einem Partner. Er soll auf der Rückseite des Blattes eine ›Interpretation‹ deiner Person verfassen und dabei von der Frage ausgehen, was der Besitz des jeweiligen Gegenstandes über dich aussagt. Dabei soll er versuchen, alles auszublenden, was er über dich weiß. Besprecht im Anschluss eure Sichtweisen: Mit welchen Deutungen hat er recht? Wo liegt er deiner Meinung nach falsch?"[667]

Den Arbeitsschwerpunkt der *analytischen Philosophie* besteht unstrittig in der Klärung philosophischer Begriffe und in der Analyse von Argumentationen.[668] Ein Begriff, dessen individuelles Verständnis in autobiografischen Texten notorisch greifbar wird, ist z. B. der der Freiheit (vgl. u. a. Kapitel 3.3.1). Dabei übernimmt die Bestimmung

666 Ebenda.
667 Ebenda.
668 Vgl. Johannes Rohbeck: Zehn Arten, einen Text zu lesen. A. a. O. (wie Anm. 237), S. 170 f.

einer eigenen Handlung, der ein zentraler Stellenwert in der Lebensgeschichte der Person selbst oder in der eines anderen Menschen beigemessen wird, als freiwillige oder unfreiwillige Tat zugleich eine argumentative Funktion; immerhin hängt von dieser Darstellung ab, ob und wie sehr man sich als autobiografischer Erzähler eine Schuld zuzuschreiben oder Anerkennung zu erhoffen hat. Aufgaben dieser inhaltlichen Ausrichtung geraten daher unverkennbar in die Nähe jenes Selbstbezuges, der mit Thomä als *Selbstverantwortung* bezeichnet worden ist. Mit Lebensweltbezug und ins Produktive gewendet, lässt sich die hier greifbare Erfahrung, dass autobiografische Erzählungen Strategien einer moralischen Kommunikation enthalten, z. B. folgendermaßen vertiefen:

Aufgabe 7:

> Schildere eine persönlich erlebte Situation, in der Du eine moralische Regel oder gesellschaftliche Konvention unberücksichtigt gelassen hast. Erzähle, ausgehend von dieser Situation, eine kleine Geschichte, in der Du aufzeigst, dass Du aufgrund bestimmter Umstände gar nichts für das Versäumnis konntest. (Beispiel: Ich hatte einem Freund zugesagt, ihm bei der aufwändigen Reparatur seines Fahrrades zu helfen. Aber der öffentliche Nahverkehr streikte und deshalb fuhr auch der Bus nicht zur vorgesehenen Zeit. Außerdem verlief ich mich noch in dem unbekannten Stadtteil, in dem der Freund seit wenigen Wochen wohnte, weil mir jemand einen falschen Weg wies.)

In einem zweiten Schritt können diese Selbstrechtfertigungen von der Lerngruppe einer Plausibilitätsprüfung unterzogen werden, indem gegenüber den angegebenen Gründen für die Schuldlosigkeit mögliche Einwände formuliert werden. Bei dem oben vorgegebenen Beispielszenario wäre dies leicht getan: Streik-Aktionen des öffentlichen Dienstes werden immerhin in aller Regel in den Medien so angekündigt, dass man auf sie vorbereitet ist, wenn man nur einigermaßen regelmäßig Nachrichtendienste in Anspruch nimmt, und zur hinreichenden Vorbereitung eines Termines in einer Gegend, in der man sich noch nie zuvor aufgehalten hat, gehört eigentlich immer auch eine Recherche zur genauen Lage des verabredeten Treffpunktes.

Erfahrbar wird hier zunächst, dass wir uns in Alltagsnarrationen häufig erst einmal mit einer vergleichbar kurzgreifenden Erklärung von vermeintlich determinierenden Umständen zu rechtfertigen versuchen und dann ggf. in einem zweiten Begründungsgang noch einmal nachbessern, was im weiteren Unterrichtsverlauf z. B. mit Einblicken in sprachphilosophische Überlegungen, und zwar insbesondere in die

Konversationsmaximen nach Grice,[669] vertieft werden kann. In diesem Offenbarwerden des autobiografischen Erzählens als Konstruktionsleistung vollzieht sich ein Übergang vom *exemplarischen* zum *kritischen Typ*. Nun lässt sich die – in Anwendung des analytischen Denkstils – bevorzugt in den Blick geratende argumentative Funktion autobiografischer Erzählungen im Philosophie- und Ethikunterricht durchaus nicht nur im Format von Stegreiferzählungen erkennen. Entsprechendes zeigt sich z. B. in zahlreichen Lehrwerken für den Philosophie- und Ethikunterricht der Oberstufe, die den durch Hannah Arendts Bericht prominent gewordenen Selbstverteidigungsversuch des Holocaust-Organisators Eichmann aufgreifen (vgl. Kapitel 3.3.4), wenn es um die Frage geht, worin anerkennenswerte Grenzen der Handlungs- und Willensfreiheit bestehen und worin nicht.[670]

Ein Beispiel für die Rekonstruktion philosophischer Begriffe, Aussagen, Theorien oder Regeln, die von Reflexionen auf die alltägliche Lebenspraxis i. S. des *Konstruktivismus* ausgeht, wurde, auf der Basis autobiografischer Erinnerungen an gewaltfreie Konfliktlösungen, bereits im vorangegangenen Unterkapitel auf dem Niveau der frühen Mittelstufe gegeben. Denkbar wäre es aber auch, persönlichere Werthaltungen und Einstellungen individualgeschichtlich zu rekonstruieren, was deutlich der Denkweise der *Selbstfindung* entspräche. Eine entsprechende Instruktion, die den *exemplarischen Typ* fördert, lautet:

Aufgabe 8:

> Unter einer persönlichen Einstellung ist die Bereitschaft eines Menschen zu verstehen, in einer bestimmten, wertenden Weise auf eine andere Person, eine soziale Gruppe, einen Gegenstand, eine Situation oder eine Idee zu reagieren. Dabei können die entsprechenden Reaktionen kognitiver oder affektiver Natur sein, d. h. Denkweisen oder Gefühle darstellen, oder sich auch in einem bestimmten Verhalten äußern.

Wähle eine Einstellung aus, die Dich Deiner Meinung nach in besonderer Weise charakterisiert. Verdeutliche, dass es sich bei ihr um etwas persönlich Erworbenes handelt. Erzähle zu diesem Zweck verschiedene Erlebnisse nach, die Dich in der fraglichen Einstellung bestärkt haben. Charakterisiere die individuellen Feinheiten dieser Einstellung daraufhin auch noch einmal genauer: Haben die beschriebenen Episoden

669 H. Paul Grice: Logik und Konversation [1975]. In: Georg Meggle (Hrsg.): Handlung, Kommunikation, Bedeutung. Suhrkamp: Frankfurt a. M. 1993, S. 243–265.

670 Vgl. z. B. Roland W. Henke; Matthias Schulze; Eva-Maria Sewing: Zugänge zur Philosophie. Berlin: Cornelsen 2014. Bd. 1, S. 321 f.

in ähnlicher oder unterschiedlicher Weise zu ihr beigetragen? Haben sie alle einen vergleichbaren Anteil an der Einstellung oder gibt es unter ihnen eine Begebenheit, die als besonderes Schlüssel-Ereignis anzusehen ist – und wenn ja: warum hat gerade sie diese Bedeutung?

Ein ähnlicher Vorschlag findet sich auch in der Methodik des sog. kreativen Schreibens unter dem Begriff der *assoziativen Schreibtechnik*. Gegenüber der oben vorgeschlagenen Aufgabe wird hier das mögliche Problem eines situativ fehlenden Zuganges zu einer Einstellung, die sich für eine konstruktivistische Untersuchung eignen könnte, durch ein Angebot konkreter Thesen für die persönliche Auseinandersetzung umgangen:

> »Nehmen Sie sich ein Thema vor, das von Ihnen eine innere Einstellung erfordert, ohne emotional allzu besetzt zu sein. Möglicherweise üben Sie zunächst mit einem Spruch, der Sie zu einem gewissen Widerspruch reizt. Wie wäre es mit ›Was Hänschen nicht lernt, lernt Hans nimmermehr‹ – oder mit: Die Globalisierung bringt mehr Leid als Erleichterungen (oder umgekehrt) – oder auch mit: »Ein Tier ist der beste Freund für einsame Menschen.«[671]

Einen interessanten Vorschlag unterbreitet dieselbe Handreichung auch für eine im autobiografischen Schreibprozess erfolgende Rekonstruktion eigener Wertvorstellungen. Diese werden hier zunächst einmal in einer auch für Schülerinnen und Schüler verständlichen Weise definiert:

> »Wertvorstellungen sind Vorstellungen, Ideen darüber, was in meinem Leben wertvoll ist. Das wird im Leben jedes einzelnen etwas anderes sein, allerdings gibt es zwischen den Wertvorstellungen unterschiedlicher Menschen ganz sicher auch essentielle Übereinstimmungen. Gesundheit und Erfüllung einiger Herzenswünsche für mich und für diejenigen, die ich liebe – das könnte sicher jeder in bezug auf eigene […] Wertvorstellungen mit unterschreiben –, was die Details dieser Wünsche angeht, gibt es dann schon wieder ganz unterschiedliche Präferenzen. Wertvorstellungen sind aber nicht einfach die Idee der eigenen Wünsche an das Leben – vielmehr haben sie auch zu tun mit der Idee, auf welche Weise man […] das eigene Leben führen sollte, um am Ende einer Lebensphase sagen zu können: Ja, so habe ich es gemacht, und so war es im großen und ganzen für mich und für andere gut. Um dieses Ziel auch nur annähernd zu erreichen […], müssen wir uns über unsere Wertvorstellungen zunächst einigermaßen im klaren sein. Und auch darüber, daß die zu uns passenden Wertvorstellungen jeweils ganz eigene Ressour-

671 Lutz von Werder; Barbara Schulte-Steinicke: Schreiben von Tag zu Tag. Wie das Tagebuch zum kreativen Begleiter wird. Ein Handbuch für die Praxis. Mannheim: Walter 2008, S. 42.

> cen, das heißt: Kraftquellen zu ihrer Verwirklichung, benötigen. Wie kann ich z. B. meiner Wertvorstellung ›Lebensfreude‹ entsprechend leben und handeln, wenn ich in meinem Lebensalltag keine Orte finde, die mich freuen? Wo in unserem Leben finden wir diese Kraftquellen, und wie können wir sie einsetzen?[672]

In der konkreten Übung, die abermals auf den *exemplarischen Typ* abzielt, wird daraufhin die retrospektive mit der prospektiven Dimension des autobiografischen Denkens verbunden. Gestartet wird zudem mit Anklängen an die Phänomenologie, die insbesondere in ihrer Ausgestaltung durch Merleau-Ponty Leiberfahrungen einen zentralen Stellenwert einräumt:[673]

Aufgabe 9:

> »Erinnern Sie sich an ein glückliches Ereignis in Ihrem Leben […]. Fragen Sie sich dann: Wo in meinem Körper spüre ich dieses Glück aus der eigenen Erinnerung noch einmal? Im Bauch? In der Brust? In einem leichten Kopf? Oder wo und wie sonst? Schreiben Sie auf, wo im Körper Sie das Glücksgefühl wahrnehmen.

Erinnern Sie sich noch an zwei oder drei andere Situationen und gehen Sie mit ihnen in der beschriebenen Weise um. Überlegen Sie dann: Was ist eigentlich das Verbindende an diesen Situationen? Was hatten sie gemeinsam? Notieren Sie die gefundenen Gemeinsamkeiten.

Überlegen und notieren Sie: Welche zukünftigen Situationen könnten Sie von sich aus so gestalten, daß das mit hineinspielt, was Sie als verbindendes Element Ihrer glücklichen Erinnerungen erkannt haben? Notieren Sie Ihre Ideen, spielen Sie die Situation schreibend regelrecht durch. Und: […] beschreiben Sie anschließend Ihre Erfahrung!«[674]

Eine weitere autobiografische Reflexionsübung, die in dem zitierten Praxis-Handbuch für das Kreative Schreiben zu finden ist, zeigt hingegen eine Nähe zum Denkstil der *Dialektik*, wenn es darum geht, nicht – wie soeben – »gegenüber einem bestimmten Thema, einem Gegenstand« die »grundsätzliche Einstellung«, sondern eine »aktuelle

672 Ebenda, S. 49.

673 Vgl. Maurice Merleau-Ponty: Struktur des Verhaltens. Übersetzt und mit einem Vorwort versehen von Bernhard Waldenfels. Berlin; New York: Walter de Gruyter 1976. Derselbe: Phänomenologie der Wahrnehmung. Übersetzt und mit einem Vorwort versehen von Rudolf Boehm. Berlin; New York: Walter de Gruyter [6]2011.

674 Lutz von Werder; Barbara Schulte-Steinicke: A. a. O. (wie 671), S. 50.

Einstellung – hier und jetzt« – zu überprüfen. Vorgeschlagen wird zu diesem Zweck die Arbeit mit einer Pro-Contra-Liste, um »einen längeren Prozeß des Abwägens« zwischen zwei Entwicklungsoptionen für den weiteren Lebensverlauf zu einem Ergebnis zu bringen.[675] Rohbeck warnt allerdings vor einer Trivialisierung der dialektischen Philosophie-Tradition, die sich in Beispielen wie diesem zeigt und in der schulischen Praxis v. a. im Deutschunterricht in der Gestalt des sog. *dialektischen Erörterungsaufsatzes* manifestiert:

> »Überspitzt formuliert: Eine Option steht zur Debatte, indem zuerst die Vorteile und dann die Nachteile aufgezählt werden, um dann zum faulen Kompromiss zu gelangen. [...] Für den Philosophieunterricht kommt es hingegen darauf an, den dialektischen Aufsatz so zu konzipieren, dass er seinem Namen gerecht wird. Einerseits sind höhere Ansprüche zu stellen [...], andererseits ist die Methode zu elementarisieren, um für Schülerinnen und Schüler anwendbar zu bleiben. Das größte Problem besteht weniger in der Formulierung von These und Antithese als in der Überwindung des Alltagsverstandes, damit die Synthese auf ein philosophisches Niveau gehoben werden kann.«[676]

Eine mögliche Lösung des skizzierten Problems erkennt Rohbeck in einer deutlicheren Orientierung an der philosophischen Tradition, wobei er exemplarisch v. a. auf den bei Hegel vorgefundenen Dreischritt verweist, der auf die Idee einer ›Aufhebung‹ des Widerspruches »in der dreifachen Bedeutung von ergreifen, negieren und bewahren« hinausläuft.[677] Im Anschluss an die klassischen Beispiele der dialektischen Betrachtung von Identität und Freiheit lässt sich Hegels Verfahren auch in einem autobiografisch-lebenskunstphilosophischen Unterrichtskontext anwenden. Als Anregung für eine entsprechende Übung eignet sich in dieser Hinsicht z. B. eine Überlegung Frankfurts:

> »Manchmal entdeckt eine Person etwas an sich, das ihr nicht nur merkwürdig abgelöst von ihr selbst erscheint, sondern in einem beunruhigenden Gegensatz zu ihren Absichten und ihrem Selbstverständnis steht. Unter Umständen lehnen wir einen Teil des psychischen Rohmaterials, das wir in uns entdecken, so entschieden ab, daß wir nicht zulassen können, daß es unsere Einstellungen oder unser Verhalten bestimmt. Wir können nichts dagegen tun, daß wir eine solche dunkle Seite

675 Vgl. ebenda, S. 51 f.

676 Johannes Rohbeck: Verkehrte Welt – Dialektik als Methode der Kritik. In: Derselbe (Hrsg.): Denkstile der Philosophie. A. a. O. (wie Anm. 636), S. 29–62; hier: S. 39.

677 Vgl. ebenda, S. 40.

haben, aber wir sind fest entschlossen, zu verhindern, daß sie irgendeinen direkten Einfluss auf unseren Lebensentwurf oder unsere Lebensführung gewinnt.«[678]

Worauf es nach dem zitierten Autor in solchen Situationen ankommt, ist nicht die psychoenergetisch aufwendige Verleugnung oder »Externalisierung« entsprechender Gedanken, Wünsche oder Gefühle als etwas, das allein durch äußere Umstände entstanden und damit kein echter Teil der eigenen Persönlichkeit sei. Vielmehr wäre an der Akzeptanz zu arbeiten, »daß dieses Rohmaterial zu uns gehört und uns beeinflußt«.[679] Nur durch diesen Prozess der Identifikation sei es letztlich möglich, für das Ungewünschte auch eine hinreichende Verantwortung zu übernehmen. In handlungspraktischer Hinsicht läuft dieser Selbstreflexionsprozess bei Frankfurt auf die Kultivierung bzw. Bewusstmachung »höherer« Einstellungen gegenüber dem ungeliebten Wunsch »erster Ordnung« hinaus. Genau auf diese Weise gewinnt der Mensch seiner Meinung nach die vorübergehend in Frage gestellte Kontrolle über das eigene Tun wieder zurück. Frankfurt verdeutlicht diesen dialektischen Prozess mit einem drastischen Gedankenexperiment, das im Rahmen eines sich anschließenden Schreibauftrages auch zu autobiografischen Selbstreflexionen der Schülerinnen und Schüler nach dem dialektischen Denkmuster motivieren kann:

Aufgabe 10:

»Nehmen wir an, daß ich den Wunsch habe, jemanden zu töten, und daß mit einer Pistole auf ihn zu schießen ein effektiver Weg wäre, mir diesen Wunsch zu erfüllen. Habe ich damit also einen Grund, mit meiner Pistole auf ihn zu schießen?«

(1) Verfassen Sie einen Tagebucheintrag, in dem sich die Person mit der Pistole nach dem von Frankfurt vorgeschlagenen Lösungsansatz verdeutlicht, warum sie ihrer Mordlust nicht nachgeben will.

(2) Erinnern Sie sich an eine persönliche Begebenheit, in der Ihnen ein persönlicher Wunsch bewusstgeworden ist, der Sie unangenehm überrascht hat. Überprüfen Sie die Plausibilität des Vorschlages Frankfurts, mit solchen Wünschen umzugehen, an diesem Beispiel.

678 Harry G. Frankfurt: Sich selbst ernst nehmen. Hrsg. von Debra Satz. Aus dem Amerikanischen von Eva Engels. Frankfurt a. M.: Suhrkamp 2007, S. 24.

679 Vgl. ebenda, S. 22.

Im zweiten Teil dieser Übung wird der Lerngruppe u. U. bewusst werden, dass es Situationen gibt, in denen sich eine Hierarchisierung von Wünschen gar nicht in der Klarheit durchführen lässt, wie dies Frankfurt annimmt. Thomä, dessen Konzept der *Selbstliebe* mit Frankfurts Idee, sich mit ungeliebten Einstellungen, Gedanken und Gefühlen zu identifizieren, sonst durchaus kompatibel ist, verdeutlicht dieses Problem unter dem Stichwort der Entscheidungskrise. Im Bestreben, das dialektische Denken aus der Gefahr einer schulischen Trivialisierung herauszuführen, kommt auch Rohbeck auf solche Situationen zu sprechen und bezieht sich dabei auf Kierkegaards »Dialektik der existenziellen Erfahrung«. In der hierfür charakteristischen, gegen Hegel aufgestellten Figur eines unauflösbaren Widerspruches erkennt er eine unstrittige lebensweltliche Relevanz:

> »Jeder Mensch stößt immer wieder an die Tatsache, dass seine Pläne, Wünsche, Vorstellungen durchkreuzt werden von Begrenzungen, die von außen kommen, von anderen Menschen, von lebensnotwendigen Verpflichtungen, aber auch von der eigenen physischen und psychischen Unfähigkeit, sie zu verwirklichen. Wir erfahren diese Widersprüche mitunter schmerzlich. [...] *Entweder – Oder*; mit diesem Titel wird bereits angedeutet, dass die Erfahrung des *Paradoxon* für Kierkegaard zentral ist. So heißt es: ›Heirate, Du wirst es bereuen, heirate nicht, Du wirst es auch bereuen, heirate oder heirate nicht, Du wirst beides bereuen.«[680]

Ein direkt an Kierkegaard anschließendes, narrativ ausgestaltetes Beispiel formuliert Tim Henning:

> »Man betrachte den Fall einer jungen Frau, um deren Hand angehalten wird. Sie versucht zu entscheiden, ob sie den Antrag annehmen und den Antragsteller heiraten soll. Diese junge Frau macht sich [...] ihre Entscheidung nicht leicht. Sie erwägt zunächst erfolglos eine Menge potenzieller Gründe für oder gegen eine Zusage. Es fehlt ihr dabei nicht an einschlägigen Informationen: Sie kann nicht bestreiten, dass sie gegenwärtig starke Gefühle für den Antragsteller hegt; sie spürt daher durchaus den Wunsch, mit ›Ja!‹ zu antworten. Sie kann aber auch nicht leugnen, dass sie angesichts der Tragweite dieser Entscheidung etwas ängstlich ist. Und sie ist nicht sicher, ob sie an die Beständigkeit ihrer Gefühle glauben und sich ewig binden soll. Sie fürchtet, dass sie es bereuen könnte, wenn sie ihrem Wunsch nachgibt. Zugleich weiß sie aber, dass eine Zusage nicht nur dem Antragsteller, sondern auch ihren Eltern eine Freude machen würde. Ebenso ist ihr klar, dass ihr Freundeskreis schon lange eine Hochzeitsankündigung erwartet. Und schließlich ist sie sich auch

680 Johannes Rohbeck: Verkehrte Welt – Dialektik als Methode der Kritik. A. a. O. (wie Anm. 676), S. 45. [Hervorhebungen im Original.]

bewusst, dass sie, gemessen an traditionellen Vorgaben, allmählich fast zu alt für eine Hochzeit gilt. Die junge Frau akzeptiert all diese Erwägungen als relevant. Aber gleichwohl lassen sie eine Frage unbeantwortet, die ihr als entscheidend erscheint. Diese Frage lautet: ›Ist es das, was ich *wirklich* will?'.«[681]

In dem Fall, dass sich diese Frage nicht auf dem Weg der von Frankfurt vorgeschlagenen Hierarchisierung beantworten lässt, hält Thomäs Konzept der *Selbstliebe* noch eine andere Möglichkeit des Umganges mit dem Problem bereit. Diese besteht darin, dass die betroffene Person gezielt die Vorgeschichte der sich widerstreitenden Haltungen und Gefühle auskundschaftet. Wie bei Frankfurt geht es auch dabei zwar darum, ihnen den Eindruck der Unberechenbarkeit zu nehmen. Dies erfolgt hier aber u. a. dadurch, dass ihnen im Lebensvollzug und in der Lebensgeschichte distinkte Bereiche zugewiesen werden. Weiter oben war diese Denkweise bereits mit dem *genetischen Typ* des autobiografischen Bewusstseins in Verbindung gebracht worden. Eine entsprechende Aufgabenstellung könnte lauten:

Aufgabe 11:

Bei der zitierten Geschichte scheint es sich um ein echtes Dilemma zu handeln. Zeigen Sie auf, welche Optionen die junge Frau hat, um i. S. der ›Selbstliebe‹ mit dem Problem praktisch umzugehen.

Solche Optionen wären aus Sicht der jungen Frau etwa: (1) ein probeweises Eingehen der Ehe, ohne deren etwaiges Ende als persönliches Scheitern, sondern als Zäsur nach einem jedenfalls in sich sinnvollen Lebensabschnitt zu definieren; (2) ein offeneres Verständnis von Ehe, das es erlaubt, das gemeinsame Leben ggf. auch jenseits typischer Konventionen zu gestalten; (3) eine Vertagung der Eheschließung auf einen Zeitpunkt, an dem der Drang zu diesem Schritt noch deutlicher spürbar ist; (4) eine genauere Verortung des Heiratswunsches in verschiedenen Episoden der eigenen Lebensgeschichte, um zu sehen, ob er in der Tendenz ein zu- oder abnehmendes Begehren darstellt.

Als letzte Art, einen Text zu lesen, zeigt Rohbeck eine am *Strukturalismus* orientierte Verfahrensweise auf. Diese charakterisiert er durch ein besonderes Interesse an der »Art und Weise der Darstellung. Gegenstand der Untersuchung sind vor allem literarische Formen«. Am Beispiel jener Passage, in der Aristoteles in der »Nikomachischen Ethik« die Relationsbegriffe des Herstellens und des Handelns unterscheidet,

681 Tim Henning: Person sein und Geschichten erzählen. A. a. O. (wie Anm. 148), S. 28 f.

zeigt Rohbeck konkret auf, wie sich mit der »Struktur der Erzählung« experimentieren lässt: Während sich das aristotelische Original »wie ein Rührstück mit Happy-End« lese, käme es entsprechend darauf an, zu untersuchen, wie mit Hilfe derselben Begriffe »eine Erzählung mit tragischem Ende« aussehen könnte.[682] Haase sieht, im Rückgriff auf die entsprechenden Erkenntnisse der Erzähltheorie, in genau dieser Verfahrensweise eine besondere Möglichkeit der persönlichen Krisenbearbeitung in Akten der autobiografischen Narration. Wegen der bereits erwähnten Gefahr einer Nähe zur Therapie schlägt er jedoch vor, die entsprechenden Potenziale im Schulunterricht nicht an den authentischen Lebensgeschichten der Schülerinnen und Schüler, sondern anhand von Umstrukturierungen autobiografischer Erzählungen von Personen des öffentlichen Interesses zu ergründen, was er exemplarisch am Umgang mit Daten aus dem Lebensverlauf des ehemaligen Bundespräsidenten Horst Köhler aufzeigt:

> »Köhler war seinerzeit für eine öffentliche Befürwortung von Bundeswehreinsätzen aufgrund bestimmter wirtschaftlicher Interessen stark kritisiert worden. Im Sinne des regressiven Musters konnten seine Gegner darin einen deutschen Rückfall in nationalistische Zeiten verstehen, und sie konnten dem Präsidenten selbst einen Verlust der politischen Integrität, zumindest aber ›Amtsmüdigkeit‹, bescheinigen. Umgekehrt schien es jedoch auch möglich, seine Äußerung als Zeichen einer neuen Diskurskultur zu deuten, welche die schuldhafte Sonderrolle Deutschlands hinter sich lassen und sich selbstbewusst mit vergleichbaren Interessen anderer Industrienationen messen könne. Diese progressive Deutung war auch gut auf der biografischen Ebene fortsetzbar, wenn man in Köhlers Ausspruch den vorläufigen Gipfelpunkt einer ganzen Reihe von couragierten Handlungen sehen wollte, zu denen auch die viel diskutierte Zurückweisung einiger Gesetzesvorlagen gehörte. Im Modus einer Stabilitätserzählung war schließlich zu vernehmen, dass Köhler mit seiner Äußerung nur etwas öffentlich klargemacht habe, was immer schon zum langfristigen Kalkül der Bundesregierung gehört habe. Nach dieser Lesart scheint sich Köhler mit dem nachfolgenden Rücktritt zudem selbst treu geblieben zu sein; er hätte dann letztlich dieselbe Unabhängigkeit und Unbestechlichkeit an den Tag gelegt, die ihm bereits in seiner allgemein geachteten Tätigkeit als Direktor des Internationalen Währungsfonds eigen gewesen war.«[683]

Der Arbeitsauftrag für die Schülerinnen und Schüler lautet, entsprechend dieser Sachanalyse, dann:

682 Vgl. Johannes Rohbeck: Verkehrte Welt – Dialektik als Methode der Kritik. A. a. O. (wie Anm. 676), S. 173 f.

683 Volker Haase: Autobiografische Narrationskompetenz. A. a. O. (wie Anm. 2), S. 91.

Aufgabe 12:

> »Stelle einen Lebenslauf des ehemaligen Bundespräsidenten Horst Köhler zusammen und zeichne wesentliche Ereignisse auf, die seine Präsidentschaft prägten. Beschreibe das Leben Köhlers auf dieser Grundlage:
> a) als progressive Erzählung
> b) als regressive Erzählung bzw. Tragödie
> c) als Stabilitätserzählung.«[684]

In diesem Umgang mit Politiker-Biografien zeigt sich zugleich ein ideologiekritisches Moment. Eine ähnliche Vorsicht kann mit demselben Verfahren aber auch gegenüber öffentlichen Selbstinszenierungen anderer Personen, die in den Medien unhinterfragt als Vorbilder präsentiert und dabei ggf. für politische Zwecke instrumentalisiert werden, entgegengebracht werden. Problemlos lässt sich dafür ein Beispiel für gelungene Integration durchvariieren, dass im Biografie-Heft der Zeitschrift »Ethik & Unterricht« verwendet wird. Abgedruckt ist dort ein Interview mit dem Hamburger Lehrer Philip Oprong Spenner, das in komprimierter Form dieselbe Lebensgeschichte wiedergibt, die dieser im Jahr 2011 auch in Buchform präsentiert hatte. Schon der Titel dieser Autobiografie – »Move on up. Ich kam aus dem Elend und lernte zu leben« – verweist auf das progressiv gestimmte Erzählmuster des Märchens.[685]

Das besagte Interview verdeutlicht diese Entwicklung anhand folgender Elemente: Nach dem Unfalltod der Eltern wird der Protagonist als Neunjähriger von der Tante ausgesetzt und zum Straßenkind gemacht. Zwei Jahre später wird er aus dieser Situation gerettet, indem ihn die Polizei aufgreift und in ein Waisenheim bringt. Die Patenschaft eines deutschen Arztes ermöglicht ihm daraufhin eine gute Schulbildung und ein Jura-Studium in Kenia. Eine Adoption durch diese Person führt schließlich zu einer Übersiedlung nach Hamburg, wo er Deutsch lernt, Lehramt studiert und seine eigentliche Bestimmung darin findet, Kinder aus armen Verhältnissen zu unterrichten und diesen auch am Beispiel der eigenen Lebensgeschichte Hoffnung zu geben.

Aus den geschilderten Ereignissen kann allerdings, unter Einbezug einiger weniger weiterer Details, auch eine anders verlaufende Geschichte erzählt werden, die z. B. eher dem Muster der Heldensage folgt: Nach dem Unfalltod der Eltern stellt die Aufnahme des Protagonisten durch seine Tante eine erste Aufwärtsbewegung dar, zumal er durch diese auch in die Schule geschickt wird, wo seine Entwicklung zum Klassenbesten für ein stabileres Selbstwertgefühl sorgt. Dem nächsten Abschwung, der in der Existenz

684 Ebenda, S. 193

685 Philip Oprong Spenner: Vom Straßenkind zum Lehrer. Interview mit Alice Ahlers. In: Ethik & Unterricht. H. 1/2013, S. 19. Derselbe: Move on up – ich kam aus dem Elend und lernte zu leben. Berlin: Ullstein 2011.

als obdachloses Kind besteht, folgt die Aufnahme ins Waisenheim und die Vermittlung der Patenschaft, die ihn schließlich studieren lässt. Das Jura-Studium erweist sich aber offensichtlich nicht als richtige Wahl, weil es das verfehlt, was der Protagonist im Augenblick der Erzählung für den »Traumberuf« hält. Das anschließende Lehramtsstudium stellt hier eine Korrektur dar, aber angesichts der Feststellung, dass er »auch einen anderen, besser bezahlten Job bei einer internationalen Organisation machen« könnte und dass die Arbeit in einer Hamburger Brennpunktschule auf Dauer auch eine erhebliche psychische Belastung darstellen kann, erscheint die Frage zulässig, inwiefern damit bereits wirklich ein so stabiler Endpunkt in der Lebensgeschichte erreicht ist, wie von dem noch vergleichsweise jungen Mann selbst behauptet.

Zugegebenermaßen ist bei solchen strukturalistisch inspirierten Umdeutungen von Lebensgeschichten in einer ganz ähnlichen Weise nach »*Brüchen*, *Lücken* und *Rändern*, also nach *verborgenen Aussagen* zu suchen«, wie dies auch für den Denkstil der *Dekonstruktion* charakteristisch ist, wenn es diesem darum geht, »etwas im Text Unsichtbares sichtbar [zu] machen oder ein Randphänomen ins Zentrum zu rücken«.[686] Entscheidend ist hier aber etwas Anderes: Wenn solche Vexierspiele im Unterricht zu der Erkenntnis führen, dass nahezu alle Episoden eines Menschenlebens, also auch des eigenen, in ähnlicher Weise um- und neubewertet werden können, so eröffnet sich jene – dem *kritischen Typ* des autobiografischen Bewusstseins verbundene – Art von Selbstverständnis, die Thomä auf den Begriff der *Selbsterfindung* bringt.

4.3.5. Betroffenen-Interviews im Ethikunterricht

Während der Fokus in den vorangegangenen Unterkapiteln auf schriftlichen Auseinandersetzungen der Lernenden mit den eigenen Lebensgeschichte lag, geht es abschließend nun darum, ein Verfahren aufzuzeigen und zu legitimieren, das auf eine gleichermaßen sinnstiftende wie kritische Reflexion von autobiografischen Schilderungen anderer Personen in mündlichen Erzählsituationen gerichtet ist. Konkret sollen hier Selbstdarstellungen im Fokus stehen, die in Interviews mit sog. Betroffenen geäußert werden, weil die Initiierung einer gewinnbringenden Auseinandersetzung in diesem Fall, etwa im Vergleich mit Expertengesprächen, besonders anspruchsvoll ist.

In der Fachdidaktik der Philosophie und Ethik wurde das Interview bislang v. a. als Rollenspiel,[687] aber auch als Form der didaktischen Reduktion behandelt, wobei der Gesprächspartner in beiden Fällen häufig ein realer Philosoph ist, der jedoch in

686 Vgl. Johannes Rohbeck: Zehn Arten, einen Text zu lesen. A. a. O. (wie Anm. 237), S. 169.

687 Vgl. außerdem Hanna Osigus: »... und raus bist du«? Simulation von »Einzelfallinterviews« im Rahmen des deutschen Asylantragsverfahrens. In: Praxis Philosophie & Ethik. H. 2/2017, S. 41.

einer fingierten Situation zu Wort kommt.[688] Tatsächliche Befragungen von Personen durch Schulklassen spielten hingegen bisher, von Wenigem abgesehen,[689] keine nennenswerte Rolle. Dies mag nicht zuletzt an der starken Ausrichtung der Fachdidaktik an der Philosophie als Bezugswissenschaft liegen, während die meisten Bildungspläne für das Fach Ethik einen komplementären Rückgriff auf weitere, auch stärker empirisch arbeitende Disziplinen nahelegen.[690] Gegenüber deren Erkenntnissen und Arbeitsmethoden ist, mit der Aufnahme von Impulsen der *Experimentellen Philosophie*, seit Kurzem allerdings auch eine gewisse fachdidaktische Öffnung zu erkennen.[691]

Deutlich länger erfreuen sich in der Unterrichtspraxis insbesondere Personen-Befragungen in Form von Interviews bereits einer ungebrochenen Beliebtheit, ohne dabei allerdings immer eine erkennbare philosophische Reflexionstiefe zu erreichen. Zudem äußern viele Kolleginnen und Kollegen Unsicherheiten hinsichtlich der Antizipierbarkeit und methodisch abgesicherten Verarbeitung der Ergebnisse sowie möglicher Störungen im Gesprächsverlauf. Auch die knappen Empfehlungen in aktuellen Lehrwerken fangen die genannten Schwierigkeiten nicht in hinreichender Weise auf. So heißt es etwa in einem Band für den Unterricht an baden-württembergischen Gymnasien in den Klassenstufen 9 und 10 lapidar:

> »Einigt euch vorher auf bestimmte Themen, über die gesprochen werden soll, teilt sie den Experten mit, beschafft euch Informationen dazu und bereitet euch selbst darauf vor. Bestimmt einen Mitschüler als Moderator, der den Experten die Fragen stellt und das Gespräch leitet. Vereinbart nach Beendigung des Gesprächs noch eine Fragerunde, in der ihr selbst Fragen oder persönliche Einschätzungen an die Experten richten könnt.«[692]

Die nachfolgenden Darlegungen reagieren auf dieses Desiderat und entwickeln gründlichere Empfehlungen für eine bessere Planung, Durchführung und Auswertung von Betroffenen-Interviews im Ethikunterricht. Dabei werden zunächst in Form schlaglichtartiger Zitate einige charakteristische Befunde aus der Schulwirklichkeit wiedergegeben, aus denen prinzipielle Überlegungen zur Legitimation und zu möglichen

688 Vgl. z. B. Jörg Peters; Bernd Rolf: Kant & Co. im Interview. Fiktive Gespräche mit Philosophen über ihre Theorien. Stuttgart: Reclam 2009.

689 Vgl. Volker Haase: Betroffenen-Interviews im Ethikunterricht. A. a. O. (wie Anm. 48). Die nachfolgenden Abschnitte folgen diesem Aufsatz überwiegend durch wörtliche Übernahme.

690 Vgl. zu dieser Problematik Ferdinand Fellmann: Die Angst des Ethiklehrers vor der Klasse. Ist Moral lehrbar? Stuttgart: Reclam 2000 S. 40f; Anton A. Bucher (Hrsg.): Ethikunterricht in Österreich. Bericht der wissenschaftlichen Evaluation der Schulversuche »Ethikunterricht«. Innsbruck; Wien: Tyrolia 2001, konkret zur Situation in der Bundesrepublik S. 308 f.

691 Vgl. Johannes Rohbeck: Experimentelle Philosophiedidaktik. A. a. O. (wie Anm. 607).

692 Vgl. z. B. Volker Pfeifer (Hrsg.): Fair Play. Für den Ethikunterricht in den Jahrgangsstufen 9 und 10. Paderborn: Schöningh 2008, S. 303.

Unannehmlichkeiten des Umgangs mit biografischen Selbstdarstellungen abgeleitet werden können. Für die Behebung der zutage tretenden Schwachstellen sollen daraufhin in zwei weiteren Argumentationsschritten verschiedene Vorschläge unterbreitet werden. Diese können schließlich in einer Empfehlung verschiedener, aufeinander aufbauender Arbeitsschritte zur praktischen Durchführung von Interviews systematisiert werden.

Beispiel 1: *Besuch im Obdachlosenheim in der Einheit »Armut und Reichtum«*

> [Schülerin unmittelbar nach der Begrüßung]: »Wir haben uns gefragt: In Deutschland gibt es doch die Sozialhilfe. Da muss ja eigentlich gar niemand auf der Straße leben. Also – warum sind Sie dann überhaupt obdachlos?«

Beispiel 2: *Vortrag einer Asylantin aus Afrika*

> »Meine Stiefmutter ist die Hexe in meiner Geschichte. Sie hat mich dafür, dass der Schulbus kaputt war und ich mich am Nachmittag nicht um meine Geschwister kümmern konnte, schlimm bestraft. Sie hat mich an einen Baum gefesselt, und den hat sie angezündet. Wie sich ein zwölfjähriges Kind dabei gefühlt hat – könnt ihr euch das vorstellen? [Beginnt zu weinen.]
> [...] Und dann kommt das Kapitel der Flucht. Das ist der Höhepunkt meiner Geschichte. Ich hatte große Angst und es war eigentlich gar nicht möglich, durch die Flughafenkontrollen zu kommen. Das kann ich euch aber genauer erzählen. Das ist wirklich ein Beweis dafür, dass es den lieben Gott gibt und er immer für mich da ist. Das ist mir, als ich in Deutschland ankam, klargeworden.«

Beispiel 3: *Vortrag eines Fördervereinsmitgliedes über ein Krankenhaus in Gaza*

> »Und dann kamen nach dem Zweiten Weltkrieg die Juden; vorher waren sie in Palästina eine absolute Minderheit. Sie wollten einen eigenen Staat. Und das ist ja nach dem Holocaust und dem ganzen Grauen auch verständlich gewesen. Aber in Palästina haben zuvor immer schon die Araber gelebt. [...]

Durch den israelischen Schutzzaun ist nun unser Krankenhaus so abgeschnitten worden, dass die Hilfe des Rettungswagens oft zu spät kommt. Ich habe euch von der Situation ein paar Bilder mitgebracht. [Der Gast projiziert Bilder des Zaunes.] [...] Es gibt seitdem aber auch mehr Erbkrankheiten bei den palästinensischen Kindern. Das ist ja auch klar. Vorher konnten die jungen Leute ihre Partner in anderen Gegenden wählen. Aber jetzt kommt es ganz oft aus der Not heraus zur Heirat unter Cousins und Cousinen.«

Beispiel 4: *Interview zum Thema »Staatsgewalt und Gewalt gegen den Staat«*

[Zeitzeuge:] »Also, in der DDR war das meiste nicht so schlecht, wie es jetzt dargestellt wird. Ich konnte zum Beispiel sehr gut studieren. Und das war damals noch für alle kostenlos. Und na klar, es gab Probleme in bestimmten Bereichen, aber damit hatte ich nichts zu tun, und da hatte ich vor '89 auch überhaupt nicht weiter an Revolution gedacht ...«

[Schüler:] »Aber ... wir haben neulich den Film »Das Leben der Anderen« geschaut. Da war alles viel grauer im Alltag. Und, ich denke mal, wer politisch auf der Höhe war, der hat schon vor der Wende ziemlich Ärger mit der Stasi bekommen.«

Beispiel 5: *Interview mit einem Alkoholkranken in der Einheit »Konsum«*

»Ich hatte dann schlimm Rheuma und da konnte ich den Beruf nicht mehr machen und wurde arbeitslos. Ich habe meinen Beruf sehr gern gemacht. Das hat auch Sinn in mein Leben gebracht, aber das ist eine andere Geschichte. Jedenfalls war ich dann verstimmt und habe getrunken, aber in Maßen, aber dann ist mir die Frau weggerannt mit 'nem anderen. Und dann hab ich richtig getrunken. Da ist auch wieder das trotzige Kind in mir hochgekommen. Und dann ging es immer weiter bergab.«

An den vorliegenden Beispielen lässt sich sowohl das Bildungspotential autobiografischer Narrationen, als auch das besondere Problem des verantwortlichen Umganges mit solchen Selbstdarstellungen erkennen. Die durch sie eröffneten Chancen liegen in der Förderung einer ganzen Reihe fachspezifischer und fächerübergreifender Fähigkeiten. Zunächst können die Lernenden dazu angeregt werden, sich in persönliche Voraussetzungen, Präferenzsysteme und Lebenswege anderer Menschen hineinzudenken, die oftmals nicht den Erfahrungen ihres Zeithorizontes, ihrer eigenen soziokulturellen Schicht oder ihrer gegenwärtigen Lebensphase entsprechen. Diese authentische Weise, dem Anderen zu begegnen, ermöglicht besonders eindringliche *Perspektivenwechsel*. In der direkten und nachfragenden Auseinandersetzung mit dem konkreten Einzelfall kann gelernt werden, Vor- und Pauschalurteile zugunsten einer differenzierteren Sichtweise auf bestimmte Probleme, wie etwa das Phänomen von Armut im Sozialstaat, zu vermeiden (vgl. Beispiel 1). Noch offenkundiger ist dies dann der Fall, wenn über persönliche Schicksale berichtet wird, die kausal mit den Wurzeln des Erzählenden in einer anderen Tradition oder mit einer spezifischen religiösen Sozialisation zu tun haben (vgl. Beispiel 2). Neben solchen Erstbegegnungen mit fremden Horizonten eröffnen sich für interkulturelle Konfliktfälle, deren Bewertung durch gängige Medien vorgeprägt ist, oftmals auch alternative Deutungsangebote, die zur Kenntnisnahme und Abwägung provozieren (vgl. Beispiel 3).

Hier schließen sich folgerichtig Überlegungen zur Verwendung von Interviews für die Schulung der *Urteilsfähigkeit* an. Durch die Darstellung des Betroffenen und die Gelegenheit, Nachfragen zu stellen, entsteht insgesamt eine Beschreibung, die in ihrer Dichte und Konkretion deutlich über das hinausgeht, was die Schüler üblicherweise in Fallbeispielen zur Diskussion vorgelegt bekommen. Sie haben daher auch nicht die sonst gern ergriffene Gelegenheit, dilemmatische Konfliktkonstellationen durch willkürliche Zusatzannahmen zu entschärfen. Weil die Erzählenden in ihren Schilderungen niemals einfach nur sachliche Einblicke in ihr Leben geben, sondern sich als handelnde Akteure inszenieren und rechtfertigen (vgl. Kapitel 2.4.1 und 3.4.3) und dabei oftmals allgemein bewährte Deutungsmuster,[693] aber auch stark subjektiv gefärbte Interpretationen anbieten,[694] liegt ferner ein natürlicher Anlass zur kritischen Auseinandersetzung mit Lebensmodellen vor (vgl. Beispiel 4). Häufig gilt es allerdings erst einmal, die impliziteren, z. T. sogar auf das Ikonische reduzierten Formen der Alltagsargumentation deutlicher zu identifizieren (vgl. Beispiel 3). Mit diesen setzen sich die Lernenden im Ethikunterricht, in dem in aller Regel auf elaborierte Begründungsverfahren Wert gelegt wird, sonst kaum bewusst auseinander. Eine Beschäftigung damit kann ihnen aber dabei helfen, entsprechende Manipulationen in ihrer Lebenswelt deutlicher wahrzunehmen und diesen kritischer zu begegnen.

Sollten die präsentierten Lebensbeschreibungen zugleich tragische Wendungen nehmen, so werden die Schülerinnen und Schüler desweiteren mit dem Faktum der Störanfälligkeit von Lebensplänen konfrontiert und zum Aufbau eines *Kontingenzbe-*

693 Zur Bedeutung von Interviews und ihrer Auswertung als »Deutungsmusterarbeit« vgl. Franz Josef E. Becker: Poltisches Lernen durch Realbegegnung. Zur Methode von Erkundung und Befragung. In: Methoden der politischen Bildung – Handlungsorientierung. Bonn: Bundeszentrale für politische Bildung 1991, S. 174–212; hier: S. 176.

694 Vgl. Hans-Jürgen Glinka: Das narrative Interview. Eine Einführung für Sozialpädagogen. Weinheim; München: Juventa [3]2009, S. 171–181.

wusstseins angeregt (vgl. Kapitel 3.4.4). Sie können in solchen Situationen außerdem ihre *Empathiefähigkeit* als Gesprächspartner erproben und wahrnehmen (vgl. Beispiel 2 und 5). Dabei werden sie gegebenenfalls auch individuelle Unterschiede im Ausmaß ihrer Identifikation mit den Erzählenden und in ihrer Bereitschaft, aktiv auf diese zuzugehen, feststellen. Das Maß ihrer innerlichen Übereinkunft mit den Sichtweisen, Rollenmustern und Problemlösungsstrategien des Interviewten verweist die Lernenden zugleich auf eigene Dispositionen und Werthaltungen.[695] Am Grad ihres Engagements und an der Art, wie sie mit konfliktträchtigeren Gesprächssituationen umgehen, können ihnen außerdem persönliche Hemmungen und Toleranzschwellen bewusst werden (vgl. Beispiel 3 und 4). Insgesamt haben autobiografische Interviews im Ethikunterricht damit auch das Potential, einen praktischen Beitrag zum Erwerb von Lebenskunst zu leisten.

Ebenso sind faktuale, in Interview-Situationen eingebettete Lebenserzählungen als Medien zur Erschließung und Problematisierung von relevantem Sachwissen verwendbar. Als Schilderungen mehr oder weniger charakteristischer Einzelfälle ermöglichen sie auf dem Weg der Induktion zunächst Hypothesen und Modellbildungen, die in einem zweiten Schritt mit wissenschaftlichen Erkenntnissen abzugleichen sind. In plastischer Weise kann so u. a. der sog. Teufelskreis der Armut in einigen wesentlichen Zügen zutage treten (vgl. Beispiel 2). Umgekehrt ist aber auch die Anwendung bereits erworbener Kenntnisse auf konkrete Inhalte autobiografischer Erzählungen möglich. Dies wird freilich selten zur bloßen Bestätigung des Vorwissens führen, sondern eher seine Konfrontation mit anders gearteten Wahrnehmungen der Wirklichkeit zeitigen (vgl. Beispiel 4). Auf diese Weise ergibt sich u. U. auch eine Annäherung an die epistemolgische Perspektive der Generierung von Wissen.

Zuletzt sei noch auf die motivationale Wirksamkeit solcher Begegnungen im Ethikunterricht verwiesen. Diese resultiert v. a. daraus, dass nicht nur die erzählenden Gäste häufig als »außergewöhnliche Modelle« im Unterrichtsalltag wahrgenommen werden,[696] sondern auch die Lernenden selbst dazu aufgefordert sind, als Interviewpartner in einem echten sozialen Kontext zu agieren. Dieser Umstand zwingt sie in produktiver Weise zur Verantwortungsübernahme und ermöglicht zugleich Selbstwirksamkeitserfahrungen. Viele Schülerinnen und Schüler müssen in solchen Situationen zunächst eine gewisse Scheu überwinden;[697] sie können dann aber erkennen, dass ihre Fragen und Deutungen im Gespräch mit erfahreneren Menschen durchaus

695 Zum »Element der Selbsterfahrung« vgl. auch Franz Josef E. Becker: Poltisches Lernen durch Realbegegnung. A. a. O. (wie Anm. 693), S. 180, 198.

696 Vgl. Fritz Oser: Acht Strategien der Wert- und Moralerziehung. In: Wolfgang Edelstein; Fritz Oser; Peter Schuster (Hrsg.): Moralische Erziehung in der Schule. Entwicklungspsychologie und pädagogische Praxis. Weinheim; Basel: Beltz 2001, S. 63–89; hier: S. 82 f.

697 Vgl. u. a. Joachim Detjen: Forschend lernen: Recherche, Interview, Umfrage, Expertenbefragung. In: Wolfgang Sander (Hrsg.): Handbuch politische Bildung. Schwalbach/Ts.: Wochenschau Verlag ^{3}2005, S. 565–575; hier: S. 574.

ernstgenommen werden. Steigerbar ist dieser Effekt noch, wenn die Ergebnisse des Interviews in der Schülerzeitung oder sogar in der professionellen Lokalpresse abgedruckt werden oder wenn die Befragung selbst in einem öffentlichen Rahmen, z. B. in der Aula der Schule, durchgeführt wird.[698] In diesen Fällen handelt es sich um größere Projekte, die entsprechende Aufgaben der Planung und Koordination erforderlich machen und den Erwerb bestimmter, nachfolgend noch weiter zu charakterisierender methodischer Kompetenzen ermöglichen.

Den genannten Nutzwerten stehen andererseits beträchtliche Risiken gegenüber, die an der Effektivität von Interviews als Unterrichtsmethode, aber auch an ihrer Zumutbarkeit für alle Beteiligten zweifeln lassen, wenn es nicht gelingt, sie durch entsprechende Vorkehrungen aufzufangen. Diese Gefahren liegen zuvorderst in einem doppelten Balance-Akt begründet, den der Ethikunterricht generell zu vollführen hat. Zu eigenen Orientierungen kann er den Lernenden nur dann verhelfen, wenn er erfolgreich Dogmatismus vermeidet, ohne in relativistische Beliebigkeit abzudriften und dabei zugleich den Rationalitätsansprüchen einer universalistischen Ethik genügt, ohne das individuelle emotionale Fundament echter Werthaltungen zu vergessen.[699] Jenseits dieser zweifachen Mitte wird es schnell problematisch.[700] Wo Dogmatismus im rationalistischen Gewandt erscheint, triumphieren pseudowissenschaftliche Ideologien, und wo er sich mit starkem Gefühl geriert, kommt es zur noch plumperen Überwältigung. Ebenso wirkt die Vernunft nur allzu schnell altklug, wenn sie es bei der Relativierung des Bestehenden bewenden lässt, und wenn sie an dieser Stelle das Feld den Emotionen überlässt, resultiert häufig nur Weltschmerz. Alle diese Gefahren vermischen und potenzieren sich aber sehr schnell, wenn im Ethikunterricht Interviews ungenügend vor- und nachbereitet oder inadäquat moderiert werden. In ihrem Fall kommen ja zu den oftmals schon schwer genug wägbaren Äußerungen der Lerngruppe noch die Schilderungen der zumeist nicht weiter bekannten Gäste hinzu. Wie sicher, unvoreingenommen und gewinnbringend beide aufeinander reagieren, ist dann allenfalls zu vermuten. Zudem ist nicht jeder ein guter Erzähler und Gesprächspartner, und wer dies ist, kann damit höchst unterschiedliche Absichten verfolgen. Ausgehend von diesem letzten Gesichtspunkt erschließt sich nun aber eine ganze Reihe konkreter Schwierigkeiten, die in den spezifischen Eigenschaften und alltäglichen Funktionen selbstbezogener Narrationen begründet liegen (vgl. Kapitel 3.4).

Hierzu gehört zuerst, dass Erzählungen aus dem eigenen Leben ein vergleichsweise

698 Vgl. – als Anregung aus der Politik-Didaktik – Klaus Moeglin: Die Politikwerkstatt. Ein Ort politischen Lernens in der Schule. Schwalbach/Ts.: Wochenschau-Verlag 2003, S. 40–51.

699 Zur Bedeutung moralischer Gefühle für Bildungsprozesse im Ethikunterricht vgl. u. a. Richard Breun: Zur »Logik des Herzens« und ihrer Didaktik. In: Ethik & Unterricht, Heft 1/2001, S. 27–33. Volker Pfeifer: A. a. O., S. 231–275.

700 Zur Kritik entsprechender bildungspolitischer Konzepte der Moralerziehung vgl. Fritz Oser: Acht Strategien der Wert- und Moralerziehung. A. a. O. (wie Anm. 696), S. 63–68, 70–72.

intimes Verhältnis zu den Zuhörenden herstellen und insofern eine Atmosphäre des Vertrauens und ein Ethos der Aufmerksamkeit und Anteilnahme voraussetzen. Wer als Interviewer für diese *soziale Integrationsfunktion* kein Gespür hat – und Schüler müssen ein solches immer erst noch mehr oder weniger erwerben –, der bewirkt allenfalls Irritationen und Rückzüge, im schlimmsten Fall sogar einen Abbruch der Kommunikation.[701] Zudem sind Menschen, die freiwillig ihre Zeit opfern und eventuell sogar einen längeren Anfahrtsweg zur Schule auf sich nehmen, um über ihre Erfahrungen zu erzählen, nicht selten von dem Motiv getrieben, eine Bestätigung dafür erfahren, dass sie sich in anspruchsvollen Situationen richtig verhalten oder große Teile ihrer Lebenskraft einer sinnvollen Sache verschrieben haben. Hierin ist die *moralische Kommunikationsfunktion* autobiografischer Narrationen zu erkennen. In solchen Passagen müssen den Schülerinnen und Schülern Denkbewegungen einer kritischen Distanzierung möglich sein, die immer auch Informiertheit im jeweiligen thematischen Feld voraussetzt.

Autobiografische Darstellungen haben ferner für den Erzählenden selbst eine *identitätsbildende* und *-stabilisierende Funktion*, weil einzelne Episoden in einen einheitlichen Erzählrahmen integriert und in der aktuellen Situation neu gedeutet werden, anstatt bruchstückhaft und widersprüchlich nebeneinander zu stehen. Da diese Neuinterpretation oftmals im Prozess des Erzählens selbst, und zwar v. a. durch Nachfragen der Gesprächspartner, erfolgt, kommen in Interviews mitunter nur schwer auszuhaltende Stockungen, Erinnerungslücken und Konfusionen vor. Es können jedoch auch wirklich traumatische Erlebnisse und eigenes Fehlverhalten, das beispielsweise mit Regungen der Schuld oder Scham einhergeht, im Gesprächsvorgang unwillkürlich wiederbelebt werden.[702] Dies kann entweder Gefühlsausbrüche zur Folge haben oder in den Versuch des Erzählers münden, seine problematischen Verhaltensweisen kurzerhand als fremdverursacht zu externalisieren. Oftmals werden dafür dann Erfahrungsmuster adaptiert, die an der Authentizität des Berichtes zweifeln lassen müssen.[703] Gespräche, die in dieser Weise stark vom Bereich der *psychischen Funktionen* geprägt sind, erscheinen heikel, weil dem Zuhörenden eine in keiner Weise zu leistende therapeutische Rolle abverlangt wird, während er selbst vielleicht viel lieber Kritiker und Ankläger wäre.

Damit ergibt sich neben dem ersten Problemgefüge, das zwischen den Polen des Dogmatismus und des Relativismus einerseits sowie zwischen der Rationalität und der Emotionalität andererseits aufgespannt ist, ein zweites Bezugssystem, in dem sich Anteilnahme und Distanzierung sowie Konstruktivität und Zweifel gegenüberstehen.

701 Vgl. Gabriele Metzler; Daniel Metzger: Interview. In: Dirk Lange (Hrsg.): Methoden politischer Bildung. Hohengehren: Schneider 2007, S. 16–25; hier: S. 23

702 Vgl. ebenda, S. 23. Hans-Jürgen Glinka: A. a. O. (wie Anm. 694), S. 209.

703 Vgl. Ivonne Küsters: A. a. O. (wie Anm. 473), S. 31 f., 67.

Während die Bewusstmachung des ersten Gefüges dabei helfen kann, die Verhaltensweisen des Interviewten zu analysieren, kann das zweite den Lernenden dazu dienen, die eigenen Reaktionen auf diese zu regulieren und zu reflektieren.

Aus dieser Überlegung lässt sich eine spezifische Form eines Beobachtungsprotokolls herleiten (vgl. Kapitel 5.2, Abbildung 12), das von einem Teil der Lerngruppe während der Durchführung des Interviews zu benutzen wäre, während der andere Part den inhaltlichen Verlauf des Gespräches möglichst genau nachzeichnet. In dem besagten Protokoll, das die Struktur eines Diagrammes aufweist, können die Schülerinnen und Schüler die markantesten Sprechhandlungen der Interview-Partner verorten, indem sie für diese eine fortlaufende Nummer zwischen den vorgegebenen Achsen eintragen und die Gesprächsbeiträge selbst in dazugehörigen Fußnoten festhalten. Zugleich können sie anhand der Begriffe auf dem begrenzenden Rechteck kontrollieren, wie die mitgeschriebenen Äußerungen auf sie selbst jeweils wirken und wie sie sich ihnen gegenüber im weiteren Gesprächsverlauf verhalten wollen. Wenn die Lernenden in der Nachbesprechung des Interviews dann ihre individuellen Eintragungen miteinander vergleichen, werden sie nicht zuletzt auch ihre unterschiedlichen Toleranzschwellen und »Hörgewohnheiten« einerseits und ihre verschiedenen Umgangsweisen mit dem Gast andererseits deutlich herausstellen können. Außerdem ergibt sich aus einer Verbindung der einzelnen eingetragenen Nummern durch Linien eine Verlaufskurve, anhand derer wesentliche Phasen des Interviews aus psychologischer Sicht kenntlich gemacht werden können.

Der praktische und erkenntnisgenerierende Wert dieses Vorschlages zeigt sich bereits bei seiner punktuellen Anwendung auf die oben präsentierten Beispiele: Zunächst zeigt sich, indem die Schülerin gleich mit der ersten Frage des Interviews zum heiklen Kern des Problems vordringt, einen Mangel an *Anteilnahme* (vgl. Beispiel 1). Der Vortragende in Beispiel 3 erzeugt diese hingegen erfolgreich. Er beruft sich dafür *dogmatisch* auf historisch und biologisch fragwürdige Fakten und schließt die entstehende Plausibilitätslücke durch Bilder mit einem hohen Grad an *Emotionalität*, obwohl sie in keinem zwingenden Zusammenhang zu den vorgebrachten Behauptungen stehen. Er tut dies vermutlich zwar nicht mit der bewussten Absicht der Indoktrination, sondern lässt sich vielmehr von seinen einseitigen Erfahrungen und vom Vertrauen darauf, in guter Mission zu handeln, leiten. Nichtsdestoweniger sind hier aber *Zweifel* angebracht. Zugleich ist es fraglich, ob er sich in diesem Diskussionspunkt als streitbar erweisen wird. Der Zeitzeuge im nachfolgenden Fall ist bemüht, sich angesichts der offensichtlich hohen moralischen Erwartungen der Lerngruppe für sein politisch unscheinbares Leben in der DDR zu rechtfertigen (vgl. Beispiel 4). Der antwortende Schüler erkennt dies richtig, weist jedoch selbst nur Halbwissen zum Thema auf. Entsprechend gerät seine *Distanzierung* zur taktlosen Reproduktion eines Vorurteils. Die Äußerungen des Interviewpartners im Beispiel 5 weisen eine noch größere Problematik auf, weil sie erst auf den zweiten Blick erkennbar ist. Die Darstellung ist sichtlich geprägt von einem Erklärungsmuster (»das trotzige Kind«), das ihm wahrscheinlich im Rahmen einer Therapie angeboten wurde. Das eigene Versagen wird dadurch als Folge der Schuld anderer *rationalisiert*, und der Teufelskreislauf der Sucht und Verarmung, wie er sich hier paradigmatisch zeigt, ist angesichts dieser offensichtlichen Strategie im Einzelfall wohl auch allgemein zu *bezweifeln*. Eine ähnliche Überformung der Lebensgeschichte aus therapeutischem Anlass findet sich im Beispiel 2. Darin werden Muster und Begriffe (»die Hexe«, »der Höhepunkt meiner Geschichte«) einer Erzähltheorie verwendet, die sehr weit vom authentischen Erleben der traumatischen Situationen entfernt sind. Der Erzählerin gelingt es trotz dieser Vorsichtsmaßnahmen vorübergehend aber nicht ganz, die Kontrolle über ihre Gefühle zu behalten, wenn sie anfängt, zu weinen. In solchen Situationen ungefilterter *Emotionalität* schlägt die Wahrnehmung der Lerngruppe in aller Regel stark in eine Extremlage der *Anteilnahme* aus. Gefährlich kann diese Reaktion aber dann werden, wenn der Gesprächspartner wenig später zu *dogmatischen* Wertsetzungen (»dass es den lieben Gott gibt«) neigt.

Neben dem hier vorgeschlagenen Protokoll-Verfahren bieten sich für die Vor- und Nachbereitung sowie für die Durchführung zusätzliche methodische Hilfestellungen an, die z. T. bereits in den Fachdidaktiken des Geschichts- bzw. Politikunterrichtes erprobt sind und eine Hintergrundrechtfertigung v. a. aus der soziologischen Theorie und Praxis des sog. Narrativen Interviews nach Alfred Schütz beziehen können (vgl. Kapitel 3.3.6). In Übereinstimmung mit zentralen Lernzielen des Ethikunterrichtes besteht das primäre Anliegen dieser Methode darin, die subjektiven Perspektiven von Erzählenden und die von ihnen selbst konstruierten Sinnzusammenhänge zu erfassen und einer kritischen Reflexion zu unterziehen.

Entscheidend ist hier zunächst die von G. H. Mead übernommene Auffassung, »dass die soziale Wirklichkeit nicht außerhalb des Handelns der Gesellschaftsmitglieder ›existiert‹, sondern jeweils im Rahmen kommunikativer Interaktionen hergestellt wird«.[704] Entsprechend sind auch autobiografische Darstellungen als Bestandteile dieser sozialen Wirklichkeit zu verstehen und nur über den Prozess der Versprachlichung zu produzieren und zu erfassen. Damit dies gelingt, muss der zu befragenden Person allerdings zunächst genügend Freiraum gegeben werden, um ihre Erfahrungen zu reaktivieren, in der aktuellen Situation zu ordnen und adäquat zu artikulieren. Die Methode des Narrativen Interviews versucht diesem Anliegen gerecht zu werden, indem sie den Interviewpartner im Rahmen einer *Gesprächseröffnung* erst einmal zu einer spontanen episodischen Erzählung anregt, in die allenfalls dann eingegriffen wird, wenn er allzu sehr vom vereinbarten Thema abweicht oder wenn es zu größeren Stockungen kommt.[705] In dieser ersten Sequenz des Interviews besteht die Aufgabe

704 Vgl. ebenda, S. 18.
705 Vgl. ebenda, S. 13, 21 f.

des Befragenden fast ausschließlich darin, genau zuzuhören, sein Interesse dem Sprechenden nonverbal zu demonstrieren und dessen Aussagen zu protokollieren.

Die sich anschließende Nachfragephase gliedert sich nach Schütz in zwei Abschnitte.[706] Zunächst können sich *immanente Nachfragen* direkt auf das zuvor Erzählte beziehen und auf diese Weise das Verständnis sichern. Häufig kommen dadurch weitere, kleinere Erzählungen zustande. Dadurch werden wichtige kausale Einflechtungen der zuvor berichteten Erlebnisse in jenes Gewebe der gesamten Lebensgeschichte und der Geschichten anderer Menschen erkennbar, das Schapps phänomenologischer Erkenntnis entspricht (vgl. Kapitel 4.3.4). Geeignete Ausgangspunkte für solche Nachfragen können sog. *Expansionszapfen* sein, mit denen der Befragte in seiner Schilderung selbst andeutet, dass bestimmte weitere Hintergründe, die er vorerst ausblendet, in das Erzählte mit hineinspielen. Im oben zitierten Auszug aus dem Interview zum Thema der Alkoholkrankheit lässt sich so ein Zapfen erkennen. (»Das hat auch Sinn in mein Leben gebracht, aber das ist eine andere Geschichte.«) Der Interviewer kann solche Markierungen i. d. R. als unproblematische Gesprächsangebote verstehen und wird, wenn er sie aufgreift, nicht auf Widerstand stoßen.[707] *Exmanente Nachfragen* beziehen sich daraufhin auf Sachverhalte und Probleme, die von der vorangegangenen Erzählung gar nicht berührt wurden, aber für das Erkenntnisinteresse wichtig erscheinen. In dieser Sequenz kann auf einen *Leitfaden* zurückgegriffen werden, der in der Vorbereitung des Interviews zu erarbeiten ist.[708] Im Idealfall ist dadurch zu erkennen, wie bestimmte Prägungen und Lebenserfahrungen die Urteile des Befragten bedingen. Eine Problematisierung dieser Äußerungen sollte in aller Regel erst in der Auswertung des Gespräches, bei der der Interviewte nicht mehr anwesend ist, erfolgen. Am Ende der Begegnung sollte dieser aber immerhin die Gelegenheit haben, sich seinerseits in einer *Bilanzierungsphase* zu seiner Zufriedenheit mit dem Verlauf des Gespräches zu äußern. Desweiteren ist zu vereinbaren, ob und in welcher Form dem Interviewten die Ergebnisse zur Verfügung gestellt werden sollen.

Mit einem Blick auf die oben aufgezählten Probleme, die Interviews in Unterrichtssituationen mit sich bringen können, empfiehlt es sich, dem skizzierten Ablauf professioneller Befragungen auch im Unterricht zu folgen.[709] Die Schülerinnen und Schüler gewinnen auf diese Weise zunächst einmal Zeit, indem sie sich, während der Gast erzählt, auf diesen einstellen und ihre eigenen Positionen zu seinen Ausführungen klären können. Zugleich ist es ihnen durch diese Verzögerung möglich, vorbereitete

706 Vgl. ebenda, S. 61–64.

707 Vgl. Jürgen Glinka: A. a. O. (wie Anm. 694), S. 85.

708 Vgl. Ivonne Küsters: A. a. O. (wie Anm. 473), S. 64.

709 Auch andere Fachdidaktiken gehen diesen Weg, differenzieren aber mitunter nicht zwischen verschiedenen Teilen der Nachfrage. Vgl. Michael Sauer: Geschichte unterrichten. Eine Einführung in die Didaktik und Methodik. Seelze-Velber: Kallmeyer [3]2004, S. 202; Gabriele Metzler; Daniel Metzger: A. a. O. (wie Anm. 701), S. 19; Joachim Detjen: A. a. O. (wie Anm. 694), S. 575.

Fragen zu konkretisieren, aber auch Einwände in einer angemessenen, von Emotionen gefilterten Weise zu formulieren. Die transparente Gliederung des Interviews in die genannten Phasen hilft also den Lernenden nicht nur dabei, sich zu orientieren, sondern auch taktvoll mit dem Gesprächspartner umzugehen.

Diesem Anliegen können sie allerdings nur gerecht werden, wenn sie bereits im Vorfeld des Interviews entsprechend sensibilisiert werden. Dafür empfehlen sich einfache Übungen zum sog. Aktiven Zuhören und unterstützenden Rückmeldeverhalten,[710] aber auch zum Stellen geeigneter Fragen. So sollten die Schülerinnen und Schüler zunächst einmal lernen, geschlossene Fragen bzw. »Einpunktfragen«,[711] aber auch Suggestivfragen und mehrdimensionale Fragen zu vermeiden.[712] Daraufhin kann das Erkennen und angemessene Verwenden verschiedener inhaltlicher Frage-Richtungen trainiert werden, wobei insbesondere zwischen Fragen nach Fakten, Konstruktionen und Positionen zu unterscheiden ist.[713] Bei Bedarf ist der letztgenannte Frage-Typus noch einmal genauer einzuteilen in Einstellungs- bzw. Überzeugungsfragen, Verhaltensfragen und sozialkritische Fragen.[714] (Vgl. Kapitel 5.2, Abbildung 13: Die Tabelle illustriert die genannten Frage-Typen am Beispielen des oben zitierten Interviews mit einem Alkoholkranken.)

Nun reicht allerdings zur erfolgreichen Anwendung eine bloße Kenntnisnahme dieser Techniken durch die Lerngruppe nicht aus. Vielmehr kommt es auf eine weiterführende Sensibilisierung und praktische Erprobung an, wobei insbesondere die gemeinsame Lektüre und Kritik von transkribierten Interview-Beispielen,[715] ebenso wie die Durchführung von Rollenspielen, geeignet erscheint. Letztere können, etwa bei einer Durchführung im *Fishbowl*-Verfahren, zugleich dazu dienen, Vorurteilsstrukturen und bereits bestehendes Wissen zum Thema zu explizieren. Außerdem ist von ihnen zu erwarten, dass sie die Hemmschwelle dafür senken, mit den realen Gesprächspartnern in Kontakt zu treten.[716] Von besonderem Interesse ist hier die Simulation der Eröffnungsphase des Interviews. Den Schülerinnen und Schülern sollte klar sein, dass sie zunächst eine vertrauensvolle Atmosphäre schaffen müssen, indem

710 Vgl. Michael Sauer: A. a. O. (wie Anm. 709), S. 198: Wichtige Elemente sind Blickkontakt, Nicken, verbale Bestätigung, Wiederholen des Wesentlichen. Konkret zur Übung des »Aktiven Zuhörens« nach Gordon: vgl. Franz Josef E. Becker: A. a. O. (wie Anm. 693), S. S. 188 f.

711 Vgl. Joachim Detjen: A. a. O. (wie Anm. 694), S. 574.

712 Vgl. Christian Raps; Florian Hartleb: Leitfaden zur Erstellung einer Facharbeit/Seminararbeit. Gymnasiale Oberstufe. Braunschweig: Schroedel 2011, S. 21.

713 Vgl. Saskia Langosch; Sabine Mischner; Marcus Ventzke: »Soldat Adolf Hitlers und Jünger Jesu – wenn das nicht mehr möglich ist, sind die Tage Deutschlands gezählt« – Zeitzeugenbefragungen und Basisoperationen des historischen Denkens. In: Schreiber, Waltraud; Árkossy, Katalin (Hrsg.): Zeitzeugengespräche führen und auswerten. Historische Kompetenzen schulen. Neuried: ars una 2009, S. 103–125; hier: S. 112 f., 121.

714 Vgl. Christian Raps; Florian Hartleb: A. a. O. (wie Anm. 712), S. 14.

715 Vgl. Franz Josef E. Becker: A. a. O. (wie Anm. 693), S. 189.

716 Gabriele Metzler; Daniel Metzger: A. a. O. (wie Anm. 701), S. 23.

sie sich noch einmal als Gruppe vorstellen, dem Gast für sein Erscheinen danken, ihn für das Thema sensibilisieren und sich ggf. die Erlaubnis zur Aufzeichnung des Interviews einholen. Außerdem sollten sie ihm in diesem Zusammenhang die vertrauliche Behandlung seiner Angaben zusichern. Erst dann ist im realen Gesprächsverlauf eine erste inhaltliche Frage zu stellen.[717] Diese sollte eine konkrete Episode im Leben des Betroffenen fokussieren, die als Folge von Geschehnissen erzählbar ist. Zugleich sollte sie so offen gestellt sein, dass der Interviewte selbst auswählen kann, was er erzählt und in welcher Weise er es darstellt. Im Beispiel der Befragung des Alkoholkranken könnte diese Frage lauten:

> »Sie haben sich freundlicherweise bereiterklärt, in unserer Unterrichtsreihe ›Konsum' über Ihre Sucht-Erfahrung zu sprechen. Bitte erzählen Sie uns, wie es dazu kam, dass Sie alkoholkrank geworden sind.«

Abgerundet werden sollten die methodischen Vorbereitungen auf das Interview mit einer gemeinsamen Überlegung darüber, in welche Form und unter welchen Umständen eine Rückmeldung der Ergebnisse an den Gesprächspartner erfolgen kann. Auch für die Feldforschung der professionellen Soziologie ist diese Frage nicht eindeutig zu beantworten.[718] In der schulischen Praxis wird die Entscheidung für eine Rückmeldung nicht zuletzt davon abhängen, wie distanziert die Lerngruppe den Ausführungen des Interviewten gegenübersteht. Es kann und soll ja nicht ihre Aufgabe sein, die i. d. R. deutlich lebenserfahreneren Gesprächspartner zu verunsichern oder gar zu belehren. Selbstredend ist es im kritischen Fall undenkbar, die Ergebnisse einer größeren Öffentlichkeit zugänglich zu machen. Weil es sich bei dieser Problematik insgesamt um eine interessante forschungsethische Perspektive handelt, sollte sie gerade im Ethikunterricht aber in jedem Fall einen Raum für Reflexionen erhalten. Hierhin gehört außerdem eine Aussprache darüber, ob das hinter der Einladung stehende Erkenntnisinteresse und die konkreten Fragestellungen des Leitfadens bereits vor dem Gesprächstermin an den Interview-Partner übermittelt werden sollen. Zu erwägen ist dabei einerseits, wie stark eine solche Vorbereitungsmöglichkeit der Authentizität der Begegnung abträglich ist, und andererseits, ob das Ausbleiben eines solchen Angebotes den Gast in unproduktiver Weise verunsichern könnte. An der strengen Negation einer vorherigen Information, wie sie die Theorie des Narrativen Interviews für die soziologische Praxis vorsieht, ist jedenfalls im schulischen Interaktionsraum, in dem es nicht zuletzt auch um soziales Lernen geht, nicht unbedingt festzuhalten.

Neben diesen Vorkehrungen ist auch eine inhaltliche Einarbeitung für die Schülerinnen und Schüler erforderlich, damit sie das notwendige Vertrauen in sich selbst

717 Vgl. ebenda.

718 Vgl. Yvonne Küsters: A. a. O. (wie Anm. 473), S. 64 f., 68 f.

gewinnen und ggf. auch in eine kritische innere Distanz gegenüber der Darstellung des Gastes treten zu können. Dass hier in einem ersten Schritt die persönlichen Einstellungen und Vorkenntnisse der Lernenden zu explizieren sind, wurde bereits gesagt. Davon ausgehend, kommt es nun aber darauf an, weiterführend zu recherchieren. Für das Beispiel der Alkoholkrankheit in der Unterrichtseinheit »Konsum« bieten sich u. a. folgende Fragerichtungen an:

Biologische Perspektive:

- Welche erblichen Dispositionen gibt es für diese Erkrankung?
- Welche organischen Folgen hat sie? Gibt es einen typischen Verlauf?
- An welchen Symptomen erkennt man den Beginn der Erkrankung?
- Ist das Suchtempfinden hirnphysiologisch erklärbar?

Psychologische Perspektive:

- Welche Lebenserfahrungen stehen im Zusammenhang mit der Krankheit?
- Durch welche sozialen Faktoren ist sie bedingt?
- Wie kann es Betroffenen gelingen, sich von der Sucht zu befreien?
- Welche therapeutischen Hilfsangebote gibt es?

Soziologische Perspektive:

- Wie werden Alkoholkranke von ihrem Umfeld beurteilt?
- Wie werden sie arbeitsrechtlich behandelt?
- Ab wann bezeichnet eine Gesellschaft ein Verhalten überhaupt als »krank«?

Auf der Basis dieser ersten Informiertheit sollten dann die eigenen Erwartungen an das Interview noch einmal überprüft, konkrete Impulse für die exmanente Nachfragephase vorbereitet und evtl. Aufgabenverteilungen abgesprochen werden. Dabei sollte es nun, wie die nachfolgenden Beispiele zeigen, auf genuin moralische und philosophische Aspekte ankommen:

- Sollten Alkoholiker auf Kosten der Krankenkasse behandelt werden?
- Haben sie bei Bedarf dasselbe Recht auf eine Spender-Leber wie andere?
- Ist ein besonderer Kündigungsschutz für Alkoholkranke gerechtfertigt?
- Inwiefern schränkt die Alkoholsucht die menschliche Freiheit ein?
- Kann man Alkoholkranke gegen ihren eigenen Willen zur Therapie zwingen?

Sicherlich ist es nicht nur sinnvoll, diese Fragen im Unterricht selbst zu diskutieren, sondern auch mögliche Antworten und Reaktionen des Interviewten vorwegzunehmen, und auf diese Weise eine gewisse Sicherheit hinsichtlich denkbarer Gesprächsverläufe und damit bzgl. einer sinnvollen Reihenfolge der entwickelten Fragen zu gewinnen.[719] Da es Schülerinnen und Schülern, im Gegensatz zu professionellen Interviewern, allerdings schwerfallen dürfte, mit Hilfe einer linear geführten Leitfragen-Liste flexibel auf die Themen einzugehen, die der Gesprächspartner anbietet, empfiehlt sich für die Vorbereitung der Aufschrieb der Fragen auf Karteikärtchen.[720]

Ein Interview muss aber nicht nur ausführlich vorbereitet, sondern auch ausgewertet und reflektiert werden. Hier sollten die Schülerinnen und Schüler zunächst die Gelegenheit haben, ihre persönlichen Eindrücke von der interviewten Person und dem erlebten Gespräch zu sortieren.[721] Ausgehend von ihren Einträgen im oben vorgeschlagenen Verhaltensdiagramm könnten sie durch folgende Fragen dazu angeregt werden, sich über den Besucher auszutauschen:

- Entsprach der Gast als Person insgesamt meinen Erwartungen?
- Was hat mir an seiner Darstellung gefallen? Was hat mich angenehm überrascht?
- Was hat mich besonders betroffen gemacht? Wie kam es dazu?
- Von welchen Aussagen fühlte ich mich provoziert? Warum eigentlich?
- In welchen Passagen war ich mir in meiner Rolle unsicher? Weshalb war das so?
- Wo und warum zweifelte ich an der Authentizität des Gesagten?
- Wollte uns der Betroffene etwas vormachen? Mit welchen Mitteln?

In der Abfrage dieser Erlebnisebene besteht für die Lernenden ein Anlass zur Schulung der Selbst- und Sozialkompetenz. Zugleich wird der Blick frei für die Sachebene des Interviews und den protokollierten Gesprächsverlauf. Mitunter werden durch den unteren Teil des vorgeschlagenen Fragen-Kataloges ja bereits Passagen des Interviews einzuklammern sein, in denen der Betroffene, auch wenn er in seiner Sache in gewisser

719 Vgl. Saskia Langosch; Sabine Mischner; Marcus Ventzke: A. a. O. (wie Anm. 713), S. 111.

720 Vgl. Gabriele Metzler; Daniel Metzger: A. a. O. (wie Anm. 701), S. 24.

721 Vgl. ebenda.

Weise Experte ist,[722] nicht unmittelbar zur Objektivierung des zu untersuchenden Phänomens beiträgt. Die nach der kritischen Sichtung verbleibenden Passagen können dann mit dem Vorwissen zum Thema in Bezug gesetzt werden:

- Welche Erkenntnisse hat dieser Fall bestätigt? Welche sind nun anzweifelbar?
- Oder: Welche allgemeine Theorie lässt sich aus dem Gehörten ableiten?
- Auf welche offenen Fragen haben wir außerdem eine Antwort erhalten?
- Welche Fragen sind unbeantwortet geblieben oder neu entstanden?

Auch die vorerst eingeklammerten, hinsichtlich ihrer inhaltlichen Authentizität fragwürdigen Passagen sind auf diesem Fundament wieder einholbar. Ihre Psychologisierung bringt mitunter weitere sachdienliche Erkenntnisse darüber zutage, wie ein Betroffener mit seinem Problem umgeht. Zugleich wird auf diese Weise noch einmal der Perspektivenwechsel geschult. Gefragt werden kann in diesem Sinn:

- Auf welche Aspekte kam der Interviewte zuerst, worauf erst spät zu sprechen?
- Welche Dinge sprach er mehrfach an? Aus welchem Grund vielleicht?
- Wo kam es zu Stockungen? Sind emotionale Ursachen hierfür denkbar?
- Welche Aussagen widersprechen sich?
- Gab es Fragen, die er unbeantwortet ließ oder zurückwies?
- Wo antwortete er umständlich, wo direkt?
- Wo vermied er den Blickkontakt? Wo wirkte er fahrig?
- Was sagen die Beobachtungen über den Umgang mit dem Problem aus?
- Welche alternativen Verhaltensweisen von Betroffenen sind denkbar?

Nach dieser inhaltlichen Klärung sollte in einem vorletzten Schritt auf die persönlichen Urteile des Betroffenen, zu denen er im Rahmen der *exmanenten Nachfragephase* animiert worden ist, eingegangen werden. Es gilt hier, diese Urteile mit den eigenen, in der Vorbereitungsphase abgegebenen Einschätzungen abzugleichen, Argumente für oder gegen die vorgetragenen Positionen zu artikulieren und abschließend noch einmal den eigenen, aufgrund der gesammelten Eindrücke vielleicht zu modifizierenden Standpunkt zu bestimmen.

Am Ende der Auswertung sollte daraufhin unbedingt eine methodische Reflexion stehen, um aus gelungenen und weniger gelungenen Sequenzen Schlussfolgerungen für die künftige Durchführung von Interviews zu ziehen. Entsprechende Leitfragen könnten hier lauten:

722 Vgl. Peter Massing: Handlungsorientierter Politikunterricht. Ausgewählte Methoden. Schwalbach/Ts.: Wochenschau Verlag 1998, S. 55.

- Wie fühlte sich der Gast bei uns aufgenommen? Woran lag das?
- Waren wir inhaltlich und methodisch hinreichend vorbereitet? Was hat gefehlt?
- Wie funktionierte die Aufgabenverteilung während des Interviews? Warum?
- Wer hat besonders gute Fragen gestellt? Welche Beispiele sprechen dafür?
- Wie kamen wir mit dem Protokollieren zurecht? Wie geht es noch besser?

Eine letzte Überlegung muss an dieser Stelle noch der Frage gelten, welche besonderen Aufgaben der Lehrperson in den verschiedenen Phasen der Arbeit mit Interviews im Ethikunterricht zukommen. Dabei gilt generell, dass die Lernenden am meisten profitieren, wenn sie möglichst viele Aufgaben selbst verantworten. Das heißt, dass z. B. auch die Moderatoren-Rolle während des Interviews an sie abgegeben werden kann, wenn entsprechende Vorverständigungen und Übungen durchgeführt worden sind. Die Lehrkraft hält sich dann also im Hintergrund und greift nur dort ein, wo Situationen von den Schülerinnen und Schülern nicht mehr beherrscht werden. Sie bringt sich also in erster Linie undominant als Nachfragender unter anderen Fragenden in das Gespräch ein. Anders verhält es sich jedoch mit der Auswahl der Betroffenen. Hier sollten Sondierungsgespräche mit potentiellen Interview-Partnern geführt werden, die in stärkerer Weise vom Lehrer bzw. von der Lehrerin zu verantworten sind. Als Anlaufstelle für die Kontaktierung geeigneter Personen eignen sich v. a. die entsprechenden Hilfseinrichtungen wie z. B. Altersheime, Obdachlosen- und Flüchtlingseinrichtungen, Suchtberatungsstellen und Hospize. Hier stehen zunächst einmal auch Experten bereit, die mit dem Schicksal der in Frage kommenden Menschen vertraut sind, sie von einem professionellen Standpunkt aus einschätzen können und diese ggf. auch zum Interview-Termin begleiten. Für die Auswahl der Gesprächspartner eignen sich bei solchen vorbereitenden Treffen die folgenden Frage-Richtungen:

- Wer kann besonders relevante Geschichten aus seinem Leben erzählen?
- Wie gut ist das Geschehen verarbeitet? Wie psychisch stabil ist die Person?
- Wie gut kann die Person ihre Geschichte erzählen?
- Welchen Nutzen hat die Person von einem solchen Interview?
- Was sollte im Interview besser nicht angesprochen werden?
- Sucht die Person Bestätigung, die sie von der Klasse nicht erfahren kann/sollte?

In Betroffenen-Interviews sind, wie sich in diesem letzten Unterkapitel gezeigt haben dürfte, zahlreiche Kompetenzen anzuwenden, die von den Schülerinnen und Schüler größerenteils erst im Gesprächsprozess selbst wirklich erlernt werden können. Hierin besteht zugleich die besondere Störanfälligkeit solcher Situationen, aber auch ihr augenfälliger Nutzen. Denn selbst ein Interview, das nicht ganz so glatt verläuft, bietet – wenn der entsprechende Raum für Reflexionen besteht – reichhaltige Möglichkeiten für einen Lernerfolg. Dass in der Praxis von vornherein aber auch Vieles gelingt, kann durch eine planvolle Herangehensweise wie die aufgezeigte recht gut garantiert werden.

5. Schluss

5.1. Zusammenfassung

Die vorliegende Untersuchung beschäftigt sich in fachdidaktischer Perspektive mit autobiografischen Phänomenen in ihrem Verständnis als narrative Texte. Sie nimmt ihren Ausgangspunkt von der Feststellung eines gesteigerten gesellschaftlichen Interesses an autobiografischen Publikationen, das rezeptionsseitig nicht zuletzt auf die Erwartung zurückzuführen ist, Hilfestellungen zur Überwindung von Orientierungs- und Identitätskrisen zu erhalten, denen sich Subjekte in den fortgeschrittenen Industriegesellschaften typischerweise ausgesetzt sehen. Aus diesem Befund wird ein doppelter schulischer Bildungsauftrag abgeleitet. In kompensatorischer Hinsicht kommt es unter den Sozialisationsbedingungen von *Social Media* und der ihnen eigenen Tendenz zur sprachlichen Reduktion von Selbstdarstellungen darauf an, Deutungsmuster aus dem Traditionsbestand des autobiografischen Erzählens, deren Leistungsfähigkeit sich u. a. in therapeutischen Kontexten als unstrittig erwiesen hat, verfügbar zu halten. In emanzipatorischer Hinsicht gilt es aber zugleich, dazu zu befähigen, autobiografische Selbstauskünfte hinsichtlich manipulativer Absichten kritisch zu reflektieren und auch die Trivialität bestimmter autobiografischer Identifikationsangebote und populärpsychologischer Ratgebertexte, die sich auf die Gestaltung und Interpretation von Lebensverläufen beziehen, erkennbar zu machen.

In der Perspektive der Didaktik der Philosophie und Ethik werden diese Forderungen in fünf Zielsetzungen konkretisiert, die für die vorliegende Arbeit erkenntnisleitenden Charakter haben. Namentlich geht es (1) um eine ergänzende Perspektive auf bereits etablierte Textsorten des philosophierenden Schreibens im Unterricht, (2) um eine Identifizierung bestimmter Denkoperationen, die mit Hilfe narrativer Rekurse auf die eigene Lebensgeschichte praktiziert werden, in Texten der philosophischen Tradition, (3) um eine Zusammenstellung elementarer autobiografischer Erzählstrategien und Deutungsmuster sowie um eine Ergründung ihrer im Philosophie- und Ethikunterricht thematisierbaren Funktionen, (4) um Überlegungen zur Nutzbarmachung des Vorherigen als besonders anschauliche, subjekt- und lebensweltbezogene Annäherung an die im Projekt der Transformationsdidaktik entwickelten Denkmethoden und (5) um die Frage, inwiefern ein Philosophieren im Medium autobiografischer Texte nicht auch selbst als spezifische Methode beschrieben werden kann, die sich sowohl philosophiegeschichtlich als auch entwicklungspsychologisch fundieren lässt.

Ein zweiter Ausgangspunkt der vorliegenden Arbeit besteht in einer Skizzierung bisheriger fachdidaktischer Entwicklungslinien, die auf eine dezidierte Thematisierung von autobiografischen Phänomenen als Gegenstand des Philosophie- und Ethikunterrichtes zulaufen, wobei neben dem Projekt der Didaktischen Transformationen entsprechende Tendenzen auch in der Entwicklung einer Methodik des Anschaulichen Philosophierens, in einer Hinwendung der fachdidaktischen Aufmerksamkeit zu Entwicklungen im Bereich der Narrativen Ethik sowie in einer Berücksichtigung der fachphilosophischen Neuentdeckung der Lebenskunstphilosophie erkannt werden. Der Beginn einer intensiveren fachdidaktischen Beschäftigung mit autobiografischen Phänomenen wird dabei konkret auf das Jahr 2012 datiert.

Im engen Zusammenhang mit dem kompensatorisch-emanzipatorischen Grundanliegen werden im ersten Hauptkapitel der Arbeit zunächst verschiedene Verständnisse des Autobiografie-Begriffes untersucht und hinsichtlich ihrer jeweiligen Potenziale und Grenzen in subjektiven Selbstverständigungsprozessen reflektiert. Konkret wird der Sinn einer Rede vom Autobiografischen (1) als Praxis des gelebten Lebens, (2) als abbildgetreue Beschreibung, (3) als Interpretation, (4) als strategische Inszenierung sowie (5) als Medium und Präsentationsform philosophischen Denkens überprüft. Eine weitere Ausdifferenzierung erfolgt in der zweiten und dritten Kategorie unter Einbezug der von Dieter Thomä herausgearbeiteten Typologie autobiografischer Selbstbezüge. Analog hierzu werden die vierte und fünfte Kategorie durch die Betrachtung geeigneter Texte der philosophischen Tradition konkretisiert.

Ein zweiter inhaltlicher Block konzentriert sich daraufhin auf die nähere Bestimmung autobiografischer Phänomene als Erzähltexte. Einer Unterscheidung Gérard Genettes folgend, werden hier die Dimensionen der Geschichte, der Erzählung und der Narration getrennt voneinander berücksichtigt. Dabei liegt im zuerst genannten Fall einer Fokussierung des Erzählinhaltes der Schwerpunkt auf sog. Handlungsschemata, weil sich deren Verständnis vor dem Hintergrund der kompensatorisch-emanzipatorischen Doppelzielsetzung der vorliegenden Arbeit als besonders produktiv erweist. In der Weise, wie zu diesem Anliegen Einblicke in die Dimension der Erzählung beitragen können, werden auch Genettes Überlegungen zur Textgestaltung in den Kategorien der Zeit, des Modus und der Stimme in die Darlegungen einbezogen.

Der für die fachdidaktische Theoriebildung interessanteste Punkt besteht in diesem Kapitel zweifelsohne in der Betrachtung autobiografischer Texte als Narrationen, d. h. unter dem Aspekt ihrer Produktionsvorgänge. Gerade hier werden einerseits bestimmte Textsorten, die auch in Prozessen des philosophierenden Schreibens im Philosophie- und Ethikunterricht eine Rolle spielen, bzgl. ihrer autobiografischen Konstituenten deutlicher als bisher akzentuiert. Ebenso werden, und zwar auf der basalen Ebene der in dieser Hinsicht besonders gut erforschten mündlichen Alltagsnarrationen, Funktionen autobiografischer Selbstdarstellungen herausgearbeitet, die zentrale Gegenstände des Philosophie- und Ethikunterrichtes berühren. Neben dem Verständnis von Identitätskonzeptionen kommen hier Aspekte der sozialen Integration von Individuen in Gruppen, die Bedeutung von Narrationen für die Aushandlung und Etablierung gemeinsamer moralischer Vorstellungen und die Stabilisierung von Erwartungen gegenüber Interaktionspartnern ebenso in Betracht wie kommunikative Strategien der Bewältigung von Kontingenz.

Insgesamt stellt das Kapitel gegenüber bisherigen fachdidaktische Publikationen zum Einbezug von Erzähltexten in den Philosophie- und Ethikunterricht eine erzähltheoretisch differenziertere Betrachtung dar. Dabei werden die einzelnen Aspekte abermals an Texten von Philosophen erläutert, um zu zeigen, dass sie ein Instrumentarium ergeben, mit dem nicht nur eigene und fremde autobiografische Produktionen im Allgemeinen, sondern insbesondere auch bestimmte philosophische Texte vom autobiografischen Moment her noch besser verstanden und problematisiert werden können. Zusammen mit den auch im vorangehenden Kapitel zitierten autobiografisch-philosophischen Primärtexten ergibt sich dabei *en passant* ein Beitrag zur Kanonbildung für den Philosophie- und Ethikunterricht.

Im letzten Hauptkapitel wendet sich die vorliegende Arbeit ganz der Frage nach dem Einsatz autobiografischen Erzählens und Philosophierens im Unterricht zu. Entwicklungspsychologische Voraussetzungen werden zunächst in den Konstrukten der Erzählkompetenz, des Autobiografischen Gedächtnisses und des Autobiografischen Bewusstseins erfasst, wobei letzteres in Analogie zu bestehenden Studien zum sog. Geschichtsbewusstsein charakterisiert wird. Herausgearbeitet werden auf diese Weise vier autobiografische Bewusstseinstypen, wobei eine erkennbare Verschiedenheit der mit ihnen einhergehenden kognitiven Anforderungen eine Formulierung spezifischer Aufgabenformate für die Mittel- bzw. Oberstufe möglich macht. Plausibilisiert wird dieses Modell auch dadurch, dass sich die von Thomä herausgearbeiteten autobiografischen Selbstbezüge den verschiedenen Typen komplikationslos zuordnen lassen.

Im Anschluss an einen früheren Vorschlag des Autors der vorliegenden Arbeit wird auf dieser Basis das Modell der sog. Autobiografischen Narrationskompetenz weiterentwickelt und ergänzt. Die entsprechenden Akzentuierungen ergeben sich aus der Auseinandersetzung mit der Kritik des Kompetenzparadigmas, wie es nach der ersten PISA-Studie etabliert worden ist, ebenso wie aus einer Analyse fachdidaktischer Überlegungen im Bereich des methodischen Lernens und aus der Feststellung von Trends in der aktuellen Bildungsplangeneration. Als Ergebnis werden konkrete Vorschläge zur Erweiterung der inhaltlichen und methodischen Kompetenzdimension vorgelegt.

Überlegungen zur Methodik eines Autobiografischen Philosophierens nehmen dabei den größeren Raum ein. Ausgehend von Johannes Rohbecks transformationsdidaktischem Projekt wird gezeigt, dass sich die aus der Analyse von Texten der autobiografisch-philosophischen Tradition gewonnenen Techniken, zusammen genommen, als eine eigene Methode verstehen lassen, die in Form elementarer Aufgaben verständlich gemacht und mit Hilfe konkreter autobiografischer Textsorten wie der des Essays, des Briefes und des Philosophischen Tagebuches in eine selbstständigere Praxis des Philosophierens überführt werden kann. Ein eigenes Unterkapitel ist hier den Übergängen zu den im Projekt der Transformationsdidaktik erschlossenen Denkmethoden gewidmet, die sich in der Arbeit mit lebensgeschichtlichen Materialien und autobiografischen Textproduktionen in besonderer Weise anschaulich machen lassen. Anhand von Beispielaufgaben wird hier auch deutlich aufgezeigt, dass sich Übergänge zwischen den verschiedenen Typen des Autobiografischen Bewusstseins systematisch anregen lassen.

Während der Fokus bis dahin auf schriftlichen Auseinandersetzungen der Lernenden mit den eigenen Lebensgeschichten liegt, widmet sich das abschließende Unterkapitel der Aufgabe, ein Verfahren aufzuzeigen und zu legitimieren, das auf eine gleichermaßen sinnstiftende wie kritische Reflexion von autobiografischen Schilderungen anderer Personen in mündlichen Erzählsituationen gerichtet ist. Konkret geht es hier um Selbstdarstellungen im sog. Betroffenen-Interview. Bei diesem handelt es sich um eine vergleichsweise komplexe, aber auch äußerst lohnenswerte Kommunikationsform für den Ethikunterricht.

5.2. Schautafeln zu einzelnen Kapiteln

Verwendung autobiografischer Erzählungen im Unterricht (Kapitel 1.2)

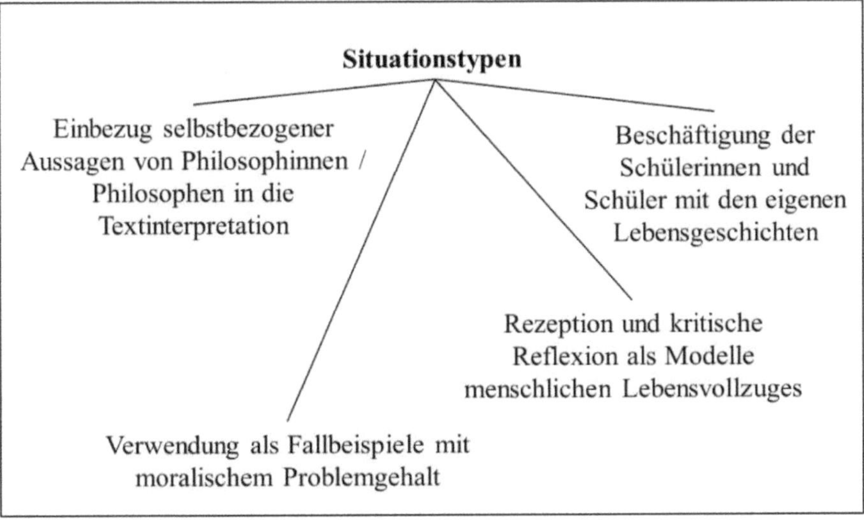

Definition des Arbeitsbereiches (Kapitel 1.3)

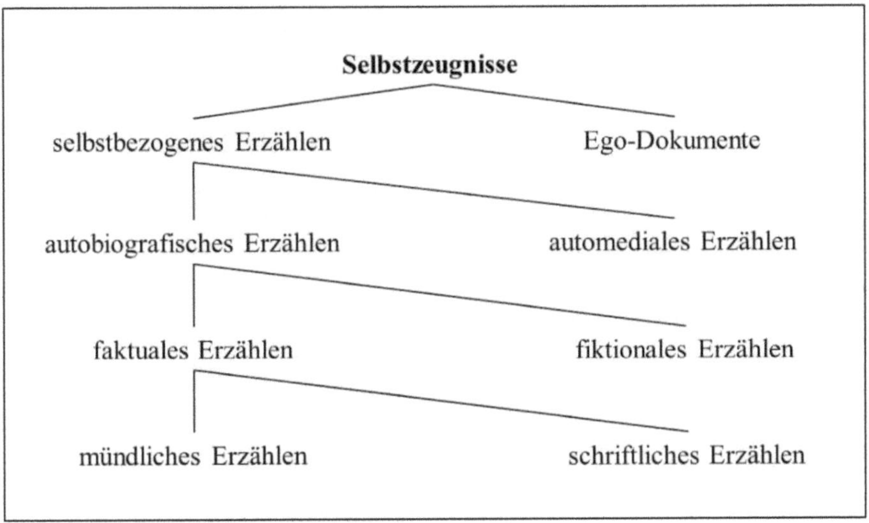

Begriffsverständnisse (Kapitel 2.1 bis 2.4)

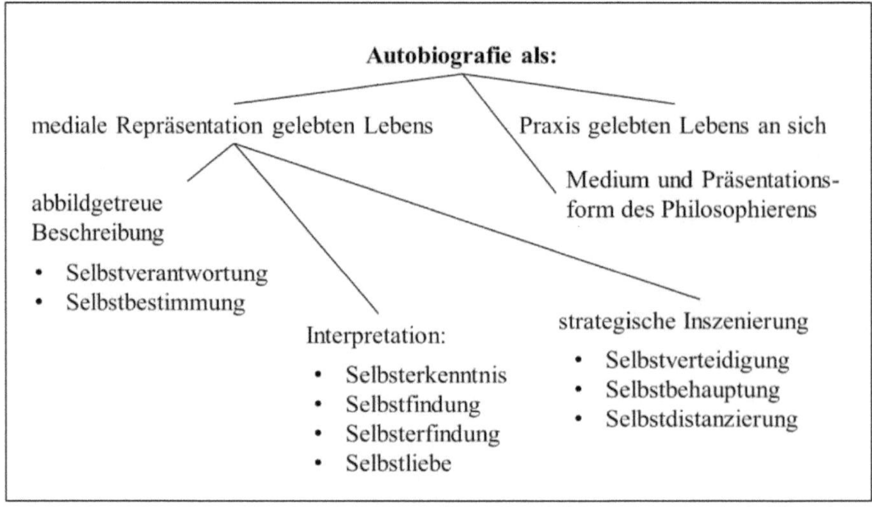

Begriffsverständnisse (Kapitel 2.5)

Autobiografie in philosophischer Verwendung

als Präsentationsmedium:

- didaktischer Selbstbezug
- modellstiftender Selbstbezug
- theoriekritischer Selbstbezug

als Erkenntnismedium:

- Selbstreduktion
- Selbstprojektion
- Selbsttransformation
- Selbsttranszendierung
- Selbstversuch

Autobiografische Geschichten (Kapitel 3.1)

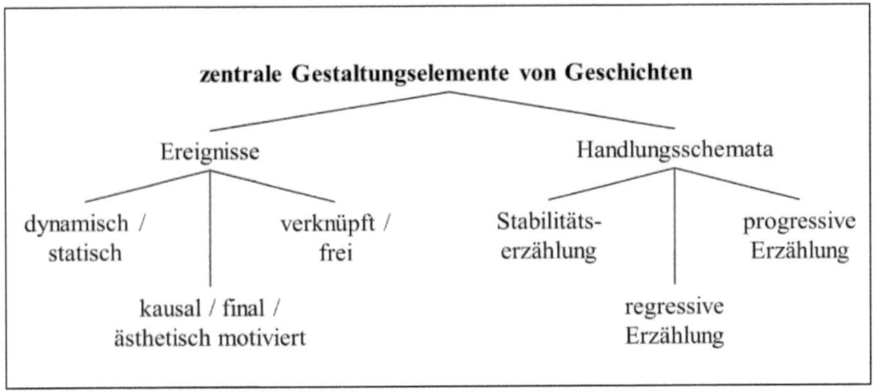

Autobiografische Erzählungen (Kapitel 3.2)

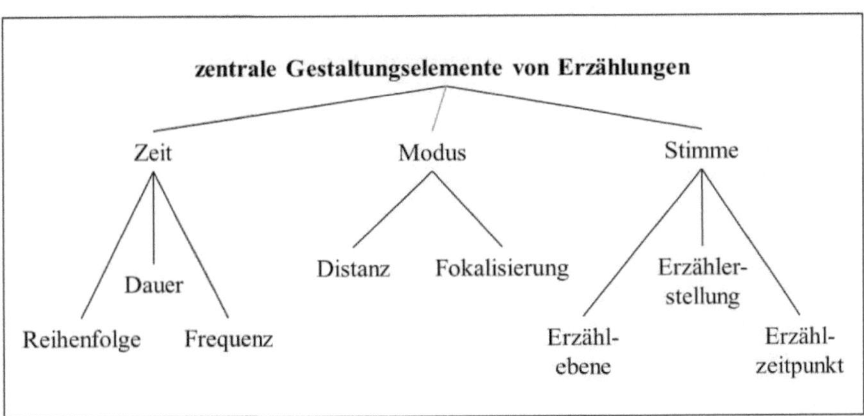

Bevorzugte autobiografische Textsorten (Kapitel 3.3)

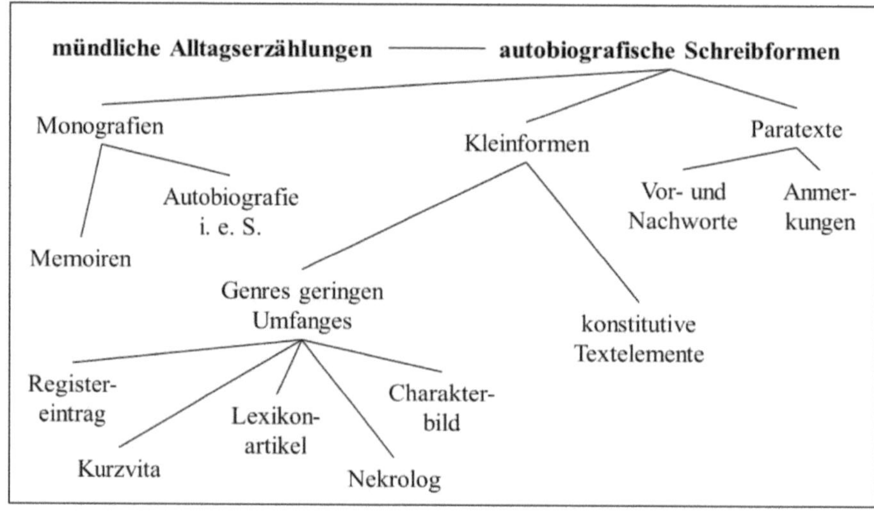

Textsorten mit konstitutiven autobiografischen Textelementen (Kapitel 3.3)

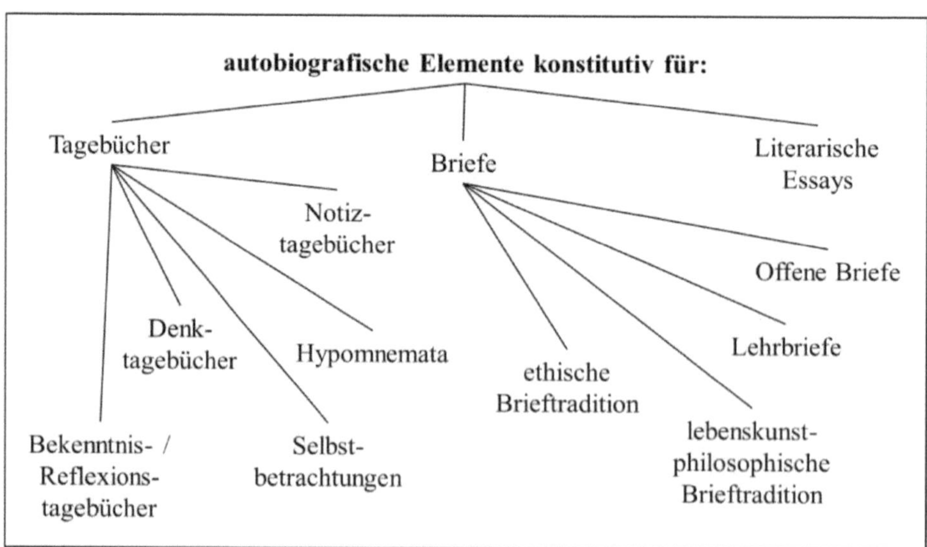

Basale Funktionen autobiografischen Erzählens (Kapitel 3.4)

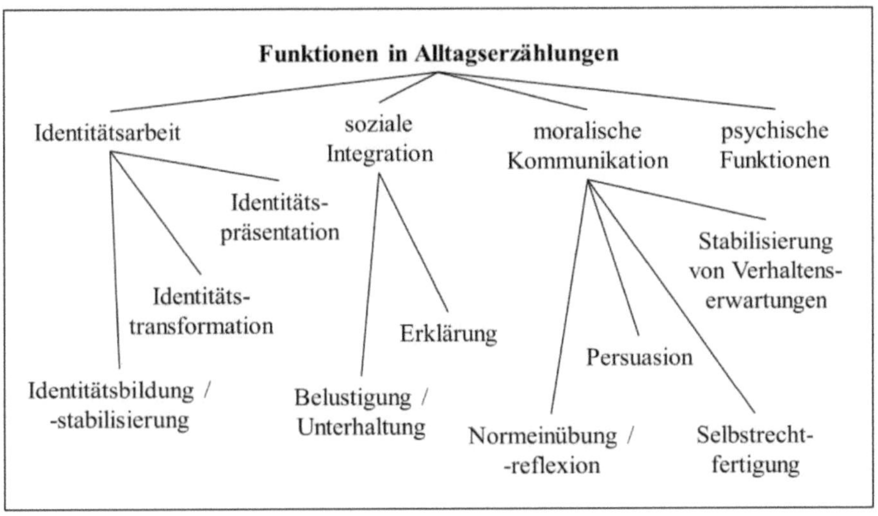

Entwicklungspsychologische Voraussetzungen (Kapitel 4.1)

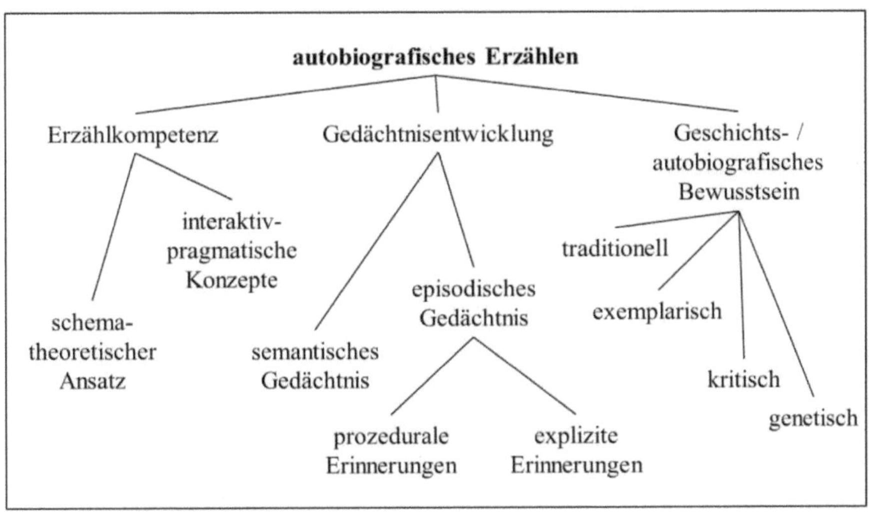

Diagramm für Beobachter und Betroffenen-Interviews (Kapitel 4.3.5.)

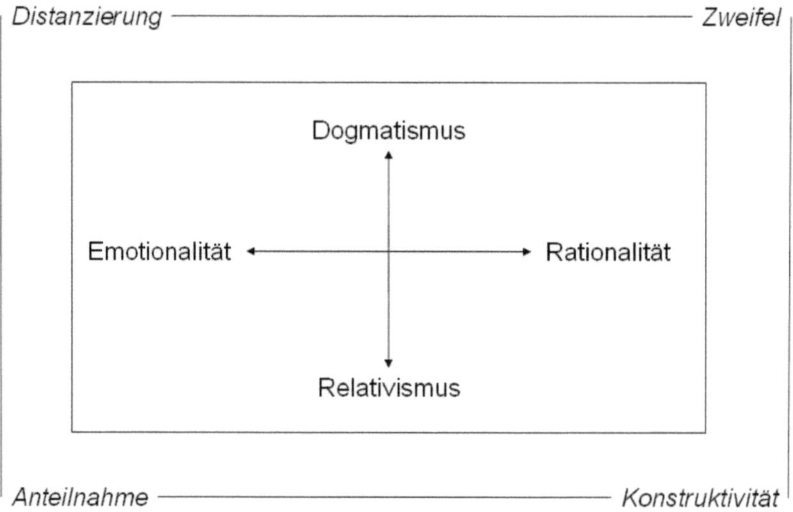

Frage-Typus	Beispiel	Eignung
Einpunktfrage	»Sind Sie zur Zeit noch in einer Therapie?«	Nein
Suggestivfrage	»Meinen Sie wirklich, dass Ihre Frau an Ihrer Alkoholkrankheit schuldträgt?«	
mehrdimensionale Frage	»Wie kam es zu Ihrer Arbeitslosigkeit und warum wurden Sie alkoholabhängig?«	
Frage nach Fakten	»Können Sie uns zum besseren Verständnis noch einmal die wichtigsten Daten Ihres beruflichen Werdeganges nennen?«	Ja
Frage nach Konstruktionen	»Können Sie genauer erklären, wie Sie nach dem Weggang Ihrer Frau zu der Alkoholkrankheit gekommen sind?«	
Frage nach Positionen		
a) nach Überzeugung	»Viele Menschen finden Trost und neue Kraft in der Zuwendung zur Religion. Können Sie uns beschreiben, woran Sie in Ihrer schwierigen Lebensphase geglaubt haben?	
b) nach Verhalten	»Wir würden gern wissen, ob sich Ihr Lebenswandel im Alltag durch die Erfahrung von Armut und Sucht nachhaltig verändert hat.«	
c) sozialkritisch	»Wie sollten Arbeitgeber Ihrer Meinung nach mit Alkoholkranken in Führungspositionen umgehen?«	

Schritte zur Arbeit mit Interviews im Ethikunterricht (Kapitel 4.3.5.)

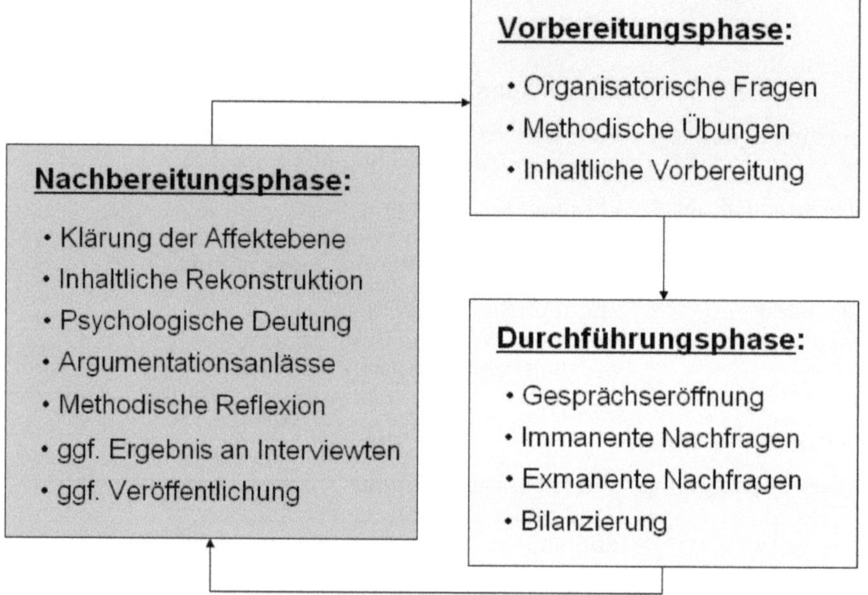

6. Literaturverzeichnis

6.1. Autobiografische und philosophische Primärliteratur

Abaelardus, Petrus: Die Leidensgeschichte und der Briefwechsel mit Heloisa. Hrsg. von Eberhard Brost. Heidelberg: Schneider [2]1954.

Adorno, Theodor W.: Kindheit in Amorbach. Bilder und Erinnerungen. Frankfurt a. M.: Suhrkamp 2003.

Anders, Günther: Die Antiquiertheit des Menschen. Bd. 1: Über die Seele im Zeitalter der zweiten industriellen Revolution. München: Beck [4]1988.

Anders, Günther: Die Antiquiertheit des Menschen. Bd. 2: Über die Zerstörung des Lebens im Zeitalter der dritten industriellen Revolution. München: Beck [4]1988.

Anders, Günther: Hiroshima ist überall. München: Beck 1982, 322–330.

Arendt, Hannah: Eichmann in Jerusalem. A Report on the Banality of Evil. New York: Viking 1963.

Aristoteles: Poetik. Griechisch/deutsch. Übersetzt und hrsg. von Manfred Fuhrmann. Stuttgart: Reclam 1999.

Assauer, Rudi; Strasser, Patrick: Wie ausgewechselt. Verblassende Erinnerungen an mein Leben. München: Riva [2]2012.

Augustinus, Aurelius: Bekenntnisse. Aus dem Lateinischen übersetzt und herausgegeben von Kurt Flasch und Burkhard Mojsisch. Stuttgart: Reclam 2008.

Barnes, Julian: Nichts, was man fürchten müsste. Köln: Kiepenheuer & Witsch 2010.

Barthes, Roland: Über mich selbst. Berlin: Matthes & Seitz 1978.

Benjamin, Walter: Berliner Kindheit um Neunzehnhundert. Fassung letzter Hand. Hrsg. von Karl-Maria Guth. Berlin: Suhrkamp 2016.

Cardano, Girolamo: Des Girolamo Cardano von Mailand eigene Lebensbeschreibung. Aus dem Lateinischen übersetzt von Hermann Hefele. München: Kösel 1969.

Cavell, Stanley: Die andere Stimme. Philosophie und Autobiographie. Übersetzt von Antje Korsmeier. Berlin: Diapahnes 2002.

Engster, Frank: Lukács' Existenzialismus oder Die Selbstreflexion der Produktivkraft durch das Selbstbewusstsein der Ware Arbeitskraft. In: Hanno Plass (Hrsg.): Klasse, Geschichte, Bewusstsein. Was bleibt von Lukács' Theorie? Berlin: Verbrecher Verlag 2015, S. 33–78.

Engster, Frank: Lukács' Existenzialismus oder Die Selbstreflexion der Produktivkraft durch das Selbstbewusstsein der Ware Arbeitskraft. Auf: www.academia.edu/30524217/LUK%C3%81CS_EXISTENZIALISMUS_oder_Die_Selbstreflexion_der_Produktivkraft_durch_das_Selbstbewusstsein_der_Ware_Arbeitskraft. Zugriff: 07.02.2017.

Feyerabend, Paul: Zeitverschwendung. Übersetzt von Joachim Jung. Frankfurt a. M.: Suhrkamp 1995.

Foucault, Michel: Über sich selbst schreiben. Aus dem Französischen von Michael Bischoff. In: Sandro Zanetti (Hrsg.): Schreiben als Kulturtechnik. Grundlagentexte. Frankfurt a. M.: Suhrkamp 2012, S. 49–66.

Freud, Sigmund: Der Mann Moses und die monotheistische Religion. In: Derselbe: Studienausgabe. Hrsg. von Alexander Mitscherlich; Angela Richards; James Strachey. Frankfurt a. M.: Fischer 2000. Bd. IX, S. 455–581.

Goethe, Johann Wolfgang: Dichtung und Wahrheit. Hrsg. von Walter Hettche. Stuttgart: Reclam 1998.

Habermas, Jürgen: Ein Baumeister mit hermeneutischem Gespür. Der Weg des Philosophen Karl-Otto Apel. In: Derselbe: Vom sinnlichen Eindruck zum symbolischen Ausdruck. Philosophische Essays. Suhrkamp: Frankfurt a. M. 1997, S. 84–97.

Heine, Heinrich: Geständnisse. In: Derselbe: Historisch-kritische Gesamtausgabe der Werke. Hrsg. von Manfred Windfuhr. Bd. 15. Hamburg: Hoffmann und Campe 1982, S. 9–1016.

Herder, Johann Gottfried: Einleitende Briefe zu Bekenntnisse merkwürdiger Männer von sich selbst. In: Derselbe: Sämtliche Werke. Hrsg. von Bernhard Suphan. Hildesheim: Olms 1967. Bd. 18, S. 359–376.

Hobbes, Thomas: Leviathan oder Stoff, Form und Gewalt eines bürgerlichen und kirchlichen Staates. Hrsg. und eingeleitet von Iring Fetscher, Berlin: Luchterhand 1966, Einleitung.

Hume, David: Eine Untersuchung über den menschlichen Verstand. Aus dem Englischen von Raoul Richter. Durchgesehen und überarbeitet von Lambert Wiesing. Frankfurt am Main: Suhrkamp 2007.

Vgl. David Hume: Vom schwachen Trost der Philosophie. Essays. Übersetzung und Nachwort von Jens Kulenkampff. Göttingen: Steidl 1990.

Imgenberg, Klaus G.; Seifert, Heribert (Hrsg.): Autobiographische Texte. Stuttgart: Reclam 1985.

Isokrates: Antidosis oder über den Vermögenstausch. In: Sämtliche Werke. Bd. II. Übersetzt von Christine Ley-Hutton. Eingeleitet und erläutert von Kai Brodersen. Stuttgart: Hiersemann 1997, S. 117–178.

Jaspers, Karl: Philosophische Autobiographie. Erweiterte Neuausgabe. München: Piper 1977.

Jonas, Hans: Erinnerungen. Nach Gesprächen mit Rachel Salamander. Hrsg. und mit einem Nachwort versehen von Christian Wiese. Frankfurt a. M.: Suhrkamp 2005.

Jungk, Robert (Hrsg.): Off Limits für das Gewissen. Briefwechsel zwischen Günther Anders und Claude Eatherly. Reinbeck: Rowohlt 1961.

Kierkegaard, Sören: Entweder – Oder. München: dtv [10]2009.

Merleau-Ponty, Maurice: Phänomenologie der Wahrnehmung. Übersetzt und mit einem Vorwort versehen von Rudolf Boehm. Berlin; New York: Walter de Gruyter [6]2011.

Merleau-Ponty, Maurice: Struktur des Verhaltens. Übersetzt und mit einem Vorwort versehen von Bernhard Waldenfels. Berlin; New York: Walter de Gruyter 1976.

Montaigne, Michel de: Essais. Nach der deutschen Gesamtausgabe von Johann Daniel Tietz. Durchgesehene Neuausgabe. Frankfurt a. M.: Zweitausendeins 2010.

Nietzsche, Friedrich: Ecce Homo. In: Derselbe, Kritische Studienausgabe. Herausgegeben von Giorgio Colli und Mazzino Montinari. München: dtv [2]1988. Bd. 6, S. 255–308.

Nietzsche, Friedrich: Morgenröte. Gedanken über die moralischen Vorurteile. In: Derselbe, Kritische Studienausgabe. Herausgegeben von Giorgio Colli und Mazzino Montinari. München: dtv [2]1988. Bd. 3.

Nietzsche, Friedrich: Nachgelassene Fragmente. Juli 1882 bis Herbst 1885. 1. Teil: Juli 1882 bis Winter 1883/84 (24). In: Derselbe: Kritische Studienausgabe. Hrsg. von Giorgio Colli und Mazzino Montinari. München: dtv [2]1988. Bd. 10, S. 9–664.

Nietzsche, Friedrich: Nachgelassene Schriften 1870–1877. In: Derselbe: Kritische Studienausgabe. Hrsg. von Giorgio Colli und Mazzino Montinari. München: dtv [2]1988. Bd. 1, S. 511–898.

Platon: Briefe. In: Derselbe: Sämtliche Dialoge. Übersetzt und erläutert von Otto Apelt. Bd. VI. Hamburg: Meiner 1988, S. 45–88.

Platon: Kriton. In: Ders.: Werke in acht Bänden. Griechisch und deutsch. Hrsg. von Gunther Eigler. Darmstadt: Wissenschaftliche Buchgesellschaft 1973. Bd. 2, S. 71–107.

Popper, Karl R.: Ausgangspunkte. Meine intellektuelle Entwicklung. Hamburg: Hoffmann und Campe [2]1994.

Rousseau, Jean-Jacques: Die Bekenntnisse. Übersetzt von Alfred Semerau, durchgesehen von Dietrich Leube. Mit einem Nachwort und Anmerkungen von Christoph Kunze. München: dtv 2001.

Rousseau, Jean-Jacques: Emil oder Über die Erziehung. Schöningh: Paderborn [12]1995.

Rousseau, Jean-Jacques: Träumereien eines einsamen Spaziergängers. Stuttgart: Reclam 2003.

Russel, Bertrand: Autobiographie 1944–1967. Frankfurt a. M.: Insel 1968.

Schapp, Wilhelm: In Geschichten verstrickt. Zum Sein von Mensch und Ding. Frankfurt a. M.: Klostermann [3]1985.

Schlegel, Friedrich: Lyceums- und Athenäumsfragmente. In: Ernst Behler (Hrsg.): Kritische Friedrich-Schlegel-Ausgabe. Bd. 2. München; Paderborn; Wien: Schöningh und Thomas 1967.

Schmidt, Helmut; Lorenzo, Giovanni di: Auf eine Zigarette mit Helmut Schmidt. Kiepenheuer & Witsch 2009.

Sloterdijk, Peter; Scheu, René: Der Mensch und die Grenzen seiner Natur. Die Athletik des Sterbens. In: Schweizer Monatshefte. Die Autorenzeitschrift für Politik, Wirtschaft und Kultur. Heft 6/2007, S. 34–39.

Sonntag, Susan: Krankheit als Metapher. Übersetzt von Karin Kersten und Caroline Neubaur. Frankfurt a. M.: Fischer 1981.

Sonntag, Susan: Kunst und Antikunst. 24 literarische Analysen. Aus dem Amerikanischen von Mark E. Wien München: Hanser 1980.

Sonntag, Susan: The Rolling Stones Interview. Geführt mit Jonathan Cott. Veröffentlicht am 04.10.1979. Auf: http://www.rollingstone.com/culture/features/susan-sontag-19791004. Zugriff: 09.09.2016.

Spaemann, Robert: Einleitung. In: Derselbe: Philosophische Essays. Stuttgart: Reclam 1983, S. 3–18.

Spaemann, Robert: Über Gott und die Welt. Eine Autobiographie in Gesprächen. Stuttgart: Klett-Cotta 2012.

Spenner, Philip Oprong: Vom Straßenkind zum Lehrer. Interview mit Alice Ahlers. In: Ethik & Unterricht. H. 1/2013, S. 19.

Spenner, Philip Oprong: Move on up – ich kam aus dem Elend und lernte zu leben. Berlin: Ullstein 2011.

Steinbrück, Peter: Unterm Strich. Hamburg: Hoffmann und Campe 2010. Karl-Theodor zu Guttenberg; Giovanni di Lorenzo: Vorerst gescheitert. Freiburg: Herder 2011.

Vico, Giambattista: Vita di Giambattista Vico scritta da se medesimo. In: Derselbe: Opere. Hrsg. von Andrea Battistini. Bd. I. Milano: Mondadori 1990, S. 3–85.

6.2. Werkinterpretationen, philosophiegeschichtliche Studien

Ackeren, Marcel van: Die Philosophie Marc Aurels. Berlin; New York: Walter de Gruyter 2011, Bd. 2.

Achenbach, Gerd B.: Drei Jahrzehnte Philosophische Praxis. In: Information Philosophie. H. 3–4/2012, S. 108–110.

Baltes, Matthias: Gott, Welt, Mensch in der Consolatio Philosophiae des Boethius. In: Derselbe: Dianoemata. Kleine Schriften zu Platon und zum Platonismus. Stuttgart: Walter de Gruyter 1999, S. 51–80.

Baumann, Uwe: Thomas Morus (1477/8 – 1535): Formen und Funktionen autobiographischen Schreibens (Epigramme, Humanistenbriefe und die *Apology*. In: Derselbe;

Karl August Neuhausen (Hrsg.): Autobiographie: Eine interdisziplinäre Gattung zwischen klassischer Tradition und (post-)moderner Variation. Göttingen: V & R unipress 2013, S. 129–150.

Bechtle, Gerald: Der Trost der Freiheit. Das fünfte Buch der Consolatio Philosophiae des Boethius zwischen Vorlagen und Originalität. In: Philologus. Zeitschrift für antike Literatur und ihre Rezeption. Bd. 150, (2006), S. 265–289.

Berglar, Peter: Die Stunde des Thomas Morus. Einer gegen die Macht. Olten: Walter [3]1981.

Böhme, Gernot: Selbstinszenierung. Über Ruhm in der Philosophie. Vortrag vom 13.09.2014, gehalten auf dem Philosophiefestival in Modena. Auf: www.information-philosophie.de. Online seit: 29.01.2015. Zugriff: 08.09.2016.

Bollenbeck, Georg: Eine Geschichte der Kulturkritik. Von Rousseau bis Günther Anders. München: Beck 2007.

Braitling, Petra; Nolte, Ulrich: René Descartes. In: Franco Volpi (Hrsg.): Großes Werklexikon der Philosophie. Stuttgart: Kröner 2014. Bd. 1, S. 368–373.

Burkard, Franz-Peter: Søren Kierkegaard. In: Franco Volpi (Hrsg.): Großes Werklexikon der Philosophie. Stuttgart: Kröner 2014. Bd. 1, S. 825–834.

Corti, C. Augustín: Zeitproblematik bei Martin Heidegger und Augustinus. Würzburg: Königshausen & Neumann 2006, S. 179–203.

Daus, Hans-Jürgen: Selbstverständnis und Menschenbild in den Selbstdarstellungen Giambattista Vicos und Pietro Giannones. Ein Beitrag zur Geschichte der italienischen Autobiographie. Genf: Droz 1962.

Feldmann, Erich: Das literarische Genus und das Gesamtkonzept der ›Confessiones‹. In: Norbert Fischer; Cornelius Mayer (Hrsg.): Die ›Confessiones‹ des Augustinus von Hippo. Einführung und Interpretationen zu den dreizehn Büchern. Freiburg: Herder 2004, S. 11–59.

Fetscher, Iring: Rousseaus politische Philosophie. Zur Geschichte des demokratischen Freiheitsbegriffs. Frankfurt a. M.: Suhrkamp 1975.

Figal, Günter: Nietzsche. Eine philosophische Einführung. Stuttgart: Reclam 1999.

Figal, Günter: Sokrates. München: Beck [2]1998.

Fritz, Kurt von: Platon in Sizilien und das Problem der Philosophenherrschaft. Berlin: Walter de Gruyter 1968.

Gadamer, Hans-Georg: Plato als Porträtist. In: Derselbe, Gesammelte Werke. Bd. 7: Griechische Philosophie III: Plato im Dialog. Tübingen: Mohr 1991, S. 228–257.

Geiger, Georg: Der Täter und der Philosoph – Der Philosoph als Täter. Die Begegnung zwischen dem Hiroshima-Piloten Claude R. Eatherly und dem Antiatomkriegphilosophen Günther Anders. Oder: Schuld und Verantwortung im atomaren Zeitlter. Frankfurt a. M.: Lang 1991.

Glei, Reinhold F.: In carcere et vinculis? Fiktion und Realität in der Consolatio Philosophiae des Boethius. In: Würzburger Jahrbücher für die Altertumswissenschaft. Bd. 22 (1998), S. 225–238.

Guareschi, Massimiliano: Giambattista Vico. In: Franco Volpi (Hrsg.): Großes Werklexikon der Philosophie. Stuttgart: Kröner 2014. Bd. 2, S. 1528–1532.

Hadot, Pierre: Die innere Burg. Anleitung zu einer Lektüre Marc Aurels. Frankfurt a. M.: Eichborn 1997.

Hammer, Espen; Sparti, Davide: Einleitung. In: Stanley Cavell: Die Unheimlichkeit des Gewöhnlichen und andere philosophische Essays. Frankfurt a. M.: Fischer 2002, S. 7–34.

Höffe, Ottfried: Thomas Hobbes. München: Beck 2010.

Horn, Christoph: Politische Philosophie in Platons *Nomoi*. Das Problem von Kontinuität und Diskontinuität. In: Derselbe (Hrsg.): Platon. Gesetze – Nomoi. Berlin: Akademie 2013, S. 1–21.

Howald, Ernst (Hrsg.): Die echten Briefe Platons, Zürich: Artemis 1951.

Krämer, Oliver: Ethos und Pathos des Metaphysikverzichts bei Ernst Mach, Max Weber und Robert Musil. In: Ralf Klausnitzer; Carlos Spoerhase; Dirk Werle: Ethos und Pathos in den Geisteswissenschaften. Konfigurationen der wissenschaftlichen Persona seit 1750. Berlin; Boston: Walter de Gruyter 2015, S. 103–132.

Kristeva, Julia: Das weibliche Genie. Hannah Arendt. Aus dem Französischen von Vincent von Wroblewsky. Hamburg: Europäische Verlagsanstalt 2008, S. 88.

Lessing, Theodor: Schopenhauer, Wagner, Nietzsche. Eine Einführung in die moderne Philosophie. München: Beck 1906.

Lieber, Maria: Anicius Manlius Torquatus Severinus Boethius. In: Franco Volpi (Hrsg.): Großes Werklexikon der Philosophie. Stuttgart: Kröner 2014. Bd. 1, S. 197.

Marenbon, John: Authenticity Revisted. In: Bonnie Wheeler: Listening to Heloise. The Voice of a Twelfth-Century Woman. New York: Palgrave Macmillan 2000, S. 19–33.

Marenbon, John: Boethius. Oxford: University Press: 2003.

Meyer, Heinrich: Über das Glück des philosophischen Lebens. Reflexionen zu Rousseaus Rêveries. München: Beck 2011.

Münkler, Herfried: Thomas Hobbes. Frankfurt a. M.: Campus 1993.

O'Daly, Gerhard: Remembering and Forgetting in Augustine, Confessiones X. In: Anselm Haverkamp; Renate Lachmann (Hrsg.): Memoria. Vergessen und Erinnern. München: Fink 1993, S. 31–46.

Orth, Wolfgang: Perspektiven der gegenwärtigen Isokrates-Rezeption. In: Derselbe (Hrsg.): Isokrates. Neue Ansätze zur Bewertung eines politischen Schriftstellers. Trier: Wissenschaftlicher Verlag 2003, S. 1–6.

Ossenkopp, Jörg: Was ist ein Philosoph? Philosophie und Autobiographie bei René Descartes. Berlin: epubli 2011.

Putz, Kerstin: Günther Anders in seiner Korrespondenz. FWF-Projekt P24012 Günther Anders. Februar 2014. Auf: www.guenther-anders-gesellschaft.org/wp-content/uploads/2014/03/Projektb._GA-in-seiner-Korrespondenz_Kerstin-Putz.pdf. Zugriff: 14.02.2017.

Rée, Jonathan: Philosophical Tales. London; New York: Methuen 1987.

Sloterdijk, Peter: Der Heilige und der Hochstapler. Von der Krise der Wiederholung in der Moderne. Sendung in der Reihe »SWR2 Essay« am 25.06.2012. Auf: www.swr.de/swr2/programm/sendungen/essay. Zugriff: 01.12.2014.

Sloterdijk, Peter: Literatur und Organisation von Lebenserfahrung. Autobiographien der Zwanziger Jahre. München: Hanser 1978, S. 319.

Sloterdijk, Peter: Philosophische Temperamente. Von Platon bis Foucault. München: Pantheon ^{2}2011.

Sommerlad, Fritz: Aus dem Leben Philipp Mainländers. Mitteilungen aus der handschriftlichen Selbstbiographie des Philosophen. Wiederabdruck in: Winfried H. Müller-Seyfarth (Hrsg.): ›Die modernen Pessimisten als décadents‹. Texte zur Rezeptionsgeschichte von Philipp Mainländers ›Philosophie der Erlösung‹. Würzburg: Königshausen & Neumann 1993, S. 93–113.

Stackelberg, Jürgen von: Nachwort. In: Jean-Jacques Rousseau: Träumereien eines einsamen Spaziergängers. Stuttgart: Reclam 2003, S. 191–214.

Starobinski, Jean: Rousseau. Eine Welt von Widerständen. Frankfurt a. M.: Fischer 2012.

Thomä, Dieter: Jeder ist sich selbst der Fernste. Zum Zusammenhang zwischen personaler Identität und Moral bei Nietzsche und Emerson. In: Nietzsche-Studien 36 (2007), S. 329–356.

Traverso, Enzo: Auschwitz und Hiroshima: Günther Anders. In: Derselbe: Auschwitz denken. Die Intellektuellen und die Shoah. Aus dem Französischen von Helmut Dahmer. Hamburg: Hamburger Edition 2000, S. 150–180.

Verene, Donald Philip: The New Art of Autobiography. An Essay on the Life of Giambattista Vico. Oxford: Clarendon 1991.

Volpi, Franco: Vorwort. In: Guido Rademacher: Der Zerfall der Welt. Kurz gelebt und lange vergessen – Vita und Werk eines Optimisten. London: Dunshare 2008, S. VII–XII.

Vosicky, Lukas Marcel: Anders' Heidegger – Heidegger anders. In: Hans Rainer Sepp; Ion Copoeru (Hrsg.): Phenomenology. Bd. 4 (2005). Selected Essays from Northern Europe. Part 2. Bukarest: Zeta 2007, S. 921 f.

Vlastos, Gregory: Sokrates: Ironist and Moral Philosopher. Cambridge: University Press 1991, S. 47–49.

Weinstock, Heinrich (Hrsg.): Platon. Die Briefe. Stuttgart: Kröner 1954.

Weischedel, Wilhelm: Die philosophische Hintertreppe. Die großen Philosophen in Alltag und Denken. München: dtv ^{36}2009.

Zimmermann, T. C. Price: Confession and Autobiography in die Early Renaissance. Übersetzter Wiederabdruck in: Günther Niggl (Hrsg.): Die Autobiographie. Zu Form und Geschichte einer literarischen Gattung. Darmstatt: Wissenschaftliche Buchgesellschaft [2]1998, S. 343–366.

6.3. Untersuchungen zum Phänomenbereich Autobiografie

Aichinger, Ingrid: Probleme der Autobiographie als Sprachkunstwerk: In: Günther Niggl (Hrsg.): Die Autobiographie. Zu Form und Geschichte einer literarischen Gattung. Darmstadt: Wissenschaftliche Buchgesellschaft [2]1998, S. 170–199.

Aumüller, Matthias: Narrativität. In: Christian Klein (Hrsg.): Handbuch Biographie. Methoden, Traditionen, Theorien. Stuttgart; Weimar: Metzler 2009, S. 17–20.

Aumüller, Matthias: Poetizität/Literarizität. In: Christian Klein (Hrsg.): Handbuch Biographie. Methoden, Traditionen, Theorien. Stuttgart; Weimar: Metzler 2009, S. 28–31.

Bezold, Friedrich von: Über die Anfänge der Selbstbiographie und ihre Entwicklung im Mittelalter. In: Zeitschrift für Kulturgeschichte. H. 1 (1894), S. 145–171.

Biehl, Peter; Schulz, Petra: Autobiographische Miniaturen. Ein Beitrag zur kommunikativen Religionspädagogik. Lebenswege – Denkwege – Leidenswege. Jena: Garamond 2006.

Boothe, Brigitte: Der Patient als Erzähler in der Psychotherapie. Göttingen: Vandenhoeck & Ruprecht 1994.

Boothe, Brigitte: Medizin und Psychologie. In: Christian Klein (Hrsg.): Handbuch Biographie. Methoden, Traditionen, Theorien. Stuttgart; Weimar: Metzler 2009, S. 394–401.

Bourdieu, Pierre: Die biographische Illusion. In: BIOS. Zeitschrift für Biographieforschung und Oral History. H. 1/1990, S. 75–81.

Bruss, Elizabeth W.: L'autobiographie considérée comme acte littéraire. Übersetzter Wiederabdruck in: Günther Niggl (Hrsg.): Die Autobiographie. Zu Form und Geschichte einer literarischen Gattung. Darmstatt: Wissenschaftliche Buchgesellschaft [2]1998, S. 258–279.

Caitríona Ní Dhúill: Intermediale Biographik. In: Christian Klein (Hrsg.): Handbuch Biographie. Methoden, Tradition, Theorien. Stuttgart: Metzler 2009, S. 190–193.

Craemer-Schroeder, Susanne: Deklination des Autobiographischen. Goethe, Stendhal, Kierkegaard. Berlin: Schmidt 1993.

Dilthey, Wilhelm: Gesammelte Schriften. Bd. 11: Vom Anfang des geschichtlichen Bewusstseins. Jugendaufsätze und Erinnerungen. Göttingen: Vandenhoeck & Ruprecht 1936.

Dilthey, Wilhelm: Der Aufbau der geschichtlichen Welt in den Geisteswissenschaften. In Auszügen wiederabgedruckt in Günther Niggl (Hrsg.): Die Autobiographie. Zu Form und Geschichte einer literarischen Gattung. Darmstadt: Wissenschaftliche Buchgesellschaft ²1998, S. 21–32.

Dilthey, Wilhelm: Das Erleben und die Selbstbiographie. In: Derselbe: Der Aufbau der geschichtlichen Welt in den Geisteswissenschaften. Frankfurt a. M.: Suhrkamp 1981.

Dornmeyer, Detlev: Griechische Biographien. In: Christian Klein (Hrsg.): Handbuch Biographie. Methoden, Traditionen, Theorien. Stuttgart; Weimar: Metzler 2009, S. 221–266.

Dünne, Jörg; Moser, Christian: Allgemeine Einleitung. In: Dieselben (Hrsg.): Automedialität. Subjektkonstitution in Schrift, Bild und neuen Medien. München: Fink 2008, S. 7–16.

Feilke, Helmuth; Ludwig, Otto: Autobiografisches Erzählen. In: Praxis Deutsch. Zeitschrift für den Deutschunterricht 152 (1998), S. 15–25.

Foucault, Michel: Das Leben der infamen Menschen. Herausgegeben und übersetzt von Walter Seitter. Berlin: Merve 2001.

Goodman, Kay: Autobiographie und deutsche Nation. Goethe und Herder. In: Goethe im Kontext. Kunst und Humanität, Naturwissenschaft und Politik von der Aufklärung bis zur Restauration. Tübingen: Niemeyer 1984, S. 260–279.

Henning, Tim: Person sein und Geschichten erzählen. Eine Studie über personale Autonomie und narrative Gründe. Berlin; New York: Walter de Gruyter 2009.

Holdenried, Michaela: Biographie vs. Autobiographie. In: Christan Klein (Hrsg.): Handbuch Biographie. Methoden, Traditionen, Theorien. Stuttgart; Weimar: Metzler 2009, S. 37–43.

Joisten, Karen: Möglichkeiten und Grenzen einer narrativen Ethik. Grundlegungen, Grundpositionen, Anwendungen. In: Dieselbe (Hrsg.): Narrative Ethik. Das Gute und das Böse erzählen. Berlin: Akademie 2007.

Kotre, John: Weiße Handschuhe. Wie das Gedächtnis Lebensgeschichten schreibt. München: Hanser 1996.

Klein, Christian; Werner, Lukas; Weilepp, Diana; Hickethier, Knut: Biographische Erzählungen in audiovisuellen Medien. In: Christan Klein (Hrsg.): Handbuch Biographie. Methoden, Traditionen, Theorien. Stuttgart; Weimar: Metzler 2009, S. 154–181.

Klein, Christian: Handbuch Biographie – einleitende Überlegungen. In: Derselbe (Hrsg.): Handbuch Biographie. Methoden, Traditionen, Theorien. Stuttgart; Weimar: Metzler 2009, S. XII–XV.

Klein, Christian: ›Histoire‹. Bestandteile der Handlung. In: Christian Klein (Hrsg.): Handbuch Biographie. Methoden, Traditionen, Theorien. Stuttgart; Weimar: Metzler 2009, S. 204–212.

Lejeune, Philippe: Autobiography in the Third Person. In: New Literary History. Bd. 9 (1977/78), S. 27–50.

Lejeune, Philippe: Der autobiografische Pakt. Aus dem Französischen von Wolfram Bayer und Dieter Hornig. Frankfurt a. M.: Suhrkamp [4]1994.

Linde, Charlotte: Life Stories. The Creation of Coherence. New York: Oxford University Press 1993.

Lindner, Konstantin; Stögbauer, Eva: Was hat das mit mir zu tun? – Biographisches Lernen. In: Matthias Bahr; Ulrich Kropač; Mirjam Schambeck (Hrsg.): Subjektwerdung und religiöses Lernen. Für eine Religionspädagogik, die den Menschen ernst nimmt. München: Kösel 2005, S. 135–145.

Mahrholz, Werner: Deutsche Selbstbekenntnisse. Ein Beitrag zur Geschichte der Selbstbiographie von der Mystik bis zum Pietismus. Berlin: Furche 1919.

Man, Paul de: Autobiographie als Maskenspiel. In: Derselbe: Die Ideologie des Ästhetischen. Frankfurt a. M.: Suhrkamp 1993, S. 131–146.

Marquard, Odo: Abschied vom Prinzipiellen. Auch eine philosophische Einleitung. In: Derselbe: Abschied vom Prinzipiellen. Philosophische Studien. Stuttgart: Reclam 1981, S. 4–22.

Misch, Georg: Begriff und Ursprung der Autobiographie. In: Derselbe: Geschichte der Autobiographie. Bd. 1,1. Frankfurt a. M.: Schulte-Bulmke [3]1949, S. 3–21.

Misch, Georg: Geschichte der Autobiographie. Vierter Band, zweite Hälfte. Frankfurt a. M.: Schulte-Bulmke [3]1949.

Misch, Georg: Geschichte der Autobiographie. Vierter Band, zweite Hälfte. Frankfurt a. M.: Schulte-Bulmke [3]1949.

Müller, Klaus-Detlev: Die Autobiographie der Goethezeit. Historischer Sinn und gattungsgeschichtliche Perspektiven. Wiederabdruck in: Günther Niggl (Hrsg.): Die Autobiographie. Zu Form und Geschichte einer literarischen Gattung. Darmstatt: Wissenschaftliche Buchgesellschaft [2]1998, S. 458–48.

Neumann, Bernd: Identität und Rollenzwang. Zur Theorie der Autobiographie. Frankfurt a. M.: Athenäum 1970.

Niggl, Günter: Geschichte der deutschen Autobiographie im 18. Jahrhundert. Theoretische Grundlegung und literarische Entfaltung. Stuttgart: Metzler 1977.

Niggl, Günther: Zur Säkularisierung der pietistischen Autobiografie im 18. Jahrhundert. In: Derselbe (Hrsg.): Die Autobiographie. Zu Form und Geschichte einer literarischen Gattung. Darmstatt: Wissenschaftliche Buchgesellschaft [2]1998, S. 367–391.

Ochs, Elinor; Capps, Lisa: Living Narrative. Cambridge: Harvard University Press 2001.

Pascal, Roy: Die Autobiographie. Gehalt und Gestalt. Stuttgart: Kohlhammer 1965.

Petzold, Hilarion G.: Lebensgeschichte erzählen. Biographiearbeit – Narrative Therapie – Identität. Paderborn: Junfermann 2003.

Quasthoff, Uta M.: Erzählen in Gesprächen. Linguistische Untersuchungen zu Strukturen und Funktionen am Beispiel einer Kommunikationsform des Alltags. Tübingen: Narr 1980.

Rauh-Kühne, Cornelia: Das Individuum und seine Geschichte. Konjunkturen der Biographik. In: Andreas Wirsching (Hrsg.): Neueste Zeit. Oldenbourg Geschichte Lehrbuch. München: Oldenbourg 2006, S. 215–232.

Richter, Myriam; Hambacher, Bernd: Biographische Kleinformen. In: Christian Klein (Hrsg.): Handbuch Biographie. Methoden, Traditionen, Theorien. Stuttgart; Weimar: Metzler 2009, S. 137–142.

Rosenthal, Gabriele: Erzählte und erlebte Lebensgeschichte. Gestalt und Struktur biografischer Selbstbeschreibungen. Frankfurt a. M.: Campus 1995.

Runge, Anita: Wissenschaftliche Biographik. In: Christian Klein (Hrsg.): Handbuch Biographie. Methoden, Traditionen, Theorien. Stuttgart; Weimar: Metzler 2009, S. 113–121.

Sachs, Harvey: Das Erzählen von Geschichten innerhalb von Unterhaltungen. In: Kölner Zeitschrift für Soziologie und Sozialpsychologie. H. 15 (1971), S. 307–317.

Schneider, Manfred: Die erkaltete Herzensschrift. Der autobiographische Text im 20. Jahrhundert. München: Hanser 1986.

Schoeps, Hans-Joachim: Biographien, Tagebücher und Briefe als Geschichtsquellen. In: Deutsche Rundschau. H. 86 (1960), S. 813–817.

Schößler, Franziska; Unseld, Melanie: Biographisches Erzählen auf der Bühne. In: Christan Klein (Hrsg.): Handbuch Biographie. Methoden, Traditionen, Theorien. Stuttgart; Weimar: Metzler 2009, S. 143–153.

Schütze, Fritz: Das narrative Interview in Interaktionsfeldstudien. Hagen: Fernuniversität 1987.

Schütze, Fritz: Zur soziologischen und linguistischen Analyse von Erzählungen. In: Internationales Jahrbuch für Wissens- und Religionssoziologie. Bd. X. Opladen: Westdeutscher Verlag 1976, S. 7–41.

Schulze, Winfried: Vorüberlegungen für die Tagung »Ego-Dokumente«. In: Derselbe (Hrsg.): Ego-Dokumente. Annäherung an den Menschen in der Geschichte. Berlin: Akademie 1996, S. 11–30.

Schuster, Britt-Marie: Biographisches Erzählen und digitale Medien. In: Christian Klein (Hrsg.): Handbuch Biographie. Methoden, Traditionen, Theorien. Stuttgart; Weimar: Metzler 2009, S. 182–189.

Schütze, Fritz: Biographieforschung und narratives Interview. In: Neue Praxis. H. 3/1983, 283–293.

Schweiger, Hannes: ›Biographiewürdigkeit‹. In: Christian Klein (Hrsg.): Handbuch Biographie. Methoden, Traditionen, Theorien. Stuttgart; Weimar: Metzler 2009, S. 32–36.

Sonnabend, Holger: Geschichte der antiken Biographie. Von Isokrates bis zur Historia Augusta. Stuttgart: Metzler 2002.
Spence, Donald P.: Das Leben rekonstruieren. Geschichten eines unzuverlässigen Erzählers. In: Jürgen Straub (Hrsg.): Erzählung, Identität und historisches Bewusstsein. Die psychologische Konstruktion von Zeit und Geschichte. Bd. 1. Frankfurt a. M.: Suhrkamp 1998, S. 203–225.
Thomä, Dieter; Kaufmann, Vincent; Schmid, Ulrich: Der Einfall des Lebens. Theorie als geheime Autobiographie. München: Hanser 2015.
Thomä, Dieter: Erzähle dich selbst. Lebensgeschichte als philosophisches Problem. Frankfurt a. M.: Suhrkamp 1998.
Voisine, Jacques: De la confession religieuse à l'autobiographie et au journal intime: entre 1760 et 1820. Übersetzter Wiederabdruck in: Günther Niggl (Hrsg.): Zu Form und Geschichte einer literarischen Gattung. Darmstadt: Wissenschaftliche Buchgesellschaft ^{2}1998, S. 392–414.
Wagner-Egelhaaf, Martina: Autobiographie. Stuttgart; Weimar: Metzler ^{2}2005.

6.4. Weitere philosophische Studien

Adorno, Theodor W.; Löwenthal, Leo: Briefwechsel. In: Leo Löwenthal: Schriften. Hrsg. von Helmut Dubiel. Bd. 4: Judaica. Vorträge. Briefe. Frankfurt a. M.: Suhrkamp 1984, S. 153–181.
Baudrillard, Jean: Die fatalen Strategien. München: Matthes und Seitz 1991.
Bense, Max: Plakatwelt. Vier Essays. Stuttgart: DVA 1952.
Bloch, Ernst: Das Prinzip Hoffnung. Bd. 2. Frankfurt a. M.: Suhrkamp 1985.
Breithaupt, Fritz: Kultur der Ausrede. Frankfurt a. M.: Suhrkamp 2012.
Caimi, Mario Pedro Miguel: Essay als Form der Philosophie. Eichstätt: Katholische Universität Eichstätt 2001.
Fellmann, Ferdinand: Stile gelebter Philosophie und ihre Geschichte. In: Hans Ulrich Gumbrecht; Karl Ludwig Pfeiffer (Hrsg.): Stil. Geschichten und Funktionen eines kulturwissenschaftlichen Diskurselements. Frankfurt a. M.: Suhrkamp 1986, S. 574–589.
Foucault, Michel: Hermeneutik des Subjekts. Frankfurt a. M.: Suhrkamp 2009.
Frankfurt, Harry G.: Sich selbst ernst nehmen. Hrsg. von Debra Satz. Aus dem Amerikanischen von Eva Engels. Frankfurt a. M.: Suhrkamp 2007.
Grice, H. Paul: Logik und Konversation [1975]. In: Georg Meggle (Hrsg.): Handlung, Kommunikation, Bedeutung. Suhrkamp: Frankfurt a. M. 1993, S. 243–265.
Haker, Hille: Narrative Ethik. In: ZDPE 2/2010, S. 74–82.

Hegel, Georg Wilhelm Friedrich: Vorlesungen über die Geschichte der Philosophie III. In: Derselbe: Werke in 20 Bänden. Frankfurt: Suhrkamp 1986.

Heidegger, Martin: Grundbegriffe der Aristotelischen Philosophie. In: Derselbe: Gesamtausgabe. Bd. 18. Frankfurt a. M.: Klostermann 2002.

Hoerster, Norbert: Karl Poppers problematische Sichtweise auf Induktion. In: ZDPE. H. 4/2013, S. 64–69.

Kersting, Wolfgang; Langbehn, Claus (Hrsg.): Kritik der Lebenskunst. Frankfurt a. M.: Suhrkamp 2007.

Lichtenberger, Hans P.: »Im Leben verstrickt.« – Finden sich bei Wilhelm Schapp Ansätze zu einer narrativen Ethik? In: Marco Hofheinz, Frank Mathwig, Matthias Zeindler (Hrsg.): Ethik und Erzählung. Theologische und philosophische Beiträge zur narrativen Ethik. Zürich: TVZ 2009, S. 191–206.

MacIntyre, Alasdair: Der Verlust der Tugend. Zur moralischen Krise der Gegenwart. Frankfurt a. M.: Suhrkamp 1995, S. 15 f.

Marquard, Odo: Frage nach der Frage, auf die die Hermeneutik eine Antwort ist. In: Derselbe: Zukunft braucht Herkunft. Philosophische Essays. Stuttgart: Reclam 2015, S. 72–101.

Marquardt, Odo: Praxis, Philosophische. In: Historisches Wörterbuch der Philosophie. Bd. 7. Hrsg. von Karlfried Gründer. Basel: Schwabe 1989, Sp. 1307 f.

Nagel, Thomas: What Is It Like to Be a Bat?/Wie ist es, eine Fledermaus zu sein? Englisch/Deutsch. Übersetzt und herausgegeben von Ulrich Diehl. Stuttgart: Reclam 2016.

Nussbaum, Martha: Nicht für den Profit! Warum Demokratie Bildung braucht. Müllheim: Tibia ²2016.

Popper, Karl: Das Problem der Induktion. In: Derselbe: Lesebuch. Ausgewählte Texte zur Erkenntnistheorie, Philosophie der Naturwissenschaften, Metaphysik, Sozialphilosophie. Hrsg. von David Miller. Tübingen: Mohr ²1997, S. 85–102.

Rorty, Richard: Kontingenz, Ironie und Solidarität. Frankfurt a. M.: Suhrkamp 1992.

Rorty, Richard: The Linguistic Turn. Essays in Philosophical Method. Chicago: University Press 1967.

Rosenberg, Jay F.: Philosophieren. Ein Handbuch für Anfänger. Frankfurt a. M.: Klostermann ⁵2006.

Schmid, Wilhelm: Philosophie der Lebenskunst. Eine Grundlegung. Frankfurt a. M.: Suhrkamp 1998.

Sloterdijk, Peter: Der Heilige und der Hochstapler. Von der Krise der Wiederholung in der Moderne. Sendung in der Reihe »SWR2 Essay« am 25.06.2012. Auf: www.swr.de/swr2/programm/sendungen/essay. Zugriff: 01.12.2014.

Sloterdijk, Peter: Du musst dein Leben ändern. Über Anthropotechnik. Frankfurt a. M.: Suhrkamp 2009.

Sloterdijk, Peter: Essayismus in unserer Zeit. In: Derselbe: Medien-Zeit. Drei gegenwartsdiagnostische Versuche. Stuttgart: Cantz 1994, S. 43–64.

Williams, Bernard: Wahrheit und Wahrhaftigkeit. Aus dem Amerikanischen von Joachim Schulte. Frankfurt a. M.: Suhrkamp 2003.

6.5. Philosophiedidaktische Literatur

Albus, Vanessa: Kanonbildung im Philosophieunterricht. Lösungsmöglichkeiten und Aporien. Dresden: Thelem 2012.

Albus, Vanessa: Kanon und Klassiker. In: Handbuch Philosophie und Ethik. Bd. 1: Didaktik und Methodik. Paderborn: Schöningh 2015, S. 252–260.

Albus, Vanessa: Methoden und Medien des autobiographischen Philosophierens. In: ZDPE. H. 2/2012, S. 95–103.

Applis, Stefan: Die empirische Wende in der Fachdidaktik und die (Sonder-)Stellung der Philosophiedidaktik. In: Julian Nida-Rümelin; Irina Spiegel; Markus Tiedemann (Hrsg.): Handbuch Philosophie und Ethik. Bd. 1: Didaktik und Methodik. Paderborn: Schöningh 2015, S. 144–152.

Bierbrodt, Johannes; Röhr, Henning: »Unzensierbarkeit oder freies Denken unter Zwang«. In: Donat Schmidt; Johannes Rohbeck; Peter von Ruthendorf (Hrsg.): Maß nehmen – Maß geben. Leistungsbewertung im Philosophieunterricht und Ethikunterricht. Dresden: Thelem 2011, 107–126.

Blesenkemper, Klaus [u. a.] (Hrsg.): Endbericht der Praxissemester-Fachgruppe »Philosophie/Praktische Philosophie (PI/PP). Münster: Philosophisches Seminar 2014, S. 16.

Börm, Katrin: Essayschreiben step by step. Philosophisches Denken verschriftlichen – in kleinen Schritten zum großen Text. In: Ethik & Unterricht. H. 1/2015, S. 44–48.

Breun, Richard: Zur »Logik des Herzens« und ihrer Didaktik. In: Ethik & Unterricht, Heft 1/2001, S. 27–33.

Brüning, Barbara: Hannah Arend: »Über etwas nachdenken ...«. In: ZDPE. H. 1/2017, S. 102–104.

Bucher, Anton A. (Hrsg.): Ethikunterricht in Österreich. Bericht der wissenschaftlichen Evaluation der Schulversuche »Ethikunterricht«. Innsbruck; Wien: Tyrolia 2001.

Bussmann, Bettina; Haase, Volker: Was heißt es, Indoktrination zu vermeiden? In: ZDPE. H. 3/2016, S. 87–99.

Dege, Martina: Montaignes »Essais« – der Versuch, schreibend die Balance zu halten. In: ZDPE. H. 2/1999, S. 116–138.

Distelrath, Götz: Theorie der Geschichte und autobiographische Reflexion. Versuch einer wechselseitigen Annäherung. In: ZDPE. H. 2/2012, S. 133–139.

Draken, Klaus: Metamethoden – Eine fachbezogene Methodenlehre über den Arbeits- und Unterrichtsmethoden. In: Julian Nida-Rümelin; Irina Spiegel; Markus Tiedemann (Hrsg.): Handbuch Philosophie. Bd. 1: Didaktik und Methodik. Paderborn: Schöningh 2015, S. 160–170.

Engels, Helmut: Plädoyer für das Schreiben von Primärtexten oder: Über die künstliche Erzeugung von »serendipity«. In: ZDPE. H. 4/1993, S. 250–257.

Fachverband Philosophie; Fachverband Ethik; Forum für Didaktik der Philosophie und Ethik: »Dresdner Konsens« für den Philosophie- und Ethikunterricht. In: ZDPE. H. 3/2016, S. 106.

Fellmann, Ferdinand: Die Angst des Ethiklehrers vor der Klasse. Ist Moral lehrbar? Stuttgart: Reclam 2000.

Fey, Annekatrin; Haase, Volker: Archäologe oder Bildhauer? Zum Verhältnis von Autobiografie und Wahrheit. In: Ethik & Unterricht. H. 1/2013, S. 33–39.

Gefert, Christian: Didaktik theatralen Philosophierens. Untersuchungen zum Zusammenspiel argumentativ-diskursiver und theatral-repräsentativer Verfahren bei der Texteröffnung in philosophischen Bildungsprozessen. Dresden: Thelem 2002, S. 40–45.

Goergen, Klaus: Argumentationsschulung. In: Julian Nida-Rümelin; Irina Spiegel; Markus Tiedemann: Bd. 1: Didaktik und Methodik. Paderborn: Schöningh 2015, S. 214–223.

Gruhne, Christina; Rösch, Anita (Hrsg.): Lernen an Biografien. Ethik & Unterricht. H. 1/2013.

Grünberg, Christine: Arbeiten mit Collagen – Tipps für den Unterricht. Ebenda, S. 109–115. Den Übergang zur Verwendung dieser Medien für autobiografische Reflexionen vollzieht Volker Pfeifer: Didaktik des Ethikunterrichts. Bausteine einer integrativen Wertevermittlung. Stuttgart: Kohlhammer [2]2009, S. 336.

Haase, Volker: Autobiographien im Philosophie- und Ethikunterricht. In: ZDPE. H. 2/2012, S. 86–94.

Haase, Volker: Autobiografische Narrationskompetenz. In: Johannes Rohbeck (Hrsg.): Didaktische Konzeptionen. Dresden: Thelem 2013, S. 85–104.

Haase, Volker: Betroffenen-Interviews im Ethikunterricht. In: ZDPE. H. 2/2012, S. 115–126.

Haase, Volker: Essays im Philosophie- und Ethikunterricht bewerten. In: Jahrbuch für Didaktik der Philosophie und Ethik. Dresden: Thelem 2011, S. 75–105.

Haase, Volker: Kreatives Schreiben. In: Julian Nida-Rümelin; Irina Spiegel; Markus Tiedemann (Hrsg.): Handbuch Philosophie und Ethik. Stuttgart: Utb 2015. Bd. 1, S. 230–240.

Haase, Volker: Mit Kleidung spielen. Zur Untersuchung vestimentärer Codes als Einführung in die Semiotik (ab Klasse 11). In: ZDPE. H. 4/2015, S. 25–37.

Haase, Volker: Selbstkompetenz und autobiografische Narration. Theoretische Fundierung eines Zusammenhangs und zehn praktische Übungen für den Unterricht. In: ZDPE. H. 2/2010, S. 88–100.

Haase, Volker: Rousseaus Partner- und Erziehungsideal in den *Bekenntnissen* als Anregung von Selbstreflexionen im Ethikunterricht. In: ZDPE. H. 2/2013, S. 60–73.

Haase, Volker: Warum sich Kompetenzen und philosophische Bildung nicht ausschließen. In: ZDPE, 4/2016, S. 56–62.

Knoedler-Pasch, Margarete: Den Stoff des Lebens sichten – Zur Vielfalt autobiographischen Schreibens. In: ZDPE. H. 2/2012, S. 127–132.

Martens, Ekkehard: Methodik des Ethik- und Philosophieunterrichts. Philosophieren als elementare Kulturtechnik. Hannover: Siebert [4]2009.

Meyer, Kirsten: Kompetenzorientierung. In: Julian Nida-Rümelin; Irina Spiegel; Markus Tiedemann (Hrsg.): Handbuch Philosophie und Ethik. Bd. 1: Didaktik und Methodik. Paderborn: Schöningh 2015, S. 104–113

Neugebauer, Hans-Gerhard: Wie viel Sinn hat die Kompetenzrhetorik? Überlegungen aus Anlass des Kernlehrplans Philosophie NRW. In: ZDPE, 4/2016, S. 8–13.

Nida-Rümelin, Julian: Bildungsziele des erneuerten Humanismus. In: Derselbe; Markus Tiedemann; Irina Spiegel (Hrsg.): Bd. 1: Didaktik und Methodik. Paderborn: Schöningh 2015, S. 18–22.

Osigus, Hanna: »... und raus bist du«? Simulation von »Einzelfallinterviews« im Rahmen des deutschen Asylantragsverfahrens. In: Praxis Philosophie & Ethik. H. 2/2017, S. 41.

Petermann, Hans-Bernhard: Philosophieren als Konzept der Lebensresignation? Leben und Philosophieren lernen mit Montaigne. In: ZDPE. H. 2/1999, S. 101–109.

Peters, Jörg; Rolf, Bernd: Kant & Co. im Interview. Fiktive Gespräche mit Philosophen über ihre Theorien. Stuttgart: Reclam 2009.

Pfeifer, Volker: Didaktik des Ethikunterrichts. Bausteine einer integrativen Wertevermittlung. Stuttgart: Kohlhammer [2]2009.

Pfister, Jonas: Fachdidaktik Philosophie. Bern: Haupt 2010.

Pfister, Jonas: Schreiben. In: Jonas Pfister; Peter Zimmermann (Hrsg.): Neues Handbuch des Philosophieunterrichts. Bern: Haupt 2016, S. 275–291.

Raters, Marie-Luise: Will ich diese Person sein, die Ich ist? Die autobiographische Narration als Mittel zur Objektivierung des eigenen moralischen Standpunktes nach Thomas Nagel. In: ZDPE. H. 2/2012, S. 146–152.

Remme, Marcel: Kompetenzorientierter Ethikunterricht bildet! Zum Kompetenzbegriff der neuen baden-württembergischen Bildungspläne Ethik. In: ZDPE, 4/2016, S. 25–28.

Rentsch, Thomas: »Am Ufer der Vernunft«. Die analytische Komik Karl Valentins als

Paradigma literarischen Philosophierens. In: Johannes Rohbeck (Hrsg.): Anschauliches Denken. Dresden: Thelem 2005, S. 122–152.

Rentsch, Thomas: Phänomenologie als methodische Praxis. Didaktische Potentiale der phänomenologischen Methode. In: Johannes Rohbeck (Hrsg.): Denkstile der Philosophie. Dresden: Thelem 2002, S. 11–28.

Richter, Philipp: Unterrichtsmethoden in der didaktischen und fachdidaktischen Literatur: Bedeutung und Missverständnisse. In: Derselbe (Hrsg.): Professionell Ethik und Philosophie unterrichten. Ein Arbeitsbuch. Stuttgart: Kohlhammer 2016, S. 51–62.

Rösch, Anita: Das philosophische Tagebuch. Über die allmähliche Verfertigung der Gedanken beim Schreiben. In: Ethik & Unterricht. H. 1/2006, S. 58 f.

Rösch, Anita: Kompetenzorientierung im Philosophie- und Ethikunterricht. Entwicklung eines Kompetenzmodells für die Fächergruppe Philosophie, Praktische Philosophie, Ethik, Werte und Normen, LER. Münster: LIT 2009.

Rösch, Anita: Sprache ist die Kleidung der Gedanken. Vorformen essayistischen Schreibens. In: Ethik & Unterricht 1/2013, S. 40–44.

Rohbeck Johannes: David Hume: Über das Essayschreiben. In: ZDPE 3/2000, S. 230–234.

Rohbeck, Johannes (Hrsg.): Denkstile der Philosophie. Dresden: Thelem 2002.

Rohbeck, Johannes: Didaktische Potenziale philosophischer Denkrichtungen. In: Derselbe: Didaktik der Philosophie und Ethik. Dresden: Thelem 2008, S. 75–90.

Rohbeck, Johannes (Hrsg.): Didaktische Transformationen. Dresden: Thelem 2003, S. 7–11.

Rohbeck, Johannes: Didaktische Transformationen. In: Julian Nida-Rümelin; Irina Spiegel; Markus Tiedemann (Hrsg.): Handbuch Philosophie. Bd. 1: Didaktik und Methodik. Paderborn: Schöningh 2015, S. 48–56.

Rohbeck, Johannes: Experimentelle Philosophiedidaktik. In: ZDPE. H. 2/2014, S. 3–9.

Rohbeck, Johannes: Literarische Formen des Philosophierens im Unterricht. In: ZDPE. Heft 2/2004, S. 90–101. Wiederabgedruckt in: Derselbe: Didaktik der Philosophie und Ethik. Dresden: Thelem 2009, S. 189–211.

Rohbeck, Johannes: Philosophische Methoden im Unterricht. In: Kirsten Meyer (Hrsg.): Texte zur Didaktik der Philosophie. Stuttgart: Reclam 2010, S. 237–253.

Rohbeck, Johannes: Methoden des Philosophie- und Ethikunterrichts. In: Derselbe: Didaktik der Philosophie und Ethik. Dresden: Thelem 2008, S. 51–71.

Rohbeck, Johannes: Rhetorik und Philosophiedidaktik. In: ZDPE. Heft 2/2005, S. 98–106.

Rohbeck, Johannes: Zehn Arten, einen Text zu lesen. In: Derselbe, Didaktik der Philosophie und Ethik. Dresden: Thelem 2008, S. 163–174.

Runtenberg, Christa: Philosophiedidaktik. Lehren und Lernen. Paderborn: Fink S. 105 f.

Samson, Lothar: Ethik als Lebenskunst. In: ZDPE. H. 1/2001, S. 65–69.

Schneider, Wolfgang: Der Philosophielehrer als listige Spinne. »Poietisch-praktische Schreibversuche im Philosophie- und Ethikunterricht der Sekundarstufen I und II. In: ZDPE. H. 2/2002, S. 140–145.

Schröder-Werle, Renate: Schreiben in phänomenologischer, hermeneutischer und konstruktivistischer Absicht. In: ZDPE. H. 2/2002.

Schultheiss, Carlo; Andries, Markus: Ein »dritter Weg« in der Philosophie- und Ethikdidaktik. Problemorientierter Philosophie- und Ethikunterricht zwischen klassischem Bildungsdenken und strikter Kompetenzorientierung. In: ZDPE, 4/2016, S. 28–38.

Steenblock, Volker: Der lebendige Raum der Didaktik und der Sinn des Philosophieunterrichts. In: ZDPE, 4/2016, S. 63–69.

Steenblock, Volker: Philosophie und Lebenswelt. Hannover: Siebert 2012.

Thein, Christian: Wie bringe ich die Schülerinnen und Schüler zum Schreiben? Möglichkeiten der Integration des philosophischen Essay-Wettbewerbs in die Unterrichtspraxis der Sekundarstufe II. In: ZDPE. H. 4/2013, S. 79–84

Thies, Christian: Das Philosophische Tagebuch. In: ZDPE. H. 1/1990, S. 26–32.

Thomas, Philipp: Phänomenologie als negative Hermeneutik. In: Didaktische Transformationen. Dresden: Thelem 2003, S. 13–49.

Thurnherr, Urs: John Stuart Mill. Eine seelische Krise in meiner Lebensgeschichte. Eine Stufe vorwärts. In: ZDPE 2/2012, S. 140–145.

Thomalla, Klaus: Der argumentierende Essay. In: Julian Nida-Rümelin; Irina Spiegel; Markus Tiedemann (Hrsg.): Handbuch Philosophie und Ethik. Bd. 1: Didaktik und Methodik. Paderborn: Schöningh 2015, S. 261–270.

Tichy, Matthias: Lehrbarkeit der Philosophie und philosophische Kompetenzen. In: Jonas Pfister; Peter Zimmermann (Hrsg.): Neues Handbuch des Philosophieunterrichts. Bern: Haupt 2016, S. 43–60.

Tiedemann, Markus: Ethische Orientierung in der Moderne – Was kann philosophische Bildung leisten? In: Julian Nida-Rümelin; Irina Spiegel; Markus Tiedemann: Handbuch Philosophie und Ethik. Bd. 1: Didaktik und Methodik. Paderborn: Schöningh 2015, S. 23–29.

Tiedemann, Markus: Kompetenzorientierung, oder: Vom Tanz um nackte Kaiser. In: ZDPE, Heft 4/2016, S. 69–75.

Weber, Ingrid: Montaignes Essai »Über die Freundschaft«. Ein innovativer Zugangsweg zur Philosophie. In: ZDPE. H. 2/1999, S. 133–137.

Wiesen, Brigitte: Bilder zeigen den ganzen Menschen. In: Barbara Brüning; Ekkehard Martens (Hrsg.): Anschaulich philosophieren. Mit Märchen, Fabeln, Bildern und Filmen. Weinheim; Basel: Beltz 2007, S. 90–108.

Wittschier, Michael: Textschlüssel Philosophie. 30 Erschließungsmethoden mit Beispielen. München: Patmos 2010.

6.6. Weitere Literatur aus verschiedenen Bezugswissenschaften

Alt, Peter-André: Aufklärung. Stuttgart: Metzler ^{2}2001.

Arnold, Klaus: Der wissenschaftliche Umgang mit Quellen. In: Hans-Jürgen Goertz (Hrsg.): Geschichte. Ein Grundkurs. Reinbek bei Hamburg: ^{2}2001, S. 42–58.

Arnold, Rolf: Deutungsmuster und pädagogisches Handeln in der Erwachsenenbildung. Bad Heilbrunn: Klinkhardt 1985.

Bandura, Albert: Lernen am Modell. Ansätze zu einer sozial-kognitiven Lerntheorie. Stuttgart: Klett 1976.

Beck, Aaron T.: Kognitive Therapie der Depression. Weinheim/Basel: Beltz ^{2}2001.

Beck, Ulrich; Ulrich Beck; Vossenkuhl, Wilhelm; Ziegler, Ulf Erdmann (Hrsg.): Eigenes Leben. Ausflüge in die unbekannte Gesellschaft. München: Beck 1995, S. 12.

Becker, Franz Josef E.: Poltisches Lernen durch Realbegegnung. Zur Methode von Erkundung und Befragung. In: Methoden der politischen Bildung – Handlungsorientierung. Bonn: Bundeszentrale für politische Bildung 1991, S. 174–212.

Becker, Tabea: Erzählkompetenz. In: Matías Martínez (Hrsg.): Handbuch Erzählliteratur. Theorie, Analyse, Geschichte. Stuttgart: Metzler 2011, S. 58–63.

Benjamin, Walter: Der Erzähler. Betrachtungen zum Werk Nikolai Lesskows. In: Derselbe: Erzählen. Schriften zur Theorie der Narration und zur literarischen Prosa. Ausgewählt und mit einem Nachwort von Alexander Honold. Frankfurt a. M.: Suhrkamp 2007, S. 103–128

Berung, Christian: Leben. In: Ralf Konersmann (Hrsg.): Wörterbuch der philosophischen Metaphern. Darmstadt: Wissenschaftliche Buchgesellschaft 2014, S. 191–197.

Bleicken, Jochen: Die athenische Demokratie. Paderborn [u. a.]: Schöningh ^{2}1994.

Bollas, Christopher: Being a Character. Psychoanalysis and Self Experience. New York: Routledge 1992.

Borries, Bodo von: Geschichtsbewußtsein als System von Gleichgewichten und Transformationen. In: Jörn Rüsen (Hrsg.): Geschichtsbewußtsein. Psychologische Grundlagen, Entwicklungskonzepte, empirische Befunde. Köln; Weimar; Wien: Böhlau 2001, S. 239–280.

Borries, Bodo von; Lehmann, Rainer H.: Geschichtsbewußtsein Hamburger Schülerinnen und Schüler 1988. Empirische Befunde einer quantitativen Pilotstudie. In: Bodo von Borries; Hans-Jürgen Pandel; Jörn Rüsen (Hrsg.): Geschichtsbewußtsein empirisch. Pfaffenweiler: Centaurus 1991, S. 121–220.

Brunner, Ilse; Häcker, Thomas; Winter, Felix (Hrsg.): Das Handbuch Portfolioarbeit. Konzepte, Anregungen, Erfahrungen aus Schule und Lehrerbildung. Seelze: Kallmeyer 2006.

Bruner, Jerome S.: Vergangenheit und Gegenwart als narrative Konstruktionen. Was ist gewonnen und was verloren, wenn Menschen auf narrative Weise Sinn bilden?

In: Jürgen Straub (Hrsg.): Erzählung, Identität und historisches Bewusstsein. Die psychologische Konstruktion von Zeit und Geschichte. Frankfurt a. M.: Suhrkamp 1998, S. 46–80.

Detjen, Joachim: Forschend lernen: Recherche, Interview, Umfrage, Expertenbefragung. In: Wolfgang Sander (Hrsg.): Handbuch politische Bildung. Schwalbach/Ts.: Wochenschau Verlag ³2005, S. 565–575.

Droysen, Johann Gustav: Historik. Vorlesungen über Enzyklopädie und Methodologie der Geschichte. Hrsg. von Rüdiger Hüber. München: Oldenbourg ³1958.

Ehrenberg, Alain: Das erschöpfte Selbst. Depression und Gesellschaft in der Gegenwart. Frankfurt a. M.: Campus 2004.

Essig, Rolf-Bernhard: Der Offene Brief. Geschichte und Funktion einer publizistischen Form von Isokrates bis Günter Grass. Würzburg: Königshausen & Neumann 2000.

Fischer, Jens Malte: Zur Frühgeschichte psychoanalytischer Literaturinterpretation. In: Derselbe (Hrsg.): Psychoanalytische Literaturinterpretation. Aufsätze aus »Imago, Zeitschrift für Anwendung der Psychoanalyse auf die Geisteswissenschaft« (1912–1937). Tübingen: Niemeyer 1980, S. 1–33.

Freud, Sigmund: Das Unbehagen in der Kultur. In: Derselbe: Studienausgabe. Hrsg. von Alexander Mitscherlich; Angela Richards; James Strachey. Frankfurt a. M.: Fischer 2000, Bd. IX, S. 197–270.

Freud, Sigmund: Der Familienroman der Neurotiker. In: Derselbe: Studienausgabe. Hrsg. von Alexander Mitscherlich; Angela Richards; James Strachey. Frankfurt a. M.: Fischer 2000. Bd. IV, S. 220–226.

Freud, Sigmund: Über Psychotherapie. In: Derselbe: Studienausgabe. Hrsg. von Alexander Mitscherlich; Angela Richards; James Strachey. Frankfurt a. M.: Fischer Ergänzungsband, S. 109–119.

Fried, Johannes: Geschichte und Gehirn. In: Christian Geyer (Hrsg.): Hirnforschung und Willensfreiheit. Frankfurt a. M.: Suhrkamp ²2009, S. 111–133.

Frey, Hans-Peter; Haußer, Karl: Entwicklungslinien sozialwissenschaftlicher Identitätsforschung. In: Dieselben: Identität. Entwicklung psychologischer und soziologischer Forschung. Stuttgart: Enke ⁷1987, S. 3–26.

Frye, Northrop: Anatomy of Criticism. Princeton: University Press 1957. In deutscher Übersetzung publiziert als: Analyse der Literaturkritik. Stuttgart: Kohlhammer 1964.

Gennerich, Carsten: Narrative Religionsdidaktik. Ansätze, empirische Grundlagen und Entwicklungsperspektiven. In: Theo-Web. Zeitschrift für Religionspädagogik 1/2012, S. 226–247.

Genette, Gérard: Fiktion und Diktion. München: Fink 1992.

Gergen, Kenneth J.: Erzählung, moralische Identität und historisches Bewußtsein. Eine sozialkonstruktionistische Darstellung. In: Jürgen Straub: Erzählung, Identität und historisches Bewußtsein. Die psychologische Konstruktion von Zeit und Geschichte. Frankfurt a. M.: Suhrkamp 1998, S. 170–202.

Glinka, Hans-Jürgen: Das narrative Interview. Eine Einführung für Sozialpädagogen. Weinheim; München: Juventa [3]2009, S. 171–181.

Grossmann, Konrad Peter: Der Fluss des Erzählens. Narrative Formen der Therapie. Heidelberg: Auer [2]2003.

Haas, Gerhard: Essay. Stuttgart: Metzler 1969.

Hausendorf, Heiko; Quasthoff, Uta M.: Ein Modell zur Beschreibung von Erzählerwerb bei Kindern. In: Konrad Ehlich; Klaus R. Wagner (Hrsg.): Erzähl-Erwerb. Bern; Frankfurt a. M.: Lang 1989, S. 89–112.

Heid, Helmut: Was vermag die Standardisierung wünschenswerter Lernoutputs zur Qualitätsverbesserung des Bildungswesens beizutragen? In: Dietrich Benner (Hrsg.): Bildungsstandards. Instrumente zur Qualitätssicherung im Bildungswesen. Chancen und Grenzen – Beispiele und Perspektiven. Paderborn: Schöningh 2007, S. 29–48.

Henning, Eckard: Selbstzeugnisse. Quellenwert und Quellenkritik. Berlin: BibSpider 2012.

Hoffmann, Ludger: Zur Bestimmung von Erzählfähigkeit. Am Beispiel zweisprachigen Erzählens. In: Konrad Ehlich; Klaus R. Wagner (Hrsg.): Erzähl-Erwerb. Bern; Frankfurt a. M.: Lang 1989, S. 63–88.

Jakobs, Jürgen: Prosa der Aufklärung. Kommentar zu einer Epoche. München: Winkler 1976.

Jameson, Fredric: Postmoderne – zur Logik der Kultur im Spätkapitalismus. In: Andreas Huyssen; Klaus R. Scherpe (Hrsg.): Postmoderne. Zeichen eines kulturellen Wandels, Hamburg: Rowohlt 1986, S. 45–102.

Kade, Jochen; Nittel, Dieter; Seitter, Wolfgang: Einführung in die Erwachsenenbildung/ Weiterbildung. Stuttgart: Kohlhammer [2]2007.

Kallmeyer, Werner; Schütze, Fritz: Zur Konstitution von Kommunikationsschemata der Sachverhaltsdarstellung. In: Dirk Wegner (Hrsg.): Gesprächsanalysen. Hamburg: Buske 1977, S. 188.

Kanzog, Klaus: Erzählstrategie. Eine Einführung in die Normeinübung des Erzählens. Heidelberg: Quelle und Meyer 1976.

Karthaus, Ulrich: Sturm und Drang. Epoche – Werke – Wirkung. München: Beck 2000.

Kaul, Susanne: Erzählen als Erkenntnisform. In: Matías Martínez (Hrsg.): Handbuch Erzählliteratur. Theorie, Analyse, Geschichte. Stuttgart: Metzler 2011, S. 97–102.

Keupp, Heiner: Auf der Suche nach der verlorenen Identität. In: Derselbe; Helga Bilden: Verunsicherungen. Göttingen: Hogrefe 1989, S. 47–69.

Keupp, Heiner; Höfer, Renate (Hrsg.): Das Patchwork der Identität in der Spätmoderne. Reinbek: Rowohlt 1999.

Kölbl, Carlos: Geschichtsbewusstsein im Jugendalter. Grundzüge einer Entwicklungspsychologie historischer Sinnbildung. Bielefeld: transcript 2004.

Klauck, Hans-Josef: Religion und Gesellschaft im frühen Christentum. Tübingen: Mohr 2003.

Klein, Christian: Erzählen und personale Identität. In: Matías Martínez (Hrsg.): Handbuch Erzählliteratur. Theorie, Analyse, Geschichte. Stuttgart: Metzler 2011, S. 83–89.

Klieme, Eckhard [u. a.]: Zur Entwicklung nationaler Bildungsstandards. Expertise. Bonn; Berlin: Bundesministerium für Bildung und Forschung 2003. Unveränderter Nachdruck 2009. Auf: https://www.bmbf.de/pub/Bildungsforschung_Band_1.pdf. Zugriff: 20.04.2017.

Küsters, Ivonne: Narrative Interviews. Grundlagen und Anwendungen. Wiesbaden: Verlag für Sozialwissenschaften [2]2009.

Labov, William; Waletzky, Joshua: Erzählanalyse. Mündliche Versionen persönlicher Erfahrung. In: Jens Ihwe (Hrsg.): Literaturwissenschaft und Linguistik. Bd. 2. Frankfurt a. M.: Fischer-Athenäum 1973, S. 76–126.

Langosch, Saskia; Mischner, Sabine; Ventzke, Marcus: »Soldat Adolf Hitlers und Jünger Jesu – wenn das nicht mehr möglich ist, sind die Tage Deutschlands gezählt« – Zeitzeugenbefragungen und Basisoperationen des historischen Denkens. In: Waltraud Schreiber; Katalin Árkossy (Hrsg.): Zeitzeugengespräche führen und auswerten. Historische Kompetenzen schulen. Neuried: ars una 2009, S. 103–125.

Lesky, Albin: Geschichte der griechischen Literatur. Bern; München: Saur [3]1971.

Lüders, Christian: Teilnehmende Beobachtung. In: Ralf Bohnsack; Winfried Marotzki; Michael Meuser (Hrsg.): Hauptbegriffe Qualitativer Sozialforschung. Opladen: Budrich 2003, S. 151–153.

Martínez, Matías; Scheffel, Michael: Einführung in die Erzähltheorie. München: Beck [9]2012.

Martínez, Matías: Erzählen. In: Derselbe (Hrsg.): Handbuch Erzählliteratur. Theorie, Analyse, Geschichte. Stuttgart: Metzler 2011, S. 1–12.

Massing, Peter: Handlungsorientierter Politikunterricht. Ausgewählte Methoden. Schwalbach/Ts.: Wochenschau Verlag 1998, S. 55.

Metzler, Gabriele; Metzger, Daniel: Interview. In: Lange, Dirk (Hrsg.): Methoden politischer Bildung. Hohengehren: Schneider 2007, S. 16–25.

Mollenhauer, Klaus: Erziehung und Emanzipation. Polemische Skizzen. München: Juventa 1968.

Moeglin, Klaus: Die Politikwerkstatt. Ein Ort politischen Lernens in der Schule. Schwalbach/Ts.: Wochenschau-Verlag 2003.

Moos, Peter von: Mittelalter und Ideologiekritik. München: Fink 1974.

Müller, Bernadette: Empirische Identitätsforschung. Personale, soziale und kulturelle Dimensionen der Selbstverortung. Wiesbaden: Springer 2011.

Nerdinger, Friedemann W.; Blickle, Gerhard; Schaper, Niclas: Arbeits- und Organisationspsychologie. Heidelberg: Springer [2]2011, S. 174.

Nünning, Ansgar: Fiktionalität, Faktizität, Metafiktion. In: Christian Klein (Hrsg.): Handbuch Biographie. Methoden, Traditionen, Theorien. Stuttgart; Weimar: Metzler 2009, S. 21–31.

Oser, Fritz: Acht Strategien der Wert- und Moralerziehung. In: Wolfgang Edelstein; Fritz Oser; Peter Schuster (Hrsg.): Moralische Erziehung in der Schule. Entwicklungspsychologie und pädagogische Praxis. Weinheim; Basel: Beltz 2001, S. 63–89.

Pabst, Bernhard: Prosimetrum. Tradition und Wandel einer Literaturform zwischen Spätantike und Spätmittelalter. Bd. 1. Köln; Weimar; Wien: Böhlau 1994, S. 194 f.

Piaget, Jean: Die Bildung des Zeitbegriffs beim Kinde. Frankfurt a. M.: Suhrkamp 1993.

Piaget, Jean: Sprechen und Denken des Kindes. Düsseldorf: Schwann 1972.

Quasthoff, Uta M.: Makrostruktur und Gliederungsmerkmale in konversationellen Erzählungen. Gedanken zur Strukturbeschreibung in Texten. In: Heinrich Weber; Harald Weydt (Hrsg.): Sprachtheorie und Pragmatik. Tübingen: Niemeyer 1976, S. 291–304.

Reckwitz, Andreas: Die Erfindung der Kreativität. Zum Prozess gesellschaftlicher Ästhetisierung. Frankfurt a. M.: Suhrkamp [4]2014.

Rekus, Jürgen: Kompetenz – ein neuer Bildungsbegriff? In: engagement. Zeitschrift für Erziehung und Schule, 3/2007, S. 155–160.

Richter, Michael: Erzählen und Moral. In: Matías Martínez (Hrsg.): Handbuch Erzählliteratur. Theorie, Analyse, Geschichte. Stuttgart: Metzler 2011, S. 102–105.

Rommelspacher, Birgitt: Identität und Macht. Zur Internalisierung von Diskriminierung und Dominanz. In: Heiner Keupp; Renate Höfer (Hrsg.): Das Patchwork der Identität in der Spätmoderne. Reinbek: Rowohlt 1999, S. 250–269.

Roth, Heinrich: Kind und Geschichte. Psychologische Voraussetzungen des Geschichtsunterrichts in der Volksschule. München: Kösel [5]1968.

Roth, Heinrich: Pädagogische Anthropologie. Bd. 2. Hannover: Schroedel 1971.

Rüsen, Jörn: Lebendige Geschichte. Göttingen: Vandenhoeck & Ruprecht 1989.

Rüsen, Jörn: Studies in Metahistory. Pretoria: Human Sciences Council 1993.

Rüsen, Jörn; Fröhlich, Klaus; Horstkötter, Hubert; Schmidt, Hans-Günther: Untersuchungen zum Geschichtsbewusstsein von Abiturienten im Ruhrgebiet. In: Bodo von Borries; Hans-Jürgen Pandel; Jörn Rüsen (Hrsg.): Geschichtsbewußtsein empirisch. Pfaffenweiler: Centaurus 1991, S. 221–344.

Sauer, Michael: Geschichte unterrichten. Eine Einführung in die Didaktik und Methodik. Seelze-Velber: Kallmeyer [3]2004.

Schacter, Daniel: Searching for Memory. The Brain, the Mind, and the Past. New York: Basic Books 1996.

Schaff, Barbara: Erzählen und kollektive Identität. In: Matías Martínez (Hrsg.): Handbuch Erzählliteratur. Theorie, Analyse, Geschichte. Stuttgart: Metzler 2011, S. 89–97.

Schärf, Christian: Geschichte des Essays. Von Montaigne bis Adorno. Göttingen: Vandenhoeck & Ruprecht 1999.

Scheffel, Michael: Nach dem ›narrative turn‹. Handbücher und Lexika des 21. Jahrhunderts. In: DIEGESIS. Interdisziplinäres E-Journal für Erzählforschung. H. 1/2012. Auf: www.diegesis.uni-wuppertal.de/index.php/diegesis/article/view/84/105. Zugriff: 15.09.2016.

Schmeiser, Martin: Soziologie. In: Christian Klein (Hrsg.): Handbuch Biographie. Methoden, Traditionen, Theorien. Stuttgart; Weimar: Metzler 2009, S. 373–381.

Schmid, Alfred: Augustus und die Macht der Sterne. Köln; Weimar: Böhlau 2005.

Schmidt, Hans-Günter: »Eine Geschichte zum Nachdenken«. Erzähltypologie, narrative Kompetenz und Geschichtsbewußtsein. Bericht über einen Versuch der empirischen Erforschung des Geschichtsbewusstseins von Schülern der Sekundarstufe I (Unter- und Mittelstufe). In: Geschichtsdidaktik. H. 1/1987, S. 28–35.

Seixas, Peter: Historisches Bewußtsein. Wissensfortschritt in einem post-progressiven Zeitalter. In: Jürgen Straub (Hrsg.): Erzählung, Identität und historisches Bewusstsein. Die psychologische Konstruktion von Zeit und Geschichte. Bd. 1. Frankfurt a. M.: Suhrkamp 1998, S. 234–265.

Sonntag, Kurt: Das geschichtliche Bewußtsein des Schülers. Ein Beitrag zur Bildungspsychologie. Erfurt: Stenger 1932.

Stadter, Andrea: Essayistisches Schreiben in der Sekundarstufe (I und) II. In: Landesinstitut für Erziehung und Unterricht Stuttgart (Hrsg.), Der Essay. Textgestaltung auf der Grundlage eines Dossiers. Stuttgart 2004, S. 37–48.

Straub, Jürgen: Geschichten erzählen, Geschichte bilden. Grundzüge einer narrativen Psychologie historischer Sinnbildung. In: Derselbe (Hrsg.): Erzählung, Identität und historisches Bewußtsein. Die psychologische Konstruktion von Zeit und Geschichte. Frankfurt a. M.: Suhrkamp 1998, S. 81–169.

Straub, Jürgen: Temporale Orientierung und narrative Kompetenz. Zeit- und erzähltheoretische Grundlagen einer Psychologie biographischer und historischer Sinnbildung. In: Jörn Rüsen (Hrsg.): Geschichtsbewußtsein. Psychologische Grundlagen, Entwicklungskonzepte, empirische Befunde. Köln; Weimar; Wien: Böhlau 2001, S. 16–44.

Straub, Jürgen: Personale Identität. In: Derselbe; Joachim Renn (Hrsg.): Transitorische Identität. Der Prozesscharakter des modernen Selbst. Frankfurt a. M.: Campus 2002, S. 85–113.

Thomé, Horst: Weltanschauungsliteratur. Vorüberlegungen zu Funktion und Texttyp. In: Lutz Danneberg; Friedrich Vollhardt (Hrsg.): Wissen in Literatur im 19. Jahrhundert. Tübingen: Niemeyer 2002, S. 338–380.

Walther, Andreas; Stauber, Barbara: Übergänge in Lebenslauf und Biographie. Vergesellschaftlichung und Modernisierung aus subjektorientierter Perspektive. In: Barbara Stauber; Axel Pohl; Andreas Walther (Hrsg.): Subjektorientierte Übergangsforschung. Rekonstruktion und Unterstützung biografischer Übergänge junger Erwachsener. Weinheim: Beltz 2007, S. 19–40.

Weinert, Franz E.: Vergleichende Leistungsmessung in Schulen – eine umstrittene Selbstverständlichkeit. In: Derselbe (Hrsg.): Leistungsmessungen in Schulen. Weinheim und Basel: Beltz Verlag, S. 17–31.

Welzer, Harald: Das kommunikative Gedächtnis. Eine Theorie der Erinnerung. München: Beck 2002.

White, Hayden: Historical Emplotment and the Problem of Thruth. In: Saul Friedländer (Hrsg.): Probing the Limits of Representation. Cambridge: University Press 1992, S. 37, 53.

White, Hayden: Metahistory. Die historische Einbildungskraft im 19. Jahrhundert in Europa. Aus dem Amerikanischen von Peter Kohlhaas. Frankfurt a. M.: Fischer 1991.

Wilken, Beate: Methoden der Kognitiven Umstrukturierung. Stuttgart: Kohlhammer ^{4}2008.

6.7. Sonstige Quellen

Ammon, Herbert: Deutsch-demokratische Schilderrevision. Auf: https://herbert-ammon.blogspot.de. Online seit: 10.10.2016. Zugriff: 16.10.2016.

Ariès, Philippe: Geschichte der Kindheit [1960]. Übersetzt von Caroline Neubaur und Karin Kersten). München: Hanser 1975.

Bahners, Patrick: Stadtplanreformer auf dem Holzweg. In: Frankfurter Allgemeine Zeitung. 08.10.2016, S. 11.

Blech, Jörg: Die gestresste Seele. Was ist noch Erschöpfung? Was ist schon Krankheit? In: DER SPIEGEL. H. 6/2012, S. 122–131.

Cammann, Alexander: »Ich war ein Chaot«. Konservativ und glaubensstark: Der Philosoph Robert Spaemann hat seine Autobiografie in Gesprächen vorgelegt. Auf: http://www.zeit.de/2012/19/Philosoph-Spaemann. Online seit: 03.05.2012. Zugriff: 20.06.2017.

DER SPIEGEL. H. 4/2011: Ausgebrannt. Das überforderte Ich.

DER SPIEGEL. H. 30/2011: Neustart. Wege aus der Burnout-Falle.

DIE ZEIT. H. 48/2009: Die versteckte Krankheit.

GEO Wissen. H. 48 (2011): Was die Seele stark macht. Hilfe bei Burnout, Ängsten, Depression.

Göckenjan, Gerd: Das Alter würdigen. Altersbilder und Bedeutungswandel des Alters. Frankfurt a. M.: Suhrkamp 2000.

Groeben, Norbert; Scheele, Brigitte (Hrsg.): Produktion und Rezeption von Ironie. Tübingen: Narr ²1985. Bd. I.

Henke, Roland W.; Schulze, Matthias; Sewing, Eva-Maria: Zugänge zur Philosophie. Berlin: Cornelsen 2014. Bd. 1, S. 321 f.

Huie, William Bradford: Der Hiroshima-Pilot. Wien: Zsolnay 1964.

Johst, David: Die Legende vom reumütigen Piloten. In: DIE ZEIT. Nr. 32. 06.08.2015, S. 19.

Knoke, Felix: Wie funktioniert das neue Facebook? Auf: www.spiegel.de/netzwelt/web/chronik-so-funktioniert-das-neue-facebook-a-811390.html. Online seit: 26.01.2012. Zugriff: 15.12.2016.

Landeszentrale für Kommunikation und Medien Rheinland-Pfalz (Hrsg.): www.klicksafe.de/themen/kommunizieren/facebook/informationen-zur-facebook-chronik-timeline. Zugriff: 21.11.2016.

Leineweber, Bernd: Hannah Arendt: Denktagebücher 1950–1973. Auf: http://www.deutschlandfunk.de/hannah-arendt-denktagebuecher-1950–1973-zwei-baende.730.de.html?dram:article_id=101927. Online seit: 02.12.2002. Zugriff: 10.03.2017.

Leitgeb, Hanna: Wenn Nervenzellen tanzen. Der Philosoph Thomas Metzinger erklärt uns aus neurowissenschaftlicher Perspektive das Bewusstsein. In: DIE ZEIT. H. 2/2010. Auf: http://www.zeit.de/2010/02/L-S-Metzinger. Zugriff: 04.10.2016.

Liessmann, Konrad Paul: Martha C. Nussbaum: »Not for profit! Why democracy needs the humanities". Rezension in: Frankfurter Allgemeine Zeitung, 12.08.2010, S. 32.

Malmede, Hans: »Kulturbedeutung« (von) Jugend. – Ambivalente Deutungsmuster in Deutschland im 20. Jahrhundert. In: Nora Kottmann; Hans Malmede; Stephanie Osawa; Katrin Ullmann (Hrsg.): Familie – Jugend – Generation. Wiesbaden: Springer VS, S. 119–138.

Mangold, Gudrun: Die Entzauberung der Psychoanalyse. In: Stuttgarter Zeitung. 17.05.2011. Auf: www.stuttgarter-zeitung.de/inhalt.sigmund-freud-die-entzauberung-der-psychoanalyse.74f35222–981c-4b30–8807–8346e8fe1f5e.html. Zugriff: 04.10.2016.

Ministerium für Kultus, Jugend und Sport Baden-Württemberg (Hrsg.): Bildungsplan des Gymnasiums. Bildungsplan 2016. In: Kultus und Unterricht. Az. 32–6510.20/370/292 vom 23.03.2016. Auf: http://www.bildungsplaene-bw.de/,Lde/LS/BP2016BW/ALLG/GYM/ETH. Zugriff: 10.07.2017.

Nolte, Paul: Im Land der Ego-Demokraten. Die Kluft zwischen dem Volk und seinen Regenten ist so groß wie in vordemokratischen Zeiten. In: Cicero. H. 2/2012, S. 22–25.

Pfeifer, Volker (Hrsg.): Fair Play. Für den Ethikunterricht in den Jahrgangsstufen 9 und 10. Paderborn: Schöningh 2008.

Psychologie Heute compact. H. 23 (2009): Depression. Die Krankheit unserer Zeit verstehen. Die richtige Behandlung finden. Neue Hoffnung schöpfen.

Psychologie Heute compact. H. 27 (2011): Erschöpft und ausgebrannt? Wie Sie dem Stress des Alltags entkommen.

Presse-Erklärung vom 15.01.2015 gegenüber SWR2. Zitiert auf: www.presseportal.de/pm/7169/2927823. Online seit: 16.01.2015. Zugriff: 19.10.2016.

Raps, Christian; Hartleb, Florian: Leitfaden zur Erstellung einer Facharbeit/Seminararbeit. Gymnasiale Oberstufe. Braunschweig: Schroedel 2011.

Rüther, Tobias: Die Geschichte des Todes in zehneinhalb Kapiteln. Julian Barnes: Nichts, was man fürchten müsste. Auf: http://www.faz.net/aktuell/feuilleton/buecher/rezensionen/belletristik/julian-barnes-nichts-was-man-fuerchten-muesste-die-geschichte-des-todes-in-zehneinhalb-kapiteln-1957749-p2.html?printPagedArticle=true#pageIndex_2. Online seit: 03.04.2010. Zugriff: 27.02.2017.

Stokowski, Margarete: Wer nicht hören will. Journalistische Burkini-Selbstversuche. Auf: http://www.spiegel.de/kultur/gesellschaft/burkini-und-burka-selbstversuch-wer-nicht-hoeren-will-kolumne-a-1110068.html. Online seit: 30.06.2016. Zugriff: 11.07.2017.

Wenzel, Uwe Justus: Die Austreibung des Geistes. Schluss mit dem ›Heidegger-Lehrstuhl‹ in Freiburg i. Br.? In: Neue Züricher Zeitung. Auf: www.nzz.ch/feuilleton/die-austreibung-des-geistes-1.18496785. Online seit: 07.03.2015. Zugriff: 16.10.2016.

Werder, Lutz von; Schulte-Steinicke, Barbara: Schreiben von Tag zu Tag. Wie das Tagebuch zum kreativen Begleiter wird. Ein Handbuch für die Praxis. Mannheim: Walter 2008.

Werner, Ella Carina: Im Stoffgefängnis. Auf: http://www.taz.de/!5339580. Online seit: 28.09.2016. Zugriff: 11.07.2017.

Zimmer, Dieter E.: Der Bomberpilot von Hiroshima. Claude Eatherly oder Die Suche nach dem einen Gerechten. In: DIE ZEIT. H. 35/1964, S. 9 f.